Anita Albus

DIE KUNST DER KÜNSTE

DIE ANDERE BIBLIOTHEK

Herausgegeben
von
Hans Magnus Enzensberger

Die Grammatik steuert der Malerei ihre Konkordanzen bei, die Dialektik ihre Konsequenzen, die Rhetorik ihre Überredung, die Poesie ihre Erfindungskünste, die Redekunst ihre Energien, die Arithmetik ihre Zahlen, die Musik ihre Konsonanzen, die Symmetrie ihre Maße, die Architektur ihre Maßverhältnisse, die Skulptur ihre Formen, die Perspektive und die Optik ihre Vergrößerungen und Verkleinerungen und schließlich die Astronomie und Astrologie ihre Zeichen für die Erkenntnis der Himmelsbilder; wer zweifelt also, daß sie als zusammenfassende Zahl aller Künste die Hauptkunst ist, welche alle einschließt? CALDERÓN

Anita Albus

DIE KUNST DER KÜNSTE

Erinnerungen an die Malerei

Eichborn Verlag
Frankfurt am Main
1997

Für Franziska und Isabel

Erster Teil

Die Sichtbarkeit des Unsichtbaren

Der du in Licht dich hüllst
wie in ein Kleid, der den Himmel ausspannt
wie ein Zeltdach, der seinen Söller zimmert
über den Wassern, der Wolken zu seinem
Wagen macht, der einherfährt auf den
Flügeln des Sturmes, der die Winde zu seinen
Boten bestellt, zu seinen Dienern Lohe
und Feuer, der die Erde auf ihre Pfeiler
gegründet, daß sie nimmermehr wankt.
Die Urflut deckt sie wie ein Kleid.

PSALM 104, 2–6

Nur durch Himmelskarten *können* Erdkarten *gemacht werden; nur durch den Standpunkt von oben herab (...) entsteht uns eine ganze Himmelskugel, und die Erdkugel selber wird zwar klein, aber rund und glänzend darin schwimmen.*

JEAN PAUL

I
Erde, Apfel und Fliege

Fünfhundertdreißig Jahre bevor der Satellit »Lunar Orbiter« die ersten Bilder der leuchtenden Erde am Himmel des Mondes aus der eisigen Lebensferne des Alls funkte, malte Jan van Eyck ein kosmisches Panorama, ein Bild der Welt aus der Flugperspektive, auch Vogelschau genannt. Kein Vogel könnte so hoch fliegen, daß seine Sicht drei Kontinente umfaßte wie auf dem Eyckschen Bild, und jedem Blick aus dem Flugzeug schrumpft die Landschaft zu geometrischen Mustern zusammen, bis selbst dieses Flickwerk sich unter der Ödnis endloser Wolkenbänke der Wahrnehmung entzieht. Gebirgszüge, Hügel, Wälder und Meere, Städte, Flüsse, Straßen und Seen hat der Hofmaler und Kammerdiener des Herzogs von Burgund mit topographischer Genauigkeit in einer Optik wiedergegeben, die der unmöglichen Gleichzeitigkeit von Nah- und Fernsicht entspricht. Fernrohr und Mikroskop waren noch lange nicht erfunden.[1] Aber das Wissen um die Kugelgestalt

[1] »Das erste zusammengesetzte Mikroskop bestand aus der Vereinigung einer Bikonvex- mit einer Bikonkavlinse, erstere diente als Objektiv, letztere als Okular. (...) Die heutigen zusammengesetzten Mikroskope sind bekanntlich anders eingerichtet. Sie bestehen aus zwei Sammellinsen oder aus zwei Linsensystemen, von denen jedes wie eine einzige Sammellinse wirkt. (...) Diese Konstruktion kam jedoch erst

der Erde wurde seit der Antike tradiert – jeder Wanderer, der die Sterne am Horizont aufmerksam verfolgte, konnte es durch Anschauung bestätigt finden. Die älteste deutsche Weltkunde aus dem 12. Jahrhundert vergleicht die vom Weltmeer umschlossene Erde mit dem Dotter, der im Eiklar schwebt.[1] Ein Jahrhundert später schreibt Gautier de Metz in seinem Gedicht »Mappemonde ou Image du Monde«, der Mensch könne um die Erdkugel herumgehen wie eine Fliege um einen Apfel. Den Nabel des Erdapfels bildet im Mittelalter Jerusalem, Wallfahrtsort und Schauplatz verlorener Kreuzzüge. Im Osten des Heiligen Landes verzeichnen die Weltkarten das Paradies. Der irdischen Sphäre so weit entrückt, daß die Sintflut es nicht erreichen kann, liegt es von Pflanzenduft und Vogelsang erfüllt mit seinen vier Flüssen Ganges, Nil, Euphrat und Tigris hinter Nebelwänden und undurchdringlicher Wildnis für die Menschen verborgen.

Diesseits des verlorenen Paradieses bildet die Welt unter dem Mond das Zentrum des hierarchisch geordneten Kosmos, den Bereich des Wandelbaren, dem auch die sublunaren Elementarsphären von Wasser, Luft und

später auf, wir begegnen ihr nicht vor dem zweiten Jahrzehnt des 17. Jahrhunderts. Auch das Fernrohr bestand in seiner ersten Einrichtung, die nach glaubwürdigen Zeugnissen von dem holländischen Brillenmacher Franz Lippershey herrührt, in der Verbindung einer Konvexlinse als Objektiv mit einer Konkavlinse als Okular. Diese Vereinigung wird bekanntlich noch jetzt als holländisches Fernrohr bezeichnet und in binokularer Ausführung den heutigen Operngläsern zugrundegelegt.« (Friedrich Dannemann, *Die Naturwissenschaften in der Entwicklung und in ihrem Zusammenhange*, Leipzig 1921, Band 2, S. 12f., Reprint Vaduz 1971.) Im Herbst 1608 soll Lippershey das Fernrohr in Middelburg erfunden haben, die Anfänge des Mikroskops liegen im Dunkeln. Die erste zuverlässige Nachricht stammt von Constantijn Huygens (1596–1687), der das Instrument 1621 beim Hoferfinder Cornelis Drebbel (1572 bis 1633) sah. Vgl. Ilse Jahn, *Grundzüge der Biologiegeschichte*, Jena 1990, S. 187.

[1] Vgl. Renate Hilsenbeck, »Mittelalterliche Weltkunde und Behaim Globus«, in: Katalog zur Ausstellung *Behaim-Globus*, Germanisches Nationalmuseum, Nürnberg 1992, Bd. I, S. 223–237.

Feuer angehören. Das unwandelbare Gefüge über dem Mond reicht von den Planetenbahnen bis zur Fixsternsphäre des Firmaments und findet seine absolute Grenze im *Primum mobile*, das den göttlichen Anstoß der Schöpfung enthält und seine Bewegung den übrigen Sphären mitteilt.

Noch war die Erde nicht geodätisch erfaßt. Einziger Maßstab mittelalterlicher Erdkreiskarten war die Heilsgeschichte. Exakte Messungen gab es bis zum Ende des 14. Jahrhunderts nur auf den Portulankarten – den Segelanweisungen der Küstenschiffahrt.

Im Auftrag Philipp des Guten hat Jan van Eyck zwischen 1426 und 1436 an Seereisen in verschiedene Länder teilgenommen. 1427 begleitete er als Portraitist eine Delegation nach Spanien, die im Namen des Herzogs um die Nichte König Alfons V. von Aragon warb. Vergeblich verhandelten sie zwei Monate lang in Valencia. Isabella d'Urgel sollte nicht Herzogin von Burgund werden und kein Konterfei des Malers aus Brügge hat die Prinzessin unsterblich gemacht.

Vater zahlloser Bastarde, aber ohne legitime Nachkommen, schickte Philipp der Gute ein Jahr später Gesandte und Hofmaler auf Brautwerbung nach Lissabon. Es war eine prunkliebende Zeit und man darf sich die beiden Schiffe, die am 19. Oktober 1428 den Hafen von Sluis in Seeland verließen, prächtig geschmückt vorstellen. Die langen, mit Wappen verzierten doppelzüngigen Wimpel am Topp des vergoldeten Mastes müssen heftig geflattert haben, denn es war ein stürmischer Tag. Nach einem mehrwöchigen Aufenthalt in England, den die Reparatur der sturmgeschädigten Schiffe erzwang, erreichten sie Mitte Dezember Lissabon. Fast einen Monat sollte es dauern, bis die burgundischen Edelleute am Hof von König Juan I. in Aviz empfangen wurden, und nach vier weiteren Wochen hatte Jan van Eyck das Bildnis Isabellas, der erwählten ältesten Tochter des Königs, in zweifacher

Ausführung fertiggestellt. Zur Sicherheit wurden die kleinen Portraits der 32jährigen Schönen Philipp dem Guten auf verschiedenen Wegen überbracht, das eine zu Lande, das andere zur See. Das Bild bestärkte den Herzog, seinen Machtbereich durch die Vermählung mit der Portugiesin auszudehnen. Wie ein König verband er seine Hochzeit mit der Gründung des Ritterordens vom Goldenen Vlies. Sein Emblem war der Feuerstein mit dem Wetzstahl und der Flamme, sein Wahlspruch: »Aultre n'auray« – Eine andere werd ich nicht haben. Tatsächlich war Isabella von Portugal seine dritte und letzte Gemahlin, und sie teilte ihn mit dreiunddreißig Mätressen. »Was seine Augen sich wünschten, gefiel seinem Herzen, und mit der Gier seines Herzens vermehrten sich seine Vergehen. Was er wollte geschah«, kommentiert sein Chronist Chastellain.[1] Der Troubadour war jedoch nur Nebenrolle. Lieber ließ er sich von seinen Geschichtsschreibern zum letzten Alexander, zweiten Hektor oder Herkules stilisieren. Als Retter der Christenheit hätte sich der *Grand Duc d'Occident* gerne gesehen. Er plante die Befreiung Jerusalems, die Rückeroberung von Konstantinopel, die Vertreibung der Hussiten aus Böhmen. Lange vorbereitet und geräuschvoll angekündigt, wurden diese Kreuzzüge sang- und klanglos wieder aufgegeben. Je ferner die Möglichkeit der Verwirklichung rückte, desto überladener das Gepränge, mit dem die Gelübde zur Reise gefeiert wurden. Schiffe wurden beschlagnahmt und prächtige Flotten zusammengestellt, Kreuzesfahnen in feierlicher Prozession entfaltet, und Diplomaten erkundeten in geheimer Mission das Terrain.

[1] Georges Chastellain (1405 bis 1475), die Chronik des herzoglichen Historiographen, die den Zeitraum von 1420–1474 umfaßt, ist der reichhaltigste Spiegel der burgundischen Geschichte. Vgl. Christa Doricum, *Burgund und seine Herzöge in Augenzeugenberichten*, Düsseldorf 1966, sowie Johan Huizinga, *Herbst des Mittelalters*, Stuttgart (1924) 1975.

An zwei klandestinen Reisen hat auch Jan van Eyck teilgenommen. In manchen Motiven seiner Bilder – schneebedeckten Gebirgsketten, Felsformationen und der Darstellung der Omar-Moschee in Jerusalem – glaubte ein Kunsthistoriker Indizien dafür gefunden zu haben, daß der Maler über die Alpen nach Italien gereist und von dort ins Heilige Land gepilgert sei.[1] Da kein verschollenes und wiederaufgetauchtes Bild oder Dokument seine Annahme stützte, ließ die Gegenthese nicht lange auf sich warten. Seither schieben sich die Parteien gegenseitig die Beweislast zu. Welchen Weg der Maler auch immer genommen hat, die Vermutung liegt nahe, daß die geheimen Reisen mit Philipps Kreuzzug-Chimäre zusammenhingen und er aus strategischen Gründen zum Kosmographen wurde. Die meßbaren Distanzen seiner Weltkreiskarte zeugen von der Kenntnis der ptolemäischen Gradnetze, Koordinatenlisten und Projektionsverfahren, die erst im Jahre 1400 in Byzanz entdeckt worden waren.

Die Eycksche *mappa mundi* ist verschollen. Unsere Kenntnis des Bildes verdankt sich der Schrift eines Genueser Humanisten, Bartolomeo Fazio, der Geschichtsschreiber und Sekretär des Königs von Neapel, Alfons V. von Aragon, war. In seinem kleinen Buch *De Viris Illustribus* beschreibt Fazio 1456 die Weltkreiskarte als das vollkommenste Werk der Zeit.[2]

[1] Charles Sterling, »Jan van Eyck avant 1432« und »La Mappemonde de Jan van Eyck«, *Revue de l'Art*, Nr. 33, 1976, S. 7–82. Während Boten das Portrait Isabellas Philipp dem Guten überbrachten, reiste die burgundische Delegation 1429 von Aviz in verschiedene Städte der iberischen Halbinsel und besuchte unter anderem Granada. Van Eyck kannte also den Blick von der Alhambra auf die Sierra Nevada. Es läge näher, in seinen »Alpen« das entrückte und idealisierte Bild der schneebedeckten Sierra zu sehen.

[2] Fazios lateinische Beschreibung der Bilder van Eycks und Rogier van der Weydens hat Erwin Panofsky in *Early Netherlandish Painting*, Harvard University Press 1953, vollständig abgedruckt.

Im Gesichtssinn sind die Formen aller sichtbaren Dinge eingefaltet.

NIKOLAUS VON KUES

II
Der springende Gast

Die Eroberung der dritten Dimension, im 13. und 14. Jahrhundert vorbereitet, kam im 15. Jahrhundert zur Vollendung. Ein neues Verhältnis zur Welt tut sich darin kund. Es geht nicht mehr um die Wiedergabe überlieferter Schemata, das ideale Bild in der Seele, wie es dem Mittelalter vor Augen stand. Die Lider öffnen sich und die Augen erwidern den Blick der Welt. Die Mannigfaltigkeit der Dinge kommt im Licht des unendlichen Raumkontinuums zu einer nie dagewesenen Einheit.

In den Bildern van Eycks ist die Auflösung des mittelalterlichen Kosmos, die mit der Geometrisierung des Raumes auf eine Enttheologisierung hinauslief, sowohl sichtbar als auch aufgehoben. Die unerhörte Kühnheit seiner Perspektive, in der Nah- und Fernsicht zusammenfallen, offenbart sich dem heutigen Betrachter nicht ohne weiteres. Ohne ihren geschichtlichen Horizont läßt sie sich nicht ermessen.

Will man eine Perspektive erfassen, die keinem Irdischen gegeben ist, weil niemandes Augen Nähe und Ferne zugleich fokussieren können, muß man die Grenzen der Wahrnehmung »überspringen«. Erwin Panofsky war ein Meister dieser List.[1] Der Kunsthistoriker war dafür

[1] Das Wort »List« hat ein ähnliches Schicksal wie das griechische »methodos«, »welches auch von dem Begriffe des Nachgehens und Nachspürens zu dem der Forschung, der Kunst, und schließlich der Schlauheit und Täuschung gelangte«. List im Sinn von Kenntnis einer Sache und Fertigkeit sie anzuwenden war »mit dem alten *Kunst* identisch, und

besonders geeignet, weil er nicht nur ein unerschrockener Denker mit großem Einfühlungsvermögen und einer stupenden Gelehrsamkeit war, sondern zufällig mit einem kleinen Makel behaftet: er war auf einem Auge weit- und auf dem anderen kurzsichtig.[1] In der Augenheilkunde nennt man diese Merkwürdigkeit *Anisometropie*. Daß die Wahrnehmung etwas unvergleichlich Komplizierteres ist als die mechanische Erzeugung eines Lichtbildes, kann man nicht besser veranschaulichen als am Beispiel dieser Besonderheit.[2]

Hält sich die unterschiedliche Größe der Augäpfel in Grenzen, wird sie vom Gehirn spielend ausgeglichen. Nervenzellen erkennen die Differenz der visuellen Interpretationen der beiden Netzhäute, übertragen die empfangenen Botschaften im richtigen Maßstab auf die »Karten« der verschiedenen Sehfelder in den beiden pilzförmigen Hemisphären der Hirnrinde und erzeugen so ein getreues Bild. Unter solchen Voraussetzungen bildet das Zusammenspiel von Augen und Sehnerven in den ersten fünf Lebensjahren ein besonders dichtes Netz – es muß kompensieren, was Normalsichtige gratis haben. Im idealen Fall kann das Sehvermögen eines Menschen mit einer ausgeglichenen *Anisometropie* dem eines gut isometrisch Sehenden ebenbürtig sein. Ist die Differenz beträchtlich, entsteht ein retinaler Wettstreit, bei dem das Gehirn das bessere Auge (meist das geübtere kurzsichtige) begünstigt und dadurch die neuronalen Verbindungen des anderen zunehmend schwächt. Bevor das eintritt, muß eine Brille das ausgleichende Verfahren unterstützen. Im

namentlich auch in der Bedeutung des heutigen *Wissenschaft* gebraucht«. Erst allmählich gewann die *arge List* die Oberhand. Vgl. *Deutsches Wörterbuch* von Jakob und Wilhelm Grimm, (Leipzig 1885) München 1984; Hermann Paul, *Deutsches Wörterbuch*, Tübingen 1966.

[1] Vgl. William Heckscher, »Erwin Panofsky, ein Lebenslauf«, in: Erwin Panofsky, *Die ideologischen Vorläufer des Rolls-Royce-Kühlers*, Frankfurt 1993.

[2] Zur Neurobiologie des Sehens vgl. David H. Hubel, *Auge und Gehirn*, Heidelberg 1990.

ungünstigen Fall übersteigt die Ungleichheit das kompensierbare Maß, weil sie nicht in der Kindheit erkannt und durch zeitweiliges Abdecken des »guten« Auges korrigiert wurde. Dann erzeugen die unverträglichen Bilder, was die Ophthalmologen *horror fusionis* nennen: das Grauen vor einem Zustand, in dem die Differenz nicht mehr interpretiert werden kann, so daß man dem Chaos ausgeliefert ist. Für diesen tragischen Fall gibt es nur eine Lösung: das Gehirn gibt eines der beiden Augen auf, obwohl es an und für sich intakt ist. Der Kranke sieht nun ein korrektes Bild – um den Preis der Verflachung, die Einäugigkeit mit sich bringt.

Sehen ist immer schon interpretieren, ein vielschichtiger Prozeß zwischen Auge und Gehirn. Genaugenommen erzeugt unser »Lichtsinn« Bilder, die wir *so* nie gesehen haben.[1] Auf der konkaven Netzhaut der in kleinen Sprüngen fixierenden Augäpfel malt sich die Welt zunächst in randverzerrten, sphärischen und flachen Bildern, die, mit blindem Fleck und einer schemenhaften Nase mitten im Gesichtsfeld, spiegelverkehrt auf dem Kopf stehen, während sie sich am Ende eines von Stufe zu Stufe abstrakteren Spiels vergleichender und unterscheidender Deutungen im Gehirn in ihrer sinnlichen Dimension rekonstruiert: die Bilder der Netzhäute verschmelzen mit räumlicher Tiefe zu einem makellosen Bild von farblicher Konstanz, das mit den anderen Sinnen und der Erinnerung verknüpft ist.

Vielleicht verstärkt die latente Gefahr eines *horror fusionis* bei einem begabten Kind das Differenzierungsvermögen, weil Kohärenz als Glück empfunden wird und damit die Liebe zur Klarheit, Durchsichtigkeit und Deutlichkeit mit jeder geglückten Erfahrung noch wächst. Selbstverständlich ist Panofskys Augenfehler nicht die Ursache seines Scharfsinns gewesen; vielmehr war er so reich an

[1] Vgl. dazu Claude Lévi-Strauss, *Der nackte Mensch* (Mythologica IV), Frankfurt 1975, Bd. 2, S. 797.

Geistesgaben, daß sich für seine Wißbegierde selbst der Mangel in eine Gunst verwandelte. In Anbetracht der Eyckschen Kunst war seine *Anisometropie* ein Glücksfall: er sah gleichsam durch ein Mikroskop und ein Teleskop. Gelassen konnte er seinen Standpunkt vor einem Bild wählen, die Brille abnehmen und mal mit dem einen, mal mit dem anderen Auge fokussieren, als schaue er durch ein Monokular. Für die vollkommene Tiefenschärfe mußte er die Brille allerdings wieder aufsetzen, um die Grenzen der Wahrnehmung wie jeder Normalsichtige zu überspringen: »Der Betrachter ist genötigt, zwischen Positionen zu oszillieren, von denen eine angemessen weit vom Bild entfernt ist und vielen anderen, die sehr nahe liegen.«[1]

Zu den kühnen Erfindungen des »großen Jan« gehört die Befreiung des dreidimensionalen Raumes von seiner Bindung an die Vorderebene des Bildes, wie Panofsky zu Beginn der zwanziger Jahre erkannte.[2] Während die hervorragenden Werke der italienischen Maler der Zeit die räumliche Welt wie durch ein Fenster zeigen, als Ausschnitt, dessen Kohärenz sich von einem geometrisch fixierten Standpunkt aus erschließt, ist der Betrachter eines Eyckschen Bildes in die Darstellung hineingedacht – ein springender Gast in einer Augenweide.

Panofsky hat sein Auge an der Differenz von Original und Reproduktion geschult.[3] Weder das feinste Raster noch der vielfarbigste Lichtdruck können ohne die Erinnerung des Interpreten an das konkrete Bild den verborgenen Sinn eines Kunstwerks aufscheinen lassen. Im Druck teilt sich nichts vom *Stoff* des Bildes mit, das auf allen Ebenen der Betrachtung, vom konkreten Körper aus Schichten gebundener Pigmente bis zur Raumillusion der

[1] Erwin Panofsky, *Netherlandish Painting*, S. 182.

[2] Erwin Panofsky, »Die Perspektive als symbolische Form«, in: *Aufsätze zu Grundfragen der Kunstwissenschaft*, hrsg. von Hariolf Oberer und Egon Verheyen, Berlin 1980.

[3] Erwin Panofsky, »Original und Faksimilereproduktion«, in: *Der Kreis*, VII, Hamburg 1930, S. 160.

Darstellung auf der zweidimensionalen Oberfläche, als ein lebendiges Ganzes wahrgenommen sein will.

Je vielschichtiger ein Gemälde aufgebaut ist, desto mehr wird es unter der Farbreproduktion leiden. Der Illusionismus van Eycks ist fotomechanisch nicht zu erfassen. Die Flucht aus dieser Verlegenheit in die Vergrößerung ist der neueste Triumph des *imaginären Museums*. Intime Portraits werden in klotzigen Bildbänden lebensgroß aufgeblasen, Landschaften und Interieurs zerstückelt und bis an die Grenze des Rasters monumentalisiert, als sei der Mangel an Qualität durch Quantität wettzumachen. Dem offenbaren Geheimnis einer das menschliche Sehvermögen überbietenden Verdichtung ist man damit keinen Millimeter nähergerückt.

Jedes Seiende im Universum erfreut sich einer Einzigartigkeit, die es mit keinem anderen Seienden teilt. NIKOLAUS VON KUES

III
Aussicht vom Paradies

Welches Verfahren man auch immer anwendet, »die Madonna des Kanzlers Rolin« ist nicht photogen. Im Druck scheint es ein Bild wie andere großartige Bilder der Zeit. Der Eindruck vor dem Original im Louvre ist um so überwältigender. Man reibt sich die Augen vor dem *wahren Schein*, der hier eine Lebendigkeit erreicht, die unvergleichlich ist. Die Umkehrung eines Magritte-Titels drängt sich auf: »Ceci n'est pas un tableau«, denn dies ist ein *Kosmos*.[1]

Auf nicht mehr als 65 cm x 62,3 cm hat der Maler die Fülle einer ganzen Welt eingefangen. Der Schauplatz ist die luftige Halle eines romanisch anmutenden Palastes auf einer Anhöhe über Stadt, Land und Fluß. Die Hauptdarsteller: der Stifter der Tafel, Nicolas Rolin, Kanzler Philipp des Guten, kniet, die Hände über einem Stundenbuch gefaltet, vor der Jungfrau, die ihm ihren Sohn entgegenhält. Die schwere, mit Edelsteinen und Perlen besetzte Krone der Mutter Gottes schwebt über ihrem gescheitelten Haupt in den Händen eines Engels, dessen regenbogenfarbene Flügel mit Pfauenaugen übersät sind. Vielleicht sieht der Vieläugige die *Reue*[2] des Malers in einer tieferen Schicht des Gemäldes: den später getilgten

[1] Vgl. unten S. 175, Fußnote 4.

[2] *Pentimenti*, eigentlich »Reuezüge«, nennen sich die Korrekturen und Tilgungen von Untermalungen im Gemälde, die durch Röntgenverfahren oder Infrarot-Reflektographien sichtbar gemacht werden können.

Geldbeutel, der dem so mächtigen wie skrupellosen Aufsteiger Rolin am Gürtel hing.

Dieser Kanzler trachtete, laut Chastellain, »alles ganz allein zu regieren, und durch seine Hände laufen zu lassen und auf sich zu nehmen, sei es nun für Krieg, Frieden oder Finanzangelegenheiten. In jeder Hinsicht zählte der Herzog auf ihn und verließ sich ganz auf ihn als ersten Mann, und es gab kein Amt und keine Pfründe, weder in der Stadt noch auf dem Lande, in seinem ganzen Reich, keine Schenkung und keine Anleihe, die nicht alle durch ihn bewirkt und durchgeführt wurden und von ihm abhingen als von dem, der über alles die Aufsicht hatte. Davon hatte er mit der Ehre des Vertrauens, das alle Welt ihm entgegenbrachte, so großen und unschätzbaren Gewinn in jeder Hinsicht, daß niemand es sagen noch abschätzen oder kaum glauben konnte, so erstaunlich war es... Sehr weise war eben dieser Mann, was die Welt betrifft, aber sein Weg schien nicht die beiden Lebensweisheiten zu erfassen. Denn indem er sich zu sehr der einen hinfälligen und fehlbaren hingab, schien er sich von der gewisseren und bedenkenswerteren zu entfernen. Er erntete immer auf Erden, wie wenn die Erde ewig für ihn wäre, wodurch ihm sein Verstand vom Wege abkam und ihn seine Klugheit töricht werden ließ, da er kein Maß halten und eine Begrenzung in dem setzen konnte, was seine vorgerückten Jahre ihm als nächsten Lebensabschnitt nahelegten. Er hatte die Veranlagung, daß er niemand an seiner Stelle regieren lassen wollte, um sich in Frieden zurückzuziehen, sondern er strebte danach, immer weiter zu steigen und sein Vermögen zu vermehren bis zum letzten und mit dem Schwert in der Faust, im Triumph über das Geschick, zu sterben.«[1]

Kein Schutzheiliger vermittelt zwischen der Verkörperung irdischer Machtvollkommenheit und der Inkarna-

[1] Zit. nach Heinz Roosen-Runge, *Die Rolin-Madonna des Jan van Eyck*, Wiesbaden 1972.

tion göttlicher Weisheit. Dem Betrachter des Bildes wird augenfällig, was dem Portraitierten entgeht: der Kanzler nimmt nicht wahr, was ihn umgibt. Er ist so groß wie die Himmelskönigin und das Gehäuse im Verhältnis zu klein, um eine *wirkliche* Halle zu sein. Die gepflegten Hände artig gefaltet, posiert er mit stoischem Ernst in einer schweren, nerzverbrämten Goldbrokatrobe, die seiner Gestalt etwas Wuchtiges verleiht. Man meint etwas wie Ungeduld über die Länge der ihm abgenötigten Sitzung in seinen Zügen zu lesen, den steilen Falten zwischen den Augenbrauen, dem so gar nicht andächtigen, ins Leere gerichteten Blick. Man sieht es ihm an: er war ein Mensch der Tat, nicht der Kontemplation. Ein leichtes *Pentimento* im Nacken verrät eine späte Korrektur seiner Dickschädeligkeit. Allein, so machtbesessen, unbeugsam und habgierig die Geschichte ihn überliefert, das Bild zeigt einen Menschen in seiner widersprüchlichen und rätselhaften Einzigartigkeit. Rolinhafter hätte niemand ihn malen können. In der Wiedergabe kostbarer Materialien – Stoffe oder Pelze, die wirken, als seien sie Faden für Faden und Haar für Haar mit dem Pinsel rekonstruiert – konnten Zeitgenossen und Nachfolger van Eycks wetteifern. Etwas anderes ist die Darstellung menschlicher Haut, die wirkt, als ob sie atme. Niemand konnte darin mit van Eyck konkurrieren.

Verglichen mit der zarten Haut des Kindes, dem mädchenhaften Schmelz der Madonna, ist die Haut Rolins derb. Mit dem Auge eines Geologen, der aus der Erdkruste ihre Entstehungsgeschichte abliest, hat der Maler die unterschiedlichen Texturen der Epidermis studiert. »Das Glatte und Gerade ist ihm das Leere und Öde.«[1] Der Eindruck des Lebendigen verdankt sich der kleinen Unregelmäßigkeit. Jede Besonderheit, und sei sie noch so ephemer, ist festgehalten. Eine Ader wölbt sich

[1] Max J. Friedländer, *Die Altniederländische Malerei*, Berlin 1924, S. 136.

unter der rasierten Schläfe Rolins, eine kleine Fleischwarze markiert seine Wange und ein Wirbel im Haar sträubt sich gegen die kreisrunde Frisur.

Der Höhepunkt der glanzvollen Laufbahn Rolins war der Frieden von Arras. Das Kreuz auf der fernen Brücke verweist auf eine Klausel des Vertrags, der das burgundische Trauma aufheben sollte. Es wurde auf der Brücke von Montereau zum Zeichen der Sühne für den Mord an Johann ohne Furcht[1] errichtet, der selbst zum Mörder geworden war. Das Datum des Friedens ist auf der vordersten Fliese festgehalten: 21 helle und dunkle Quadrate entsprechen dem Tag, die neun in der Mitte dem Monat. Das Bild muß also nach dem 21. 9. 1435 gemalt worden sein.[2]

Das Panorama zwischen den Säulen der offenen Arkade nimmt vom Paradiesgärtlein vor dem Palast bis zum Firmament ganze 32 cm x 28 cm ein. Überall in der nahen Stadt, an den glitzernden Ufern des Flusses, an der mit Zinnen versehenen Wehrmauer, der gebogenen Brücke mit Turm, den Treppen, Plätzen, Straßen und Wegen, treiben winzige Menschlein ihr Wesen; die einen sind zu Fuß unterwegs, die anderen zu Pferde oder sie

[1] Johann ohne Furcht (1371 bis 1419), Vater Philipps des Guten, war 1407 in Paris an der Ermordung seines Cousins Ludwig von Orléans beteiligt. Am 10. 9. 1419 wurde ihm auf der Brücke von Montereau in Gegenwart des Dauphins (der spätere König Karl VII.) von dessen Anhängern mit einer Axt der Schädel gespalten. »Hundert Jahre später wird ein Mönch mit König Franz I. die Krypta von Champmol besichtigen. Der Monarch wird innehalten vor einem klaffenden Schädel: vor dem des Johann Ohnefurcht. Und der Mönch wird sagen: ›Sire, durch diese Bresche sind die Engländer nach Frankreich eingedrungen.‹« Jean Markale, *Isabeau de Bavière*, München 1994, S. 350.

[2] Vgl. Emil Kieser, »Zur Datierung und Deutung der Rolin-Madonna des Jan van Eyck«, in: *Städel-Jahrbuch*, München 1967, S. 73 bis S. 95. Kiesers Deutungen werden heute als »schwer nachvollziehbare Mutmaßungen« abgetan (Hermann Kamp, *Memoria und Selbstdarstellung*, Sigmaringen 1993, S. 158). Die 1983 durchgeführte dendrochronologische Untersuchung der Tafel bestätigt jedoch Kiesers aus der Kachel gelesene Mutmaßung: das Bild wurde *nach* dem Frieden von Arras gemalt. Vgl. unten S. 112, Fußnote[3].

rudern in kleinen Barken über den spiegelnden Fluß. Es scheint ein Sonntag zu sein; Häuser, Gärten, Felder und Weinberge sind bestellt, alles Menschenwerk ist vollbracht. Nun kann man allein oder in Gesellschaft die Uferpromenade entlangspazieren, die Mühlschiffe in Augenschein nehmen, den Blick durch die Zinne hinab auf das bunte Getümmel werfen oder in die bläuliche Ferne schweifen lassen, wo entlegene Orte wie Luftspiegelungen unter einer schneebedeckten Gebirgskette schimmern, oder man wandert zu zweit den verschlungenen Pfad zwischen Weinbergen hinauf in den Wald auf dem Hügel, hält ein Schwätzchen mit dem Nachbarn unter der Linde auf dem Vorstadtplatz, besucht Freunde und Verwandte am anderen Ufer, die am Fenster Ausschau halten oder in der Tür stehen, um ihre Gäste zu empfangen; zahlreiche Kirchen laden zur Andacht ein – zum Predigen ist nicht die Zeit; in der Biegung des Flusses, hinter dem verwunschenen Schloß auf der Insel, stehen Kinder am Strand und lassen flache Steine über die glatte Oberfläche des kristallklaren Wassers hüpfen, während hoch oben am azurblauen Firmament ein Vogelschwarm[1] seine keilförmige Bahn zieht.

[1] Philippe Lorentz, Konservator der alten Niederländer im Louvre, beschreibt die Vögel als Wildgänse (Micheline Comblen-Sonkes, Philippe Lorentz, *Corpus des Primitifs Flamands, Musée du Louvre*, Bd. II, Paris 1995, S. 15). Auf Reproduktionen ist der winzige Vogelzug kaum zu erkennen und selbst vor dem Original läßt sich nicht bestimmen, ob es sich um Wildgänse oder Kraniche handelt. Letztere ziehen im Herbst über Burgund nach Spanien. Sie fliegen Tag und Nacht in keilförmiger Bahn. Wenn die Leitkraniche, erschöpft von ihrer anstrengenden Position, von den hintersten Vögeln abgelöst werden, zerfällt unter lautem Gekreische die Keilformation und stellt sich nach dem Matthäus-Motto »Viele Erste aber werden Letzte sein und Letzte Erste« wieder her. Die Bedeutsamkeit des Kranichs als Sinnbild der Klugheit und Wachsamkeit in der christlichen Ikonographie scheint mir dafür zu sprechen, daß es sich bei dem Vogelzug der Rolin-Madonna, der ähnlich im Genter Altar und im kleinen Bildnis der Heiligen Barbara vorkommt, um Kraniche handelt. Zur Symbolik des Kranichs vgl. Donat de Chapeaurouge, *Einführung in die Geschichte der christlichen*

Sehr fern und blaß schwimmt im leuchtend gelben Bereich des Himmels neben dem Kapitell in der ersten Arkade die fast volle Scheibe des Mondes mit ihren schattigen und lichten Zonen.

Das Wunder des Bildes lebt von der Darstellung des Unsichtbaren, der lichterfüllten flimmernden Luft, die mit der des Betrachters zu interferieren scheint. Mit den wechselnden Lichtverhältnissen im Museum verwandelt sich die Atmosphäre des Bildes, und so hat man es mal als Morgen, mal als Mittag, mal als Abend gedeutet.[1] Das Stundenbuch auf dem mit blauem Samt verhüllten Betschemel gibt keinen Hinweis auf die Zeit, denn der Text erweist sich unter der Lupe als Buchstaben-Trompe-l'œil. Aber auf dem Mantelsaum der Madonna sind zwischen Perlen und Edelsteinen mit Goldfäden Worte gestickt, die, bald sichtbar auf der krapplackroten Seide, bald im üppigen Faltenwurf des Stoffes verborgen, zum Marienofficium gehören. Dieses »Matutin« genannte Gebet verherrlicht Maria mit Versen aus dem 24. Kapitel des Buches Jesus Sirach,[2] in dem sich die Weisheit inmitten ihres Volkes selbst lobt: »In der Stadt – von ihm geliebt gleich mir – ließ ich mich nieder, und in Jerusalem ist mein Machtbereich.«

Die Matutin gehört zur achten Stunde der Nacht und wird um zwei Uhr morgens gebetet. Achtstrahlig ist auch

Symbole, Darmstadt (1984) 1991, S. 88.

[1] Vgl. Comblen-Sonkes, Lorentz, *Corpus des Primitifs*, S. 40.

[2] Das Weisheitsbuch Jesus Sirach gehört zu den deuterokanonischen Büchern der Heiligen Schrift. Der Verfasser Ben Sira ist »der letzte Zeuge der jüdischen Weisheit in Palästina. Er ist der hervorragende Vertreter jener *chassidim*, jener Frommen des Judentums (...), die dann ihren Glauben gegen die Verfolger des Antiochus Epiphanes verteidigen und in Israel Inseln des Glaubens bilden. Obwohl das Buch Jesus Sirach nicht in den hebräischen Kanon aufgenommen wurde, wird es im rabbinischen Schrifttum häufig zitiert; im Neuen Testament übernimmt der Jakobusbrief diesem Buche viele Wendungen, und es ist nach den Psalmen das Buch des Alten Testaments, das in der christlichen Liturgie am meisten verwendet wird«. *Jerusalemer Bibel*, Freiburg 1968, S. 832f.

der Stern auf den Marmorfliesen der Halle, der achtmal auf acht Bahnen teils sichtbar, teils von den Gestalten verdeckt ist. Die Pythagoräer setzten das Quadrat der Acht in Beziehung zur himmlischen Weisheit, die das Weltganze so sinnvoll angeordnet hat. Acht Speichen hat das Rad der Fortuna, acht Menschen wurden in Noahs Arche gerettet, acht Seligkeiten verheißt die Bergpredigt, acht ist die Zahl der Wiedergeburt durch die Taufe, der Auferstehung und des ewigen Lebens – am achten Tag beginnt eine neue Zeit.[1]

Der sonnendurchflutete Tag ist zugleich eine *überhelle Nacht*, weshalb auch der Mond am Himmel steht. Seine Sichtbarkeit verdankt sich einer übernatürlichen Konjunktion. Das arkadische Licht, in dem alle Dinge, so fern und winzig sie auch scheinen, ihre besondere Gestalt bewahren, kommt von einer Sonne, die nie untergeht: die Orientierung der Kathedrale verrät, daß die Lichtquelle diesseits des Bildes im Nordwesten liegt, im achten Strahl der Windrose.[2]

Die Rolin-Madonna zeigt die Welt aus einer Perspektive und im Licht Gottes, der sieht, daß es gut ist, wie sich jedes Ding oder Lebewesen seiner Einzigartigkeit freut. Wohl gibt es Schatten, aber keine Finsternis. Dunkelheit ist nicht schwarzes Pigment, sondern das Ergebnis einer Vielzahl transparenter Farbschichten, die den Weg des Lichts in geheimnisvolle Tiefen verzögern. In dieser Welt ist alles vertraut und zugleich anders als

[1] Auch die liegende Acht – Zeichen der Unendlichkeit in der Mathematik – gehört in diese metaphorische Reihe. »Daß Christus am 8. Tage, nämlich am Tage nach dem Sabbat, von den Toten erstanden ist, prägt die meisten Deutungen der Achtzahl.« Heinz Meyer, *Zahlenallegorese im Mittelalter*, München 1975, S. 139. Auch Augustinus bezeichnet die Acht-Zahl als »ewige Seligkeit« oder als »das Reich, das kein Ende hat, so daß die Ewigkeit zeitlich wie räumlich gemeint ist.« Vgl. Chapeaurouge, *Symbole*, S. 75–77.

[2] Ein weiteres Indiz für die nordwestliche Richtung des Lichts gibt der Schatten des Stabes, der den kleinen Mann auf dem Wehrgang auszeichnet.

im wirklichen Leben. In unseren Gärten sind Iris, Akelei und Maiglöckchen verblüht, wenn sich die weißen Trompeten der Madonnenlilie öffnen. Im Mariengarten vor dem Palast blühen Rosen, Päonien und Maiglöckchen, Iris, Akelei und Lilie zur gleichen Zeit.

Das Bild ist eine Aussicht vom himmlischen Jerusalem[1], in dem alle Gegensätze aufgehoben sind; biblische und burgundische Geschichte, Nähe und Ferne, Tag und Nacht, Licht und Schatten bilden eine vollkommene Einheit, in der es keiner Vermittlung bedarf zwischen erlöstem Menschen und sterblichem Gott. »Wohl mochten sich diese Gedanken hervorbringen und verbreiten in der ganzen Weite der runden Sphäre des Denkens, die Ähnlichkeiten sich entsprechen, die Gegensätze sich erklären und auflösen und das Wunder der Klarheit sich unaufhörlich vollenden, und alle Ideen im Lichte einer jeden von ihnen glitzern, wie die Edelsteine – denn das sind sie – in der Krone der einigenden Erkenntnis.«[2] Van Eyck zeigt nicht den Himmel auf Erden, sondern die in den Himmel gehobene Welt, die der wirklichen zum Verwechseln ähnlich sieht. Nur werden die Tore der Stadt »niemals geschlossen; Nacht wird es ja dort nicht geben«[3].

Die Erinnerung an die Vertreibung aus dem Garten Eden, den Brudermord, die Sintflut und die Trunkenheit Noahs ist in die Kapitelle über dem Schädel des Kanzlers

[1] Die Stadt mit ihren zahllosen Kirchen gehört zur messianischen Welt, ist aber selbst nicht das himmlische Jerusalem, die heilige Stadt, von der es in der Offenbarung heißt: »Und einen Tempel sah ich nicht in ihr.« Der Palast stellt das himmlische Jerusalem dar, in dem Gott »und das Lamm« der Tempel ist, wie die Offenbarung verheißt.

[2] Paul Valéry, Ausgabe der *Pléiade*, Hg. Jean Hytier, Paris 1957, Band I, S. 205. Kurz vor seinem Tode im Mai 1945 beschreibt der Dichter »eine Art Engel« in Menschengestalt, der weinend am Rand eines Brunnens sitzt. Er lebt in einer Zeit, in der selbst Engel nur in Verzweiflung am Bild der Weisheit festhalten können, einem Bild, das sich ausnimmt, als habe der Engel der Rolin-Madonna ein halbes Jahrtausend nach seiner Erschaffung das Wort ergriffen.

[3] Offb 21, 25.

gebannt, auf seiten der Himmelskönigin zeigt das Kapitell die Gerechtigkeit des Trajan.[1]

In der Mitte des optischen Quadrats,[2] zwischen Welt und Palast, im Fadenkreuz der Vision des Malers, steht ein Mann in pelzverbrämtem blauem Rock mit rotem

[1] Nach der Interpretation von Panofsky in *Early Netherlandish Painting*; Roosen-Runge deutet die Szene als Darstellung der Königin von Saba vor Salomon, jeder Kunsthistoriker hat seine eigene Deutung. Vgl. Roosen-Runge, *Rolin-Madonna*.

[2] »Die Länge und die Breite, und die Höhe der Stadt sind gleich«, heißt es in der Offenbarung (Offb 21, 16) über das himmlische Jersusalem. Um als Quadrat zu wirken, muß ein Bild höher sein als breit. Weil es dem Auge als Quadrat erscheint, ohne es zu sein, nennt man es *optisches Quadrat*. Eberhard Schenk zu Schweinsberg hat die geometrische Konstruktion eyckscher Bildformate rekonstruiert. Das optische Quadrat der Rolin-Madonna ist nach der Formel h = h 2 + g/2 konstruiert, »zwei Elemente, die in unmittelbarer Wechselwirkung stehen, wie die halbe Breite und die Höhe des gleichseitigen Dreiecks über diesem Maß, ergeben zusammen die Bildhöhe.« (*Bildformat der Brüder Van Eyck*, Limburg 1952, S. 12.)

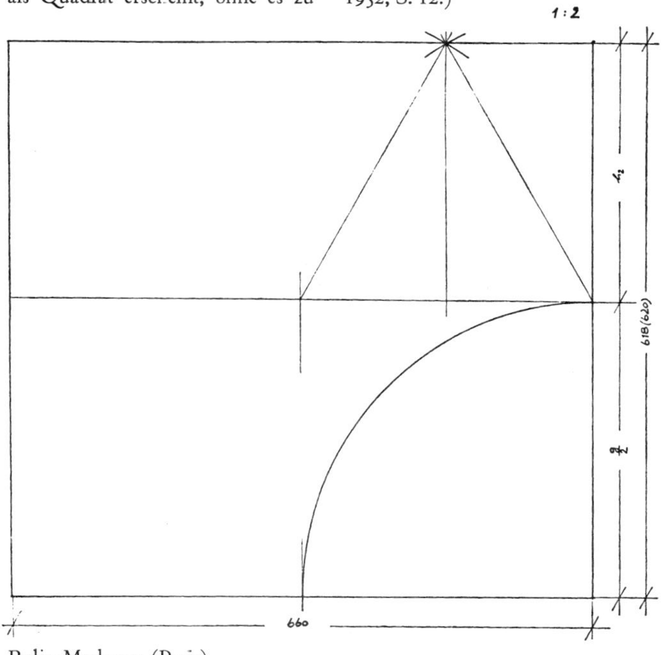

Rolin-Madonna (Paris)

Turban und roten Strümpfen an einer Zinne. Seine Gestalt wirft einen Schatten auf das Gemäuer,[1] von dem sich sein markantes Profil abhebt. Er hält einen Stab in der Hand, an dem man den Hofbeamten erkennt[2], und scheint darauf zu warten, daß sein Bruder sich ihm wieder zuwendet, der – mit schwarzem Turban und in schwarzen Strümpfen – ewig in die Tiefe späht. So steht er mitten im Bild, das er gemalt hat, und riskiert einen Blick aus dem Augenwinkel auf den Betrachter.

Sein Werk hat den Kunsthistorikern viele Rätsel aufgegeben. Über die beiden Elstern auf dem Gartenweg haben sie sich vergeblich den Kopf zerbrochen.[3] Was haben zwei Unheilsvögel, bekannt für ihre diebische und geschwätzige Natur, in einem Garten verloren, der mit seinen Blumen die Tugenden der Jungfrau Maria verherrlicht? Zwar gehören die Elstern zu den Vögeln, die sich

[1] Würde die Sonne, wie manche Kunsthistoriker meinen, gerade im Westen untergehen, dann müßten die Schatten der Gestalten auf dem Wehrgang viel länger sein und in einem größeren Winkel auf das Gemäuer fallen. Vgl. Roosen-Runge, *Rolin-Madonna*, und Elisabeth Dhanens, *Jan van Eyck*, Antwerpen 1980.

[2] Der Hofmaler ist hier an die Stelle des Engels der Offenbarung getreten, der »einen Maßstab (hatte), ein goldenes Rohr, um die Stadt und ihre Tore und die Mauer zu messen«. Zur Bedeutung des Stabes in der christlichen Ikonographie vgl. Chapeaurouge: »Neben dem Lorbeerkranz als Zeichen des ewigen Sieges ist es vor allem der Stab, der einem Menschen Bedeutung verleiht.« (*Symbole*, S. 56.)

[3] Vgl. Roosen-Runge, *Rolin-Madonna*. Die Pfauen auf Wehrgang und Zinne scheinen leichter zu entschlüsseln. Im 15. Jahrhundert galt der Pfau als Paradiesvogel und war Sinnbild der Auferstehung und des ewigen Lebens. In seinem prächtigen Rad sah schon die Antike den gestirnten Himmel gespiegelt, und die Legende von der Unverweslichkeit seines Fleisches hat Augustinus in *Civitate Dei* übernommen. Vgl. auch Manfred Lurker, *Wörterbuch der Symbolik*, Stuttgart 1991. Nach einer französischen Sage stellen Elstern verwandelte Pfauen dar: Einst trugen sie einen goldenen Federbusch auf dem Kopf, ihr Gefieder strahlte in allen Farben und ihr Schwanz war noch länger als der des Pfaus. Hochmütig verspotteten sie den sterbenden Erlöser am Kreuz, setzten sich auf ihn und lachten und schäkerten. Zur Strafe dafür verwandelte der Herr ihr prächtiges Kleid in das schwarzweiße und den vormals herrlichen Gesang in heiseres Gekrächze. Vgl. Ernst und Luise Gattiker, *Die Vögel im Volksglauben*, Wiesbaden 1989, S. 179.

als Paare ein Leben lang treu bleiben, aber ansonsten ist von den Nesträubern nichts Christliches bekannt. Ein *Predigt-Märlein* des Mittelalters erzählt die Geschichte einer Elster, die einem reichen Mann einen Gulden stiehlt, um ihren armen Herrn damit zu beglücken.[1] Die Lust an glänzenden Dingen und das schwarz-weiße Gefieder lassen den Vogel besonders geeignet erscheinen, das Gleichgewicht zwischen arm und reich wenigstens im Märchen herzustellen. Die Infrarot-Reflektographie des Rolinbildes[2] hat unter anderem zwei *Pentimenti* sichtbar gemacht, die die Komposition verändert haben. Wer, wenn nicht Rolin, sollte bewirkt haben, daß der Geldbeutel an seinem Gürtel aus dem Bild verschwand und der gesenkte Arm des Jesuskindes sich zum Segen des Kanzlers erhob? In der Darstellung des Stifters sollte nichts an seine notorische Habgier erinnern. So wird der listige Stratege, als er die Unterzeichnung auf dem Kreidegrund begutachtete, zwei kleine »aber« in ein großes Lob des Malers gehüllt haben. Aber der Geldbeutel, aber der Segen! Der erste mußte getilgt und der zweite herbeigemalt werden. Der undankbaren Welt, die nur auf seinen Beutel schielte und dabei seine segensreiche Staatspolitik, seine barmherzigen Werke und zahllosen Stiftungen übersah, wollte er das makellose Bild seiner Heilswürdigkeit entgegenhalten.[3] Es muß eine wortreiche

[1] Albert Wesselski, *Märchen des Mittelalters*, Berlin 1925, S. 114.

[2] J. van Asperen de Boer, »La Vièrge au Chancelier Rolin de Van Eyck: examen au moyen de la réflectographie à l'infrarouge«, in: *Revue du Louvre*, XL, Paris 1990, S. 37–49.

[3] Der Historiker Hermann Kamp sieht im übermalten Geldbeutel Rolins den Wunsch des Stifters erfüllt, seinen neuadeligen Stand zu verhehlen: »Der Geldbeutel war ein Zeichen, das vor allem die in der Verwaltung tätigen Räte am Hof zu Repräsentationszwecken trugen. (...) Indem der Kanzler den Auftrag gab, den Geldbeutel zu übermalen, ließ er bewußt jenes Zeichen tilgen, das eine Ähnlichkeit mit Bildnissen nichtadeliger oder neuadeliger Ratgeber nahegelegt hätte. Rolin tat einfach so, als ob er schon immer zum Adel hinzugehört habe.« Vgl. H. Kamp, *Memoria*, S. 259. Ohne Kamps Methode zu kritisieren, hat Philippe Lorentz 1994 die Deutung

Tirade gewesen sein. Vielleicht hat der Maler seine Einwände gegen eine Veränderung der Komposition ausgesprochen und den Unmut des Stifters erregt, der sich halb im Scherz mit der Drohung verabschiedete, er könne ihm den Auftrag wieder entziehen, ein gewisser Rogier de la Pasture[1] male auch nicht schlecht.

Die Untersuchung des Bildhintergrundes hat ergeben, daß die zahllosen Details in der Unterzeichnung nicht enthalten sind. Vielleicht sind die Elstern unvorhergesehen ins Bild geflogen, nachdem Rolins Wunsch erfüllt war?

des Beutels als Zeichen des höfischen Beamten widerlegt. Lorentz beruft sich unter anderem auf einen Zeitzeugen, der den Herzog von Burgund 1461 als Träger eines solchen Beutels beschreibt. Vgl. Philippe Lorentz, »Les Rolins et ›les Primitifs Flamands‹«, in: Katalog der Rolin-Ausstellung *La bonne Étoile des Rolins*, Autun 1994, S. 23–29. Kamp unterstellt ein starres Bedeutungsschema: Geldbeutel = Zeichen des höfischen Beamten. Symbole wandeln jedoch ihre Bedeutung mit dem Kontext, ihr Sinn ist niemals an und für sich, sondern nur aus ihrer Beziehung zu anderen Symbolen zu entschlüsseln. Am Gürtel des Verräters Judas bedeutet der Geldbeutel Verrat, der Evangelist Matthäus trägt ihn als ehemaliger Zöllner, Ludwig der Heilige als König einer stabilen Währung. Im Bild der Laster hängt der Beutel am Rock der Hauptsünde des Geizes, in Darstellungen der Temperamente beschwert er den Gürtel des Melancholikers. Als uraltes Symbol des Reichtums und des Geizes wurde der Geldbeutel im 15. Jahrhundert zum festen Attribut saturnischer Darstellungen. Vgl. Klibansky, Panofsky, Saxl, *Saturn und Melancholie*, Frankfurt 1990, S. 408. In einer Abbildung der Chronik des Hennegau sieht man Rolin mit Geldbeutel am burgundischen Hof. Der Kontext des himmlischen Jerusalem ist ein ganz anderer. Im Paradies funktioniert nur der *abwesende* Beutel, wenn die *Anwesenheit* des Trägers nicht in Zweifel gezogen werden soll. Das Nadelöhr in das Reich Gottes ist bekanntlich so beschaffen, daß eher ein Kamel mit zwei Höckern durchkommt, als ein Reicher mit einem Beutel …

[1] So der französische Name Rogier van der Weydens, der ein Jahrzehnt nach van Eyck im Auftrag des Kanzlers das Triptychon für das von ihm gestiftete Hospiz von Beaune malte. Die Rückseite der Altarflügel zeigt den gealterten Rolin mit seiner dritten Gemahlin Guigone de Salins. »Il est bien juste que Rolin, après avoir fait tant de pauvres pendant sa vie, leur laisse un asile après sa mort«, soll Ludwig XI. zur Hospizgründung bemerkt haben. (»Es geschieht ganz recht, daß Rolin, nachdem er zu seinen Lebzeiten so viele arm gemacht hat, den Armen nach seinem Tod ein Asyl hinterläßt.«) Vgl. M. G. Abord, *Nicolas Rolin*, Dijon 1958, S. 28.

Wenn dem so wäre, ließe sich das Rätsel der beiden Räuber im Paradiesgärtlein endlich lösen.

Die Gelehrsamkeit van Eycks, seine Kenntnis antiker Autoren ist durch verschiedene Quellen verbürgt.[1] Manche Bilder enthalten Anspielungen auf Ovid, und so wäre es nicht verwunderlich, wenn sich die tückischen Vögel einer Verwandlung verdankten, die in den *Metamorphosen* beschrieben wird: »Ihr Schicksal beklagend, saßen dort im Gezweig die alles äffenden Elstern.«[2] Bei Ovid sind es ihrer neun. In ihrem »Hochmut der Zahl« erdreisteten sich einst die neun Töchter des *reichen* Pierus, mit ihrem Gesang die Musen herauszufordern. »Schmählich war es wohl, sich zu messen; doch schien uns zu weichen schmählicher noch«, erzählt die himmlische Muse Urania der Pallas Athene. Die Pieriden setzten mit einem klangvollen Lügenlied die Götter herab und priesen den *hundertarmigen* Giganten Typhoeus, »der es gewagt, einen Sitz in des Äthers Höhen zu hoffen«. Als sie den Wettstreit verloren, schmähten sie auch noch die Göttinnen, die sie besiegt hatten. Darauf sprach Kalliope, die schönstimmige Muse: »Weil euch nicht genügt, durch den Wettkampf schuldig geworden zu sein, weil zur Schuld ihr das Schelten noch fügt, und weil auch unsrer Geduld eine Grenze gesetzt ist, so werden jetzt zur Bestrafung wir schreiten und tun, wozu uns der Zorn rät«, und schon wuchsen den spottenden Töchtern des Reichen die Nägel zu Krallen, mit Flaum und Gefieder bedeckten sich ihre Arme, und seit sich ihre Gesichter zu harten Schnäbeln spitzten, bleibt von ihrem Gelächter nur noch ein schackernder Laut. »Jetzt noch haben die Vögel die alte Begabung zu sprechen, krächzende Redseligkeit und endlos Verlangen zu schwatzen.«

[1] Vgl. Dhanens, *Jan van Eyck*, S. 181.

[2] Publius Ovidius Naso, *Metamorphosen*, in deutsche Hexameter übertragen und mit dem Text herausgegeben von Erich Rösch, München, Zürich (1952) 1983, Buch V, 294–678.

So wurde die Überheblichkeit in einen Vogel verwandelt, der die Nester der *Singvögel* ausraubt. Nicht anders mag es den »Töchtern« des reichen Rolin, seinen beiden kleinen »aber«, ergangen sein.[1] Als Verkörperungen seiner krächzenden Kritik wären die beiden Elstern mit ihrer notorischen Habgier, ihrem Zweifel am Heil, ein launiger *Rachezug* aus tieferen geistigen Schichten, der im Bewußtsein des Künstlers die aufgezwungenen *Reuezüge* mit Schwingen versah. Diese Bedeutung der Elstern mußte den Zeitgenossen verborgen bleiben, aber ein gewitzter Betrachter konnte sich sagen: wenn ein Rolin das himmlische Jerusalem bewohnt, dann können auch Elstern in einem Tugendgarten hausen...

Rolin selbst wird sich kaum um so nichtiges Geflügel im Hintergrund gekümmert haben, nachdem er ohne Geldbeutel und mit Gottes Segen »in des Äthers Höhen« dargestellt war. Ohnehin fügte sich das Gefieder der Pechvögel[2] als Fortsetzung der schwarzweißen Fliesensterne mimetisch ins Bild.

[1] Zur Personifikation von Abstracta in der antiken Rhetorik und ihrer *Nachkommenschaft* in Mittelalter, Renaissance und Barock vgl. Ernst Robert Curtius, *Europäische Literatur und lateinisches Mittelalter*, Tübingen, Basel (1948) 11. Aufl. 1993, S. 141–144. »In den mittelalterlichen Lehrgedichten über Tugend und Laster (finden wir) Ansätze zu einer ›Genealogie der Moral‹. Manchmal sind die Verwandtschaftsverhältnisse nicht ganz durchsichtig. Ist Ruhmsucht die Schwester, die Enkelin oder die Tochter der Hoffart?« Ebda.

[2] Nur als Begleitvogel der personifizierten Arithmetik in Darstellungen der sieben freien Künste scheint die Elster kein Unheil zu bringen; vgl. G. Heinz-Mohr, *Lexikon der Symbole*, Düsseldorf, Köln 1971, S. 172. Manchmal steht die Schwarzweiß-Malerei ihres Gefieders auch der »Dame« Rhetorik bei: um 1493 in einem Holzschnitt »Tullius und die Rhetorik«, in: *Katalog der deutschsprachigen illustrierten Handschriften des Mittelalters*, hrsg. von N. H. Ott u. a., Bd. 1, München 1991, Nr. 10.0. Gern läßt sich die Elster in der Malerei auf Galgen nieder oder auf dem Kreuzbalken des verdammten Schächers. In Lasterdarstellungen verkörpert sie Eitelkeit und Verschwendung. Im *Parzival* des Wolfram von Eschenbach wird sie mit dem Zweifel am Heil verglichen: »Schmach und Schmuck zugleich trägt der unverzagte Mann, den zuzeiten Verzagtheit überkommt, er ist wie die Elster weiß

Helldunkel ist das Kleid der Elstern, in den Farben des Regenbogens schillert der Pfau. Ambivalent wie viele Tiere der christlichen Ikonographie, wandelt sich sein Sinn mit der Umgebung. Mal ist er gut, mal ist er böse. Im Paradies verkörpert er die Unsterblichkeit[1], im

und schwarz. Doch mag er sich immerhin getrösten: Himmel und Hölle haben beide Teile an ihm.« (Übers. v. W. Stapel, München 1950.) Einer Legende nach trägt die Elster ihr schwarzweißes Kleid, weil sie bei der Kreuzigung Christi lachte. Vgl. Lurker, *Wörterbuch*, sowie Sachs, Badestüber, Neumann, *Christliche Ikonographie in Stichworten*, München, Berlin 1994. Der lateinische Name der Elster ist *Pica pica*, was sich von Teer/Pech herleitet. Auf französisch heißt der Vogel »pie«, mundartl. auch »agace« (agacer = ursprüngl. »schreien« wie die Elster, dann wurde »reizen, ärgern, plagen« daraus). Bis ins 19. Jahrhundert wurde »pie« im gehobenen Stil auch als Adjektiv in der Bedeutung »fromm, mildtätig, barmherzig« gebraucht: »Faire œuvre pie« = ein frommes Werk tun. Die Elstern ließen sich also auch mit Rolins Stiftungen verknüpfen. Vom Adjektiv »pie« ist heute nur der Sinn »scheckig« übriggeblieben. Wenn man die beiden Bedeutungen in »œuvre pie« übereinanderlegt, kommt das frommscheckige Werk der frommen Lüge sehr nahe. Ganz in diesem Sinn wird die Elster im »Wyngaerden der sele« gedeutet, einem Traktat, das einst dem Joh. Veghe (1431/32 bis 1504) zugeschrieben wurde, das aber vielleicht niederländischer Herkunft ist. Elstern werden darin als weltlich schlaue Leute beschrieben, die ihre bösen Werke dadurch hier auf Erden wettzumachen versuchen, daß sie ebenso viele gute Werke tun. (*Wyngaerden der sele des Johannes Veghe*, ed. Rademacher, Hiltrup 1940, S. 428. Zur Verfasser-Frage vgl. Dietrich Schmidtke, »Bemerkungen zum ›Wyngaerden der sele‹ des Ps.-Veghe«, in: *Verbum et Signum*, Festschrift für Friedrich Ohly, hrsg. von Hans Fromm u. a., München 1975, Bd. II, S. 413–436.)

[1] Der Pfau spiegelt die Auferstehung in zweierlei Zeitspannen. Er kann seine Schleppe *augenblicklich* zum Himmelsrad aufstellen, während die im Herbst verlorenen Schwanzfedern *nach dem winterlichen Intervall* im Frühjahr wieder nachwachsen. Plinius schreibt im 10. Buch der Naturkunde, der Pfau schlafe im Walddickicht auf den Bäumen, weil er sich schäme, wenn er im Herbst die Federn verliere. Erst im Frühjahr könne er sich wieder sehen lassen. Wahrscheinlich rührt daher die Legende der Unverweslichkeit seines Fleisches, aus dem die Federn augenblicklich oder zyklisch *auferstehen*. Die negative Verknüpfung des Vogels hängt sicher mit seinem Gebaren zusammen: »Der hervorstechendste Zug im Wesen des Pfaues ist anmaßliche Herrschsucht, die er nicht bloß seinem Weibchen, sondern auch dem Menschen gegenüber bekundet, und die ihn auf dem Hühnerhof oft unleidlich macht.« *Brehms Tierleben*, Leipzig, Wien 1911, Bd. 7, S. 49.

Diesseits aller Laster Anfang: *Superbia* (Hochmut, Stolz). Sein seraphisches Gefieder ist eine Augenweide, Katzenmusik sein Geschrei für das Ohr. Seit dem *Physiologus* wurde der schrille Schrei des Vogels mit seinen Scharrfüßen in Verbindung gebracht und als Klage gedeutet: »Ist nämlich der Pfau ein ganz entzückender Vogel vor allem Geflügel unter dem Himmel, von prächtiger Farbe und mit lieblichen Fittichen, und schreitet umher hierhin und dorthin und siehet sich selber mit Freuden und plustert sich und windet sich und schaut sich nach sich selber um.

Aber wenn sein Blick auf seine Füße fällt, da schreit er wild klagend auf; denn seine Füße stimmen gar nicht zu seiner sonstigen Gestalt.«

Die allegorische Moral der Geschichte: »Auch du, verständiger Mensch, so du anschaust deine Bestimmung und das Gute, das Gott dir gegeben, freue dich und sei glücklich und frohlocke in deinem Herzen; blickst du aber nach deinen Füßen, das ist: nach deinen Sünden, dann schreie und weine zu Gott, und hasse dein Unrecht wie der Pfau seine Füße.«[1]

Abstoßendes und Anziehendes sind in der Gestalt des Pfaus vereint. Zwischen der himmlischen Entfaltungsmöglichkeit und den sündhaft häßlichen Füßen vermittelt der Schrei; mag er das menschliche Ohr auch beleidigen, so versöhnt er doch das göttliche.[2] Einmal

[1] *Der Physiologus*, übertragen und erläutert von Otto Seel, Zürich, München (1960) 1992, S. 78. »Ein altes italienisches Sprichwort sagt, der Pfau habe die Federn eines Engels, die Stimme eines Teufels und den Tritt eines Meuchelmörders.« *Brehms Tierleben*, S. 49.

[2] Der Bedeutungswandel des Pfaus scheint sich im späten Mittelalter angebahnt zu haben, als der Gesichtssinn dem Ohr den Vorrang streitig machte. Vgl. dazu die ausgezeichnete Studie von Donat de Chapeaurouge, *Das Auge ist ein Herr, das Ohr ein Knecht*, Wiesbaden 1983. Der symbolische Pfau verstummt im Laufe der Zeit. Das Augenmerk gilt kaum noch den Füßen, die gegensätzlichen Bedeutungen drehen sich um ein und dasselbe Rad. Zum eitelsten aller Vögel konnte er erst werden, als der Glaube an die Unsterblichkeit nur noch selbstgefällige Gründe fand. Seither ist die prahlende Balz des Pfaues

im Paradies, hat sich der Schreihals nichts mehr vorzuwerfen.

Drei[1] Pfauen zeigt das Bild in der ersten Arkade auf der Seite des Kanzlers. Von seinem Ärmel verdeckt, scheint der Körper eines Vogels vom Kopf getrennt, wie der des *Argus Panoptes* der griechischen Mythologie. Die Antike verehrte den Pfau als Vogel der Himmelskönigin. Juno, die eifersüchtige Gattin Jupiters, verwandelte die hundert Augen ihres von Merkur überlisteten und geköpften Hirten in »edler Steine Gefunkel«[2] und setzte sie in den Schweif ihres Lieblingsvogels. Die christliche Auslegung Ovids sah in Argus weltliche Fürsten und Hirten der Kirche verkörpert, die mit hundert Augen weise Voraussicht üben und doch getäuscht werden können. »Wer seine Besonnenheit verliert, gleicht einem Pfau ohne Schwanz.«[3]

Keiner der Pfauen des Rolinbildes hat seine Schleppe zu einem Rad aufgestellt. Den Augenschwanz dem Panoptikum zugekehrt, steht ein Pfau auf der Zinne und äugt in Richtung Rolin. Seine klobigen Füße sind deutlich sichtbar. Wie der *Physiologus* erhellt, sind sie kein Hindernis auf dem Weg in die Unsterblichkeit. Die Klage folgt auf den Fuß, wie die Vergebung auf die Klage, wenn nur der Sünder sich von seinem Beutel trennt.

Der Tag des Friedens von Arras war der alljährlich wiederkehrende Festtag des Apostels und Evangelisten Matthäus, den man am Beutel erkennt.[4] »Mit Habgier

in der Vanitas-Symbolik aufgegangen. Füße und Schrei sind vergessen, obwohl man seine lebendigen Artgenossen noch immer *klagen* hört.

[1] Die Symbolik der Drei verweist hier auf die drei Tage vor der Auferstehung, die Christus im Grab verbrachte.

[2] Ovid, *Metamorphosen*, I, 720–724.

[3] Gudrun Schleusener-Eichholz, *Das Auge im Mittelalter*, München 1985.

[4] Die Anwesenheit des Geldbeutels offenbart im Fall des Evangelisten die überwundene Habgier, wie die Abwesenheit des Geldbeutels im Falle Rolins die nur *in effigie* überwundene Habgier verbirgt.

sündigte Matthäus, da er in seinem Geiz unrecht Gut gewann, denn er war ein Zöllner.«[1] Von Christus schnell bekehrt, verwandelt sich seine Gewinnsucht in Freigebigkeit. Demütig bekennt er seine gemeine Herkunft: »›Der Gerechte soll zuerst sein eigener Ankläger sein‹ und nannte sich Matthaeum und einen Zöllner.«[2] Die bösen Drachen, die zu seinen Füßen entschliefen, schmücken den Bogen der mittleren Arkade. Auch seine Predigt nach der Bändigung des Drachen fügt sich ins Bild: »Darnach hub er an und predigte dem Volk von den Freuden des irdischen Paradieses, und sprach, daß es sei höher denn der höchste Berg, und nahe dem Himmel: daselbst sind weder Dornen noch Disteln, da welken die Lilien und Rosen nimmermehr, da ist kein Alter, sondern die Menschen blieben immerdar jung, da klingen die Harfen der Engel, und jeglicher Vogel, den man rufet, kommt alsbald herbei. Aus diesem irdischen Paradiese, sprach er, ward der Mensch vertrieben; doch durch Christi Geburt ist er wieder gerufen worden in das himmlische Paradies.«[3]

So enthält noch das kleinste Detail im Kosmos des Malers einen verborgenen Sinn. »Jan van Eyck entfaltet eine so unbeschreiblich minutiöse Technik, daß die Zahl der im Ganzen enthaltenen Einzelheiten ans Unendliche grenzt. Diese Technik bringt die Homogenität aller sichtbaren Formen zur Vollendung, wie die Infinitesimalrechnung das Kontinuum aller numerischen Größen erreicht. Was in Begriffen meßbarer Größe winzig erscheint, ist als Produkt des infinitesimal Kleinen gleichwohl groß; was in Begriffen meßbarer Größe ziemlich

[1] Der 21. September wurde als Tag des Matthäus seit dem frühen Mittelalter als öffentlicher Feiertag begangen.

Den Hinweis verdanke ich K. Ferrari d'Occhieppo.

[2] Jakobus de Voragine, *Die Legenda aurea*, Heidelberg 1984, S. 725. Die Goldene Legende war das populärste religiöse Volksbuch des Mittelalters.

[3] Ebda., S. 722.

groß erscheint, ist als Bruchteil des unendlich Großen gleichwohl klein.«[1]

Panofskys Interpretation verweist auf Nikolaus von Kues, der mit seinen theologisch-mathematischen Spekulationen den modernen Raumbegriff des *quantum continuum* vorbereitet hat und dessen Philosophie mit der Kunst van Eycks korrespondiert.

[1] Panofsky, *Netherlandish Painting*, S. 181.

Besteht schließlich nicht alle Philosophie darin: so zu tun, als ob sie das nicht wisse, was man bestimmt weiß, hingegen aber genau das wisse, was man bestimmt nicht weiß? PAUL VALÉRY

IV
Mutmaßungen eines Kosmographen

Stoische, platonisch-neuplatonische, nominalistische und mystische Strömungen sind in der cusanischen Philosophie zu einem einzigartigen Gebilde verschmolzen. Wollte man in der Zerstörung der Grundlagen des mittelalterlichen Denkens einen Sündenfall sehen, wofür es am Ende des zwanzigsten Jahrhunderts Gründe gäbe, dann wäre der Franziskaner Wilhelm von Ockham die Schlange am Baum der Erkenntnis gewesen, von dessen Früchten auch der Cusaner gezehrt hat. Im Gegensatz zu anderen Schülern der Schlange hat Nikolaus jedoch über der spaltenden Wirkung der verbotenen Frucht das Paradies nie aus den Augen verloren. Der »unbesiegbare Lehrer«[1], wie man Ockham unter anderem titulierte, bestritt die aristotelische Unterscheidung von himmlischer und irdischer Materie und sprach den Himmelskörpern dieselbe Natur zu wie den vergänglichen irdischen. Hier wie dort sei nicht der mindeste Unterschied. Alles in der Welt und alles über ihr sei kontingent, denn Gott hätte alles auch ganz anders hervorbringen können.

Aus dieser Vereinheitlichung zuvor getrennter Welten, der vollkommenen, einzigartigen, harmonischen und unvergänglichen Sphäre über dem Mond, und der wesenhaft

[1] Ein anderer Lobname war *venerabilis inceptor*, »bewunderungswürdiger Beginner«.

endlichen, zufälligen und ungenauen Erde, ging im zweischneidigen Denken des scharfsinnigen Logikers, skeptischen Philosophen und fundamentalistischen Theologen eine Vielzahl von Trennungen hervor. Er trat für die rigorose Trennung von Kirche und Staat ein, von Philosophie und Theologie, von Vernunft und Glauben, von Wissen und Erfahrung, von Logik und Metaphysik, von Dingen und Begriffen, von intuitiver und abstrakter Erkenntnis. Die Einheit des aus Form und Materie Zusammengesetzten war in seinem System nur schwer unterzubringen, da er Widerspruch so wenig duldete wie sein Gott, den er als bloßen Willen verabsolutierte. Selbst die Kategorie der Relation entrückte er in die Transzendenz. Sein Sparsamkeitsprinzip, »Ockhams Rasiermesser« genannt, das Gebot, die einfachere Erklärung der komplizierteren vorzuziehen, ist eine bis heute gültige Maxime wissenschaftlichen Verfahrens. Seine Definition der Allgemeinbegriffe oder Universalien, denen er außerhalb des Denkens keinerlei Realität zuerkannte – Wirklichkeit komme nur den sinnlich wahrgenommenen und den intuitiv erkannten Einzeldingen zu –, schürte den im 12. Jahrhundert entbrannten und immer weiterflackernden Universalienstreit. Dieser lange Zopf zwischen den »Alten« und »Modernen«, Realisten und Nominalisten um den richtigen Weg, läßt sich bis in unser Jahrhundert verfolgen, in dem die »Ritter vom Rasiermesser«[1] die logische Denkökonomie zur modernen Lebensregel erhoben.

Der Cusaner ging seinen eigenen Weg. Er gehorchte dem Gebot, die Fülle der Welt nicht unnötig zu redu-

[1] William James, *The Will to Believe*, vgl. Edgar Wind, *Kunst und Anarchie*, Frankfurt 1979, S. 97. Die bündigste Anerkennung und Kritik von Ockhams Instrument verdanken wir Ernst Cassirer: »Occams ›Rasiermesser‹ ist sicher ein wertvolles und ein für die gesamte Erkenntnistheorie unentbehrliches Instrument; aber, wenn es an falscher Stelle angesetzt wird, so geraten wir damit in Gefahr, die natürlichen Bänder und Sehnen zu zerschneiden, die den Organismus der Erkenntnis zusammenhalten.« (*Zur modernen Physik*, Darmstadt 1994, S. 191.)

zieren. Es wäre ihm unvorstellbar gewesen, daß man eines Tages über der Zerlegung der Teile das Ganze aus dem Auge verlieren könnte. Mit dem Rücken zur Neuzeit[1] beschwor er die Entfaltung göttlicher Harmonie, Ordnung und Proportion im Überfluß der sublunaren Formen mit einer Eindringlichkeit, als ahne er die Konflikte des Kommenden. Sein Zauberwort war *nexus*, sein Probierstein der *Beryll*, sein Verfahren die *coincidentia oppositorum* und seine Kunst nannte er *Mutmaßung*, was sich von »messen mit dem Sinn« ableitet. Was Ockham ein Jahrhundert zuvor gnadenlos getrennt hatte, verwandelte er in ein »Globusspiel«[2] vor einem unendlichen Verweisungshorizont.[3] Zwar folgte er der »via moderna« in seiner Auffassung der einheitlichen Natur des Universums und des individuellen Wesens der Dinge, aber dann verzweigt sich sein Weg, denn die Dinge können sich selbst nicht genügen. Eines ist die Ratio, etwas anderes der Intellekt. In dieser cusanischen Unterscheidung liegt die Möglichkeit der Versöhnung im Wegestreit. Die Ratio zerlegt, aber der Intellekt begreift das Sinnliche in sich. Es gibt keine unmittelbare Abbildung der Welt. Sehen ist erkennen und »erkennen ist messen«[4]: Weil aber Ungenauigkeit die Welt kennzeichnet, ist Wahrheit im Irdischen nur

[1] Vgl. dazu die brillante Interpretation von Hans Blumenberg, *Aspekte der Epochenschwelle: Cusaner und Nolaner*, Ffm. 1976, und das großartige Werk von Ernst Cassirer *Individuum und Kosmos in der Philosophie der Renaissance*, (Leipzig, Berlin 1927) Darmstadt 1994, das unter anderem die cusanische Toleranz ins Licht rückt, »die aber alles andere als Indifferenz ist. Denn die Mehrheit der Glaubensformen wird jetzt nicht als ein bloßes empirisches Nebeneinander geduldet, sondern sie wird spekulativ gefordert und erkenntnistheoretisch begründet«. (Ebda. S. 31.)

[2] Das *Spiel* des Globus ist seine Umdrehung.

[3] Vgl. Stephan Otto über Nikolaus von Kues in: *Klassiker der Philosophie*, München 1985 und in: *Geschichte der Philosophie in Text und Darstellung*, Stuttgart 1984, Band 3 (Renaissance), sowie ebda. Band 2 (Mittelalter) die luziden Erläuterungen der cusanischen Philosophie aus der Perspektive des Mittelalters von Kurt Flasch.

[4] Nikolaus von Kues (1401 bis 1464), *Über den Beryll*, Hamburg 1987, S. 91.

bedingt zu haben. Alles Unbedingte ist nur in Gott. Der cusanische ist der abstrakteste: Begriff der Begriffe, Form der Formen, absolute Einheit und Dauer, Ursprung und Prinzip alles Seienden. Aller Vergleichbarkeit entrückt, ist er nur im superlativischen Polyptoton[1] oder im Oxymoron zu umschreiben. »Daher ist in ihm das Nichtsein alles was sein kann.«[2] Wir verfehlen das Eine, solange wir es im Verstandesgegensatz zu Vielheit und Nichtsein setzen. Gott ist über allem Einfachen und Mehrfachen, »über aller Bestimmung und Unendlichkeit, gänzlich, überall und nirgends, allförmig und zugleich gestaltlos und völlig unausdrückbar, alles in allem, in keinem Ding nichts, alles und nichts in sich selbst, unversehrt, ungeteilt, auch im Kleinsten und zugleich in nichts von allem.«[3] Er ist die Unsichtbarkeit der sichtbaren Dinge, so wie die Welt die Sichtbarkeit der unsichtbaren Inhalte ist, das *nicht-Andere*, aus dem die Andersheit hervorgegangen ist, wie das Werden aus dem *Können-ist* und die Entfaltung aus dem *Größten-und-Kleinsten-zugleich*, oder der Zufall aus dem, was nicht nicht sein kann: die absolute Notwendigkeit, denn die Welt ist nicht zufällig von Gott.[4]

Zwischen dem 24. November 1437 und dem 8. Februar des folgenden Jahres, auf der Rückreise von Konstantinopel nach Venedig, als Begleiter des Kaisers der Griechen und des Patriarchen mit 28 Erzbischöfen der Ostkirche zu Unionsverhandlungen mit dem Papst in Ferrara, wurde Cusanus der Zusammenfall der Gegensätze *bei stürmischer See* offenbar. Ob Ost oder West, hoher Würdenträger oder Schiffsjunge, sie waren alle

[1] Das *superlativische Polyptoton* (das Buch der Bücher, das Lied der Lieder etc.) kommt nicht aus der klassischen Rhetorik, sondern ist eine der hebräischen Sprache eigentümliche Stilfigur der Überbietung. Vgl. Jorge Luis Borges, *Gesammelte Werke*, München 1981, Bd. 5/II, S. 151.

[2] Nikolaus von Kues, *Gespräch über das Seinkönnen*, Stuttgart 1990, S. 59.

[3] Ebda.

[4] Die *kursiv* gesetzten Worte sind cusanische Umschreibungen Gottes.

gleich weit entfernt von der eigenen wie der fremden Welt und auf dem schwankenden Boden eines Schiffes ohne Unterschied dem Zorn der Elemente ausgeliefert. »Gott wird im Nichtwissen erkannt, d.h. im Unbegreiflichen, im Schatten, in der Finsternis und im Unbekannten (...) als Etwas, in dem die Gegensätze zusammenfallen, die Bewegung und die Ruhe, so daß sie nicht getrennte Begriffe, sondern über aller Zweiheit und Andersheit sind.«[1]

Was sich vom Nichts nicht unterscheidet, weil es alles ist, was sein *kann*, läßt sich mit dem Verstand nicht erfassen. In der Existenz des cusanischen Schöpfers liegt seine Nicht-Existenz beschlossen: der verborgene Gott kann *nicht zum Vorschein kommen.*[2] »Zufälligerweise« hat sich die Einheit in einer gewissen Vielheit entfaltet. Die Vielheit der Dinge entsteht daraus, »daß Gott im Nichts ist. Denn nimm Gott von der Schöpfung und es bleibt nichts. Nimm die Substanz von einem Zusammengesetzten, und es bleibt kein Akzidens, und somit bleibt nichts. Wie sollte unsere Vernunft dies bewältigen? Denn wenn auch das Akzidens vergeht bei der Aufhebung der Substanz, so ist das Akzidens doch nicht nichts.«[3]

Als Ursprung aller Dinge steht Gott in keinem Verhältnis zur Welt. Das Wort der Worte, Ursache von Sprache schlechthin, das auf kein anderes Wort verweist, ist im Sinnlosen angesiedelt. Ewiges Sein kann nicht werden, und da »jedwede Möglichkeit« sich durch die Verwirklichung einschränkt, gibt es in einer »unendlichen Wirklichkeit« keinerlei Möglichkeit. So läßt sich aus den cusanischen Spekulationen die Umkehr lesen: Nimm die Schöpfung von Gott und es bleibt nichts als der Ursprung des Nichts.

[1] Nikolaus von Kues, *Seinkönnen*, S. 60.

[2] *ex(s)istere* heißt wörtlich: »herauskommen, zum Vorschein kommen«.

[3] Nikolaus von Kues, *Die belehrte Unwissenheit*, Hamburg 1977, II, S. 29.

Ohne Bezug auf seine Geschöpfe läßt sich Gott nur in der Verneinung erfassen. Alle positiven Namen sind »Ausfaltungen der eingefalteten Fülle des einen unaussprechlichen Namens. Und weil dieser eigentliche Name unendlich ist, deshalb schließt er in sich eine unendliche Zahl solcher Namen von einzelnen Vollkommenheiten. So können der ausfaltenden Bezeichnungen viele sein und doch nie so viele und so umfassende, daß ihre Zahl sich nicht vermehren ließe. Jeder von diesen Namen verhält sich zum eigentlichen unaussprechlichen Namen wie Endliches zum Unendlichen.«[1]

Die unendliche Ursache der Schöpfung ist wesenlos. Man muß sich vor Augen halten, »daß der Begriff des unendlichen Wesens viel ärmer ist als der des endlichen. Man versuche sich einen ›Gott‹ von unendlicher Begabung vorzustellen, und man wird finden, daß er – wie der Lockesche Affe – identische Sätze rezitiert. Wirkliche Erkenntnis kann es für ihn nicht geben, da bei seiner Allwissenheit jede Einsicht eine Spiegelung ist. Auch wirkliche Handlung kann es für ihn nicht geben, da bei seiner Allmacht jeder Akt eine Metamorphose ist. Man kann sich einen solchen Gott immer nur spielend denken, aber nicht einmal ernsthaft spielend wie einen Künstler; denn auch Schönheit würde sich für ihn niemals verwirklichen, da er sich der Vollendung einer Gestalt, wie sie ein Künstler in ein Stück Marmor hineinsieht, stets vergewissern könnte, ohne sie erst, wie dieser, aus dem Stein heraushauen zu müssen. Dieses göttliche Wesen, das mehr als Mensch sein soll, erweist sich bei näherem Zusehen als ein halber Mensch – als eine Fiktion, die dadurch entsteht, daß man vom Menschen diejenige Seite abzieht, die die Ernsthaftigkeit seines Daseins ausmacht. Für den Menschen haben Entscheidungen Folgen, da er damit in die Wirklichkeit eingreift und dem Schicksal alles Wirk-

[1] Ebda., Buch I, S. 107.

lichen, geschichtlich zu werden, verfällt. (...) ›Erfahrung‹ ist für einen Gott ein sinnloser Begriff; für ein Tier, das die Ambitionen und Verlegenheiten der Intelligenz nicht kennt, ist es ein biologischer Prozeß der Gewöhnung. Für den Menschen aber ist Erfahrung Erprobung durch Verwirklichung, d. h. Geschichte. Daher gibt es nur für ihn – im strengen Sinne des Wortes – ›Erinnerung‹.«[1]

Nur in einer unabgeschlossenen Welt ohne endgültige Wahrheit kann es Erinnerung geben, und wo nichts mangelt, da ist auch kein Begehren. In einer kühnen Wendung hat Cusanus die inhaltliche Unfaßbarkeit Gottes auf die Gestalt des Universums übertragen. Seine Häresie ging über den Pantheismus, den man ihm zu Unrecht vorwarf,[2] weit hinaus und war in seiner tiefen Gläubigkeit bestens aufgehoben. Zwischen den Zeilen liest sie sich so: Gott ist aus der Schöpfung als Prinzip und *unerreichbares* Maß der Vollendung hervorgegangen.

Die Bedingung für den Reichtum der Natur ist im Unsteten, Eingeschränkten, Wandelbaren und Zusammengesetzten verborgen. *Kein Lebendiges ist Eins, immer ist's ein Vieles.* In bester heraklitischer Tradition sah Cusanus reine Gegenwart, vollkommene Ruhe und identisches Sein in der fließenden Welt als schiere Unmöglichkeiten an. Selbst in der Ruhe des Todes ist kein Stillstand. So können wir nicht wissen, »daß etwas schlechthin vergänglich ist, wohl aber hinsichtlich dieses oder jenes Seinsmodus, wenn die in einem Individuum gleichsam verschränkten Einflüsse sich auflösen, so daß dann zwar der Modus so oder so zu sein zugrundegeht, ohne daß für den Tod Platz wäre, wie Vergil sagt. Der Tod scheint nämlich nichts anderes zu sein, als daß das Zusammengesetzte sich in seine Bestandteile auflöst.«[3] Auch das *nunc*,

[1] E. Wind, *Das Experiment und die Metaphysik*, Tübingen 1934, S. 35 f.

[2] Die cusanische Welt ist pan*en*theistisch, Gott ist in ihr gegenwärtig und abwesend wie in einem Spiegel.

[3] Nikolaus von Kues, *Unwissenheit*, Buch II, S. 105.

verstanden als das Sein der Zeit, ist im Irdischen nicht zu haben. Wie alles, was wir sehen, Vergangenheit ist, können wir von der Zukunft nicht *jetzt* sagen. Das Sein selbst aber geht dem Denken voraus, wie das Licht dem Sehen. Alles ist, bevor es erkennbar ist. »Was erfaßt wird ist darum nicht das Ding selbst, sondern dessen Ähnlichkeiten, Bilder und Zeichen. Also gibt es von der Seinsweise kein Wissen, mag auch mit höchster Gewißheit geschaut werden, daß es eine solche Weise gibt.«[1]

Cusanus wäre nicht Cusanus gewesen, wenn er die Unerreichbarkeit des Seins beklagt hätte. Sein Schöpfer ist nicht der Willkürherrscher Ockhams, dem selbst Täuschungen zuzutrauen sind, sondern Mathematiker und Künstler, dessen Gaben in allem Seienden eingefaltet sind, wie die Dauer im Augenblick, die Ruhe in der Bewegung, die Einheit in der Mannigfaltigkeit, die Identität in der Verschiedenheit. »Wer sollte diesen Künstler nicht bewundern, der auch bei den Sphären, Sternen und Sternregionen solche Kunst anwendet, daß ohne letzte Genauigkeit sich die Harmonie aller mit der Verschiedenheit aller verbindet.«[2] Da absolute Präzision und Stabilität keinen Ort in der Wirklichkeit haben, kann die Erde weder vollkommen rund noch unbeweglich sein. Zwar bildet sie nicht mehr das Zentrum des Alls, aber sie ist in den Rang eines Sterns erhoben, der Sonne und den Fixsternen ebenbürtig. Das unbegrenzte Universum hat überall seinen Mittelpunkt und nirgends seine Peripherie. Es ist überall von den gleichen Gesetzen endlicher Unendlichkeit beherrscht, die nicht in den Dingen selbst gründet, sondern in ihrem Verweisungszusammenhang.

Letzte Genauigkeit kommt weder den Sternen noch den Menschen zu. »Die Erfassung des Wahren läßt sich nämlich stets vermehren, aber nie ausschöpfen.«[3] Das

[1] Nikolaus von Kues, *Kompendium*, Hamburg 1982, S. 3.
[2] Nikolaus von Kues, *Unwissenheit*, Buch II, S. 113.
[3] Nikolaus von Kues, *Mutmaßungen*, Hamburg 1988, S. 3 und 5.

Denkvermögen übt sich in der Kunst der Mutmaßung und erzeugt »Wahrähnlichkeiten«. Jedem Lebewesen sind andere Welten gegeben: »Je andere Erkenntnisbilder schöpft die Ameise, der Löwe, die Spinne, die Kuh, so wie verschiedene Bäume aus dem gleichen Erdboden verschiedene Nährstoffe schöpfen, jeder den seiner Natur entsprechenden.«[1] Alles besteht aus entgegengesetzten Komponenten in gradweiser Verschiedenheit. Jedes einzelne Seiende erachtete Cusanus als je einmalige Entfaltung Gottes, als lebendigen Spiegel des Universums. Alles ist in allem und jedwedes in jedwedem – »quodlibet in quodlibet«[2]. Staunenswert und bewunderungswürdig erscheint die liebevolle Verknüpfung der verschiedenen Dinge, die Einheit in der Vielfalt. Überall offenbart sich die unvergleichliche Vollkommenheit des Schöpfers auf die gleiche veränderliche Weise. »Daraus folgt, daß jedes Geschöpf vollkommen ist, auch wenn es im Vergleich zu einem anderen weniger vollkommen erscheint.«[3]

Wie der Schöpfer sich in der Natur entfaltet hat, so wird der Mensch durch Nachahmung der Natur zum Künstlergott. »Der Mensch ist also Mikrokosmos oder eine menschliche Welt. Der Bereich der menschlichen Natur umfaßt in seiner menschlichen Möglichkeit Gott und das Weltall. Der Mensch kann also ein menschlicher

[1] Nikolaus von Kues, *Kompendium*, S. 21.

[2] Nikolaus von Kues, *Unwissenheit*, S. 36f. Als Substantiv bezeichnet *Quodlibet* im Sinne von »was beliebt« auch eine humoristische musikalische Form, in der verschiedene Lieder unter Beachtung kontrapunktischer Regeln gleichzeitig oder in Teilen aneinandergereiht gesungen werden. Ein Quodlibet ist also gleichsam ein Wechselspiel musikalischer Ausfaltung und Einfaltung. Es fügt sich gut in eine Philosophie, die die Natur als *komponierte* Oper Gottes betrachtet.

[3] Nikolaus von Kues, ebda., S. 21. In allem Teilbaren ist ein Quentchen Unteilbarkeit eingefaltet, das ist seine Ähnlichkeit mit Gott. Alles begreift ein *Nichtanderes* in sich und entfaltet seinen Sinn erst, indem es auf ein Anderes verweist. Die eingefaltete Ähnlichkeit erzeugt in der Entfaltung die Unterschiede. »Alle Gestalten sind ähnlich und keine gleichet der andern«, sagt Goethe vierhundert Jahre nach Cusanus.

Gott sein, und wie auf menschliche Weise Gott, so kann er auch ein menschlicher Engel, ein menschliches Tier, ein menschlicher Löwe oder Bär oder jedes andere sein. Innerhalb der menschlichen Natur existiert alles auf seine Weise. In der menschlichen Natur ist also alles auf menschliche Weise ausgefaltet wie im All auf allgemeine Weise.«[1]

Das Allgemeine ist selbst kein Sinnesding, es ist durchaus eine Denkfigur, aber es ist in den Dingen nicht ein Anderes als im Denken. Geist und Welt stimmen in ihrer Struktur überein. »Indem sie erschafft, gelangt (die menschliche Natur) nicht aus sich heraus, sondern indem sie ihre Kraft entfaltet, gelangt sie zu sich selbst. Auch bewirkt sie nichts Neues, sondern alles was sie durch Ausfaltung schafft, erfährt sie dabei als schon in sich gewesen.«[2]

Mag auch der Wesensgrund aller Dinge unfaßbar bleiben, ist doch die Seele ein auf die Wahrheit angelegter Spiegel. Mag auch alle Erkenntnis asymptotisch sein, so können wir doch mit unseren Sinnen, der Einbildungskraft und Intelligenz die mannigfaltigen Erscheinungen der Welt *rekonstruieren*. Jede Kunst gründet in der Beobachtung der Natur und erzeugt Ähnlichkeit. Das Sehen ist in der Schöpferphilosophie des Cusaners die assimilierende Kraft, die das Erkennen ermöglicht. Als Gleichnis eines vollendeten Lebewesens, dem Sinn und Einsicht gegeben sind, beschreibt der Kardinal den Kosmographen, »der eine Stadt mit fünf Toren, nämlich den Sinnen, besitzt, durch welche Boten aus der ganzen Welt eintreten und vom gesamten Aufbau der Welt berichten, und zwar in folgender Ordnung: Die Boten, welche von Licht und Farbe in der Welt Neues bringen, treten durch das Tor des Gesichtssinnes ein; die von Laut und Stimme durch das Tor des Gehörs; die von Gerüchen durch das

[1] Nikolaus von Kues, *Mutmaßungen*, S. 171.
[2] Ebda.

Tor des Geruchssinnes; die von Geschmack durch das Tor des Geschmackssinnes; und die von Wärme, Kälte und anderem Tastbarem künden, treten durch das Tor des Tastsinnes ein. Der Kosmograph sitzt da und zeichnet alle Berichte auf, damit er die Beschreibung der gesamten sinnlichen Welt aufgezeichnet hat. Wenn aber ein Tor seiner Stadt, z. B. das des Gesichtssinnes, immer verschlossen blieb, wird die Beschreibung der Welt mangelhaft ausfallen, weil die Boten des Sichtbaren keinen Eingang fanden. Denn die Beschreibung wird nichts erwähnen von Sonne, Sternen, Licht und Farben, nichts von den Gestalten der Menschen, Tiere, Bäume und Städte und nichts vom größeren Teil der Schönheit der Welt. (...) Dasselbe träfe bei den übrigen Sinnen zu. Daher bemüht sich der Kosmograph mit allem Eifer, alle Tore offenzuhalten und ständig die Berichte von immer neuen Boten zu vernehmen und seine Beschreibung immer wahrer zu gestalten.

Wenn er schließlich in seiner Stadt eine Gesamtaufnahme der sinnlichen Welt fertiggestellt hat, trägt er sie, um ihrer nicht verlustig zu gehen, in rechter Ordnung und in den entsprechenden Größenverhältnissen auf eine Karte ein. Sodann wendet er sich dieser Karte zu, entläßt die Boten für die Folgezeit und schließt die Tore. Nun lenkt er seinen inneren Blick zum Schöpfer der Welt, der nichts von alledem ist, was der Kosmograph durch Vermittlung der Boten verstand und aufzeichnete; er ist vielmehr der Werkmeister und die Ursache von allem. Nach der Auffassung des Kosmographen verhält er sich in vorgängiger Weise so zur ganzen Welt, wie er selbst als Kosmograph zur Karte, und entsprechend dem Verhältnis der Karte zur wahren Welt betrachtet er in sich selbst als dem Kosmographen den Schöpfer der Welt und schaut so mit seinem Geiste die Wahrheit im Bilde und im Zeichen das Bezeichnete.«[1]

[1] Nikolaus von Kues, *Kompendium*, S. 31 und 33.

Die Mathematik ist das Fangnetz, mit dem man die Werke Gottes erjagt. Wenn wir uns vorstellen, der cusanische Kosmograph würde nicht nur Geometrie und Geographie beherrschen, sondern auch die Technik der Ölmalerei, dann könnten wir in dem Gleichnis Jan van Eyck erkennen, wie er nach seinem Motto: »Als ich chan«[1], in dem die Gegensätze von Stolz und Demut ineinsfallen, die Fülle der Welt in einer *mappa mundi* zusammenfaßt.

[1] »Wie ich kann«, im Sinne von »So gut ich kann«. Van Eyck hat seine flämische Devise oft in griechischen Lettern wiedergegeben.

In den Größenverhältnissen der Welt, so scheint es mir, gibt es einen feinen Punkt, wo sich Phantasie und Wissen treffen, einen Punkt, den man erreicht, wenn man Großes verkleinert und Kleines vergrößert, und der seinem Wesen nach künstlerisch ist.

VLADIMIR NABOKOV

V
Die unendliche Stube

Die Wahrnehmung der Bilder van Eycks wiederholt den Prozeß ihrer Entstehung. Man muß die Tore aller Sinne offenhalten, will man die Seinsfülle einer Rolin-Madonna ermessen. Aber sobald man zurücktritt, um die Einheit in der Vielfalt zu erfassen, entziehen sich die Einzelheiten mit der gleichen Notwendigkeit, mit der das Ganze nicht wahrgenommen werden kann, solange man sich im Detail verliert. Die Diskontinuität zwischen Nähe und Ferne verlangt, die Tore zu schließen. Erst im »inneren Nacherleben, nicht in der direkten Anschauung, enthüllt sich uns ganz die Struktur dieser im Bild wiedergegebenen Welt.«[1]

Zu den verlorenen Bildern van Eycks, die nur durch die enthusiastische Beschreibung Fazios überliefert sind, gehört die Darstellung einer Badestube, in der Frauen von außerordentlicher Schönheit aus dem Bade steigen, die intimeren Stellen des Körpers schamhaft mit zartem Linnen verhüllt, während ein Hündchen das verschüttete Wasser vom Boden aufschleckt; mit augentäuschender Kunst sind die Schweißperlen auf der welken Haut einer Greisin gemalt und die Flamme einer Laterne, die den Anschein erweckt, als würde sie wirklich brennen; ein

[1] Heinz Roosen-Runge, *Rolin-Madonna*, S. 21.

Fenster gibt den Blick auf die Außenwelt frei, auf Pferde und winzige Menschlein, in der Ferne Berge, Wälder, Dörfer und Schlösser, »die mit solcher Kunst gemalt sind, daß man meinen könnte, das eine sei vom anderen fünfzig Meilen weit entfernt«[1]. Als das Wunderbarste an diesem Werk aber preist Fazio den Spiegel, der nicht nur den Rücken einer einzelnen Frau zeigt, die dem Betrachter Gesicht und Brust zuwendet, sondern den ganzen Raum, mit allem was darinnen ist, reflektiert.

Ein solcher Konvexspiegel ermöglicht auch im Interieur des Arnolfini-Paares[2], den Raum mit allem was darinnen ist von einer verborgenen Seite zu sehen. Wie ein wirklicher Spiegel sprengt er die Grenzen des Bildraumes und wie ein magischer die Grenzen der Zeit. Gleichsam aus dem Diesseits der Darstellung ist die Gegenwart des Malers und eines weiteren Augenzeugen der Vermählung gespiegelt: Man sieht sie eben zur Tür hereintreten. Virtuell ist also der Betrachter mitreflektiert, wenn er sich auch hinter den Gestalten im Vorraum nicht erkennt. Auf dem Rahmen des Spiegels erinnern zehn farbige Miniaturen unter gewölbtem Glas an die Passionsgeschichte Christi. So hat der Maler in einem spiegelnden Auge mit Rahmen[3] Vergangenheit, Gegenwart und Zukunft zusammengefaßt. Seine Bilder zeigen die Welt wie durch den Beryll betrachtet, jenes zugleich konkav und konvex geschliffene Augenglas, das der alte Cusanus beschreibt, ein glänzender weißer und durchsichtiger Kristall, durch den man erkennt, wie das Größte mit dem Kleinsten koinzidiert.[4]

Es ist nicht auszuschließen, daß der Kardinal auf einer seiner zahlreichen Reisen, sei es in Burgund oder in Italien,

[1] Vgl. oben, S. 13, Fußnote[2].

[2] Das Bild der sogenannten Arnolfini-Hochzeit von 1434 hängt in der National Gallery in London.

[3] Der Konvexspiegel im Rahmen hat einen Durchmesser von fünf Zentimetern.

[4] Vgl. Nikolaus von Kues, *Über den Beryll.*

Bilder van Eycks gesehen hat. Als er 1453 *Vom Sehen Gottes* schreibt, gehen seine Spekulationen von einem Bildnis Rogier van der Weydens[1] aus, das er aus Brüssel kannte. In diesem Spätwerk schildert der Kardinal das göttliche Auge als sphärischen Spiegel, der alles im Umkreis und zugleich jeden Einzelnen sieht. »Ich erblicke jetzt in dem Bilde, wie in einem Spiegel, das ewige Leben.«[2]

Zu diesem Zeitpunkt war das, was an van Eyck sterblich war, längst beigesetzt – das genaue Todesdatum auf der Grabplatte war nach einigen Jahrzehnten durch die Füße der Kirchgänger abgetragen. Aus Dokumenten des Pfarramtes geht hervor, daß er an einem Tag im Juni 1441 gestorben ist.

Cusanus hat die Niederschrift der *docta ignorantia* nach seiner Rückkehr aus Konstantinopel und Ferrara im Februar 1440 in Kues beendet. Eine größere Verbreitung hat seine Lehre erst Jahrzehnte später durch den Buchdruck gefunden.

Immer wieder wurde von historischer wie kunsthistorischer Seite versucht, die Malerei van Eycks philosophisch einzuordnen. Mal hat man in ihm einen Schüler des *doctor christianissimus* Jean Gerson[3] gesehen, der zwischen den verschiedenen mittelalterlichen Strömungen vermittelnd wirkte, mal wurde der nominalistische Einfluß betont. Obwohl man sich kaum einen Denker vorstellen kann, dem die Versöhnung des Sinnlichen mit dem Intelligiblen weniger am Herzen lag als Wilhelm von Ockham, hat man den »großen Jan« sogar zum Ock-

[1] Das Selbstportrait Rogier van der Weydens ist nicht erhalten. Vgl. Chapeaurouge, *Das Auge*, 3. Kapitel.

[2] Nikolaus von Kues, *Über das Sehen Gottes*, zit. nach *Geschichte der Philosophie*, Bd. 2, S. 513. Vgl. dazu auch Blumenberg, *Cusaner*, S. 98.

[3] Jean Gerson (1363–1429) lehrte in Brügge und als Kanzler der Universität in Paris. Als gemäßigter Mystiker und »aufgeklärter Intellektueller« wunderte er sich über die herrschende Sittenlosigkeit: »Ich weiß nicht, was ich sagen soll; fortwährend werden Predigten gehalten, aber immer vergebens.« Vgl. Huizinga, *Herbst*, S. 342.

hamisten gemacht.[1] Aus der Perspektive eines Mediävisten sind Gerson und Cusanus Geistesverwandte, ein Renaissanceforscher würde darauf hinweisen, daß der französische Verteidiger der modernen Devoten in einem Vergleich des Künstlers mit dem Schöpfer nichts als Hochmut gesehen hätte.[2]

Die Malerei illustriert nicht das Denken und erst als es nichts mehr zu sehen gab, war die Kunst auf die Philosophie angewiesen. Die Bilder van Eycks sind in einem Licht und einer Perspektive gemalt, die den Erkenntnissen seiner Zeit weiter vorauseilen, als er selbst ermessen konnte – nicht anders als die kühnen, weit über das Jahrhundert hinausweisenden Spekulationen des Cusanus, die ihre Wirkung entfalteten, als sein Name längst vergessen war.[3] Seine Philosophie im Licht van Eycks zu lesen, obwohl Maler und Kardinal nichts voneinander wußten, kann nur dem abwegig erscheinen, der am *cogito*

[1] Mit Bedauern widerspreche ich in diesem einen Punkt dem Historiker Georges Duby, *Grundlegung des neuen Humanismus*, Genf 1966, S. 211; vgl. dazu Blumenberg, der den Nominalismus anders beurteilt als Duby: »Das Allgemeine verlor zwar seine konstitutive Bedeutung, aber das Reich des Konkreten wurde dadurch keineswegs aufgewertet, sondern zum amorphen Meer der Einzelheiten, auf dem der Begriffe schaffende Verstand sich Kennmarken der Orientierung setzen mußte.« (*Cusaner*, 76). Die offenkundigste Fehleinschätzung der flämischen Malerei des 15. Jahrhunderts geht auf Huizinga zurück; seinem melancholischen Blick stellt sich die Malerei der Brüder van Eyck als dekadentes »Wuchern der Form über die Idee« dar, seine Verkennung ging so weit, daß er vom »Versagen« auf der teleskopischen Ebene sprach; *Herbst*, S. 365, 454f.

[2] Ebda., S. 273 und 382.

[3] Der Physiker, Naturphilosoph und Wissenschaftshistoriker Pierre Duhem (1861–1916) hat die Schriften des Cusaners mit den von Leonardo überlieferten verglichen und kam zu dem Schluß, daß der *Naturforscher* Leonardo von der cusanischen Philosophie beeinflußt war – den Maler ließ er dabei außer acht. (Pierre Duhem, *Études sur Léonard de Vinci: Ceux qu'il a lus et ceux qui l'ont lu*, Paris 1906, 1984.) Auch Dürers Selbstbildnis von 1500 wurde mit Cusanus in Verbindung gebracht. Vgl. Werner Beierwaltes, *Visio Facialis – Sehen ins Angesicht*, München 1988. Vgl. auch Dieter Wuttke, *Dazwischen. Kulturwissenschaft auf Warburgs Spuren*, Baden-Baden 1996 (Register).

Descartes festhält, einem folgenreichen Trugschluß des 17. Jahrhunderts, der in der cusanischen wie der eyckschen Auffassung von Kosmos, Logos und Mensch zwar nicht bedacht, aber doch als Möglichkeit mit enthalten war.[1]

Die kränkende Erkenntnis, daß die Welt nicht den Mittelpunkt des Universums bildet, fand ihre Kompensation in der Aufwertung des Individuums. »Wo immer einer sich befindet, er glaubt sich im Mittelpunkt«, schreibt Cusanus im zweiten Buch der *docta ignorantia*[2]. Dem Raumkontinuum entspricht die Äquivalenz aller Betrachtungspunkte. »Die Entdeckung des Fluchtpunkts, als des Bildes der unendlich fernen Punkte sämtlicher

[1] »Ein Maler, der seine Grammatik kennt und der seinen Satzbau zur äußersten Vollendung treibt, ohne ihn zu brechen, der ihn aufs getreueste nachzeichnet nach dem, was er sieht, überträgt, ob er will oder nicht, auf sein Bild das, was der erleuchtetste Geist seiner Zeit erdacht hat oder im Begriff ist zu erdenken.« Paul Cézanne, *Über die Kunst*, Hamburg 1957, S. 28. Man muß weder den »Zeitgeist« einspannen, noch die Mystik bemühen, wenn man die Korrespondenzen zwischen dem größten Maler und dem größten Denker der Zeit erklären will. Van Eyck und Cusanus stehen in der gleichen Tradition, die in der Antike wurzelt. Beider *besonnenes* Werk ist einer düsteren Zeit abgetrotzt. Jean Paul sah in »göttlicher Besonnenheit« eine wesentliche Kraft des Genius. »Die innere Freiheit der Besonnenheit wird für das Ich durch das Wechseln und Bewegen großer Kräfte vermittelt und gelassen, wovon keine sich durch Übermacht zu einem After-Ich konstituiert.« *Vorschule der Ästhetik*, Hamburg 1990, S. 57. Bei Lewis Carroll erscheint die Besonnenheit als »vollkommen ausbalancierter Sinn«. Der Mathematiker und Dichter erkannte darin »die seltenste aller Gaben«. Sein zerrissenes Leben erhellt, daß »a perfectly balanced mind« keineswegs dem entspricht, was man ein ausgeglichenes Wesen nennt. Nur bei seismographischer Wahrnehmung minimaler Schwankungen kann sich ein ausbalancierender Sinn entwickeln. Jean Paul unterscheidet deshalb die »gemeine geschäftige, nach außen gerichtete Besonnenheit« von der »höheren«, nach innen gerichteten, die allein dem Werk zugute kommt. Auch das Leben des deutschen Kardinals im Dienst der römischen Kurie war alles andere als harmonisch. Der Tod machte die Zerrissenheit des großen Versöhners offenbar: auf seinen Wunsch wurden die Gebeine in Rom und das Herz in Kues beigesetzt. Vgl. dazu Lewis Carroll, *Die Jagd nach dem Schnark*, Frankfurt 1968, S. 8–11, und Erich Meuthen, *Nikolaus von Kues*, Münster 1992.

[2] *Unwissenheit*, S. 93.

Tiefenlinien, ist gleichsam das konkrete Symbol für die Entdeckung des Unendlichen selbst«[1] und steht in einem unlösbaren Zusammenhang mit der Ermächtigung des Subjekts. Die Zentralperspektive »ist ihrer Natur nach gleichsam eine zweischneidige Waffe: sie schafft den Körpern Platz, sich plastisch zu entfalten und mimisch zu bewegen – aber sie schafft auch dem Lichte die Möglichkeit, im Raum sich auszubreiten und die Körper malerisch aufzulösen; sie schafft Distanz zwischen dem Menschen und den Dingen (...) – aber sie hebt diese Distanz doch wiederum auf, indem sie die dem Menschen in selbständigem Dasein gegenüberstehende Ding-Welt gewissermaßen in sein Auge hineinzieht; sie bringt die künstlerische Erscheinung auf feste, ja mathematisch-exakte Regeln, aber sie macht sie auf der anderen Seite vom Menschen, ja vom Individuum abhängig, indem diese Regeln auf die psychophysischen Bedingungen des Seheindrucks Bezug nehmen, und indem die Art und Weise, in der sie sich auswirken, durch die frei erwählbare Lage eines subjektiven ›Blickpunktes‹ bestimmt wird. So läßt sich die Geschichte der Perspektive mit gleichem Recht als ein Triumph des distanzierenden und objektivierenden Wirklichkeitssinns, und als Triumph des distanzverneinenden menschlichen Machtstrebens, ebensowohl als Befestigung und Systematisierung der Außenwelt, wie als Erweiterung der Ichsphäre begreifen; sie mußte daher das künstlerische Denken immer wieder vor das Problem stellen, in welchem Sinne diese ambivalente Methode benutzt werden solle.«[2]

Wie wir am Beispiel der Anisometropie gesehen haben, verdanken sich Konstanz und Homogenität unserer visuellen Erfahrung kortikalen Interpretationen, die die lückenhaften Bilder unserer episodischen Wahrneh-

[1] Panofsky, »Die Perspektive als Symbolische Form«, in: *Grundfragen*, S. 117.

[2] Ebda., S. 123.

mung in letzter Instanz zur Einheit verschmelzen. Wir sehen nicht, wie es die Zentralperspektive unterstellt, mit einem starren, sondern mit zwei unablässig springenden Augen, und die anderen Sinne unterstützen unsere Sicht der Welt.[1] Deshalb kann eine mathematisch falsche Konstruktion uns optisch ebenso täuschen, wie eine exakte den Eindruck des Falschen hervorrufen kann. Richtig *erscheinen* kann eine richtige Darstellung nur, wenn sie aus einer dem menschlichen Sehvermögen entsprechenden Distanz konstruiert wurde. Ein weites Blickfeld aus nächster Nähe erfaßt muß um so falscher wirken, als der geometrische Aufbau des Bildes korrekt ist. Nur ein Guckkasten kann die trügerischen Wirkungen, die steigenden Böden, fallenden Decken und Randverzerrungen übertriebener Nahsicht aufheben, indem er den Betrachter auf den einzig gültigen Blickpunkt festnagelt. Aber der »vernünftige« Abstand, der eine Übereinstimmung zwischen objektiver Konstruktion und subjektivem Seheindruck ermöglicht, verringert zugleich die Illusionskraft des Gemalten. Der distanzierte Betrachter teilt zwar den Standpunkt des Malers, aber er ist nicht – wie im Nahraum der Niederländer – Teil seiner Vision.

Allein eine Optik, die Nähe und Ferne mit der gleichen fovealen Schärfe erfaßt, kann nicht auf einen Fluchtpunkt beschränkt sein. Ein göttlicher Standpunkt ist in der Zentralperspektive nicht vorgesehen. Die eycksche Perspektive überspringt mit den Grenzen der menschlichen Wahrnehmung notwendig die Gesetze der

[1] »Auch wenn wir uns noch so bemühen – unsere Augen bleiben nicht vollkommen still stehen, sondern führen ständig kleinste Bewegungen, sogenannte *Mikrosakkaden*, aus. Diese erfolgen mehrmals pro Sekunde, sind mehr oder weniger ungerichtet und haben Amplituden von ein bis zwei Bogenminuten.« 1952 entdeckten Forscher, daß ein künstlich »auf die Netzhaut stabilisiertes Bild – das also bezüglich der Retina unbeweglich bleibt – nach etwa einer Sekunde allmählich verschwindet und dann nicht mehr wahrgenommen wird!« David H. Hubel, *Auge und Gehirn*, S. 91.

Geometrie. Der Eindruck vollkommener räumlicher Wahrheit verdankt sich einer augentäuschenden Kunst: alle Bilder van Eycks haben mehrere Fluchtpunkte.[1] Der Kunsthistoriker G. J. Kern konnte seine Enttäuschung über dieses Ergebnis seiner Untersuchung kaum verhehlen. Verbindet man die Geschichte der Malerei mit der Idee des Fortschritts, scheint es unbegreiflich, daß der »Bahnbrecher« mit mehreren Horizonten operierte und es seinen Epigonen überließ, die Raumdarstellung auf einen Punkt zu bringen. Van Eyck, so heißt es seit Kern, sei auf empirischem Weg zur Auffassung des Raumes gelangt. Zwar habe er sich der Geometrie gewidmet, wie Fazio ausdrücklich erwähnt, aber sein Interesse beim Studium Euklids und Vitellos habe weniger der Perspektive gegolten als den Gesetzmäßigkeiten, nach denen ein Spiegelbild auf einer konvexen Fläche zustandekommt. Die Einteilung der Tiefenlinien habe er nach dem Augenmaß vorgenommen. Beim Rolin-Bild sei ihm gleichsam zufällig eine mathematisch beinahe richtige Lösung geglückt. Die Diagonalen der mittleren Fußbodenquadrate im Vordergrund des Bildes entsprechen genau der Distanz. Aber diesen eindeutigen Hinweis auf eine Konstruktion mit »Zirkel und Richtscheit« fand Kern dadurch entwertet, daß die übrigen Quadrate an den Rändern und in der Tiefe in einen höheren Fluchtpunkt münden, so daß die Distanz in diesen Bereichen abnimmt.

[1] In fast allen Bildern ist die Flucht der Orthogonalen *im wesentlichen* durch zwei Punkte bestimmt, die auf zwei Horizonten senkrecht übereinanderliegen. Zwischen den beiden *Fluchtregionen* liegt ein diskontinuierlicher Bereich, in dem zwei oder mehr Fluchtpunkte der weniger bedeutsamen Orthogonalen verborgen sind. Auch der gespiegelte Raum im Arnolfini-Bild zeigt mehrere Horizonte, die vom Hauptraum abweichen. Die Horizonte von Fenster und Decke sind gegeneinander verschoben und durchschneiden das Spiegelbild, das in seinem kleinen Rund einen größeren Teil des Raumes sichtbar macht als die unmittelbare Darstellung. Vgl. G. Josef Kern, *Grundzüge der linear-perspektivischen Darstellung in der Kunst der Gebrüder Van Eyck und ihrer Schule*, Leipzig 1904. Vgl. die Abbildung S. 372.

Der von dem Kunsthistoriker nachkonstruierte korrekte Fliesenboden wich in seinen Augen so geringfügig vom gemalten ab, daß er die unterschiedlichen Distanzen für ein »Versehen« hielt.[1] Da er über der formalen Ebene die inhaltliche vergaß, entging ihm die qualitative Verarmung, die der von Bedeutung gesättigte Kosmos van Eycks durch eine Korrektur erleiden müßte, die den Raum restlos quantifizierte. Nicht nur würde der Boden aus jedem abweichenden Blickwinkel zum Steigen tendieren, auch die Anzahl der Quadrate würde sich von 16 auf 17 erhöhen, so daß die symbolische Dimension der Halle mit ihren acht mal acht Sternen aufgehoben wäre. Noch gravierender würden sich die Veränderungen im hinteren Teil des Raumes ausnehmen. Durch die rasante Verkürzung würde die Halle hinter den Figuren vertieft, so daß sie nachrücken müßten, um ihren ausgewogenen Platz im Raum wieder einzunehmen. Nun sind sie aber im Verhältnis zur Architektur ebenso überdimensioniert wie der Betrachter im Verhältnis zum Bild, der, wollte er

[1] Zum Verständnis eyckscher Perspektive hat eine Untersuchung des Mathematikers David L. Carleton wesentlich beigetragen: »A Mathematical Analysis of the Perspective of the Arnolfini Portrait and Other Similar Interior Scenes by Jan van Eyck«, in: *The Art Bulletin*, Vol. LXIV, 1, 1982, S. 118–124. Carleton kam zu der Überzeugung, daß die Perspektive der Arnolfini-Hochzeit und ähnlicher Innenraum-Darstellungen des späten Jan einem konsequenten mathematischen Konzept entspricht, das er *elliptische Perspektive* nennt. Photographien dreidimensionaler Modelle veranschaulichen die Differenz zentraler und elliptischer Perspektive. Die Wirkungen der letzteren ähneln der sanften Weitwinkel-Optik eines schwach gewölbten Konvexspiegels, was die Mutmaßung Kerns bestätigt, Jan habe sich nach dem Studium der geometrischen Optik Euklids »theoretisch mit der Spiegelung und deren Gesetzen befaßt« (Kern, *Grundzüge*, S. 28). Im Sinne Panofskys deutet der Mathematiker das im Raumkontinuum *verborgene* Element der Diskontinuität in der elliptischen Perspektive als *disguised optic*, die dem *disguised symbolism* entspricht. Kunsthistoriker haben der These des Mathematikers mit der zu erwartenden Heftigkeit widersprochen, und Carleton versäumte nicht, gelassen darauf zu erwidern. Vgl. *The Art Bulletin*, Vol. LXV, 3–4, 1983, S. 680–692 sowie *The Art Bulletin*, Vol. LXXIII, 1–2, 1991, S. 53–62.

sich leibhaftig darin niederlassen, einen verkleinernden Zaubertrank schlucken müßte wie Alice im Wunderland. »Die Personen der Eyckschen Bilder können in den Räumen, die sie umgeben, nach gewöhnlicher Menschen Art nicht leben«, räsonierte Kern, »richtiger gestaltet sich das Verhältnis zwischen den Personen und der Architektur in den Mittel- und Hintergründen der Bilder. Die beiden Männlein auf der Terrasse des Rolin-Bildes, die zahllosen Personen, die sich uns auf den Straßen und Plätzen der Stadt zeigen, erscheinen in natürlicher Größe.«[1]

Rationaliter müßte man die Gestalten der Halle auf ihr normales Maß bringen. Sie könnten dann im Palast »nach gewöhnlicher Menschen Art« leben und sogar in allzu menschlicher Weise, in einem überwältigenden Raum der Vergänglichkeit unterworfen. Mit dem vollkommenen Gleichgewicht von Körper und Raum – ihrer Gleich-Gültigkeit –, hätten sie auch die paradiesische Dimension ihres Daseins verloren: Die aufgehobene Zeit. Damit wäre das Bild seiner visionären Wirkung beraubt.

Figuren und Gehäuse bilden *divinaliter* eine Einheit. Ihr »unnatürliches« Verhältnis zum Raum macht ihre gleichnishafte Verbundenheit *als* Weisheit *in* der Weisheit erst möglich.[2] Als *animal symbolicum*[3] ist der Mensch im

[1] Kern, *Grundzüge*, S. 21.

[2] Das superlativische Polyptoton – rhetorische Figur und Unendlichkeits-Metapher – ist uns schon bei Cusanus begegnet. Der Bedeutsamkeit der Rhetorik, der zweiten der sieben freien Künste, in Mittelalter und Neuzeit ist auch Ernst Robert Curtius nachgegangen. »Im florentinischen Quattrocento hat L. B. Alberti den Malern den Rat erteilt, sich ›mit den Poeten und Rhetorikern‹ vertraut zu machen, weil diese ihnen Anregungen zur Findung (*inventio!*) und Gestaltung von Bildthemen geben könnten.« (Curtius, *Lateinisches Mittelalter*, S. 87.) Vielleicht liegt auch dem Rolin-Bild und der Berliner Kirchenmadonna eine rhetorische Figur zugrunde. Was ist die Weisheit in der Weisheit anderes, als die Weisheit der Weisheit, und was stellt das kleine Berliner Bildnis anderes dar als die Kirche in der Kirche? Vgl. Panofsky, *Netherlandish Painting*, S. 145.

[3] Die Definition des Menschen als *animal symbolicum* stammt von Ernst Cassirer. Vgl. *Versuch über den Menschen*, Frankfurt 1990, S. 47–51.

Bereich des Symbolischen in der gleichen unvergänglichen Weise auf den Raum bezogen wie das Weichtier auf das Perlmuttgehäuse der Muschel, in der es sich verkörpert hat, und wie diese ist das Eycksche Interieur, sei es Kirche, Palast oder Stube, eng und unendlich zugleich.[1]

[1] Windungen von Muschelgehäusen, wie das der *Nautilus* und verwandter Formen, wachsen nach dem Gesetz der logarithmischen Spirale. Die wesentliche Eigenschaft dieser Kurve ist die kontinuierliche Ähnlichkeit: das spiralige Gehäuse bewahrt trotz seines *asymetrischen* Wachstums in jeder Zeit seine Form. »Wir können dieses seltsame Phänomen ohne weiteres darstellen, indem wir den Umriß einer kleinen *Nautilus*schale innerhalb einer großen zeichnen. Wir wissen und können sofort erkennen, daß beide von genau gleicher Gestalt sind; wenn wir also das kleine Gehäuse durch ein Vergrößerungsglas betrachten, wird es identisch mit dem großen. Aber wir wissen andererseits auch, daß die kleine *Nautilus*schale zur großen heranwächst nicht durch Wachstum oder Vergrößerung in allen Teilen und nach allen Richtungen, wie ein Knabe zu einem Mann heranwächst, sondern durch Wachstum *an nur einem Ende*.« (D'Arcy Wentworth Thompson, *Wachstum und Form*, hrsg. von John Tyler Bonner, Basel 1973, Frankfurt 1983, S. 224.) Mathematisch bleibt die logarithmische Spirale, ob man sie dreht, streckt oder verkleinert, immer die gleiche Spirale. Verfolgt man ihre Windungen von außen nach innen, dann kommt man auf einer endlichen Strecke zu einer unendlichen Anzahl von Windungen. Jakob Bernoulli (1654 bis 1705), der die logarithmische Spirale systematisch erforschte, nannte sie *spira mirabilis*. Nach seinem Wunsch sollte auf seinem Grabstein ihr Sinnbild von der Devise EADEM MUTATA RESURGO (»Obwohl verändert, werde ich als Diesselbe wieder erstehen«) umkränzt sein. Der Steinmetz verwechselte jedoch die logarithmische mit der alten Archimedischen Spirale, die gleichmäßig wie ein aufgerolltes Tau *unverändert* um sich kreist.

Die Phantasie kann sich leicht zum Witz einbücken, wie ein Riese zum Zwerg, aber nicht dieser sich zu jener aufrichten. JEAN PAUL

VI
Schwelgsünden

Das Metier des Hofmalers war nicht auf die hohe Kunst der Tafelmalerei beschränkt. Zu seinen Aufgaben gehörte auch das Illuminieren von Handschriften, das Polychromieren von Skulpturen, die künstlerische Ausschmückung der fürstlichen Residenzen, wie das Bemalen, Vergolden und Ausstatten von Schiffen, das Entwerfen von Tapisserien, Kostümen und Bannern, die Verzierung von Grabmälern und die Erfindung phantastischer Truggebilde für das Festwesen. Ein Maler vom Range eines Melchior Broederlam[1] war sich nicht zu schade, die Sessel für das Haus des Grafen von Flandern zu dekorieren, Hugo van der Goes[2] bemalte Wappenschilder, und Gerard David[3] ergötzte Maximilian mit der Bemalung der Gitterstäbe oder Fensterläden des Gemachs, in dem der König 1488 in Brügge gefangen saß.[4] Selbst die mechanischen Wunder in dem als östlicher Zauberpalast angelegten Schloß von Hesdin waren Erfindungen von Malern. Colard le Voleur nannte sich einer dieser Mirakelmacher im Dienst des guten Herzogs. Er stellte ein Ruß speiendes Balladenbuch her und hielt als Augenbetrüger, was sein Name versprach, indem er einen Zerrspiegel erfand, von dem es hieß, er zeige allerlei

[1] Melchior Broederlam (1381 bis 1409).
[2] Hugo van der Goes (1440 bis 1482).
[3] Gerard David (um 1460 bis 1523).
[4] Vgl. Huizinga, *Herbst*, S. 363.

ungebührliche Handlungen schon vor ihrem Vollzug.[1] Er war auch an der Ausstattung eines Zimmers mit Wandmalereien beteiligt, die die Geschichte Jasons erzählten, des griechischen Helden, dem es durch die List Medeas gelang, das Goldene Vlies zu entwenden. Man muß sich die Darstellung der Protagonisten in den Gewändern der extravagantesten aller Moden vorstellen. Medea mit gotischer Haube in Zuckerhutform, Jason mit enggeschnürter Taille und verschiedenfarbigen Schnabelschuhen wie die Ritter sie trugen (bei verlorenen Schlachten mußten sie die Spitzen abschneiden, um fliehen zu können). Der illusionistischen Wirkung der Malerei wurde durch mechanische Vorrichtungen nachgeholfen. Der Betrachter konnte sich den Zaubereien Medeas erst entziehen, wenn er von Blitz-, Donner-, Schnee- und Regeninstrumenten geblendet, betäubt, durchnäßt und bestäubt den Raum verließ, um sich anderen Lustbarkeiten zuzuwenden.

Auch die Tafelaufsätze der *entremets* genannten lebenden Bilder, die bei Festen des wetteifernden Hofadels zur Schau gestellt wurden, sind aus Malerwerkstätten hervorgegangen. Bei einer Feier zu Ehren der neuen Herzogin Isabella im Jahre 1430 war eine Pastete aufgestellt, aus der ein blau gefärbtes Schaf mit goldenen Hörnern und ein großes wildes Tier sprangen, die sich vor den staunenden Gästen balgten. In der Schafshaut steckte »Madame d'Or«, die goldblonde Zwergin, im wilden Tier der Riese Hans, zwei beliebte Hofnarren Philipps des Guten. Wir könnten uns kaum eine Vorstellung von dem bizarren Prunk dieser spurlos verschwundenen Kunst machen, hätten Chronisten nicht den blanken Aberwitz an Prachtentfaltung beschrieben, mit der etwa Philipp der Gute am 17. Februar 1454 die Kreuzzugsgelübde bei dem Bankett zu Lille inszenierte. Geschworen wurde auf den lebenden

[1] Vgl. Linda Seidel, *Jan van Eycks Arnolfini Portrait*, Cambridge University Press 1993.

Fasan, der um den Hals über seinem schönen Gefieder eine goldene Kette mit Edelsteinen trug. Bis hin zur Kleidung der Gäste – alle in Schwarz, Weiß und Grau, die Ritter in Damast, die Knappen in Seide – ging alles auf Kosten des Herzogs. Vor dem gargantuesken Mahl – jede Schüssel enthielt 48 verschiedene Speisen, die Bratenbehälter waren mit Blau und Gold ausgeschlagene Wagen – wurden die *entremets* bewundert, die Schaustücke und lebenden Allegorien, die auf einer großen, einer mittleren und einer kleinen Tafel ausgebreitet waren: eine gigantische Pastete, in der zwanzig Musikanten abwechselnd auf verschiedenen Instrumenten spielten; eine gläserne Kirche, darin ein Kreuz, eine läutende Glocke und vier Sänger; eine aufgetakelte *kraak* (ein bauchiges Handelsschiff mit drei Masten) mit Mannschaft und schwerer Ladung; eine Quelle mit kleinen Sträuchern aus Glas, Blättern und Blumen in einer kleinen Wiese, umgeben von Felsen aus Saphir und anderen seltenen Steinen, in der Mitte der heilige Andreas mit Kreuz; das Schloß Lusignan, auf dem Hauptturm: Melusine in Gestalt einer Schlange, von zwei kleineren Türmchen sprang Orangenwasser in die umliegenden Gräben; eine Windmühle auf einem Hügel mit einer Elster auf dem Dach, auf die Leute aller Stände mit Bogen und Armbrüsten schossen; eine Wüste mit einem lebendig dargestellten Tiger, der mit einer Schlange kämpfte, ein Mann auf einem Kamel ritt vorbei, während ein anderer mit einem Stab auf ein Gebüsch voller kleiner Vögel schlug, dieweil in einem von Rosenhecken umgebenen Garten ein Ritter mit seiner Dame saß; ein wunderbarer fremdartiger Wald mit lebendig wirkenden Tieren; ein Narr, der auf einem Bären reitet, vorbei an seltsamen Bergen und Felsen, die, mit Streuglas und Spiegeln bedeckt, eine Winterlandschaft vortäuschen; *Dame Église* thront in einem Turm auf dem Rücken eines Elefanten, der von einem als Türke verkleideten Riesen geführt wird: der Hofnarr Hans als *Grand Turc*. Die Wände des Festsaals sind mit prächtigen neuen Tapisserien behängt, die Szenen aus dem Leben des Herkules schildern, der als burgundischer Ritter apfelbrüstige Amazonen in Goldbrokatgewändern zum Turnier herausfordert.[1]

Nachdem sich die Gesellschaft zum Mahl niedergelassen hatte, trat ein Schäfer aus der Pastete und spielte den Dudelsack; ein ungesatteltes Pferd mit einer Schabracke aus zinnoberroter Seide, auf dem zwei maskierte Trompeter Rücken an Rücken die Fanfare bliesen, machte rückwärts die Runde im Saal, bevor das Gelage begann. Ferner berichtet der Chronist von einem apokalyptischen Ungeheuer, halb Greif, halb Mensch, das auf einem Wildschwein ritt und seinerseits einen Possenreißer trug, dessen lächerliche Haltung mit den Beinen in der Luft als *posture savante* bezeichnet wurde.

Die Vorstellung, die Olivier de la Marche mit seiner Beschreibung des Festes erzeugt, gleicht einem Vexierbild, in dem wir vergeblich die Grenzen suchen, wo der Kitsch aufhört und die Kunst beginnt. Das Kleine erscheint riesig (die Pastete), das Große winzig (Wiese und Wald, Windmühle und Schiff), wie in den Allmachtsträumen eines im Glück der Nachahmung schwelgenden Kindes. Eine unbändige Lust an den Extremen, die sich berühren, spricht aus diesem tollen Nebeneinander von grobem Scherz und frommer Allegorie, erlesenem Material und barbarischem Pomp, dreister Albernheit und märchenhafter Stilisierung.

In gleicher Weise tummeln sich drollige Figuren in den Randleisten der illuminierten Handschriften. Ein Wildschwein kommt als Bischof verkleidet auf einem Dromedar geritten, ein einsames Bein mit einem Gesicht auf dem behaarten Oberschenkel trägt eine Rankenkrone

[1] Vgl. dazu Wolfger A. Bulst, »Das Olympische Turnier des Hercules mit den Amazonen. Flämische Tapisserien am Hofe der Este in Ferrara«, in: *Italienische Frührenaissance und nordeuropäisches Mittelalter*, hrsg. von Joachim Poeschke, München 1993.

und zahllose Affen, Hasen, Bären und Mischwesen begleiten Schabernack treibend und Instrumente spielend die frommen Bilder der biblischen Geschichte. Manche groteske Gestalt nimmt sich aus wie ein Herold, der die Visionen eines Bosch ankündigt, während manche Tölpel, wie der Bauer mit Kochlöffel, der verkehrt herum auf einem Esel reitet, mit dessen Schweif er sich am Kinn streichelt, die lebenden Sprichwörter eines Breughel präfigurieren. In den Randleisten der Handschriften hatte die Phantasie der Maler freies Spiel. Lange bevor das Stilleben eine selbständige Gattung bildete, haben Illuministen mit Gouache und Aquarell den ganzen Zauber der Trompe-l'œil-Malerei in Stundenbüchern entfaltet, indem sie Blumen, Muscheln, Insekten und kleines Getier in Nischen und Spalieren darstellten, oder einfach wie auf die Seite gestreut, mit zartem Schatten auf dem Pergament.

Vielleicht ist es nur »grenzpolizeiliche Befangenheit«[1] die uns daran hindert, in dem Wald mit lebenden Tieren des Fasanenfests in Lille ein Vorspiel zur Landschaftsmalerei zu sehen. Wie kunstvoll oder geschmacklos die *entremets* auch immer waren, ihre Herstellung muß eine

[1] Das Diktum stammt von Aby Warburg. »Das künstlerisch schlechte Bild fesselte ihn ebenso sehr wie das gute, ja, aus einem Grunde, den er selbst ausdrücklich angab, oft noch mehr: – Es ließ sich mehr daraus lernen. (...) Und warum? Weil an den Bruchstellen, die das schlechte Werk gewissermaßen vor dem guten voraus hatte, das Problem der Auseinandersetzung, mit dem der Künstler zu ringen hatte, deutlich wurde, – ein Problem, dessen komplizierte Struktur man angesichts eines großen Kunstwerks viel schwerer bemerkt, weil hier der Künstler die Lösung so spielend bewältigt.« (Edgar Wind, »Warburgs Begriff der Kulturwissenschaft«, in: *Aby M. Warburg, Ausgewählte Schriften und Würdigungen*, hrsg. von Dieter Wuttke, Baden-Baden 1979.) Kein Vergleich ohne Unterscheidung. Warburgs Parallelisierung von Werken »freiester und angewandtester Kunst« basiert auf der unterschiedlichen Bewertung ihres Ranges. »Das enthusiastische Staunen vor dem unbegreiflichen Ereignis künstlerischer Genialität kann nur an Gefühlsstärke zunehmen, wenn wir erkennen, daß das Genie Gnade ist

hervorragende Schule für das Auge gewesen sein. Man kann ein Schiff, eine Kathedrale, ein Schloß und eine Windmühle nicht im verkleinerten Maßstab rekonstruieren, wenn man sie nicht in- und auswendig kennt. Das Modell einer Kirche, in der ein Kreuz, eine läutende Glocke und vier Sänger Platz haben, setzt Reflexionen über das Verhältnis von Körper und Raum voraus und zeigt, wie naiv die Vorstellung ist, die Maler der Zeit hätten keinen Begriff von den »richtigen« Proportionen gehabt. Was könnte die Regel deutlicher machen als ihre Abweichungen in der verkehrten Welt der *entremets*? Auch die Wirkung von Licht und Schatten läßt sich nirgends genauer studieren als am kleinen Modell. In gotischer Tradition hat noch Poussin kleine Wachsfiguren geformt, die er mit nassem Papier oder feinem Taft drapierte und auf der Bühne einer Schachtel mit perforierter Kulisse für die Beleuchtung an Fäden hin- und herzog, um Komposition, Farbwirkung, Perspektive, Licht und

und zugleich bewußte Auseinandersetzungsenergie.« Ebda., S. 185. Das von Warburg bekämpfte »einflußreiche Grenzwächtertum der Kunstgeschichtsschreibung« hat indessen das Feld geräumt. Der moderne Dilettant empfindet die Unterscheidung von niedriger und höherer Kunst als obsolet, und so konnte es nicht ausbleiben, daß die »Vorhut« der Kunsthistoriker nachzog. Heute riskiert man mit Warburgs Methode nicht mehr die Schelte der Grenz-, sondern die der Nachtwächter, für die bekanntlich alle Katzen grau sind. Ganz unbefangen und in wahrhaft blinder Bewunderung wird etwa von Vermeers »Ansicht von Delft« gesagt, nie sei die Malerei der Farbphotographie so nahe gekommen wie in diesem einzigartigen Kunstwerk. Vgl. Kenneth Clark, *Landscape into Art*, New York 1976, S. 65. Panofsky hat schon 1925 von den Gefahren gesprochen, die dem »heute vielleicht allzu häufig geübten, parallelisierenden Verfahren in der Anwendung drohen (denn der Wille zur Aufdeckung von Analogien wird leicht dazu führen können, die gegebenen Erscheinungen in willkürlicher oder gar gewaltsamer Weise zu deuten).« (»Über das Verhältnis der Kunstgeschichte zur Kunsttheorie«, in: *Grundfragen*, S. 66.) Das Erfassen des »immanenten Sinns einer Erscheinung« bestimmt für Panofsky die Grenze, wo die auslegende Gewalt und »schweifende Willkür« beginnt. Zum Mißverständnis der Methode Warburgs in unserer Zeit vgl. auch Dieter Wuttke, *Aby M. Warburgs Methode als Anregung und Aufgabe*, Wiesbaden 1990.

Schatten *en miniature* zu erproben, bevor er die Szene auf der Leinwand ins Bild setzte.[1]

Als Hofmaler und Kammerdiener war van Eyck ohne Zweifel am Festwesen beteiligt.[2] Zwischen den allegorisierenden Schwelgsünden, dem elefantösen Firlefanz der *entremets*, stellt man sich seine Schaustücke kleinformatig und kostbar vor. Wenn er aber das Streuglas seiner Phantasie und die Sammellinse seines Geistes auf das Niveau des burgundischen Festzirkus einstellte, mochten wohl auch eine Zwergin und ein Riese ineinsfallen, und sei es als Balgerei eines blauen Schafs mit einem großen wilden Tier.

[1] Nicolas Poussin, *Lettres et propos de l'art*, Paris 1989, und Claude Lévi-Strauss, *Regarder Écouter Lire*, Paris 1993.

[2] 1432 wurden van Eyck die Kosten einer Reise nach Hesdin erstattet. Mit welcher Aufgabe er vom Lustaufenthalt des Herzogs nach Brügge zurückkehrte, geht aus den Rechnungsbüchern nicht hervor. 1434 wurden in seiner Werkstatt sechs Statuen vergoldet und bemalt, die einst das Rathaus von Brügge schmückten. Sie haben die Zeitläufte nicht überdauert, wie auch sämtliche Werke, die der Maler im Auftrag Philipp des Guten ausführte, verschollen sind.

Drei Epochen zeigen sich bei der Weltbildung:

1. Kristallisationslust, Bestreben zueinander, sich aneinander zu schließen, sich zu durchdrängen, zu gestalten.

2. Epoche des Isolierens, die Elemente treten für sich, weisen die andern ab, sind selbständig, halten sich rein.

3. Die Elemente werden gleichgültig, vermischen sich, sind nebeneinander.

Alle diese Eigenschaften behält die anorganische Natur lebendig für ewige Zeiten.

GOETHE

VII
Der Teufel in der Tube

Keine Spur von der Malweise verrät in den Bildern van Eycks ihre geschaffene Natur. Erst dem Blick durch das Mikroskop offenbart sich die Hand des Malers. Das macht die augentäuschende Wirkung seiner Gemälde aus: sie sind so vollkommen, als wären sie gewachsen und nicht gemalt. Nach der aristotelischen Definition von *techné*, die sich auch Cusanus[1] zu eigen machte, rekonstruiert der Künstler die Welt, indem er das *Wirken* der Natur nachahmt. »Aber ist es denn einerlei,

[1] »Auch die Kunst ahmt, so gut sie kann, das Verfahren der Natur nach, doch vermag sie niemals zu deren Genauigkeit zu gelangen.« Nikolaus von Kues (*Unwissenheit*, S. 9.) »Was nämlich die den Wissenschaften dienenden Weisen in der Natur vorfanden, diese Beobachtungen versuchten sie durch die in der Vernunft angelegte Gleichheit in eine allgemeine Kunst überzuführen. (...) Jede Kunst gründet also in einer Beobachtung, welche der Weise in der Natur macht.« (*Kompendium*, S. 37–39.) »Man begreift leicht, daß die Intelligenz, insofern sie aus der göttlichen Vernunft herausfließt, an der Kunst teilhat, wir erkennen sie andererseits als Natur, insofern sie aus sich die Kunst entfaltet; denn die Kunst ist gleichsam Nachahmung der Natur.« (*Mutmaßungen*, S. 155.)

die oder *der* Natur nachzuahmen?« fragt der Sprachmaler Jean Paul in seiner *Vorschule der Ästhetik*[1] und begründet, warum man *die* Natur nicht wiedergeben kann, ohne *der* Natur nachzuahmen. »Eigentlich hat der Grundsatz, die Natur treu zu kopieren, kaum einen Sinn. Da es nämlich unmöglich ist, ihre Individualität durch irgendein Nachbild zu erschöpfen; da folglich das letzte allezeit zwischen Zügen, die es wegzulassen, und solchen, die es aufzunehmen hat, auswählen muß: so geht die Frage der Nachahmung in die neue über, nach welchem Gesetze, an welcher Hand die Natur sich in das Gebiet der Poesie erhebe.«[2]

Die Mittel, mit denen die Maler das Wirken der Natur nachahmen, heißen Pigmente. Was dem bloßen Auge als farbiger Staub erscheint, löst sich im flüssigen Malmedium nicht auf. In einem pigmentierten Glas Wasser setzt sich die Farbe nach einer Weile wie Sand am Boden ab. Wieder aufgerührt und mit einem Pinsel auf ein Blatt Papier gestrichen, liegt die Farbe, sobald das Wasser verdunstet ist, ohne Haftung auf der Unterlage.

Ungebunden finden Pigmente nur im Pastell Verwendung, das unter Glas geschützt werden muß, weil die

»Die Kunst entsteht dann, wenn sich aus vielen durch die Erfahrung gegebenen Gedanken eine allgemeine Annahme über das Ähnliche bildet.« Aristoteles, *Metaphysik*, Berlin 1890. Den Gedanken einer Strukturgleichheit von Menschenwerk und Naturgebilde führt Aristoteles auf Heraklit zurück. Wie die Natur sich durch die Vereinigung von Gegensätzen vollendet, so macht es die Kunst mit ihren Mitteln nach. Vgl. *Historisches Wörterbuch der Philosophie*, Basel 1976, Band 4, S. 1359.

[1] In Jean Pauls Schule sind Warburg, Panofsky, Wind und Heckscher gegangen. Inzwischen wird die Lehre des Dichters von Kunsthistorikern nicht mehr gelesen. Heute beherrschen kryptische Philosophen das ästhetische Feld, die die Worte Jean Pauls über die »Nacht der Blindgeborenen, welche den Gegensatz zwischen Finsternis und Licht in der höheren Gleichung des Nichtsehens tilgt« als Prophezeiung erscheinen lassen. Vgl. Jean Paul *Vorschule*, S. 418.

[2] Ebda., S. 32.

Farbkörner im aufgerauhten Grund der Fleischseite des Pergaments oder in der Bimsmehl-Kleisterschicht auf dem Papier zwar festgehalten werden, aber gegen Berührung so empfindlich bleiben wie der bunte Staub auf einem Falterflügel. Die prächtigen Farben der Schmetterlinge verdanken sich einem in Schichten aufgebauten System, in dem das Zusammenspiel von Farbstoff und unterschiedlicher physikalischer Struktur der Schuppen irisierende Wirkungen erzeugt. Dieses Verfahren haben die Maler der Natur einst nachgeahmt. Mochten sie auch das eine oder andere Pigment beim Apotheker kaufen oder aus einem Kloster beziehen, der Stoff, aus dem die Bilder sind, war ihnen auch in der Rohform bekannt. Sie hatten die Metalle, Mineralien, Erden, Pflanzen, Hölzer, Knochen, Läuse, Muscheln und Schnecken vor Augen, und der Prozeß ihrer Verwandlung in Pigmente war ihnen vertraut. Sie wußten, welche Stoffe sublimiert, kalziniert, geschmolzen, geschlemmt, gemahlen, zerpocht, ausgefällt, gekocht, getrocknet oder destilliert werden mußten, und das stundenlange Anreiben der Pigmente mit dem Läufer auf dem Reibstein hatten sie alle in ihrer Lehrzeit geübt. Im Vergleich zur heutigen Zeit standen nur wenige Farben zur Verfügung, aber neben den komplexen Systemen ihrer Verwendung im 15. Jahrhundert nehmen sich unsere Techniken wie Kinderspiele aus. Wir haben vergessen, was jeder Schmetterling »weiß«: die optische Wirkung der Farben wird durch das Zusammenspiel von Ton und Körper erzeugt. Der Farb*ton* ist das eine, etwas anderes Gestalt und Struktur der Farbe. Jedes Pigment hat einen anderen Körper, der das Licht auf unterschiedliche Weise bricht, zurückwirft und schluckt. Der Blauton von künstlichem Ultramarin, das seit 1830 industriell hergestellt wird, scheint sich vom natürlichen Ultramarin, das auf mühsame Weise aus dem Halbedelstein Lapislazuli gewonnen wurde, kaum zu unterscheiden. Ein Blick durch das Mikroskop offenbart die

Differenz, die sich im Gemälde so deutlich entfaltet, daß sie auch für das unbewaffnete Auge sichtbar ist. Das synthetische Pigment erzeugt mit seinen kleinen homogenen rundlichen Kristallen eine gleichmäßig geschlossene blaue Fläche, während das kostspieligste aller Pigmente, das echte Ultramarin mit seinen großen irregulären Kristallen von unterschiedlicher Transparenz und den natürlichen Einsprengseln von Calcit, Pyrit, Glimmer und Quarz, als flimmerndes Firmament erscheint. Vor allem die durchsichtigen Splitter der im Lapisstein angelagerten Calcitkristalle funkeln im tiefen Blau wie Sterne. Der *himmelweite* Unterschied zwischen altem und neuem Pigment ist bei anderen Farben nicht so ausgeprägt wie beim Ultramarin, aber grundsätzlich immer vorhanden. Die in wenigen Stunden im Labor aus Eisensalzlösungen gefällten Oxide unterscheiden sich von den Ockererden durch ihre makellose Reinheit und die absolute Konstanz ihrer Beschaffenheit und Farbtönung. Als Verwitterungsprodukte eisenhaltiger Gesteine in Jahrtausenden entstanden, weisen braune, rote und gelbe Ockererden dagegen je nach Fundort und Grabung unterschiedliche Nuancen auf. Unter dem Mikroskop sieht man warum: den jeweils vorherrschenden sehr feinen und durchsichtigen Kristallen sind mehr oder weniger andersfarbige, farblose, opake und gröbere Partikel beigemengt. Noch der farbschönste gelbe Ocker erweist sich unter dem Mikroskop als zusammengesetzt.

Die sinnlichen Eigenschaften der natürlichen Mineral-Pigmente sind aus ihrer ursprünglichen Gestalt auch ohne Vergrößerung zu erfassen. Malachitkristalle zum Beispiel bilden in der Natur mal blaßgrüne Nadelbüschel und Fächer, mal dichte dunkelgrüne nierenförmige Polster. Die muscheligen Bruchstellen glänzen fettig, die faserigen seidig, die Kristallflächen diamantartig. Zerpocht, zerstoßen und verrieben ergibt das harte Gestein ein ziemlich schweres griffiges Pulver aus scharfkantigen, verhältnismäßig großen faserigen prismatischen Kristallen, das wie die ursprüngliche Gestalt des Malachit dichte Farbigkeit mit Transparenz vereint.

Das echte Malachit wurde durch das künstlich erzeugte Kupferkarbonat verdrängt. Dieses synthetische Malachit, Verditer genannt, erwies sich bei unvorsichtigem Gebrauch jedoch als ebenso tückisch wie das natürliche, und so geriet es ebenfalls in Vergessenheit.

Zu van Eycks Zeiten war Grün das größte Problem in der Malerei. Die aus Pflanzensäften gewonnenen Pigmente waren intensiv in der Farbe, aber unbeständig im Licht, die grünen Anteile in grünen Erden zu schwach, um in anderen Farben zu bestehen, selbst das Färbevermögen von Malachit und Chrysokoll war begrenzt, während die künstlich erzeugten Mineralfarben Grünspan und Kupferresinat unbeständig und unverträglich waren. Es bedurfte großer List und Findigkeit, mit diesen begrenzten Mitteln in einem Tafelbild[1] das leuchtende Grün einer Wiese, eines Papageis, eines Mantels oder Kleides zu erzeugen.

Seit dem 18. Jahrhundert wurden mehr und mehr Grünpigmente erfunden, deren Beständigkeit im Licht nichts zu wünschen übrig läßt. Bis auf das bald wieder aufgegebene Schweinfurter Grün, eine schöne aber hochgiftige Kupfer-Arsenverbindung, sind sie im Gegensatz zu den alten Grünpigmenten meist ungiftig. Ihre Farbintensität ist über jeden Zweifel erhaben, und preiswert sind sie obendrein. Kurt Wehlte, der einflußreichste Maltechniker nach Doerner, rühmte das im 19. Jahrhundert erfundene Chromoxydhydratgrün und andere moderne Pigmente als Erzeugnisse, die die Werkstoffe alter Meister weit überträfen.[2] So viel ist wahr: ein mit Gold auf-

[1] Für illuminierte Handschriften und die Tüchleinmalerei mit ihren leuchtenden Wasserfarben gelten andere Regeln.

[2] Kurt Wehlte, *Werkstoffe und Techniken der Malerei*, Ravensburg 1967.

gewogenes echtes Ultramarin ist nicht so hyperblau und rein wie das billigste künstliche, und kein noch so schönes Malachitgestein wird eine Farbe ergeben, die es an Buntheit mit Chromoxydhydratgrün und Heliogengrün aufnehmen kann. Und wem ihre Nuancen nicht zusagen, dem stehen zwölf weitere Grüntöne zur Verfügung. Aber die Vielfalt täuscht. Für die modernen Farben gilt, was Karl Löwith als das Verhängnis des Fortschritts erkannte: es liegt gerade in dem Erfolg, der ihn scheinbar rechtfertigt.[1] Mechanisch erzeugte Produkte der chemischen Industrie, sind sie zur Gänze quantitativ bestimmt und ihre Tugenden dienen vor allem der Lack- und Farbenindustrie, in der die Künstlerfarbenherstellung nur eine marginale Rolle spielt. Ein Gewinn an Farbnuancen, Buntheit und Stabilität wurde mit einem Verlust an Körper erkauft. Der Ton ist nur ein Moment der Farbe, ihre Schönheit ist in der Struktur und Gestalt der einzelnen Partikel verborgen. Rein chromatisch gesehen haben Samt und Seide, Baumwolle und Leinen, Pergament und Papier, wenn sie identisch gefärbt sind, die gleiche Farbe. Das Spiel des Lichtes in den unterschiedlichen Texturen der Stoffe läßt jedoch jede Farbe anders erscheinen. Beim Körper der Farben handelt es sich um das gleiche Phänomen. Es ist kein Zufall, daß die Sprache Farbnuancen immer mit Körpern verknüpft: himmelblau, lavendel, türkisblau, enzianblau, veilchenblau, kornblumenblau, schilfgrün, apfelgrün, grasgrün, flaschengrün, olivgrün, mandelgrün, meergrün, smaragdgrün, strohgelb, honiggelb, zitronengelb, maisgelb, senfgelb, sandfarben, quittegelb, weizengelb, bernsteinfarben, rosenrot, feuerrot, krebsrot, erdbeerfarben, kirschrot, rubinfarben, scharlachfarben, blutrot, ziegelrot, lachsrot, weinrot, rubinrot, zinnoberrot, rostrot, fuchsrot, pfirsichfarben, kastanienbraun, haselnußbraun, kaffeebraun, kakaobraun, kognakfarben,

[1] Karl Löwith, *Der Mensch inmitten der Geschichte*, Stuttgart 1990, S. 334.

aschgrau, mausgrau, perlgrau, taubengrau, griesgrau, kohlrabenschwarz, pechschwarz, rußschwarz, lilienweiß, schneeweiß, eierschalfarben, elfenbeinfarben, milchweiß, schlohweiß. Jeder Name verbindet eine Farbe mit vielfältigen Texturen, mit durchsichtigen oder opaken, glatten, rauhen, dichten oder mürben Körpern, die im Licht weich oder hart glänzen, funkeln, spiegeln oder schimmern und so einen leuchtenden oder gebrochenen, müden oder feurigen, heiteren oder düsteren Eindruck hervorrufen, wie die kristallinen Schuppen, Blätter, Linsen, Nadeln, Splitter, Körner, Kugeln und Rhomben der historischen Pigmente. Zwar haben auch die modernen Farben unterschiedliche Körper, aber sie sind einfältiger strukturiert und von Labor aus kleiner und gleichförmiger als ihre heterogenen Vorfahren. Viele sind amorph und alle ärmer an optischen Eigenschaften. Das Licht hat mit ihnen leichteres Spiel: viele sind zu fein, um es doppelt zu brechen, und kein einziges seit dem 19. Jahrhundert erfundenes Pigment vermag Interferenzfarben zu erzeugen.

Nicht nur ist der einzelne Farbkörper homogener als der der alten Pigmente, die einzelnen Partikel unterscheiden sich auch weniger untereinander. Je kleiner sie im Labor ausfallen, desto stärker ballen sie zusammen. Ihre Agglomerate werden dann auf die primäre oder eine noch kleinere Korngröße vermahlen, oft so fein, daß ihre farbliche Erscheinung wie bei den körperlosen Tinten im Ton aufgeht. Auf diese Weise erhält die notorische Uniformität des modernen Pigments seinen letzten Schliff: die mechanische Mahlung steigert mit dem Grad der Feinheit noch die Homogenität des Pulvers. Das Ergebnis ist nicht Vollkommenheit, sondern Sterilität. Das macht den bunten Staub so marktgerecht. Seine Eigenheiten kommen der Lack-, Anstrich- und Druckfarbenindustrie in jeder Hinsicht entgegen. Je geringer der Aufwand an Zeit und Energie bei seiner Erzeugung, desto billiger werden die Farben. Je gesättigter der Ton, desto weniger Pigment wird gebraucht, und so können sie gar nicht bunt genug sein. Je stabiler, homogener und schwimmfester, desto haltbarer ist das Produkt im Kanister, und die immer gleiche Beschaffenheit genügt der Standardanforderung.

So notwendig es ist, haltbare und preiswerte Ware zu produzieren, so widersinnig mutet es an, daß Künstlerfarben aus den gleichen Pigmenten hergestellt werden wie die Lacke der Automobilindustrie und andere Massenprodukte. Allerdings sind die Farben in Tuben und Näpfen für den Malbedarf anders gebunden, als die zum Lackieren, Drucken und Anstreichen gedachten. Mit dem Bindemittel, das die farbigen Körper umschließt, variiert die Lichtbrechung. Ein wässriges Medium begünstigt die deckenden Eigenschaften, ein öliges oder harziges die Transparenz, während das luftige des Pastells jedes Pigment opak erscheinen läßt. Da sich die farbigen Körper erst im Medium entfalten, das sie zusammenhält, wäre eine sinnvolle Verwendung der Bindemittel geeignet, den sterilen Charakter moderner Pigmente etwas zu beleben. Das Gegenteil ist der Fall. Für Tuben und Näpfe gilt, was alle Konserven bestimmt: zuerst kommt die Haltbarkeit, ihr hat der Geschmack sich zu beugen, und schließlich ekelt man sich vor frischen Erbsen, Tomaten und Bohnen und züchtet Gemüse, das makellos aussieht und nach nichts schmeckt. Die Gesetze, die Markt und Produktion beherrschen, sind für den Künstlerfarbenfabrikanten nicht weniger zwingend als für den chemischen Konzern, der ihm die Pigmente liefert. Auch der kleine Unternehmer muß preiswert sein, dem Standard entsprechen, Stabilität und Haltbarkeit garantieren, Materialien bevorzugen, die zur mechanischen Abfüllung geeignet sind. Sind *seine* Bedingungen erfüllt, kann er sich noch Gedanken über die Ansprüche der Maler machen, die er über einen Kamm scheren muß. In welcher Weise sie ihre Werke auch immer gestalten, ob linear oder malerisch, flächig oder plastisch, abstrakt oder figurativ, sie sollen alle zu den gleichen Tuben greifen.

Im 19. Jahrhundert wurde der Griff zur Malkonserve die Regel und ist heute so selbstverständlich geworden, daß niemand wahrnimmt, wie merkwürdig es ist, daß die bildende als einzige unter den schönen Künsten sich mit der Wahl ihrer Mittel den ökonomischen Zwängen der Industrie unterwarf. Man sollte meinen, die Durchschnittsprodukte der quantitativ bestimmten industriellen Welt hätten im qualitativen Kosmos der Kunst nichts verloren. Ob Geige, Bratsche oder Cello, Körper, die Töne erzeugen, werden noch immer von Hand gefertigt, gleichgültig wie »modern« die Kompositionen sind, die man auf ihnen spielt. Kein Mensch käme auf die Idee, von einem Komponisten zu verlangen, er solle seine Werke auf den stereotypen Klang von Fabrikinstrumenten einstellen, und wenn er es täte, würde kein Solist und kein Orchester von Rang ihn spielen. Auch in einer angewandten Kunst wie dem Kochen ist es unter Künstlern üblich, den Fleischfond selber herzustellen, obwohl die industrielle Produktion von Liebigs Extrakt so alt ist wie die der Tubenfarben.

Als sich die sinnliche Kenntnis des Stoffes, aus dem die Bilder sind, erübrigte, ging mehr vom Geist ihrer Werke verloren, als sich die Maler träumen ließen. Goethe hat in der Entfremdung vom Konkreten schon früh die Chance für das gemeine Mittelmaß erkannt. »Alles aber, mein Teuerster«, schreibt er im Juni 1825 an Zelter, »ist jetzt ultra, alles transzendiert unaufhaltsam, im Denken wie im Tun. Niemand kennt sich mehr, niemand begreift das Element worin er schwebt und wirkt, niemand den Stoff den er bearbeitet. Von reiner Einfalt kann die Rede nicht sein; einfältiges Zeug gibt es genug. Junge Leute werden viel zu früh aufgeregt und dann im Zeitstrudel fortgerissen; Reichtum und Schnelligkeit ist was die Welt bewundert und wornach jeder strebt; Eisenbahnen, Schnellposten, Dampfschiffe und alle möglichen Fazilitäten der Kommunikation sind es worauf die gebildete Welt ausgeht, sich zu überbieten, zu überbilden und dadurch in der Mittelmäßigkeit zu verharren.«[1]

Das alte Ultramarin verdankte seinen Namen der Herkunft des Steins: Lapislazuli kam von jenseits des Meeres aus Asien – *outre mer.* Das neue kommt aus dem Labor und ist *ultra*-blau, wie alle Farben jetzt *ultra* sind. Der liebe Gott ist im Detail verborgen, während der Teufel *en gros* und *en detail* Gott simuliert. Der Teufel der Maler steckt in der Tube. Als Nihilist verabscheut er Körper und verspricht dafür Totalität. So schlich sich mit dem Gebrauch der Konserve die teuflische Dummheit in die Malerei, die am liebsten »den Äther in den Äther mit Äther malt«[2]. Ihr Triumph hat die Klage über das verlorene Handwerk, die wie ein roter Faden die Gespräche, Tagebücher und Briefe der großen Maler des vergangenen Jahrhunderts durchzieht, übertüncht. Kein Salonmaler hat die Unvergleichlichkeit der alten Farben je wahrgenommen, während Cézanne bekannte, vor seinen Tubenfarben, die Pinsel in der Hand, schwitze er Blut.[3] Er bewunderte das *Irisieren* und den Reichtum der Farben von Veronese, den Aufbau eines Gemäldes in Schichten und das, was er »die geheime Seele der Untergründe«[4] nannte. In David sah er den letzten, der sein Handwerk verstand, aber seine idealisierende Darstellung ging ihm gegen den Strich und er verstieg sich zu der Behauptung, David habe die Malerei getötet. Irgendwer mußte es ja gewesen sein. Am letalen Zustand der Malerei konnten nur Salonmaler zweifeln. Schnellmaler versuchten durch pastosen Farbauftrag die

[1] Johann Wolfgang Goethe, *Gedenkausgabe der Werke, Briefe und Gespräche*, Zürich und Stuttgart 1965, S. 633f.

[2] Jean Paul, *Vorschule*, S. 32.

[3] Paul Cézanne, *Über die Kunst*, S. 28.

[4] Ebda., S. 38.

Körperlosigkeit der Farbe zu kompensieren. »Heute trägt man gleich dick auf«, schimpfte Cézanne über diese Maureranwandlung und beklagte, daß man »die Wissenschaft der Vorbereitungen« verlor, »diese flüssige Kraft, die aus den Untermalungen kommt. (...) Heute malt man darüber, man kratzt ab, man kratzt wieder ab, man macht die Schicht dick. Es ist wie Mörtel.«[1]

In der Generation vor Cézanne war Delacroix zu ganz ähnlichen Schlüssen über die »wahre« Maltechnik gekommen: »Je größer der Meister, desto vollendeter ist sie: Rubens, Tizian, Veronese, die Holländer; ihre besondere Sorgfalt, geriebene Farben, Grundierungen, Trocknenlassen der verschiedenen Schichten. (...) Diese Tradition ist den Modernen vollkommen verloren gegangen. Schlechte Erzeugnisse, nachlässige Grundierung, schlechte Leinwand, Pinsel, abscheuliche Öle.«[2]

Hält man sich die geleckten Schinken der Salonmaler des 19. Jahrhunderts vor Augen, begreift man den Abscheu der Künstler vor der zeitgenössischen Lasur und daß sie die Schichtenmalerei bald gänzlich verdammten. »Ich glaube, der Kerl lasiert«, sagte Wilhelm Leibl verächtlich über Hans Thoma.[3] Es gehört zur Ironie der Geschichte, daß das Dogma der Primamalerei aus der Bewunderung für die vollendeten Lasuren der Alten Meister hervorgegangen ist, die mit den neuen Mitteln nicht mehr zu erreichen waren. Renoir hat das am klarsten zum Ausdruck gebracht: »Weil die Alten ihr Handwerk konnten, besaßen sie diese wunderbare Materie und diese durchsichtigen Farben, deren Geheimnis wir vergeblich zu ergründen trachten.«[4]

[1] Es wäre interessant, den Topos der gemordeten Malerei in der Geschichte zurückzuverfolgen. In den Augen Ingres' war Rubens der Mörder, Poussin meinte von Caravaggio, »er sei auf die Welt gekommen, um die Malerei zu vernichten.« Vgl. Claude Lévi-Strauss, *Regarder Écouter Lire*, S. 37.

[2] *Über die Kunst*, S. 37.

[3] Zit. nach Max Doerner, *Malmaterial und seine Verwendung im Bilde*, Stuttgart 1976, S. 201.

[4] Ebda., S. 206.

Unbeirrt, geduldig und ganz Auge näherte sich ein einzelner Maler dem Geheimnis der Lasur: Philipp Otto Runge. Er hat seine Gedanken über die Farbe in einem Brief entfaltet, den Goethe in seine Farbenlehre aufnahm. Von den Künstlern vergessen, die nur noch à la prima malen, sei Runges Schreiben an Goethe hier noch einmal wiedergegeben. Seine Gedanken und die Worte, die er für sie fand, haben in 188 Jahren nichts von ihrer Leuchtkraft, Frische und Transparenz eingebüßt. Unzeitgemäß wie sie sind, weisen sie über unsere Gegenwart hinaus.

VIII
Sendschreiben über Transparenz

Wollgast den 5. July 1806

Nach einer kleinen Wanderung, die ich durch unsere anmuthige Insel Rügen gemacht hatte, wo der stille Ernst des Meeres von den freundlichen Halbinseln und Thälern, Hügeln und Felsen, auf mannigfaltige Art unterbrochen wird, fand ich zu dem freundlichen Willkommen der Meinigen, auch noch Ihren werthen Brief; und es ist eine große Beruhigung für mich, meinen herzlichen Wunsch in Erfüllung gehen zu sehen, daß meine Arbeiten doch auf irgendeine Art ansprechen möchten. Ich empfinde es sehr, wie Sie ein Bestreben, was auch außer der Richtung, die Sie der Kunst wünschen, liegt, würdigen; und es würde ebenso albern seyn, Ihnen meine Ursachen, warum ich so arbeite, zu sagen, als wenn ich bereden wollte, die meinige wäre die rechte.

Wenn die Praktik für jeden mit so großen Schwierigkeiten verbunden ist, so ist sie es in unsern Zeiten im höchsten Grade. Für den aber, der in einem Alter, wo der Verstand schon eine große Oberhand erlangt hat, erst anfängt, sich in den Anfangsgründen zu üben, wird es unmöglich, ohne zu Grunde zu gehen, aus seiner Individualität heraus in ein allgemeines Bestreben zu versetzen.

Derjenige, der, indem er sich in der unendlichen Fülle von Leben, die um ihn ausgebreitet ist, verliert, und unwiderstehlich dadurch zum Nachbilden angereizt wird, sich von dem totalen Eindrucke eben so gewaltig ergriffen fühlt, wird gewiß auf eben die Weise, wie er in das Charakteristische der Einzelheiten eingeht, auch in das Verhältniß, die Natur und die Kräfte der großen Massen einzudringen suchen.

Wer in dem beständigen Gefühl, wie alles bis in's kleinste Detail lebendig ist, und aufeinander wirkt, die großen Massen betrachtet, kann solche nicht ohne eine besondere Connexion oder Verwandtschaft sich denken, noch viel weniger darstellen, ohne sich auf die Grundursachen einzulassen. Und thut er dieß, so kann er nicht eher wieder zu der ersten Freiheit gelangen, wenn er sich nicht gewissermaßen bis auf den reinen Grund durchgearbeitet hat.

Um es deutlicher zu machen, wie ich es meine: ich glaube, daß die alten deutschen Künstler, wenn sie etwas von der Form gewußt hätten, die Unmittelbarkeit und Natürlichkeit des Ausdrucks in ihren Figuren würden verloren haben, bis sie in dieser Wissenschaft einen gewissen Grad erlangt hätten.

Es hat manchen Menschen gegeben, der aus freier Faust Brücken und Hängewerke und gar künstliche Sachen gebaut hat. Es geht auch wohl eine Zeit lang, wenn er aber zu einer gewissen Höhe gekommen und er von selbst auf mathematische Schlüsse verfällt, so ist sein ganzes Talent fort, er arbeite sich denn durch die Wissenschaft durch wieder in die Freiheit hinein.[1]

So ist es mir unmöglich gewesen, seit ich zuerst mich über die besondern Erscheinungen bei der Mischung der drey Farben verwunderte, mich zu beruhigen, bis ich ein gewisses Bild von der ganzen Farbenwelt hatte, welches groß genug wäre, um alle Verwandlungen und Erscheinungen in sich zu schließen.

Es ist ein sehr natürlicher Gedanke für einen Mahler, wenn er zu wissen begehrt, indem er eine schöne Gegend sieht, oder auf irgendeine Art von einem Effect in der Natur angesprochen wird, aus welchen Stoffen gemischt dieser Effect wieder zu geben wäre. Dieß hat mich wenigstens angetrieben, die Eigenarten der Farben zu studiren, und ob es möglich wäre, so tief einzudringen in ihre Kräfte, damit es mir deutlich würde, was sie leisten oder was durch sie gewirkt wird, oder was auf sie wirkt. Ich hoffe, daß Sie mit Schonung einen Versuch ansehen, den ich bloß aufschreibe, um Ihnen meine Ansicht deutlich zu machen, die, wie ich doch glaube, sich praktisch nur ganz

[1] Hervorhebung von A. A.

auszusprechen vermag. Indeß hoffe ich nicht, daß es für die Mahlerey unnütz ist, oder nur entbehrt werden kann, die Farben von dieser Seite anzusehen; auch wird diese Ansicht den physikalischen Versuchen, etwas Vollständiges über die Farben zu erfahren, weder widersprechen, noch sie unnöthig machen.

Da ich Ihnen hier aber keine unumstößlichen Beweise vorlegen kann, weil diese auf eine vollständige Erfahrung begründet sein müssen, so bitte ich nur, daß Sie auf Ihr eignes Gefühl sich reduziren möchten, um zu verstehen, wie ich meinte, daß ein Mahler mit keinen andern Elementen zu thun hätte, als mit denen, die sie hier angegeben finden.

1) Drey Farben, Gelb, Roth und Blau, gibt es bekanntlich nur, wenn wir diese in ihrer ganzen Kraft annehmen, und stellen sie uns wie einen Cirkel vor, z. B. (siehe die Tafeln).

Roth

Orange *Violett*

Gelb *Blau*

Grün

so bilden sie aus den drey Farben, Gelb, Roth und Blau drey Übergänge, Orange, Violett und Grün (ich heiße alles Orange, was zwischen Gelb und Roth fällt, oder was von Gelb und Roth aus sich nach diesen Seiten hinneigt) und diese sind in ihrer mittleren Stellung am brillantesten und die reinen Mischungen der Farben.

2) Wenn man sich ein bläuliches Orange, ein röthliches Grün oder ein gelbliches Violett denken will, wird einem so zu Muthe wie bei einem südwestlichen Nordwinde. Wie sich aber ein warmes Violett erklären läßt, gibt es im Verfolg vielleicht Materie.

3) Zwey reine Farben wie Gelb und Roth geben eine reine Mischung Orange. Wenn man aber zu solcher Blau mischt, so wird sie beschmutzt, also daß wenn sie zu gleichen Theilen geschieht, alle Farbe in ein unscheinendes Grau aufgehoben ist.

Zwey reine Farben lassen sich mischen, zwey Mittelfarben aber heben sich einander auf oder beschmutzen sich, da ein Theil von der dritten Farbe hinzugekommen ist.

Wenn die drey reinen Farben sich einander aufheben in Grau, so thun die drey Mischungen, Orange, Violett und Grün dasselbe in ihrer mittleren Stellung, weil die drey Farben wieder gleich stark darin sind.

Da nun in diesem ganzen Kreise nur die reinen Übergänge der drey Farben liegen und sie durch ihre Mischung nur den Zusatz von Grau erhalten, so liegt außer ihnen zur größern Vervielfältigung noch Weiß und Schwarz.

4) Das Weiß macht durch seine Beimischung alle Farben matter, und wenn sie gleich heller werden, so verlieren sie doch ihre Klarheit und Feuer.

5) Schwarz macht alle Farben schmutzig, und wenn es solche gleich dunkler macht, so verlieren sie eben so wohl ihre Reinheit und Klarheit.

6) Weiß und Schwarz miteinander gemischt gibt Grau.

7) Man empfindet sehr leicht, daß in dem Umfang von den drey Farben nebst Weiß und Schwarz der durch unsre Augen empfundene Eindruck der Natur in seinen Elementen nicht erschöpft ist. Da Weiß die Farben matt, und Schwarz sie schmutzig macht, werden wir daher geneigt, ein Hell und Dunkel anzunehmen. Die folgenden Betrachtungen werden aber zeigen, in wiefern sich hieran zu halten ist.

8) Es ist in der Natur außer dem Unterschied von Heller und Dunkler in den reinen Farben noch ein andrer wichtiger auffallend. Wenn wir z. B. in einer Helligkeit und in einer Reinheit rothes Tuch, Papier, Taft, Atlas oder Sammet, das Rothe des Abendroths oder durchsichtiges Glas annehmen, so ist da noch ein Unterschied, der in der Durchsichtigkeit oder Undurchsichtigkeit der Materie liegt.

9) Wenn wir die drey Farben, Roth, Blau und Gelb undurchsichtig zusammen mischen, so entsteht ein Grau, welches Grau ebenso aus Weiß und Schwarz gemischt werden kann.

10) Wenn man diese drey Farben durchsichtig also mischt, daß keine überwiegend ist, so erhält man eine Dunkelheit, die durch keine von den andern Theilen hervorgebracht werden kann.

11) Weiß sowohl als Schwarz sind beide undurchsichtig oder körperlich. Man darf sich an dem Ausdruck weißes Glas nicht stoßen, womit man Klares meint. Weißes Wasser wird man sich nicht denken können, was rein ist, so wenig wie klare Milch. Wenn das Schwarze bloß dunkel machte, so könnte es wohl klar seyn, da es aber schmutzt, kann es solches nicht.

12) Die undurchsichtigen Farben stehen zwischen dem Weißen und dem Schwarzen; sie können nie so hell wie Weiß und nie so dunkel wie Schwarz seyn.

13) Die durchsichtigen Farben sind in ihrer Erleuchtung wie in ihrer Dunkelheit gränzenlos, wie Feuer und Wasser als ihre Höhe und ihre Tiefe angesehen werden kann.

14) Das Product der drey undurchsichtigen Farben, Grau, kann durch das Licht nicht wieder zu einer Reinheit kommen, noch durch eine Mischung dazu gebracht werden; es verbleicht entweder zu Weiß oder verkohlt sich zu Schwarz.

15) Drey Stücke Glas von den drey reinen durchsichtigen Farben würden aufeinander gelegt eine Dunkelheit hervorbringen, die tiefer wäre als jede Farbe einzeln, nämlich so: drey durchsichtige Farben zusammen geben eine farblose Dunkelheit, die tiefer ist, als irgend eine von den Farben. Gelb ist z. E. die hellste und leuchtendste unter den drey Farben, und doch, wenn man zu ganz dunklem Violett so viel Gelb mischt, bis sie sich einander aufheben, so ist die Dunkelheit in hohem Grade verstärkt.

16) Wenn man ein dunkles durchsichtiges Glas, wie es allenfalls bei den optischen Gläsern ist, nimmt, und von der halben Dicke eine polirte Steinkohle, und legt beide auf einen weißen Grund, so wird das Glas heller scheinen; verdoppelt man aber beide, so muß die Steinkohle stille stehen, wegen der Undurchsichtigkeit; das Glas wird aber bis in's Unendliche sich verdunkeln, obwohl für unsere Augen nicht sichtbar. Eine solche Dunkelheit können eben sowohl die einzelnen durchsichtigen Farben erreichen, so daß Schwarz dagegen nur wie ein schmutziger Fleck erscheint.

17) Wenn wir ein solches durchsichtiges Product der drey durchsichtigen Farben auf die Weise verdünnen und das Licht durchscheinen ließen, so wird es auch eine Art Grau geben, die aber sehr verschieden von der Mischung der drey undurchsichtigen Farben seyn würde.

18) Die Helligkeit an einem klaren Himmel bei Sonnenaufgang dicht um die Sonne herum, oder vor der Sonne her, kann so groß seyn, daß wir sie kaum ertragen können. Wenn wir nun von dieser dort fortkommenden farblosen Klarheit, als einem Product der drey Farben auf diese schließen wollten, so würden diese so hell seyn müssen, und so sehr über unsere Kräfte weggerückt, daß sie für uns dasselbe Geheimnis blieben, wie die in der Dunkelheit versunkenen.

19) Nun merken wir aber auch, daß die Helligkeit oder Dunkelheit nicht in den Vergleich oder Verhältniß zu den durchsichtigen Farben zu setzen sey, wie das Schwarz und Weiß zu den undurchsichtigen. Sie ist vielmehr eine Eigenschaft und eins mit der Klarheit und mit der Farbe. Man stelle sich einen reinen Rubin vor, so dick oder so dünn man will, so ist das Roth eins und dasselbe, und also nur ein durchsichtiges Roth, welches hell oder dunkel wird, je nachdem es vom Licht erweckt oder verlassen wird. Das Licht entzündet natürlich ebenso das Product dieser Farben in seiner Tiefe und erhebt es zu einer leuchtenden Klarheit, die jede Farbe durchscheinen läßt. Diese Erleuchtung, der sie fähig ist, indem das Licht sie zu immer höherem Brand entzündet, macht, daß sie oft unbemerkt um uns wogt und in tausend Verwandlungen die Gegenstände zeigt, die durch eine einfache Mischung unmöglich wären, und alles in seiner Klarheit läßt und noch erhöht. So können wir über die gleichgültigsten Gegenstände oft einen Reiz verbreitet sehen, der meist mehr in der Erleuchtung der zwischen uns und dem Gegenstand befindlichen Luft liegt, als in der Beleuchtung seiner Formen.

20) Das Verhältnis des Lichts zur durchsichtigen Farbe ist, wenn man sich darein vertieft, unendlich reizend, und das Entzünden der Farben und das Verschwimmen ineinander und Wiederentstehen und Verschwinden ist wie das Odemholen in großen Pausen von Ewigkeit zu Ewigkeit vom höchsten Licht bis in die einsame und ewige Stille in den allertiefsten Tönen.

21) Die undurchsichtigen Farben stehen wie Blumen dagegen, die es nicht wagen, sich mit dem Himmel zu messen, und doch mit der Schwachheit von der einen Seite, dem Weißen, und dem Bösen, dem Schwarzen, von der andern zu thun haben.

22) Diese sind aber gerade fähig, wenn sie sich nicht mit Weiß noch Schwarz vermischen, sondern dünn darüber gezogen werden, so anmuthige Variationen und so natürliche Effecte hervorzubringen, daß sich an ihnen gerade der praktische Gebrauch der Ideen halten muß, und die durchsichtigen am Ende nur wie Geister ihr Spiel darüber haben, und nur dienen, um sie zu heben und zu erhöhen in ihrer Kraft.

Der feste Glaube an eine bestimmte geistige Verbindung in den Elementen kann dem Mahler zuletzt einen Trost und Heiterkeit mittheilen, die er auf keine andre Art zu erlangen imstande ist, da sein eignes Leben sich so in seiner Arbeit verliert und Materie, Mittel und Ziel in eins zuletzt in ihm eine Vollendung hervorbringt, die gewiß durch ein stets fleißiges und getreues Bestreben hervorgebracht werden muß, so daß es auch auf andere nicht ohne wohlthätige Wirkung bleiben kann.

Wenn ich die Stoffe, womit ich arbeite, betrachte, und ich halte sie an den Maßstab dieser Qualitäten, so weiß ich bestimmt wo und wie ich sie anwenden kann, da kein Stoff, den wir verarbeiten, ganz rein ist. Ich kann mich hier nicht über die Praktik ausbreiten, weil es erstens zu weitläufig wäre, auch ich bloß im Sinne gehabt habe, Ihnen den Standpunkt zu zeigen, von welchem ich die Farbe betrachte.[1]

[1] Goethe's Werke, vollständige Ausgabe letzter Hand, Stuttgart und Tübingen 1833, 52. Bd., S. 360–371.

Und vielleicht mißt das Weichtier seine besondere Zeit durch den Reiz des Ausscheidens und Einfügens eines kleinen Kalkprismas.

PAUL VALÉRY

IX

Streugläser, Sammellinsen und ein Chamäleon im Blätterteig

Vor der Anmaßung totaler Identität waren die Maler des 15. Jahrhunderts gefeit. Wenn sie ihre Lehrlinge anwiesen, Farben im Mörser zu pulverisieren, auf dem Stein zu reiben oder in Wasser zu schlämmen, hatten sie zwar höchste Leuchtkraft und Reinheit der Farben im Sinn, absolute Reinheit aber war auch bei größter Sorgfalt und Geduld ein Ding der Unmöglichkeit. Die meisten Pigmente sind mineralisch. Aus den Metamorphosen des Erdmantels hervorgegangen, enthalten alle Mineralien Einschlüsse fremder Elemente. Ob vulkanischer Auswurf, verwittertes Gestein, Ausblühung, Anflug, Niederschlag oder Ablagerung, die vielgestaltigen Steine und bunten Erden sind niemals vollkommen rein. Von Natur zusammengesetzt und von Hand bearbeitet, gleicht keine Farbe der anderen. Jeder Lehrling hat einen anderen »Dreh« und in jeden Lasurstein aus Übersee haben sich die goldenen Pyritadern, die funkelnden Calcitkristalle anders eingezeichnet. Im Spielraum des Zufalls gewachsen tragen sie nicht zufällig zur Schönheit der Farbe bei. Einsprengsel, fremde Elemente und minimale Abweichungen in der Symmetrie der Kristalle sind diskrete Wasserzeichen der Naturwüchsigkeit. Als Reste der Diskontinuität des Milieus, die die Kristallisation bewirkte[1], bewahren sie die Erinnerung an die Entstehung des Minerals. Nicht der ideale Kristall, seine realen »Mängel« und »Verunreinigungen« erzählen die Geschichte des Ursprungs. Auch wenn uns die Kenntnisse fehlen, im geologischen Buch der Natur zu lesen, teilen uns die kleinen Unregelmäßigkeiten kristalliner Gestalt etwas von dem Geheimnis aller Formbildung mit, das auch die Naturwissenschaften nicht restlos entziffern können. Nicht aus dem Glatten, aus dem *Rauhen* erneuern sich die Rätsel. »Das große Feld für neue Entdeckungen (ist) immer der unerforschte Rest.«[2]

Auch die künstlichen Mineralpigmente, die man seit der Antike aus Blei, Zinn, Kupfer, Quecksilber, Schwefel und Arsen darstellen konnte, waren im 15. Jahrhundert *rauher* als ihre modernen Namensvettern. Die optische Wirkung, die ihre schöne Unregelmäßigkeit erzeugt, ähnelt der der natürlichen Pigmente. Die unvergleichliche Schönheit der alten Synthesen ist kein Wunder. Heute werden Pigmente in Windeseile im sterilen Labor erzeugt, denn Zeit ist Geld, und die verwendeten Stoffe sollen möglichst identisch sein. Die alten Pigmente hingegen kristallisierten unter primitiven Bedingungen, die allerlei *rauhe* Elemente einschlossen. Sie hatten Zeit, bis zur Vollendung zu wachsen, und der Zufall war dabei immer im Spiel. Kristalle werden um so schöner, je

[1] »Betrachten wir eine Schneeflocke. Wenn sie aus sphärischen Kristallen besteht, können wir daraus folgern, daß sie unter gleichgewichtsnahen Bedingungen entstanden ist: Die Moleküle hatten Zeit, sich über die ganze Oberfläche auszubreiten. Weist sie dagegen ausgeprägte Zweige auf, so ist sie fern vom Gleichgewicht entstanden: die Kristallisation verlief sehr viel schneller. Heute erforscht man nicht mehr ideale, sondern reale Kristalle, die in den Mängeln ihrer Struktur (Dislokationen usw.) die Erinnerung an ihre Entstehung bewahren.« Ilya Prigogine, Isabelle Stengers, *Das Paradox der Zeit*, München 1993.

[2] William James, »The Will to Believe«, zit. nach Benoît B. Mandelbrot, *Die fraktale Geometrie der Natur*, Basel, Boston, Berlin 1991, S. 40.

langsamer sie sich bilden. Gröber im Korn, ausgereift in der Form und irregulärer in den Partikelgrößen, waren die Farben regelmäßiger und unregelmäßiger zugleich. Die maltechnischen Schriften unserer Zeit stehen ganz im Bann der Statistik und sind von der idée fixe beherrscht, es gäbe eine für alle Pigmente gültige optimale Korngröße, die den maximalen Nutzen aller optischen Eigenschaften garantiere. Diese imaginäre Größe soll zwischen 0,4 und 2 Mikron liegen, ein Ideal, das in der alten Malerei nicht vorkommt. Eine wissenschaftliche Untersuchung der Partikelgröße von Azurit und Ultramarin in den Bildern der frühen Niederländer hat ergeben, daß die am feinsten geriebene Farbe mit einem Durchschnittswert von 4,9 Mikron im berühmten Altar von Gent zu finden war.[1]

Der Maler mißt seine Zeit durch den Reiz des Anreibens und Einfügens kleiner Farbprismen. Van Eyck hat die der Natur nachgeahmte Kunst, mit wenigen und begrenzten Mitteln vielfältigste Wirkungen zu erzeugen, zur Vollendung gebracht. Von Anbeginn wurde sein Ruhm mit seiner *techné* verknüpft. Fazio drückte sich vorsichtig aus. Der Maler sei in den Wissenschaften und Künsten bewandert gewesen, die sich mit den Mitteln der Malerei befassen, und man nehme daher an, daß er viele Entdeckungen in bezug auf die Eigenschaften der Farben gemacht habe, die er der Lektüre des Plinius und anderer antiker Autoren verdanke. Hundert Jahre später verkapselt sich die Mutmaßung zur Legende. Vasari ernennt »Giovanni da Bruggia in Fiandra« zum Erfinder der Ölmalerei und preist in der Einleitung seiner *Lebensläufe der berühmtesten Maler, Bildhauer und Architekten* die herrliche Erfindung als »große Erleichterung für die Kunst der Malerei«[2].

[1] J.R.J. van Asperen de Boer, »An Examination of Particle Size distributions of azurite and natural ultramarine in some early netherlandish paintings«, in: *Studies in Conservation*, 19, London 1974, S. 233 bis 243.

[2] Vgl. E. Berger, *Quellen für Maltechnik während der Renaissance und deren Folgezeit*, München 1901, S. 27.

Heute wird man nicht müde, Vasaris Behauptung ins Reich der Legenden zu verweisen: Die Ölmalerei war lange vor van Eyck bekannt. Aber wie in allen Legenden steckt auch in der vasarischen ein Körnchen Wahrheit. Im Falle van Eycks ist das Körnchen ganz wörtlich zu nehmen.

Vergeblich hat man das Geheimnis seiner Technik im Medium gesucht. Die genaue Zusammensetzung des Bindemittels ist allen naturwissenschaftlichen Analysen zum Trotz bis zum heutigen Tage nicht bekannt. Alle Jahre wieder wird triumphierend des Rätsels Lösung verkündet und alsbald kleinlaut wieder revidiert. Mal soll es sich um eine fette Emulsion handeln, mal um Öl auf Tempera, mal um eine Öl-Harz-Mischung. Die fruchtbarste Forschungsarbeit wurde zu Beginn der fünfziger Jahre von Paul Coremans' Team in Brüssel geleistet. Diese Untersuchung des Genter Altars *L'Agneau Mystique au Laboratoire* gibt als Bindemittel »trocknendes Öl + x« an. Als Hauptbestandteil erkannte Coremans Leinöl, im Faktor x vermutete er eine Substanz, »die gewissen natürlichen Harzen« ähnelt, weil sie sich mit Öl so innig verbindet, daß der Malfilm eine vollkommen homogene Struktur aufweist. Inzwischen haben sich die analytischen Methoden verfeinert. Die Nachfolger Coremans' diagnostizierten Protein im Bindemittel, und man neigt wieder der von Coremans verworfenen Emulsionsthese zu. Mit welchem Protein das Öl emulgiert wurde, ist nach wie vor fraglich. Handelt es sich um Eiweiß, Eidotter, Pflanzengummi oder tierischen Leim? Im frischen Zustand lassen sich die verschiedenen Proteine im Bild leicht identifizieren. Nach mehr als einem halben Jahrtausend ist kein Stoff mehr das, was er ursprünglich war. Keine noch so genaue Untersuchungsmethode kann diesen Zeitfaktor einholen. Licht, Klima und *Atmosphärilien* beeinflussen den natürlichen Alterungsprozeß, Mikroorganismen wie Pilze und Bakterien können sich im Bild ansiedeln, und nur in den seltensten Fällen übersteht ein Gemälde Jahrhunderte, ohne wieder und wieder gereinigt, übermalt und gefirnißt worden zu sein. Die naturwissenschaftliche Untersuchung selbst setzt die einschneidendste Veränderung ihres Gegenstandes voraus: die Entnahme einer Probe und ihre Einbettung in Kanadabalsam oder die nie ganz sauber zu bewerkstelligende Trennung der zusammengewachsenen Farbschichten, die zur Bindemittelanalyse notwendig ist. Auch Pilze und Bakterien schlagen bei der Chromatographie als Proteine aus. Der chemische Nachweis von Protein im Malfilm ist das eine, etwas anderes die Interpretation. »Das bloße Anblicken einer Sache kann uns nicht fördern«, schreibt Goethe im Vorwort zur *Farbenlehre*, »jedes Ansehen geht über in ein Betrachten, jedes Betrachten in ein Sinnen, jedes Sinnen in ein Verknüpfen, und so kann man sagen, daß wir schon bei jedem aufmerksamen Blick in die Welt theoretisieren.«[1] Ohne eine Theorie, die den ganzen Kosmos des Malers umfaßt, lassen sich die naturwissenschaftlich erschlossenen Fakten nicht sinnvoll deuten. Was für alle Maltechniken gilt, gilt nicht minder für ihre Erforschung: »Zuletzt ist es doch nur der Geist, der jede Technik lebendig macht.«[2]

Mag die Analyse Coremans und seiner Mitarbeiter[3] in Einzelheiten auch strittig sein, die Theorie, die ihrer

[1] Vorwort zur *Farbenlehre*, 16. Bd. der Gedenkausgabe, S. 11.

[2] Ebda., S. 253.

[3] An Coremans' Untersuchung des Genter Altars waren Gelehrte unterschiedlichster Wissenszweige beteiligt. Das 1953 in Antwerpen in Druck gegebene Ergebnis *Les Primitifs Flamands, III. Contributions à l'étude des primitifs flamands, 2, L'Agneau Mystique au Laboratoire*, verdankt sich einer *entente cordiale* zwischen Natur- und Geisteswissenschaften. Zu den »Laboranten« gehörte auch Panofsky, der die Erfahrungen als Mitarbeiter von Coremans' Stab in Brüssel zu den glücklichsten seines Forscherlebens zählte. »Unterbrochen von gelegentlichen Besuchen in Gent, fanden (die Diskussionen der Gruppe) in einer Art Glaskäfig statt, dessen transparente Wände mit den Original-Röntgenfilmen behängt waren, so daß man sich wie ein kleines Insekt vorkam, das zwischen Holzträger und oberster Firnisschicht in der eigentlichen Substanz des Genter

Deutung zugrunde liegt, ist richtig, und so sind sie dem Geheimnis der eyckschen Technik näher gekommen als alle Forscher vor und nach ihnen.

Fazio hatte ins Schwarze getroffen, als er nicht von Erfindung, sondern von *Entdeckungen* sprach, die van Eyck in bezug auf die *Eigenschaften der Farben* gemacht habe. Der »große Jan« hat die traditionelle Malweise nicht revolutioniert. Das Neue und Unvergleichliche seiner Technik verdankt sich der systematischen Entfaltung aller Möglichkeiten, die im einfachen Schichtenaufbau der von Theophilus und Cennini überlieferten Ölmalerei wie die komplexe Gestalt einer Pflanze im Keim angelegt waren.[1]

Van Eyck »multipliziert die Anzahl der Schichten, verfeinert das zum Grundprinzip erhobene Spiel der Transparenz«[2] und erreicht durch die Überlagerung zunehmend differenzierter Modellierung eine Dichte und eine Plastizität der Darstellung, die in der Malerei vor ihm unbekannt waren. Das Licht dringt durch eine Vielzahl »geologischer« Schichten bis zum elfenbeinfarbenen geschliffenen Kreidegrund, der Leuchtkraft und Glanz der Farben aus der Tiefe verstärkt. Das Prinzip der Abstraktion und wachsenden Differenzierung, das den komplizierten Schichtenaufbau bestimmt, erinnert an die

Altars lebt und herumkrabbelt.« Die Harmonie der Gruppe war so groß, daß nachträglich niemand mehr zu sagen vermochte, welche Beobachtung sich wem verdankte. »Es entzückte mich gleichermaßen, einige meiner mitgebrachten Ansichten widerlegt und andere bestätigt zu finden«, schreibt Panofsky 1965 im Nachruf auf seinen Freund Paul Coremans, »der mehr als irgendjemand sonst das kunstgeschichtliche Lamm ermuntert hat, beim naturwissenschaftlichen Wolf zu wohnen.« (E. Panofsky, »The Promoter of a new Co-Operation between the natural Sciences and the History of Art«, in: *Bulletin de l'Institut Royal du Patrimoine Artistique*, VIII, 1965, S. 62–67.)

[1] Der Traktat *Schedula diversarum artium* des Theophilus Presbyter stammt aus der ersten Hälfte des 12. Jahrhunderts; Cenninis *Trattato della pittura* ist um 1390 entstanden.

[2] P. Philippot, »Vision et exécution eyckiennes«, in: *L'Agneau Mystique*, S. 96.

Entstehung des Bildes im Gehirn. Das vollendete Tafelbild ist die Synthese einer *analytischen* Vision. Bevor sich der Maler an die Ausführung macht, zerlegt er das Bild in seiner Vorstellung Schicht für Schicht in seine Komponenten. Am Anfang steht die Zeichnung, die Übertragung der Komposition in flüssige Linien und Schraffuren. Schwarz in wässrigem Medium mit feinem Pinsel *alla prima* auf den glatten Kreidegrund gesetzt, gibt die Unterzeichnung Licht und Schatten, Umriß und Volumen vor, ohne Einzelheiten festzuschreiben. Hier und nur hier im Verborgenen kommt die *Manier* des Künstlers unmittelbar zum Ausdruck, sein charakteristisches Linienspiel und der spezifische Rhythmus seiner Hand.[1] Im Fluß der Zeichnung wird die Möglichkeit der Abwandlung ohne Retouche genutzt. Ein erstes Augenpaar über dem korrigierten im Gesicht eines Engels, der sechste Finger einer Hand, die doppelte Linie einer Wange werden im weiteren Malprozeß übergangen wie der mißbilligte Geldbeutel Rolins. Zuvor wird ein farbloser Ölfilm aufgetragen, der die Grundierung mit der Unterzeichnung imprägniert – ohne Isolation würde die stark saugende Kreide das Öl aus den Malschichten ziehen und die Farben matt machen.

Dann beginnt die Inszenierung der »Taten und Leiden des Lichts«[2]. Farbe für Farbe und Schicht für Schicht wird das Schlucken, Durchlassen, Brechen, Zerstreuen,

[1] Der Musikwissenschaftler Gustav Becking hat zu Beginn des Jahrhunderts die spezifischen rhythmischen Kurven sprechender, schreibender und musizierender Künstler untersucht. Er unterschied drei Kurven, die man nach ihrem Entdecker *Beckingkurven* nennt:

Hauptschlag – Nebenschlag
spitz – spitz (Heine-Typ)
spitz – rund (Goethe-Typ)
rund – rund (Schiller-Typ)

Die Beckingkurven van Eycks entsprechen dem Goethe-Typ. Vgl. dazu Roman Jakobson, *Aufsätze zur Linguistik und Poetik*, München 1974, S. 201.

[2] Über die »Leiden« des Tiefenlichts vgl. Hermann Kühn, »Farbmaterialien Pigmente und Bindemittel«, in: *Reclams Handbuch der künstlerischen Techniken*, Stuttgart 1984, Bd. 1, S. 12.

Zurückwerfen und Spiegeln variiert. Das gemeinsame Prinzip ist der Übergang vom beinahe Opaken zur vollkommenen Transparenz, ein Weg, der je nach Farbe und Ton mal schneller, mal langsamer verläuft. Meist führt er vom Hellen ins Dunkle, vom kalten zum warmen Ton.

Die erste Schicht gibt das flächigste Bild, aufgeteilt in chromatische Felder, die der Zerlegung des optischen Gefüges der einzelnen Farben entsprechen. Mit Ausnahme von Bleizinngelb, Zinnober und Schwarz sind alle Farben mit Bleiweiß vermischt das die Schwächung des Lichts in der Tiefe kompensiert.[1] Von einer lokalen Imprimitur unterscheidet sie der Ansatz zur Modellierung: Die Unterteilung der chromatischen Felder in helle, mittlere und dunkle Partien, die der Maler durch mehr oder weniger Bleiweiß erzeugt. Noch schimmert die Unterzeichnung durch den unterschiedlich dichten Farbschleier. Ihr Schema teilt sich der zweiten Schicht mit, in der ein geringerer Zusatz von Bleiweiß das Licht vertritt. »Bei sämtlichen Farbpartien nimmt der Zusatz von Bleiweiß nach oben hin ab, bis er in der obersten, auch schon in der zweitletzten Schicht ganz unterbleibt. Die oberste Schicht ist gewöhnlich eine Lasur im reinen, unverfälschten Farbton.«[2]

Schicht um Schicht gewinnt die Darstellung an Farbe und Plastizität, wird Licht mit Bleiweiß, Schatten farbig modelliert, bis ein mittlerer Ton entsteht – die körperhafte Basis der Lasuren. Schwarz, Grau, Weiß und die Pastelltöne der Haut haben die einfachste Struktur: eine einzige mal dickere, mal dünnere Schicht auf der Grundierung. Die seltenen gelben Partien sind braun oder rot untermalt. Mangelnde Färbekraft der grünen Pigmente Malachit und

[1] Bleizinngelb und Zinnober kommen ohne weißen Zusatz aus, sie bringen die geforderten Eigenschaften selbst mit: Helligkeit, Körperhaftigkeit und Deckkraft.

[2] Rolf E. Straub, »Tafel- und Tüchleinmalerei des Mittelalters«, in: *Reclams Handbuch*, Bd. 1, S. 219.

Kupferresinat bedingt den kompliziertesten Unterbau. Allen Grüntönen liegen Grisaillemalereien zugrunde, wie es Doerner fälschlich der ganzen Palette van Eycks unterstellt hatte. Aber Grisaille ist nicht gleich Grisaille. Bei Doerner haben alle Farben die gleiche tyrannische Ton-in-Ton-Untermalung, im flexiblen System van Eycks führen drei verschiedene Wege ins Grün. Mal wird die Modellierung durch unterschiedlich dicke Lagen von Kupferresinat auf weißlichem oder schwärzlichem Grund erzeugt, mal wird auf grauem Grundton mit Malachit und Bleiweiß die plastische Basis für die Kupferresinatlasuren geschaffen.[1]

Auf das emailleartige Vorbild im mittleren Ton folgt ein Spiel lasierender Überlagerungen. Diese transparenteren Schichten »sind in keiner Weise korrigierende Reprisen; als integrale Bestandteile *ab initio* im Gesamtprozeß vorgesehen, sind sie das normale Mittel zur Herstellung eines bestimmten Tons, einer Transparenz, einer Dichte. Endlich erfahren auch sie eine Modellierung, bis sie in gewissen schattigen Partien eine beträchtliche Dichte erreichen, die notwendig durch die Schwierigkeit entsteht, mit durchsichtigem Stoff dunkle Valeurs zu erzeugen. (...) Und nun kommen wir zur letzten Phase. Ebenso wie die Lichter und Schatten der großen Komposition einen mittleren Grundton überlagerten, um das Helldunkel zu heben oder zu vertiefen, ist es jetzt an den Details, durch einen identischen Prozeß von Überlagerungen, ihren Platz diesseits und jenseits der Ebene zu finden, die sie beleben.«[2]

Vertiefung und Verdichtung heißen die Prinzipien des Systems, das die Farben wie Edelsteine von innen erleuchtet und die vielfältigen Texturen der Dinge plastisch erfaßt. Für sich genommen gehören Tiefenlicht und Dichte zu

[1] Die Forschung nimmt inzwischen an, daß es sich nicht um natürliches, sondern um künstliches Malachit handelt. Vgl. dazu S. 317 ff. und S. 323 ff.

[2] Philippot, *L'Agneau Mystique*, S. 97.

gegensätzlichen Polen. Auf der Achse zwischen Transparenz und Opazität neigt jenes der durchsichtigen, diese der undurchlässigen Seite zu. Einschichtig gemalt entspricht dem Tiefenlicht die dünne und flüssige Aquarelltechnik, der Dichte ein pastoser Auftrag deckender Farbe. Philippot definiert Dichte als optisch-haptische Qualität der Malmaterie, die sich aus dem relativen Pigmentgehalt im Bindemittel und ihrer mehr oder weniger homogenen Verbindung ergibt. »Das macht ihren pastosen oder flüssigen Charakter aus, eine bestimmte Form der Transparenz und Opazität, etwas, das man als das ›spezifische visuelle Gewicht‹ der Materie bezeichnen könnte.«[1]

Das hohe visuelle Gewicht erscheint als emailleartiger Schmelz der Farben. Jede einzelne der kristallinen Schichten ist so dicht, wie es das jeweils geforderte Maß der Transparenz im Aufbau zuläßt, und so transparent, wie es die notwendige Dichte irgend erlaubt. Lichtbrechungsvermögen, Transparenz und Dichte sind Eigenschaften der Farben, die auf verschiedene Weise zu beeinflussen sind. Mit der Optimierung ihrer Wandelbarkeit und der zweckmäßigen Nutzung ihrer vielfältigen optischen Wirkungen bis ins kleinste Detail gelang es van Eyck, den *besten Weg* zu finden. Sein System folgt einem Wirkungsprinzip der Natur, das der Mathematiker Pierre de Fermat 1662 im Zusammenhang mit der Lichtbrechung entdeckte. Es wurde 1744 von Maupertius verallgemeinert, dann von Euler und Lagrange präzisiert, und noch heute behauptet es seine universelle Gültigkeit auf dem Gebiet der Physik: »Le principe de la moindre action«.[2] Das *Minimalprinzip*[3] ist das des geringsten Aufwands. Aber

[1] Ebda., S. 97.

[2] Max Planck nennt es die »Krone des ganzen Systems der Physik«. Vgl. dazu die klarsichtige Darlegung der philosophischen Implikation des *Minimalprinzips* von E. Cassirer in: *Zur modernen Physik*, Darmstadt 1994, S. 180–194.

[3] In der Physik wird es »Prinzip der kleinsten Wirkung« genannt, eine den Laien verwirrende Bezeichnung für eine kleine Aktion, die eine op-

die Sparsamkeit der Mittel ist nicht die des Malers. Sein *bester Weg* ist, wie der des Lichts, der Umweg. Er braucht seine Zeit, aber das Ziel ist auf keine Weise schneller zu erreichen.[1] Der direkte Weg wäre für die Reise des Lichts vom dünneren zum dichteren Medium der längste. Der Maler, der Tiefenlicht und Dichte auf dem direkten Weg erreichen wollte, würde nie ans Ziel kommen. Neue Kopisten alter Meister bieten hier anschauliche Beispiele. In fast allen Museen kann man verfolgen, wie auf ihren Staffeleien aus Tubenölfarben moderne Nachahmungen alter Gemälde entstehen. Quadratzentimeter für Quadratzentimeter: van Eyck oder Vermeer, Patinir oder Holbein, Dürer oder Leonardo, von links oben nach rechts unten. Es sind durchaus nicht nur Stümper am Werk. Aber je exakter der Kopist, desto schlimmer das Ergebnis. Das »Abziehbild« des Originals wirkt so falsch und tot, als sei es nicht von einem Menschen, sondern von einem Automaten geschaffen. Die hervorragenden Kopien und

timale und insofern große Wirkung hervorruft. Wirkung in diesem Sinne ist jedoch nicht gemeint; beim physikalischen Prinzip hat »Wirkung« die Bedeutung von Bewirken und Einwirken. Um Mißverständnisse zu vermeiden, bleiben wir beim *Minimalprinzip*. (Mit der Sparsamkeit à la Ockham hat es nichts gemein.)

[1] Um Popularität bemühte Physiker sprechen gern von der Eile des Lichts. Vgl. Anthony Zee, *Magische Systeme*, Frankfurt 1993, S. 128. Dabei eilt das Licht mit Weile: es verlängert den leichten Weg und verkürzt den schweren. Das *teleologische* Motto der Phänomene ist nicht »so schnell wie möglich«, sondern »so gut es geht«. Das Ziel wird auf die eleganteste Weise so spielend erreicht wie beim chinesischen Schattenboxen: Das fließende Gleichgewicht des *Taichi*-Kämpfers läßt die Stärke des Gegners ins Leere laufen. Das entspricht der Beschreibung des *Minimalprinzips* von Lagrange: »... daß nämlich alle diese Bewegungen von der Art sein müssen, daß die Größe der gesamten Energie nicht geändert wird.« (Vgl. Cassirer, *Physik*, S. 187.) Entscheidend ist also nicht die quantitative Minimierung, sei es der Zeit oder der Kraft: die *Taichi*-Bewegungen können so langsam oder schnell sein, wie es das *Gleichgewicht des Energieflusses* erlaubt. So leicht diese der Natur abgelauschte Kunst der sparsamsten Bewegung erscheint, so schwer ist es, sie zu beherrschen. Sie ist nicht zufällig einer Kultur entsprungen, die Leben als Ineinandergreifen polarer Kräfte auffaßt, die sich wechselseitig das Gleichgewicht halten.

Repliken aus der Zeit, als viele große Maler ihre Bilder noch nicht signierten, widerlegen das Argument, die »Hand« des Genies sei unnachahmlich und sie allein sei für die Differenz verantwortlich. Vergrößerungen von Querschnitten aus dem Original und der modernen Kopie würden aber deutlich machen, daß die Ähnlichkeit der Bilder eine reine Fiktion darstellt. In der Querschnittvergrößerung angeschliffener Farbproben erschiene das Vorbild als Landschaft aus geologischen Schichten unterschiedlicher Gestalt und Farbe. Diese »Sedimente« wären, bei aller Unregelmäßigkeit der in »Schlacke« gebetteten Kristallbrocken, in jeder Schicht harmonisch im Ton, während die Farbmischung in ein und derselben Lage beim Imitat eine einzige amorphe Schicht aus buntem Staub ergäbe, die hier und dort mit bunten Flicken ausgebessert wäre. Wer den Stoff der Bilder unter dem Mikroskop betrachtet, wird immer finden, daß Stil und Technik sich nicht voneinander trennen lassen.

Eine winzige Probe aus dem blauen Gewand der Jungfrau Maria des Genter Altars offenbart das Genie van Eycks, durch kleine Ursachen große Wirkungen zu erzeugen. Van Asperen de Boer untersuchte 1973 drei Schichten des Querschnitts. Er fand eine mittlere Lage grobkörniges Azurit mit sehr wenig Bleiweiß in öligem Medium von zwei dünneren Lagen Bleiweiß mit wenig Azurit umschlossen.[1] Seine Analyse ergab, daß diese »Sandwich«-Anordnung dreier Schichten unter der abschließenden Ultramarin-Lasur in wässrigem Medium nicht nur die sparsamste Methode ist, mit dem relativ teuren Azurit[2] ein mittleres Dunkelblau zu erzeugen, sie

[1] Vgl. J. R. J. van Asperen de Boer, »On a rational Aspect of van Eyck's painting Technique«, in: *Studies in Conservation*, 18, London 1973, S. 93. Die mittlere Schicht ist 45 bis 50 Mikron dick, die darunter und darüber liegende 25 Mikron.

[2] Auch das kostbarste aller Pigmente, das Ultramarin, ließ sich mit diesem Azurit-Unterbau auf die letzte Schicht beschränken.

ist auch der *beste Weg*, die Durchlässigkeit[1] zu minimalisieren. Jede andere Anordnung und Proportion hätte höhere Werte ergeben. Die Färbung des Gewands beruht auf einer verwandten Erscheinung wie das Blau des Himmels, der Vogelfedern und Falterflügel, wenn auch van Eyck den durchsichtigen dunklen Grund vor der feinen Trübung mit Azurit und nicht mit Schwarz konstruierte. Sein im Vergleich zu heutigen Farben grobkörniges und unregelmäßiges Pigment erscheint unter dem Mikroskop[2] als feiner und homogener als das aller Zeitgenossen und Nachfolger, die eine weniger komplizierte Version der Schichtentechnik benutzten.[3] Der Frage, ob ein und dasselbe Pigment je nach Schicht in wechselnden Korngrößen Verwendung fand, ist die Forschung bislang nicht nachgegangen. Wenn man aber annimmt, daß das ganze System van Eycks dem *Minimalprinzip* gehorcht, spricht alles dafür, in der konsequenten Nutzung der optischen Wirkungen unterschiedlicher Korngrößen den *Kern* des Geheimnisses zu sehen, das man so lange vergeblich in der Zusammensetzung des Bindemittels gesucht hat.

Unter den verschiedenen Möglichkeiten, die Lichtdurchlässigkeit der Farben zu variieren, stellt das mal feiner geriebene, mal gröber zerstoßene Pigment die kleinste Wirkursache dar. Indem die Korngröße außerdem die Pigmentkonzentration im Medium und die Dicke der Schicht beeinflußt, nimmt sie zwischen den Polen Transparenz und Dichte eine Schlüsselstellung ein.

Auch die Plastizität des Stoffes, in den die Körner eingebettet sind, entspricht dem *Minimalprinzip*. Nicht das

[1] Durch*lässig*keit ist nicht gleich Durch*sichtig*keit.

[2] Die oben erwähnte Untersuchung der Teilchengrößen ergab im Genter Altar für Azurit eine Durchschnittsgröße von 4,9 Mikron und eine Standardabweichung von 3,1 Mikron. Die höchste Partikelfrequenz lag in den Bereichen zwischen 2,5 und 5 Mikron, die restlichen Teilchen waren bis zu 20 Mikron groß.

[3] Anscheinend war van Eyck der einzige Maler, der die komplizierte Schichtentechnik beherrschte. Vgl. Asperen de Boer, *Painting Technique*, S. 93.

Medium ist neu, sondern der Grad seiner Wandelbarkeit. Die Forscher suchten nach dem Faktor »x« und fanden ein »Chamäleon«. Ihre Fahndung ergab, daß jede Farbe anders gebunden ist.

Im Geistigen wie im Konkreten ist bei van Eyck alles von zwei Seiten her gedacht, zwischen denen verschiedene Ebenen wie bei einem Blätterteig vermitteln. Im Falle des Mediums[1] heißen die gegensätzlichen Pole »fett und mager«. Ein Bindemittel, das in der Mitte zwischen den Polen eine ausgewogene Mischung bindender Elemente enthält, läßt sich nach Bedarf durch phasenweise Abwandlung zum Fetten und zum Mageren hin entwickeln. So konnte eine fette Emulsion entstehen, die jede Köchin und jeder Koch unter dem Namen Mayonnaise kennt. Neu war dieses Bindemittel insofern, als es die Umkehrung der bis dahin gebräuchlichen Emulsionen darstellte: es basierte auf Öl. Voraussetzung für die Verträglichkeit unterschiedlich fetter und magerer Schichten ist ihre Bindemittelverwandtschaft, die um so größer sein muß, je näher sie einander sind. Bei maximaler Entfernung kann sie sich ganz verlieren, so daß die magerste und die fetteste Schicht ohne gemeinsames Element auskommen, während beide mindestens ein Element enthalten müssen, das zur mittleren Emulsion[2] gehört. Auf diese Weise läßt sich

[1] Der Begriff »Medium« wurde im 17. Jahrhundert aus der Substantivierung von *medius*, »in der Mitte von«, entlehnt. Vgl. Kluge, *Etymologisches Wörterbuch der deutschen Sprache*, Berlin, New York, 1989. »Bindemittel« betont die klebende Eigenschaft, während der Terminus technicus die vermittelnde Rolle hervorhebt: das Medium hält die Partikel zusammen und vermittelt die optische Wirkung.

[2] »Selbst wenn die ölige Phase Harz enthält, scheinen uns die außergewöhnlichen Eigenschaften der Bindemittel van Eycks vor allem mit dem Proteinanteil zusammenzuhängen. Tatsächlich ist die Kombination von schwacher Verbräunung, Farbtiefe und gutem Altern bei gleichzeitiger Verträglichkeit der verschiedenen Schichten, nur mit einer Öl-Protein-Verbindung zu erreichen.« (Leopold Kockaert und Monique Verrier, »Applications des colorations à l'identification des liants de van Eyck«, in: *Bulletin Patrimoine*, XVII, 1978/79, S. 126.)

die Regel »fett auf mager«, die für alle Öltechniken als unumstößlich gilt, sogar ins Gegenteil verkehren, wie uns das blaue Gewand der Jungfrau lehrt. Die große Variationsmöglichkeit erlaubt es, jedem Pigment die optisch wirksamste Brücke zu bauen.

Je weniger Bindemittel eine Farbe braucht, desto dichter und dauerhafter ist sie. Feine, leichte und voluminöse Pigmente schlucken bis zu 200 Prozent Öl. Mineralische Pigmente mit hohem spezifischem Gewicht[1] kommen mit wenig aus, allen voran das Leitpigment der Malerei, das in seiner alten Gestalt im 19. Jahrhundert verschwundene Bleiweiß. 9 bis 13 Prozent Bindemittel genügen, seine rundlich-hexagonalen Kristalle zu umhüllen. Es ist stark doppelbrechend und hellt andere Farben ohne einen Stich ins Blaue oder Rote auf. Da es die Trockenzeit des Öls verkürzt, gleicht es die Spannungen beim Durchtrocknen aus. Mit Öl bildet es einen harten und stabilen Film, der im Laufe der Zeit allmählich verseift und transparent wird, weshalb die in Schichttechnik gemalten Bilder im Alter noch an Schönheit gewinnen. Seiner Deckkraft und Körperhaftigkeit ist das plastische Relief der Darstellung zu verdanken. Die hohe Dichte seiner schweren weißen Partikel ermöglicht die systematische Minimalisierung der Durchlässigkeit auf ein dem Tiefenlicht entsprechendes Maß. Es war einst so zweckmäßig wie wohlfeil, und vergißt man seine garstige Giftigkeit, könnte man es im Sinne der Bergmannsprache das *höflichste* aller Pigmente nennen.[2] Über Jahrhunderte vertrat

[1] Den Chemikern Kockaert und Verrier kam die Verwendung unterschiedlicher Phasen der umgekehrten Emulsion so umständlich vor, daß sie meinten, es müsse einen Trick geben, der die komplizierte Theorie in der Praxis ganz einfach macht. Sie hielten es für denkbar, daß alle Pigmente zuerst in Öl gebunden wurden und dann auf der Palette, je nach Farbe und Deckkraft, mager oder fett verlängert wurden. Jeder Maler kann sich davon überzeugen, daß auf diesem schlichten Weg spätestens beim zweiten Schritt die Homogenität des Mediums zerstört wird.

[2] Der Bergmann spricht von der Höflichkeit des Ganges, wenn dieser

es mit seinen reichen Eigenschaften das Licht in der Malerei. Im Zuge der Rationalisierung[1] wurde es immer ärmer. Die Fällung von Bleisalzlösungen mit Kohlendioxid macht es vollends zu einem *unartigen* feinen Pulver. Im 19. Jahrhundert enthielt es statt der reichen Spurenelemente Silber und Kupfer Spuren von Antimon und Zink.[2] Heute enthält es kaum noch Spuren anderer Elemente. Es ist im Nu hergestellt, verursacht niemandem bei der Produktion Bleikoliken und hat die gleiche chemische Formel wie sein Vorfahr, der in Töpfen gezeugt wurde, seine Wärme aus Pferdemist bezog und vier bis acht Wochen brauchte, bis er ausgereift war. Aber je größer der Fortschritt, desto höher die Kosten. Das moderne Bleiweiß kommt als Greis zur Welt:

In Öl erscheint es sofort transparent, entsprechend schwach ist das Weiß; die Körperhaftigkeit der amorph[3] wirkenden Partikel ist gering, und so ist es nicht verwunderlich, daß die schwer vermalbare giftige Farbe von schleimiger Konsistenz aus den Malerateliers verschwunden ist.

Erst die Entdeckung der strukturbildenden Funktion des alten Bleiweiß im Schichtenaufbau van Eycks läßt uns den Verlust der Farbe ermessen, die einst das Licht in die Tiefe lockte und es verführte, so lange wie möglich im Bild zu verweilen, indem sie es *zerstreute.*

reiche Erze führt, von unartigem Gestein, wenn es arm oder wertlos ist. Vgl. Georg Agricola, *De re metallica libri XII*, Basel 1956, *Vom Berg- und Hüttenwesen*, übers. v. Carl Schiffner, München 1994, S. 84.

[1] Die Rationalisierung der Bleiweiß-Herstellung erfolgte in mehreren Etappen. Vgl. S. 293 ff. unter »Bleiweiß«.

[2] Zur Erklärung der veränderten Spurenelemente und ihrer Wirkung vgl. S. 293 ff.

[3] Unter dem klassischen Mikroskop erscheinen die uniformen 1 bis 2 Mikron großen Partikel als amorphe Kugeln und Ovale. Erst in der extremen Vergrößerung des Elektronenmikroskops geben sie ihre kristalline Gestalt preis.

Das Höchste wäre: zu begreifen, daß alles Faktische schon Theorie ist. Die Bläue des Himmels offenbart uns das Grundgesetz der Chromatik. Man suche nur nichts hinter den Phänomenen, sie selbst sind die Lehre. GOETHE

X

Van Eycks glückliche Hand

Die Nachahmung von Erscheinungen, die dem Blau des Himmels, der Vogelgefieder und Falterflügel verwandt sind, lebt wie diese von *Strukturfarben*, auch wenn sie nicht, wie die Natur, ohne blauen Farbstoff auskommt. Der Himmel über uns ist, wie das Blau des Auges, ohne eine Spur blauer Farbe »gemalt«.[1] »Sehr feine Trübungen (...) zerstreuen die einfallenden Lichtstrahlen in verschiedener Weise. Die Lichtwellen, welche Rot und Gelb erzeugen, werden wenig abgelenkt, die blauen Wellen dagegen werden viel stärker zerstreut (...) Das eine dieser Urphänomene, das zu Blau den Anlaß gibt, ist die Vogelfeder.« In Hornsubstanz eingeschlossene schwarze Farbkörnchen, *Melanophoren* genannt, erhöhen die Wirkung der sie überlagernden durchsichtigen Zellen, »deren ultramikroskopische Struktur der Teilchengröße

[1] »Wird die Finsternis des unendlichen Raums durch atmosphärische vom Tageslicht erleuchtete Dünste hindurch angesehen, so erscheint die blaue Farbe. Auf hohen Gebirgen sieht man am Tage den Himmel königsblau, weil nur wenig feine Dünste vor dem unendlich finstern Raum schweben; sobald man in die Täler hinabsteigt, wird das Blaue heller, bis es endlich, in gewissen Regionen und bei zunehmenden Dünsten, ganz in ein Weißblau übergeht.« (Goethe, *Farbenlehre*, 16. Band der Gedenkausgabe, S. 64.)

entspricht, durch die das Phänomen Blau entstehen kann.«[1]

Weißes Gefieder und manche weißen Falterflügel wirken auf ähnliche Weise: ihre Struktur bestimmt den Wellengang des Lichts. Beim Weiß werden alle Lichtstrahlen durch unregelmäßig gelagerte feinste Teilchen in alle Richtungen gleichmäßig zerstreut, so daß das anschauende Auge alle Wellenlängen auf einmal empfängt. »So entsteht übrigens auch die weiße Farbe der Milch. Die Teilchen, welche diese Zerstreuung des Lichts (...) bewirken, können einzelne feinste Partikel in der Hornschicht sein oder auch sehr kleine eingeschlossene Luftbläschen. Wir finden die letztere Wirkung auch im Haar der Säuger: Wenn kein dunkler Farbstoff gebildet wird und Luft eingelagert ist, entsteht das Weiß auch beim Säugetier. Als Altershaar kennen wir es beim Menschen.«[2]

Die raffiniertesten Farbeffekte der Natur, wie sie uns im schillernden Pfauenrad, im metallisch glänzenden Flügel der »Himmelsfalter«[3] oder im irisierenden Blaugrün der Papageienfische vor Augen stehen, verdanken sich dem Zusammenspiel von Lichtwellen unterschiedlicher Länge im Lamellen- oder Schuppengitter. »Wird das Sonnenlicht in seine Wellenlängen zerlegt, so können sich gewisse Lichtsorten, die sogenannten Komplementärfarben – so Gelb und Blau oder Rot und Grün – auslöschen, wenn diese Paare auf das Auge wirken. Lichtstrahlen von gleicher Wellenlänge aber erhöhen bei solcher Gelegenheit durch gemeinsame Wirkungen den Lichteffekt. Auslöschen einzelner Farbmöglichkeiten, Steigerungen der anderen – das Phänomen nennt der Physiker Interferenz, und es ist am Werk, wenn in der Vogelfeder

[1] Adolf Portmann, *Kleine Einführung in die Vogelkunde*, München 1966, S. 25f.

[2] Ebda., S. 27.

[3] Die Morphiden Südamerikas wurden von den Indianern »Himmelsfalter« genannt.

die Farbwirkungen ganz besonders strahlend, oft metallisch glänzend sind.«[1]

Das gleiche Prinzip regiert die unterschiedlichen Gitteranordnungen verschiedener Vögel, Fische und Falter. Immer schluckt das dunkle Melanin einen großen Teil des durchgelassenen Lichts und verstärkt damit die glänzende Erscheinung der reflektierten Wellen. Bei den Himmelsfaltern wirkt es von der Unterseite der durchsichtigen Flügelmembran, die mit braunen Schuppen bedeckt ist. Die blauen Schuppen der Oberseite verdanken Farbe und Glanz der Textur ihrer transparenten Haut. Bei allen Schmetterlingen ist jede Schuppe der flache Auswuchs einer einzigen Zelle. Auf einem Quadratmillimeter Flügel sind 200 bis 600 Schuppen dachziegelartig angeordnet – jede »Schindel« ist etwa 100 Mikron lang und 50 Mikron breit. Horizontal aufgeschichtete Lamellen bilden die blauschillernde Schindelhaut mancher Himmelsfalter, andere, wie *Morpho rhetenor*, schillern durch dünne Reihen vertikaler Längsrippen, die im Elektronenmikroskop horizontal kanneliert erscheinen. Der Spielraum von 0,22 Mikron zwischen Höhe und Tiefe jeder Kannelüre entspricht in etwa der halben Wellenlänge des Lichts.[2] Die Wellen gleiten die Kannelürentreppe hinab und werden an jeder Kante reflektiert. So steigert sich von Stufe zu Stufe der Glanz des gespiegelten blauen Lichts.

Das Rätsel der Entstehung dieser Phänomene wurde erst in der zweiten Hälfte unseres Jahrhunderts ganz gelöst. Aber zu keiner Zeit scheint der Sinn für reiche Texturen und irisierende Farben lebendiger gewesen zu sein als im 15. Jahrhundert. Gewachsene Strukturfarben wirken in ultramikroskopischer Dimension, die keine menschliche Hand erreichen kann. Aber Brokat-,

[1] Portmann, *Vogelkunde*, S. 27.

[2] Vgl. H. F. Nijhout, »The Colour Patterns of Butterflies and Moths«, in: *Scientific American*, Vol. 245, Nov. 1981, S. 104f.

Damast- und Atlasweber sind überdimensionale Verwandte der Falter und Pfauen. Die Textur ihrer glänzenden Stoffe gleicht dem feinen »Seidenrips«, den das unbewaffnete Auge wahrnimmt, wenn es Schuppenflügel[1] oder Federstrahlen aus der Nähe studiert. Die schönsten Brokate der Zeit kamen aus Italien nach Flandern und kein Maler versäumte, ihre vergängliche Pracht im Bild zu verewigen. Die verwandteste Erscheinung der Pfauenfedern und Falterflügel in der Welt der Textilien wurde in Burgund mit dem berühmten »Lasurstich« für die liturgischen Gewänder des Ordens vom Goldenen Vlies erzeugt. Dalmatiken und Pluvialen schillerten in golddurchwirkten Farben, und was auf Flügeln und Federn die Augenzeichnungen sind, das waren auf jenen figürliche Bilder.[2] Je zwei dünne Goldfäden wurden mit farbiger Seide in mal größerer, mal geringerer Dichte auf den Stoff appliziert, so daß im Spiel von Licht und Schatten irisierende Darstellungen entstanden. Wieviele Sticker(innen) dabei ihr Augenlicht verloren, ist nicht überliefert, und niemand hat je die Anzahl der Stiche pro Quadratmillimeter gezählt.

»Lasurstich« war eine von den Malern geborgte Bezeichnung, weil es mit Nadel und Faden wie mit Pinsel und Farbe um das Durchschimmern leuchtender Gründe ging. Lasurstickerei ist Nadelmalerei. Eine uns fremd gewordene Auffassung von Malerei kommt darin zum Ausdruck. Malen hieß: in lasierenden Schichten wirken. Nicht einmal bei der Dekoration eines Möbels oder einer Holzvertäfelung wäre es einem Maler in den Sinn gekommen, in der heute üblichen Weise anzustreichen, bis die Farbe deckt. Bis ins 18. Jahrhundert war *Fassmalerei*

[1] Die naturwissenschaftliche Bezeichnung der Schmetterlinge *Lepidoptera* bedeutet »Schuppenflügler«.

[2] Drei Pluvialen des Ordens vom Goldenen Vlies sind in der Weltlichen Schatzkammer in Wien unter den Inventarnummern 19, 20 und 21 aufbewahrt. (Ich danke Monique Lévi-Strauss für die Lasurstich-Erklärung).

eine aufwendige Technik, bei der mit unterschiedlich gebundener Farbe in hauchdünnen Schichten auf Kreidegründen gearbeitet wurde, die ebenfalls mehrschichtig aufgebaut waren und vor der Farbgebung naß poliert wurden, wie die der Tafelmaler und Vergolder. Die farbige Fassung brachte außer hellen und dunklen, warmen und kalten Tönen vor allem das Spiel des Lichtes auf bald transparenten, bald opaken Flächen zur Wirkung. Mit Achaten geglättet oder mit dem Handballen aufgerauht, entstanden spiegelnde und matte, seidige und rauhe, glitzernde und pudrige Oberflächen, die die Illusion kostbarer Texturen wie Elfenbein, Porzellan und Samt erzeugten.[1] Auch geschnitzte und gemeißelte Figuren wurden nicht einfach angemalt, sondern in einer Vielzahl schleierhaft dünner Schichten farbig *gefaßt* und vergoldet. Auch wenn man im spätmittelalterlichen Farbenprunk das Samenkorn des Kitsches vermutet, das sich im 19. und 20. Jahrhundert weltweit entfalten sollte, kann man sich keine bessere Schule für ein Malerauge vorstellen als das Polychromieren genialer Bildhauerwerke, wie des *Mosesbrunnens* von Claus Sluter.[2] So zuckerbäckerartig bunt, wie wir sie uns vorstellen, sind die *gefaßten* Propheten sicher nicht gewesen. Was uns befremdet, entzückte die zeitgenössischen Betrachter: die farbige mit Gold gesteigerte Pracht, ja selbst noch die vergoldete Brille des Jeremias. Nach einem Wort Panofskys muß der gefaßte *Mosesbrunnen* wie ein überdimensionales *Goldenes Rössl* gewirkt haben. Das Skandalöse des Vergleichs wäre für den größten Bildhauer des 14. Jahrhunderts so unverständlich gewesen wie für die Pariser

[1] Die Wiederentdeckung der komplizierten Fassungstechniken ist dem niedersächsischen Restaurator Wolfgang Fünders zu verdanken. In Schloß Clemenswerth im Emsland (von dem Architekten Johann Conrad Schlaun im 18. Jahrhundert entworfen) wurden die alten Fassungen nach Fünders Rezepten neu hergestellt. Vgl. S. 352 ff.

[2] Die *fassungslosen* Steinpropheten stehen seit dem 19. Jahrhundert im Garten des Irrenhauses von Dijon.

Meister der Goldschmiedekunst, die das Kleinod aus Gold, Email und Edelsteinen im Auftrag der Königin Isabeau schufen.[1] Aber vielleicht hätten sie sich gewundert, daß eine als Votiv gedachte Darstellung Unserer Lieben Frau mit Jesuskind in einer Blumenlaube, umgeben von kindlichen Heiligen und dem anbetenden König Karl VI. mit seinem Ritter, einen Gasthofnamen trägt. Der profane Titel stammt aus dem 17. Jahrhundert, und weil die zügellose Bestialität des Königs so gut im weißemaillierten Pferd aufgehoben war, das der königliche Reitknecht unterhalb der Empore am Zügel hält, erleichterte der Gasthofname das Vergessen des religiösen Motivs mit seinem tragischen Hintergrund, vor dem sich die unschuldige Miniaturwelt mit ihrer grünemaillierten Blumenwiese so frevelhaft ausnimmt. Einst sollte das Neujahrsgeschenk der Königin an ihren wahnsinnigen Gatten »mit seinem lichten Glanz, aber auch den magischen heilenden Kräften von Saphiren, Rubinen und Gold die Hoffnung auf Errettung des Königs aus seiner geistigen Umnachtung durch Fürsprache der Heiligen« zum Ausdruck bringen.[2]

In der neuplatonischen Tradition korrespondieren schöne glänzende Dinge mit dem Glanz des göttlichen Lichts. Alle Schönheit, ob gewachsen oder durch menschliches Geschick erzeugt, lebt vom Durchscheinen göttlicher Ideen. Die Pracht des Pfaus und die Pracht der Pluviale entsprechen einander. Im farbigen Abglanz wird das Unerforschliche offenbar. Alles Leuchtende erleuchtet – nach diesem Motto wurde keine Kunstfertigkeit gescheut, die Welt zu illuminieren. Ob Handschrift

[1] Das um 1400 entstandene *Goldene Rössl* steht in der Heiligen Kapelle Altötting. Es wurde 1995 im Bayerischen Nationalmuseum ausgestellt. Vergleiche die folgende Fußnote[2].

[2] Willibald Sauerländer, »Kinder als Nothelfer. Parergon über das sogenannte Goldene Rössl«, in: *Das Goldene Rössl*, Katalog der Ausstellung im Bayerischen Nationalmuseum 1995, S. 99.

oder Gewebe, Schnitzwerk oder steinerne Skulptur, alle irdischen Dinge, die mit himmlischen korrespondierten, wurden zum Leuchten gebracht. Ein für uns Heutige unvorstellbares Maß an Geduld war zur Erzeugung dieser Kostbarkeiten notwendig, da die Vollkommenheit als einzige zeitliche Schranke galt.

Valérys »servile Nachahmung dessen, was in den Dingen undefinierbar ist«, setzt die genaueste Kenntnis stofflicher Wirkungen voraus. Die frühen Flamen hatten in der handwerklichen Sphäre vor Augen, wie mit Fäden, Kristallen, Email, Metall und Glas Transparenz, Relief, Dichte und Glanz entstand. Einem begnadeten Auge wie dem van Eycks mag an diesen Verfahren die Bedeutsamkeit der *kleinsten Wirkung* aufgegangen sein. In einer rabbinischen Legende[1] spielt das Prinzip der geringsten Aktion die entscheidende Rolle bei der Verwandlung unserer unvollkommenen Welt in die messianische: »Um das Reich des Friedens herzustellen, werden nicht alle Dinge zu zerstören sein und eine ganz neue Welt fängt an; sondern diese Tasse und jener Strauch oder jener Stein und so alle Dinge sind nur ein wenig zu verrücken, weil aber dieses Wenige so schwer zu tun und sein Maß so schwierig zu finden ist, können das, was die Welt angeht nicht die Menschen, sondern dazu kommt der Messias.«

Im Bild der Rolin-Madonna haben wir die edenhafte[2] Zeit vor Augen. Die Verwandlung der Welt in Malerei

[1] Ernst Bloch führt die Legende, die er in seiner Geschichte »Die glückliche Hand« erzählt (in *Spuren*, Berlin 1930, Ffm. 1969, S. 201 f.), auf einen weisen, »wirklich kabbalistischen Rabbi« zurück. Gershom Scholem erzählte mir 1979, er selbst habe die Legende erfunden, nachdem Bloch ihn wegen seiner langen Ohren und überhaupt einen Esel geschimpft hatte. So entstand aus nichtigem Anlaß eine Legende, die von der wirklich kabbalistischen Intuition ihres langohrigen Erfinders zeugt.

[2] Bloch spricht von der glücklichen Hand als einer messianisch wählenden, die die Dinge aus ihrer Zerstreuung herausbringt und »edenhaft« macht.

kam durch das neue Ausdrucksmittel transparenter Dichte in kristallinen Schichten zur Vollendung. Weil aber das Maß der Farben so schwierig zu finden war, bedurfte es, was die Malerei angeht, des vielschichtigen Denkens und der glücklichen Hand des Jan van Eyck in Brügge.

Die Natur selbst ist, ihrem tiefsten Sinne nach, nicht der Inbegriff des Geschaffenen, sondern die schöpferische Kraft, aus der die Form und Ordnung des Universums quillt. Hierin, und hierin allein, soll die Schönheit mit der Wahrheit, soll der Künstler mit der Natur wetteifern. ERNST CASSIRER

XI
Der verwandelte Stab

Sechs Stufen[1] führen vom Garten der Rolin-Madonna zum Wehrgang an der Peripherie des himmlischen Jerusalem. In der Mitte zwischen menschlicher Welt und göttlicher Stadt hat der Maler den Platz des Engels der Offenbarung eingenommen. Der verwandelte Engel hält einen verwandelten Stab. Aus dem Instrument ist mehr als ein Zeichen geworden, das den Hofbeamten repräsentiert, denn der ihn hält, hat die Macht, Zeichen in »körperliche Metaphern geistiger Dinge«[2] zu verwandeln. Nicht der Kammerdiener, der Maler verleiht dem Stab seinen symbolischen Wert, der vom Maßstab des Engels lebt. Der verborgene[3] Sinn des Symbols verweist, wie alles in diesem Bild, auf *die Sichtbarkeit des Unsichtbaren.* Der Stab verkörpert das *innere Maß*, das mit dem

[1] Die sechs Stufen entsprechen den sechs Schöpfungstagen.

[2] Vgl. Panofsky, *Netherlandish Painting*, 5. Kapitel: »Reality and Symbol in early flemish painting: ›Spiritualia sub metaphoris corporalium‹«.

[3] Die Transfiguration der Elle des Engels in den Stab des Hofmalers mutet wie ein Musterbeispiel für Panofskys *disguised symbolism* an. Hingegen erscheint die Interpretation des Stabes als Blindenstock (vgl. Hans Belting & Christiane Kruse, *Die Erfindung des Gemäldes*, München 1994) als Musterbeispiel einer Deutung, die nur auf sich selbst verweist. Was könnte Kunsthistoriker, die den Begriff der verhüllten Symbolik nicht verstehen, treffender versinnbildlichen, als ein Blinder in einer Weltlandschaft?

göttlichen korrespondiert, er symbolisiert das Vermögen des Malers, die Schöpfung im verkleinerten Maßstab zu rekonstruieren.

Diese Renaissance-Auffassung der Gottähnlichkeit des Künstlers nimmt im Bild die Philosophie des Cusaners vorweg. Aber die Größe des Malers ist wie die des Philosophen darin beschlossen, daß die neue Anschauung von Mensch und Kosmos mit den religiösen Grundgedanken des Mittelalters im Einklang steht. Zwar ist die hierarchische Ordnung himmlischer und irdischer Sphären aufgehoben, aber alles in der sinnlichen Welt ist von der übersinnlichen gleich weit entfernt und so stehen alle Dinge in gleicher Nähe zu Gott. Eine eigene Ästhetik hat Cusanus nicht entwickelt, aber der Kern seiner »kopulativen Theologie«[1] ist die schöpferische Kraft von Mensch und Natur, »aus der die Form und Ordnung des Universums quillt«. In der schönen Deutung, die Cassirer einer prägnanten Stelle der »Schrift vom Geist« gegeben hat, ist der menschliche Geist »ein göttlicher Same, der in seiner einfachen Wesenheit die Gesamtheit alles überhaupt Wißbaren in sich faßt; aber damit dieser Same aufgehen und Frucht tragen kann, muß er in das Erdreich des Sinnlichen versenkt werden.«[2]

Frühestens 1436 entstanden,[3] erscheint das Bild der Madonna des Kanzlers Rolin wie eine Fata Morgana der cusanischen Philosophie. Weil göttliches Sein nicht anders wahrgenommen werden kann als in der unend-

[1] Cassirer, *Individuum und Kosmos*, S. 48.

[2] Ebda., S. 47.

[3] Die dendrochronologische Untersuchung der aus drei Einzelbrettern senkrecht verleimten Eichenholztafeln, die von Peter Klein 1983 vorgenommen wurde, kam zu dem Ergebnis, daß *um 1426* als frühestes Fälldatum der Eiche möglich ist, »aufgrund des Alters des Baumes« jedoch ein Fälldatum *um 1431* wahrscheinlicher sei. »Unter der Annahme einer Lagerzeit des Holzes von ca. 10 Jahren im 15. Jahrhundert erhalten wir eine Bemalung *von 1436–1441.*« (Micheline Comblen-Sonkes & Philippe Lorentz, *Corpus, Musée du Louvre*, Band II, S. 78 f. Vgl. die falsche Datierung von Belting/Kruse mit richtiger Quellenangabe *Erfindung*, S. 161.)

lichen Mannigfaltigkeit individueller Blickpunkte, darf der Maler sich mitten ins Bild rücken. Nur »von sich aus« läßt sich die Welt erfassen. »Gerade in dieser Zentrierung hat (das geistige Sein) Anteil am Göttlichen. Die Individualität bildet keine bloße Schranke, sondern sie stellt einen eigentümlichen Wert dar, der nicht nivelliert und ausgelöscht werden darf, weil nur durch ihn das Eine, das ›jenseits des Seins‹ ist, für uns erfaßbar wird.«[1] Gnadenwelt und Sinnenwelt, die sich in einer dualistischen Strömung mittelalterlicher Theologie fremd und feindlich gegenüberstanden, sind in das gleiche göttliche Licht getaucht. Statisch die eine, dynamisch die andere, zeugen beide von gleicher Harmonie und Proportion, vom Ebenmaß des Malers und des Engels. Die Weltverachtung mit ihrer Kehrseite teuflischer Gier ist bei van Eyck wie bei Cusanus geschwunden, »denn nur indem er sich der Welt ohne Rückhalt aufschließt, kann der Geist zu sich selber und zum Maß seiner Kräfte gelangen.«[2]

Die Lebensnähe der Werke des Flamen, in der die Versöhnung von Geist und Welt, Intellekt und Sinnlichkeit ihren vollendeten Ausdruck fand, wurde in ganz Europa als Wunder gepriesen, aber kein Maler von Portugal bis Polen, von Italien bis Burgund konnte sich mit van Eyck darin *messen*. Seine Technik war, wie Panofsky lakonisch bemerkt, »by its very nature inimitable«[3]. Bilder, die gemalt sind, »als seien es Kristallisationen des Lichts selbst«, lassen sich nicht nachahmen. Das Geheimnis ihrer Erzeugung lebt vom *inneren Maß*. Malerischer als alle Maler seiner Zeit und doch dem Sein der Dinge treu[4], war Jan ein Künstler, der das Jahrhundert so weit überragte, daß niemand sein Erbe antreten konnte und jeder sich etwas

[1] Cassirer, *Individuum*, S. 30.

[2] Ebda., S. 47.

[3] *Netherlandish Painting*, S. 303.

[4] Als Weg vom Sein zum Schein wird die Geschichte der Malerei von Max J. Friedländer betrachtet: »Die Kunstgestaltung wird wesentlich dadurch bestimmt, ob der Maler seine Teilnahme dem absoluten Dinge, das heißt dem von Ort- und Lichtbedin-

davon nahm. Noch lange galt Entlehnung nicht als Diebstahl, und die begabten Maler der Zeit gaben das Geborgte verwandelt wieder. Rogier van der Weyden, der größte unter den etwas jüngeren Zeitgenossen, übernahm für seine Darstellung des »Heiligen Lukas, die Madonna malend« ganz offensichtlich das Schema der Madonna des Kanzlers Rolin. Panofsky hat die Reaktion des Meisters aus Tournai auf die vollkommenen Werke aus Brügge mit der alten Devise *reculer pour mieux sauter* erklärt, und ein Vergleich der Lukas- mit der Rolin-Madonna bestätigt ihn.

Rogier hat alle Elemente aus der flimmernden Renaissance-Atmosphäre des Vorbilds in die unsichtbare Luft, die strenge Ikonographie und das kühle Licht der Gotik zurückversetzt. Auf der doppelt so großen Tafel haben die Madonna und ihr Gegenüber die Plätze getauscht.[1] Kein sterblicher Stifter ist in dem kleinen Raum zugegen, und so sind die Heiligen wieder unter sich. Innenraum, Garten, Fluß und Stadt liegen in einer Ebene. Die sinnliche Fülle der Welt ist auf signifikante Details beschränkt. Der Paradiesgarten ist einem Rasen mit marianischen Pflanzen gewichen, die romanisierenden Arkaden einem Viereck, die arkadische Landschaft einer fernen Hügelkulisse. Rasen und Festungsmauer nehmen die untere Hälfte des Ausblicks ein, Fluß und Stadt teilen

gungen unabhängigen, zuwendet oder der Formen- und Farberscheinung, in der dies Ding sich in der gegebenen Lage der einmaligen Aufnahme – zufällig – darbietet. Die gesamte Entwicklung der Malerei ließe sich wohl als ein Weg von jener zu dieser Betrachtung auffassen. (...) Jeder große Maler hat eine Strecke auf dieser Straße zurückgelegt. Jan van Eyck aber ist gewaltig ausgeschritten bis zu dem Punkte, wo es gelang, sein reges und waches Erkenntnisstreben dem Seienden gegenüber mit der entzückten Hingegebenheit an die Erscheinung zu vereinigen.« (*Die altniederländische Malerei*, Berlin 1924, 1. Bd., S. 138f.)

[1] Das Bild hängt im Museum of Fine Arts in Boston, eine Replik in der Alten Pinakothek in München, eine weitere in St. Petersburg. Vgl. Martin Davies, *Rogier van der Weyden*, München 1972. Zur symbolischen Bedeutung von rechts und links vgl. Chapeaurouge, *Symbole*.

sich die Hälfte der anderen Hälfte, in der ein schmaler Streifen stilisierter Landschaft von einem Himmel beherrscht wird, der die restlichen 4/5 des Raumes füllt.

Nur wenige Menschen wandeln in einer Straße der näherliegenden Stadt. Keine Insel, kein Schloß und keine Brücke spiegeln sich im lautern Strom. Auf seiner stetig bewegten Oberfläche deutet nichts darauf hin, daß er fließt. Die kleinen, schematisch springenden Wellen zeigen die unwirkliche Natur des »Lebenswassers«[1] das kein Boot, kein Mühlenschiff und keine Menschenseele trübt. Die Gegenwart des Malers könnte nur durch die Ähnlichkeit seiner Züge mit denen des Heiligen Lukas gegeben sein: Es sollte noch 150 Jahre dauern, bis der Reflex des Malers im eigenen Bild, der sich in mehreren Werken van Eycks findet[2], im niederländischen Frühstücks-Stilleben wiederkehrte.

Auch in Rogiers Darstellung nehmen zwei Gestalten an der Brüstung die Mitte des Bildes ein, aber sie stehen räumlich wie sinngemäß in größerer Nähe zu den Hauptfiguren, denn auch sie gehören zur Familie: Der Heilige Josef und die Heilige Anna, in Betrachtung des lebendigen Wassers. Ihre Gestalten werfen keine Schatten, und kein kirchliches Gebäude läßt Rückschlüsse auf die Himmelsrichtungen zu. Alle Dinge sind wie im luftleeren Raum in ein gleichmäßiges Licht getaucht, dessen übernatürliche Quelle offenkundig ist: Erst die Elektrizität ermöglicht es, die Welt so auszuleuchten. Wie alle Bilder des Malers spiegelt auch das der Lukas-Madonna die Übermacht der göttlichen Sphäre. Rogiers Werke zeugen

[1] »Und er zeigte mir einen Strom von Lebenswasser, glänzend wie Kristall«, Offb 22,1. Das Wasser, Symbol des Lebens, bedeutet im Alten Testament die messianische Zeit, im Neuen symbolisieren die Ströme lebendigen Wassers den Heiligen Geist.

[2] Im Spiegel der Arnolfini-Hochzeit, auf dem Wehrgang des Rolinbildes und in der Rüstung des Heiligen Georgs im Altarbild des Kanonikus van der Paele verborgen. (Vgl. *De Vlaamse Primitieven*, Hrsg. A. Janssens de Bisthoven, Antwerpen 1957, Pl. CLVI.)

von einem Glauben, der ganz in der Scholastik wurzelt: die Wahrheit gedeiht nicht im natürlichen Licht; die Vollendung der Natur ist nicht in ihr selbst zu finden und so bildet sie den entrückten Hintergrund der lichten Gnadenwelt, vom mächtigen Himmel überwölbt. Die Erinnerung an den Sündenfall – bei van Eyck in den Stein gebannt –, kehrt hier in Holz geschnitzt in der Armlehne des Thrones wieder, auf dem Maria das Jesuskind stillt.

Nur im verzückten Gesicht des Säuglings, seinen lustvoll gespreizten Fingern und Zehen, zeigt das Bild des »Heiligen Lukas, die Madonna malend«, *wohin* der zurückgewichene Maler sprang. Gefühle hatte van Eyck nicht geschildert; sie gehören in einen Bereich, den weder Mikroskop noch Teleskop erfassen.[1] Ihrer Wiedergabe im Spiegel von Mimik und Gebärde widmete sich der ernste Meister aus Tournai.

Er zeigt, was die Menschen ergreift und *bewegt.* Nicht im Lukasbild, in der Darstellung dramatischer Ereignisse der biblischen Geschichte kam seine Kunst zur Vollendung, in der Schilderung von Schmerz und Gram, Reue und Trauer, Mitleid und Furcht, Bangigkeit, Entsetzen und Verzweiflung. Der Aussicht vom Paradies auf die Lebensfülle der Welt setzt Rogier die Mahnung an das *Jüngste Gericht* entgegen, der Deskription in sich ruhender Dinge die Expression leidenschaftlicher Gefühle, dem räumlichen, malerischen und statischen Stil seine dynamische, flächige und lineare Auffassung der Welt.

[1] Panofsky, *Netherlandish Painting*, S. 182.

Die gegenstandslose Malerei ersetzt das ›Sujet‹ durch die ›Stilarten‹; sie beansprucht eine konkrete Darstellung der formalen Bedingungen einer jeden Malerei zu geben. Das führt paradoxerweise dazu, daß die gegenstandslose Malerei nicht, wie sie glaubt, Werke schafft, die ebenso wirklich – wenn nicht wirklicher – sind als die Objekte der physischen Welt, sondern realistische Nachahmungen nicht existierender Modelle. Sie ist eine Schule der akademischen Malerei, in der jeder Künstler sich anstrengt, die Stilart darzustellen, in der er Bilder ausführen würde, wenn er zufälligerweise welche malte.

CLAUDE LÉVI-STRAUSS

XII
Vom Regenbogen zur Erde

Zum Verständnis stilistischer Unterscheidungen müssen wir die kunstwissenschaftliche Begriffsbildung nachvollziehen, die Erwin Panofsky 1925 in seinem Beitrag »Über das Verhältnis der Kunstgeschichte zur Kunsttheorie«[1] dargelegt hat:

»Kunst, wie immer man sie auch definiere, und welches ihrer Gebiete man auch ins Auge fasse, erfüllt ihre spezifische Aufgabe in einer Gestaltung der Sinnlichkeit. Damit ist ausgedrückt, daß die Hervorbringungen der Kunst zugleich die der sinnlichen Wahrnehmung eignende ›Fülle‹ bewahren, und dennoch diese Fülle einer gewissen Ordnung unterwerfen und sie insofern durch diese Ordnung beschränken wollen, – daß anders ausgedrückt, in jeglichem Kunstwerk ein

[1] Wiederabgedruckt in: *Grundfragen.*

wie auch immer gearteter Ausgleich zwischen ›Fülle‹ und ›Form‹, als den zwei Polen jenes grundsätzlichen Gegensatzes, sich vollziehen muß. Dieser notwendige Ausgleich zwischen zwei entgegengesetzten Prinzipien kann nun nur dadurch wirklich werden, daß der apriorischen Notwendigkeit einer Antithesis die ebenso apriorische Möglichkeit einer Synthesis entspricht: ›Fülle‹ und ›Form‹ – einander an und für sich als zwei Prinzipien gegenübertretend, von denen gleichsam nicht einzusehen ist, auf welche Weise sie zusammenwirken können – können und müssen nämlich insofern eine Synthese eingehen, als der rein ontologische Gegensatz zwischen ›Fülle‹ und ›Form‹ sein Korrelat besitzt in (oder genauer gesagt: im letzten Grunde identisch ist mit) dem methodologischen Gegensatz zwischen ›Zeit‹ und ›Raum‹ – wobei das Prinzip der ›Fülle‹ der Anschauungsform der ›Zeit‹, und das Prinzip der ›Form‹ der Anschauungsform des ›Raumes‹ entspricht: ist der Gegensatz zwischen ›Fülle‹ und ›Form‹ die apriorische Voraussetzung für das Dasein der künstlerischen Probleme, so ist die Wechselwirkung zwischen ›Zeit‹ und ›Raum‹ die apriorische Bedingung für die Möglichkeit ihrer Lösung.

Wenn also überhaupt eine Definition des Kunstwerks versucht werden dürfte, so würde sie etwa so zu lauten haben: Das Kunstwerk, ontologisch betrachtet, ist eine Auseinandersetzung zwischen ›Form‹ und ›Fülle‹ – das Kunstwerk methodologisch betrachtet, ist eine Auseinandersetzung zwischen ›Zeit‹ und ›Raum‹; und nur aus diesem Korrelationsverhältnis wird begreiflich, daß auf der einen Seite ›Fülle‹ und ›Form‹ miteinander in lebendige Wechselwirkung treten, und daß auf der anderen Seite ›Zeit‹ und ›Raum‹ in einem individuell anschaulichen Gebilde sich vereinigen können.«[1]

[1] Panofsky, »Kunsttheorie«, S. 50.

Aus dieser doppelten Problematik aller Kunst leitet Panofsky die spezifisch visuellen Gegensätze ab. Auf der elementaren Ebene des Anschaulichen tritt der Gegensatz zwischen »Fülle« und »Form« als optischer und haptischer Pol in Erscheinung; der mittlere Ausgleich dieser Freiraum- und Körperwerte wird *plastisch* genannt. Die Neigung zum optischen Pol erzeugte in den Niederlanden im 17. Jahrhundert den *malerischen* Stil, während die Verschiebung zum haptischen die *stereometrisch-kristallinische* Kunst der alten Ägypter kennzeichnet. Demgegenüber bringen auf der dritten Ebene die Kompositionswerte des »Ineinander« und »Nebeneinander«, der Verschmelzung und Zerteilung, den Gegensatz zwischen »Zeit« und »Raum« zum Ausdruck; »denn wenn eine wirklich restlose Verschmelzung mehrerer Einheiten miteinander nur im Medium der jeder Teilung spottenden ›Zeit‹ zu denken ist, so ist umgekehrt eine wirklich strenge Isolation mehrerer Einheiten gegeneinander nur im Medium des von keiner Bewegung durchströmten ›Raumes‹ vorzustellen, so daß die durch das dritte Begriffspaar ausgedrückte Antithese nicht minder passend durch das Begriffspaar ›Ruhe‹ und ›Bewegung‹ (Sein und Werden) hätte gekennzeichnet werden können, wenn nicht bereits der Begriff der ›Bewegung‹ beziehungsweise des ›Werdens‹ nicht sowohl die Vorstellung eines rein zeitlichen, als vielmehr die Vorstellung eines zeiträumlichen Ereignisses bei sich führte«[1]. Die Auseinandersetzung zwischen Tiefen- und Flächenwerten auf der mittleren Ebene der Figuration aber läßt sich sowohl »aus dem Gegensatz ›Fülle‹ und ›Form‹, wie aus dem Gegensatz ›Zeit‹ und ›Raum‹ begreifen, insofern ein bestimmtes Verhältnis zwischen Tiefe und Fläche zugleich ein bestimmtes Verhältnis zwischen Verschmelzung und Zerteilung, Bewegung und Ruhe voraussetzt«[2]. Die absoluten Antithesen sind als solche in

[1] Ebda., S. 52. [2] Ebda.

keiner Erscheinung anzutreffen; ein rein haptischer Wert würde als abstraktes geometrisches Gebilde jegliche sinnliche »Fülle« ausschließen, ein rein optischer als amorphe Lichterscheinung jegliche intelligible Form, »und ein rein Flächenhaftes ist in concreto ebenso unmöglich wie ein absolut Tiefenhaftes; ein reines ›Ineinander‹ wäre raumlose Zeit, ein reines ›Nebeneinander‹ zeitloser Raum«. Die durch keine Wirklichkeit erreichbaren Pole liegen im Unendlichen, und nur der Charakter der Gegensätze ist ein für allemal festgelegt; die Endpunkte der Problemlösungen aber liegen auf einer gleitenden Skala im Endlichen, »so daß etwa ein Kunstwerk, das relativ auf den Stil des XVI. Jahrhunderts schon als ›malerisch‹ bezeichnet werden müßte, relativ auf den Stil des XVII. Jahrhunderts noch als ›plastisch‹ gelten könnte, weil sich nunmehr die gesamte Wertskala nach der Seite des ›optischen‹ Poles verschoben hat«[1].

Die Grundprobleme der nichtfarblichen Körper- und Raumkomposition müssen auch in der Farberscheinung eine Lösung finden. Die Entscheidung gegen das Ineinander der Farben – ihre Verschmelzung zugunsten des Nebeneinander –, ihrer Zerteilung, setzt zugleich auf flächige und haptische Werte und wird »Polychromie« genannt, während die Bevorzugung verschmelzender Farben, die zugleich die optische Seite und die Tiefenwerte wählt, »Kolorismus« heißt und im extremen Fall »Tonigkeit«.

»Die extrem ›polychrome‹ Farbgestaltung ist also, insofern sie die Grundprobleme in einem entsprechenden Sinne löst, das notwendige Korrelat zu einer isolierenden, flächenhaften und kristallinischen Raum- und Körperkomposition, während die ›koloristische‹, insonderheit ›tonige‹, sich ebenso notwendig mit einer vereinheitlichenden, tiefenhaften und malerischen Raum- und Körperkomposition verbunden finden wird.«[2]

[1] Ebda., S. 54. [2] Ebda., S. 55.

Einen mittleren Ausgleich zwischen Tonigkeit und Polychromie bezeichnet Panofsky als »harmonische Abstimmung ohne Brechung der Farben«. Mit dem ihm eigenen Spürsinn empfindet er die Kennzeichnung der farblichen Erscheinung auf einer einzigen von drei Ebenen als unzulänglich und macht in einer langen Fußnote darauf aufmerksam. Da wir eine Voraussetzung der außerkünstlerischen Anschauung nicht ganz zu Recht in die Sphäre der künstlerischen übertrügen, empfänden wir Farbe als etwas zu den Körpern Hinzutretendes, »ihnen gleichsam nur Anhaftendes«, und würden sie deshalb auch im Kunstwerk weder als elementaren, noch als figurativen, sondern nur als kompositionellen Faktor betrachten, der die an und für sich schon »fertige« Welt des Nichtfarbigen nur illustriere. Polychromie, Kolorismus und Tonigkeit seien unterschiedliche *Lösungen* der Problemstellung »Zerteilung und Verschmelzung«, was nicht ausschließt, daß die durch sie bezeichneten Entscheidungen tatsächlich für alle drei Grundprobleme getroffen würden. Zur Einordnung der chromatischen Werte auf den übersprungenen Ebenen des Figurativen und Elementaren müssen wir uns der Natur unserer Farbwahrnehmung zuwenden. Als Grenzerscheinung zwischen Licht und Finsternis geht Farbe aus der Art und Weise hervor, wie unser Gesichtssinn das Bild interpretiert, das in der dunklen Kammer unseres Auges auf die Netzhaut fällt. Die 118 Millionen Stäbchen auf dem schwarzen Melaningrund der Retina sind nur für die Dämmerung da; für die farbige Entfaltung des Lichts und die Auflösung feinster Details sind sieben Millionen Zapfen empfänglich. Sie sind von dreierlei Art und in unterschiedlicher Dichte auf der Netzhaut verteilt; das dichteste Nest bildet die stäbchenfreie *Fovea* im Mittelpunkt unseres Blickfeldes. Dieses winzige[1]

[1] Die *Fovea centralis* hat einen Durchmesser von ungefähr einem halben Millimeter, ihr Blickfeld ist bei einer Entfernung von 2,5 m auf

Zentrum unseres schärfsten Sehvermögens unterscheidet sich in seiner Schichtung von der übrigen Retina, in der Zapfen und Stäbchen verzweigtere Verbindungen zu den Nervenzellen haben, von denen sie schichtweise überlagert sind. Im Bereich der *Fovea* sind diese transparenten Zellschichten rundherum beiseitegeschoben und bilden einen Ring verdichteter Netzhaut um die so entstandene flache Grube, in der das Licht unmittelbar auf die Zapfen fällt. Der direkteren Verbindung zur »Welt« entspricht eine direktere Verbindung zum Gehirn: Jeder einzelne Zapfen der *Fovea* ist ohne Verzweigung mit einer Bipolarzelle verbunden, die ihrerseits unmittelbar mit einer Ganglienzelle der obersten Netzhautschicht verknüpft ist.

Die spektrale Empfindlichkeit der dreierlei Zapfen im Mosaik der Retina entspricht dem kurzen blauen, mittleren grünen und langen roten Wellenbereich des Lichtes. Mit diesen drei Wellenlängen lassen sich alle Farben erfassen.[1] Aber in den nächsten Phasen der Codierung verwandelt sich das trichromatische Deutungsverfahren in ein antagonistisches Vierfarben-System, in dem sich die drei Gegensatzpaare Blau und Gelb, Rot und Grün, Schwarz und Weiß gegenüberstehen. Dem farblichen Gegensatz entspricht die räumliche Variable. Ob Farbwert oder Grauwert, unser *Lichtsinn* nimmt durch Kontrastvergleiche wahr. Schon die retinalen Zellen vergleichen die Lichtmenge im Zentrum ihres rezeptiven Feldes mit der in seinem Umfeld. Nur das *Verhältnis* des Lichts, das ein Gegenstand reflektiert, zum Licht seiner Umgebung läßt uns Farbe erkennen. »Für jede beliebige Stelle der Retina läßt sich etwa ein Rot-Grün-Wert berechnen – der Wert, den ein Instrument anzeigen würde, welches das Verhältnis der Erregung roter Zapfen zur

etwa 25 cm^2 begrenzt. Vgl. Hubel, *Auge und Gehirn*, sowie Conrad G. Mueller und Mae Rudolph, *Licht und Sehen*, Hamburg 1969.

[1] Zum Unterschied additiver und subtraktiver Mischung vgl. Mueller/Rudolph, *Licht und Sehen* (Register).

Erregung grüner Zapfen registriert (mit Nullwerten für Gelb und Weiß). Dieser Wert wird für eine bestimmte Region ermittelt und dann ins Verhältnis gesetzt zu dem entsprechenden Durchschnittswert für die Umgebung. Der Vorgang wiederholt sich für Gelb-Blau- (...) und Schwarz-Weiß-Werte. (...) Jeder Farbe entsprechen drei Zahlenwerte, und daher können wir einer Farbe genau einen Punkt in einem dreidimensionalen Raum zuordnen.«[1] Die neurophysiologische Erforschung farbräumlicher Wechselwirkungen hat mit einem Experiment[2] die Bestätigung dafür gefunden, »daß die spektrale Zusammensetzung des Lichtes über das Gesichtsfeld hinweg variieren muß, damit Farbe überhaupt wahrgenommen werden kann«[3].

Farbwahrnehmung verlangt Farbunterschiede. Einer Welt ohne farbliche, räumliche und zeitliche Kontraste würde unser auf Kontrastgrenzen spezialisierter Gesichtssinn keinerlei Beachtung schenken, sie wäre für uns unsichtbar: Ihr Bild fiele auf unsere Netzhaut, ohne daß wir es wahrnehmen könnten.

Behalten wir jedoch im Auge, daß sich unser Farbsinn nicht auf die Farb*ton*wahrnehmung beschränkt, sondern mit scharfsichtiger Detailwahrnehmung gekoppelt ist, und daß das Licht seine Farben nur in der Begegnung mit Materie preisgibt. Zwar können wir im transparenten Blau des Himmels keine Materie erkennen, aber ohne die Staub- und Feuchtigkeitspartikel in der Luft, die das Dunkel des Alls trüben, sähen wir kein Blau. Licht, das auf nichts fällt, können wir, wie ein »Zauberkunststück« der Quantenphysik zeigt, nicht in

[1] Hubel, *Auge und Gehirn*, S. 192.

[2] Ein blauer Fleck vor rotem Hintergrund verschwindet, wenn man seine Grenze auf der Retina stabilisiert. »Das Blau löst sich auf, und lediglich der rote Hintergrund bleibt sichtbar. Farbgrenzen verlieren offensichtlich ihre Wirkung, wenn sie auf der Netzhaut stabilisiert werden, und ohne sie können wir keine Farbe sehen.« Ebda., S. 183.

[3] Ebda., S. 182.

Augenschein nehmen.[1] Absolutes Licht und absolute Dunkelheit sind Pole im Unendlichen, wo es Wellenlängen gibt und kein Augenlicht, in dem sie sich farbig entfalten. Unsere Sicht ist in so hohem Maße vom Farbsinn geprägt, daß uns die Schwelle kaum bewußt wird, über die wir allabendlich ins Jenseits der Farben treten. Selbst in klaren Vollmondnächten ist die Welt nicht farbig und in den Augen vieler scharfsichtiger Lebewesen[2] erscheint sie auch bei Tag in lebendigem Grau.

Der natürlichen Kunst unseres *Lichtsinns* entspricht in Panofskys Modell der visuellen Sphäre die künstlerische Natur der Vermittlung polarer Gegensätze, deren theoretische Endpunkte im Unendlichen liegen, weil die Wirklichkeit unseres Auges sie nicht erreichen kann. An Körper gebunden, gehören Farben jedoch zur endlichen Erscheinungsform. Versuchen wir also, ihre elementaren und figurativen Pole zu bestimmen, indem wir vom mittleren Ausgleich in die entgegengesetzten Richtungen weiterdenken, bis zu den extremen Lösungen. Plastische Körperhaftigkeit bildet die Mitte zwischen optischem und haptischem Pol – im einen verliert sie sich im Verschwommenen, im anderen erstarrt sie zur geometrischen Kontur. In ihrer Beziehung zur Farbe erhalten die gegensätzlichen

[1] Arthur Zajonc, Spezialist für Quantenoptik, stellte sich die Frage, wie Licht aussieht, »wenn es *vollkommen* sich selbst überlassen ist«. Er konstruierte einen Kasten, der so beschaffen war, daß das Licht eines Projektors in seinem Inneren weder Objekte noch Wände berührte. Durch eine Öffnung gab der Kasten den Blick ins Innere frei und zeigte nichts als die Schwärze des leeren Raums. »An der Außenseite des Kastens befindet sich ein Griff, mit dessen Hilfe sich ein Stab ins Innere hinein- und herausbewegen läßt. Zieht man an dem Griff, gleitet der Stab in den dunklen Raum vor mir, und ich sehe, daß er an einer Seite hell erleuchtet ist. Offenkundig ist also der Raum nicht leer, sondern mit Licht gefüllt. Doch ohne ein Objekt, auf welches das Licht fallen kann, erblickt man nur Dunkelheit.« Arthur Zajonc, *Die gemeinsame Geschichte von Licht und Bewußtsein*, Hamburg 1994.

[2] Eulen zum Beispiel sind fast gänzlich farbenblind. Das phänomenale Sehvermögen dieser nächtlichen Raubvögel verdankt sich der Lichtempfindlichkeit der Stäbchen.

Pole ein ungleiches Gewicht: während sie zum Wesen des Optischen gehört, erscheint sie im Haptischen als Akzidens. Wir müssen jedoch die Begriffe der Problem*stellung* als abstrakte Bezugspunkte verstehen, die als solche weder in der konkreten Welt noch in der künstlerischen Wirklichkeit Gestalt annehmen. Ob Wellenlänge oder geometrisches Gebilde, in der Sphäre des Anschaulichen müssen sie sich verwandeln. Dann und nur dann haben sie teil an der Fülle der sinnlichen Welt. Sobald wir uns ihren individuellen Verkörperungen zuwenden, stellt sich die Balance der gegensätzlichen Pole wieder her: zwar unterliegen die besonderen Farben konkreter Körper den Wellenlängen des Lichtes, aber das Allgemeine der Wellenlängen muß sich dem Besonderen der stofflichen Bedingungen fügen, durch das es in unendlicher Vielfalt in Erscheinung tritt. Die Farbe eines geometrischen Gebildes hat in ihrer Austauschbarkeit wenig zu sagen, während das Rot der Erdbeere ein wesentliches Merkmal der reifen Frucht darstellt.

Der elementare Gegensatz der Farben kommt in der Unsichtbarkeit oder Augenfälligkeit der Farbträger zum Ausdruck. Frei die einen, gebunden die anderen, stehen die Eigenwerte der Farben ihren Darstellungswerten gegenüber. Diese erhellen, gleich welcher Couleur, Form, Beschaffenheit und Zustand der Materie, an die sie gebunden sind, jene repräsentieren die reinen Töne, die wir als warm oder kalt, aktiv oder passiv, hell oder dunkel ansprechen, das Rote, Grüne, Blaue, Gelbe und seine primären Spielarten an und für sich. Sich selbst darstellende Farben wetteifern mit den leuchtenden des Spektrums, die unbestimmt lokalisiert erscheinen.[1] Ihrem Ideal entsprechen die flüchtigen Zerstreuungen des Lichtes in der Atmosphäre, das Blau des Himmels, das Abend- und

[1] Vgl. dazu David Katz, *Die Erscheinungsweise der Farben und ihre Beeinflussung durch die individuelle Erfahrung*, Leipzig 1911, sowie Wolfgang Schöne, *Über das Licht in der Malerei*, Berlin 1954.

das Morgenrot, sowie die Phänomene prismatischer Auffächerung, deren schönste man Regenbogen heißt, ferner die luminaren Wirkungen in Kristallgittern und die schillernden Effekte des in Rillen, Lamellen, an Blättchen und Häuten gebeugten und interferierenden Lichtes, aber auch die halluzinatorischen Farben, die uns der Gesichtssinn als schwebende Nachbilder vorgaukelt. »Die physischen Farben und besonders die prismatischen wurden ehemals wegen ihrer besonderen Herrlichkeit und Energie colores emphatici genannt. Bei näherer Betrachtung aber kann man allen Farberscheinungen eine hohe Emphase zuschreiben, vorausgesetzt, daß sie unter den reinsten und vollkommensten Bedingungen dargestellt werden.«[1] Die gemeinsame Eigenschaft aller körperlos anmutenden emphatischen Farben ist die *Transparenz.*

Die Darstellungswerte der Farben hingegen dienen Grenzbestimmungen. Entsprechende Farben messen sich an der Vielfalt ihrer Möglichkeiten, alle nur erdenklichen Formen, Texturen und stofflichen Zustände wiederzugeben. Die Deutlichkeit der Lokalisierung und Modellierung setzt mehr oder weniger opake *Dichte* voraus. Die Bilder von Turner veranschaulichen ein malerisch-optisches Extrem, die Vorliebe für luminare Farberscheinungen der Atmosphäre, während die Musterbilder Mondrians am haptisch-linearen Endpunkt der Skala demonstrieren, wie sich im Vermögen, schwarze Linien und blaue, gelbe, rote Quadrate zu bilden, der nackte Darstellungswert der Farben mit bloßer Buntheit kombiniert.

Die plastische Körperhaftigkeit im mittleren Ausgleich der elementaren Farbwerte entsteht durch das Zusammenspiel von undurchlässiger Dichte und Transparenz. Die Wiedergabe stofflicher Qualitäten, die sich dem Tastsinn des Auges offenbart, bringt den höchsten Darstellungswert der Farben zum Ausdruck. Zwar lassen sich taktile Texturen auch unbunt konstruieren, aber »alle

[1] Goethe, *Farbenlehre*, S. 187.

Arten von Camayeu, oder Farb' in Farb', laufen doch am Ende dahin hinaus, daß ein geforderter Gegensatz oder irgendeine farbige Wirkung angebracht wird«[1], und sei es, daß wir vor einer schwarz-weißen Darstellung die Farben in Gedanken ergänzen. In der Sprache kommt diese Übertragung dadurch zum Ausdruck, daß wir das differenzierte Spiel lebhafter Grauwerte als »farbig« bezeichnen, wie Farbe überhaupt ein Wesensmerkmal des Lebendigen ist.

Die Farben der lebendigen Welt variieren je nach Beschaffenheit der Materie, der Lichtverhältnisse und der Distanz, die wir wählen. *Moosfarben* etwa meint ein sattes Mittelgrün, das dem Gesamteindruck von feuchtem Moos in einem nicht zu schattigen Wald entspricht. Abgesehen von den zahlreichen Moosarten, unter denen alle Grüntöne vertreten sind, wird das Polster ein und derselben Laubmoosart auf der rissigen braunen Borke einer Linde olivgrüner wirken als auf der glatten bläulichgrauen Rinde einer Buche, und sobald man seine kleinteilige Struktur aus der Nähe studiert, verwandelt sich das Moosgrün in eine Vielzahl von Tönen, die vom braunen Grund der einzelnen Stengel ins Olivgrüne übergehen und in saftiggrüne gebogene Federchen mit glänzenden grünlichgelben Spitzen auslaufen. Je nach Klima und Tageszeit wird sich ein Moospolster wärmer oder kälter schattiert darstellen, seine Oberfläche dichter oder lockerer, transparenter oder opaker erscheinen und das grüne Licht mehr oder weniger ins Gelbliche, Bräunliche oder Bläuliche spielen, der Glanz der Spitzen der ineinandergekrümmten winzigen Federchen glasiger, fettiger oder matter schimmern.

Ganz anders das *Leuchtmoos*. Winzig und unwandelbar grün täuscht es dem Auge den Eigenwert der Farbe vor. Die Chlorophyllkörper dieser Moosart, die nur in Felsklüften wächst, sind in durchsichtigen Kugelzellen so

[1] Ebda., S. 224.

angeordnet, daß sie die wenigen Lichtstrahlen, die durch Spalten im Gestein ins Dunkel dringen, wie in einem Hohlspiegel einfangen und grünglitzernd zurückwerfen, »so daß man meinen könnte, kleine Smaragde seien dort über die Erde verstreut. Langt man neugierig in den Grund der Grotte, um von dem leuchtenden Gebilde eine Probe zu erhaschen, und besieht das Herausgeholte auf der flachen Hand im hellen Lichte, so traut man kaum seinen Augen; denn man hat nichts anderes vor sich, als kalte glanzlose Erde und morsche, feuchte Steinplättchen von gelblichgrauer Farbe. Nur wenn man näher hinsieht, bemerkt man, daß Erde und Steinchen teilweise mit kleinen mattgrünen Punkten und feinen Fäden durchsetzt und übersponnen sind, und daß sich stellenweise auch winzige Moospflänzchen als ein zarter Anflug erheben, die eine blasse bläulichgrüne Farbe zeigen«[1].

Neben dem funkelnden Trompe-l'œil-Schauspiel der unscheinbaren Moosart wirken die vertrauten Grün-Darstellungen der Vegetation weniger rätselhaft. Aber auch das »schlichte« Blatt einer Schwertlilie, dessen Gesamtton sich annähernd als Malachitgrün bestimmen läßt, setzt sich, wenn wir die taktile Textur seiner bereiften Oberfläche wiedergeben wollen, aus einer Vielzahl grüner Nuancen zusammen, die vom gelblichen bis zum bläulichgrauen Malachitgrün spielen und vom stofflichen Aufbau seiner Schichten nicht zu trennen sind. Der bläulichweiße Reif des Blattes rührt von einer hauchdünnen Wachsschicht her, die es vor Benetzung schützt. Die Schwertform ist dadurch bedingt, daß Irisblätter der Länge nach zusammengefaltet und die aufeinanderliegenden Seiten miteinander verwachsen sind. Durch ihren vertikalen Stand sind sie der scheitelrecht einfallenden Mittagssonne weniger ausgesetzt. Der Eindruck des Bereiften wechselt mit dem Winkel, in dem das Licht auf die längsgerippten Blattscheiden fällt.

[1] Kerner von Marilaun, *Pflanzenleben*, Leipzig 1888, Bd. I, S. 375.

Wenn ein und derselbe Farbstoff[1] der Pflanzenwelt in allen Spielarten von Grün erscheint, ist das weniger auf die unterschiedliche Chlorophyllmenge zurückzuführen als auf die vielfältigen Formen der Zellkammern, an deren Wänden die Chlorophyllkörner bald dieses, bald jenes Muster bilden, und auf das Kleid des Blattwerks, das es mal mit Haaren, Borsten, Stacheln, mal mit Firnis-, mal mit Wachsüberzügen schützt.

Löwenmaulpurpurn, geraniumrot, feuerorange, schwefelgelb, enzianblau und samtviolett verbinden sich in manchen Blüten Eigen- und Darstellungswerte der Farben. Die größte Farbenpracht aber entfaltet die Vegetation im herbstlichen Mischwald. Das frische Grün der Blätter zieht sich verwandelt ins Innere der Bäume zurück; unbrauchbare Reste in Gestalt glänzender gelber Körner und unterschiedlicher Kristalle oxalsauren Kalks bleiben im absterbenden Laub. Während der Auswanderung wertvoller Stoffe in die Vorratskammern der Zweige und Wurzelstöcke erzeugen zahlreiche Bäume Anthocyan, ein Farbstoff, der je nach Anwesenheit oder Abwesenheit von Säuren rot, blau oder violett erscheint. Die Gegenwart gelber Körnchen neben dem angesäuerten roten Anthocyan färbt das betreffende Blatt rötlichgelb. So verwandelt sich das Grün des Laubes »bald in Gelb, bald in Braun, bald in Rot, Violett und Orange und es entsteht (...) ein Farbenspiel, das desto mannigfaltiger ist, je zahlreicher die Pflanzenarten sind, welche an einem Orte in geselligem Verbande zusammen vorkommen.«[2] Wo Gewächse mit immergrünen Blättern eingesprengt sind, schmückt sich der Wald in allen Farben des Regenbogens: »Die Kronen der Kiefern bläulichgrün, die schlanken Wipfel der Fichten schwarzgrün, das Laub der Hainbuchen, Ahorne und weißstämmigen Birken

[1] Die Mitwirkung von Anthocyan bleibt hier unberücksichtigt.
[2] Kerner von Marilaun, *Pflanzenleben*, Bd. I, S. 454.

hellgelb, die mit Buchen bestockten breiten Waldstreifen in allen Abstufungen von Gelbrot zu Braunrot, die Kirsch- und Vogelbeerbäume, die Zwergweichsel und die Sträucher des Sauerdorns scharlachrot, die Ahlkirschen- und Atlasbeerbäume purpurn, der Hartriegel und Spindelbaum violett, die Espen orange, die Silberpappel und die Silberweiden weiß und grau, die Erlen trübe braungrün.«[1]

Die farbige Erscheinung, die in all ihrer Flüchtigkeit und Wandelbarkeit im Herbstwald triumphiert, läßt sich mit dem Gelb, Orange und Rot der Kadmiumpalette nicht wiedergeben. Die Verfärbung spielt sich im fragilen Gewebe trocknender Blätter ab und ist, bei aller Intensität, körperhaft nuanciert. Die alten hochgiftigen Arsenfarben *Auripigment* und *Realgar*, die echten Krapplacksorten, die roten und gelben Erden, stehen dem herbstlichen Kolorit viel näher als das ultragelbe, ultraorange, ultrarote moderne Kadmium. Der mangelnde Darstellungswert moderner Pigmente wurde durch eigenwertige Buntheit kompensiert. Dabei haben die Farben am optischen Pol ihr geheimnisvolles Tiefenlicht, am haptischen ihre körperhafte Dichte eingebüßt. Die Technik à la Doerner, die taktile Texturen als reine Grisaille aufbaut und farbig übergeht, stellt einen Versuch dar, das Dilemma zu überwinden. Die Anschauung, daß Farbe die Welt des Nichtfarbigen illustriere, kommt dabei zu sich selbst.

Für die Mitte zwischen Tiefen- und Flächenhaftigkeit wurde, wie Panofsky in einer Fußnote bemerkt, bislang kein besonderer Ausdruck geprägt. Wenn wir dem einen wie dem anderen Pol nur soweit folgen, daß die elementare Plastizität der Körper erhalten bleibt, können wir die linearperspektivische Darstellung ohne undurchdringliche Schatten und entgrenzendes Licht als »Räumlichkeit ohne auflösendes Clair-obscur« bezeichnen. Da Farbe an

[1] Ebda., S. 454f.

der Oberfläche der Materie entspringt, droht ihr, wie den Körpern, die Auflösung durch Licht, Schatten und Entfernung. Die den Dingen eigene Farbe wird gewöhnlich *Lokalfarbe* genannt. »Lokalfarben sind die Elementarfarben, aber nach den Eigenschaften der Körper und ihrer Oberflächen, an denen wir sie gewahr werden, spezifiziert. Diese Spezifikation geht ins Unendliche.«[1] *Lokalfarbe* ist also Farbe von Körpern, aber in ihrer Bestimmung ist die Bindung an sie insofern idealisiert, als sie den nach Wellenlänge, Helligkeitsstufe und Sättigungsgrad genormten Farbton erfaßt und vom unterschiedlichen Spiel des Lichtes auf den transparenten und opaken, matten und glänzenden, glatten und rauhen Texturen ebenso abstrahiert wie von Schattenwirkungen und dem lichten oder dunklen, kontrastfarbigen oder verwandtfarbigen Einfluß der Umgebung. *Lokalfarben* sind die chromatischen Zeichen der Dingwelt, die das Bleibende vom Wandelbaren unterscheiden, den konstanten Ton von seinen zufälligen Variablen. Sie stellen das typische Gelb der Zitrone oder das beharrliche Malachitgrün des Schwertlilienblattes dar, wie sie unabhängig von der augenblicklichen Beleuchtung, den vorübergehenden Zuständen der Materie, den wechselnden Umgebungen erscheinen. Die Definition der *Lokalfarbe* als »die in einem Bild wiedergegebene Eigenfarbe eines Gegenstandes, unverändert durch Licht und Schatten oder durch Angleichung an einen Gesamtton«[2], entspricht der flächenhaften Verallgemeinerung einer Farbnuance am planen figurativen Pol.

Tiefenwirkung verlangt eine andere Optik. Die räumliche Darstellung modifiziert die Farben in der Licht- und Luftperspektive durch helle und dunkle Tonintervalle. Damit stoßen wir auf das Problem der Farbbrechung. Die Farben der empirischen Welt, die im Licht heller und

[1] Goethe, *Farbenlehre*, S. 226.
[2] *Der neue Brockhaus*, Wiesbaden 1958.

im Schatten dunkler werden, bleiben für unsere Wahrnehmung konstant. Der Sonnenfleck auf einer Tischplatte zum Beispiel mindert zwar den Sättigungsgrad der Farbe, die im diffusen Tageslicht nußbraun erscheint, aber der hellere Ton wirkt deshalb nicht verweißlicht, wie auch im schattigen Bereich eines Gegenstandes auf dem Tisch ein und dasselbe Nußbraun durch das Dunkel hindurchwirkt.[1] Mit jeder Aufhellung und Verfinsterung einer Farbe auf dem Weg der Beimengung von weißem, grauem oder schwarzem Pigment hingegen geht eine mehr oder minder starke Veränderung des bunten Tons einher. Je stärker die Vergrauung, desto gebrochener erscheint die Farbe. »Harmonische Abstimmung ohne Brechung der Farben« hat Panofsky die Mitte zwischen Kolorismus und Polychromie genannt. Über den Kolorismus, der die harmonische Abstimmung durch Brechung der Farben erzielt, geht die Tonigkeit noch hinaus, weil der Gesamtton in ihr alle Farbigkeit dominiert. Jenseits der Tonigkeit verschmilzt die Fülle der Farben zu schmutzigem Grau oder Braun[2], dem stumpfen Einerlei, das sich aus der gerechten Vermischung der drei Grundfarben Blau, Gelb und Rot al la prima ergibt.

Am anderen Ende der Skala, jenseits der Polychromie, stehen die gegensätzlichen Farben unvermittelt neben-

[1] Der Physiologe Ewald Hering (1834–1918), dessen Lehre vom Lichtsinn den Entdeckungen der Neurophysiologen um 50 Jahre voraus waren, gibt ein anschauliches Beispiel dafür, wie unsere Orientierung die Wahrnehmung verwandelt, je nachdem, ob wir einem optischen Phänomen ein dingliches Dasein zusprechen oder es als momentane Lichtwirkung interpretieren. »Ich gehe unter einem dichten Laubwald einen Weg, an dem an beschränkter Stelle durch eine Lücke im Blätterdach direktes Sonnenlicht fällt: im ersten Augenblick meine ich eine durch verschütteten Kalk weiß gefärbte Stelle zu sehen, sobald ich aber genauer aufmerke, sehe ich kein Weiß mehr, sondern nur ein auf dem graubraunen Boden liegendes Licht.« Zit. nach Cassirer, *Philosophie der symbolischen Formen*, (1923 bis 1929) Darmstadt 1990, Bd. 3, S. 160.

[2] Je nach Farbton und Bindemittel ergibt die Vermischung von Blau, Gelb und Rot zu gleichen Teilen Grau oder Braun.

einander. Die *kompositorische* Ebene ist, wie schon der Name sagt, die der Zusammenstellung der Farben, ihres Zusammenklangs; auf ihrer Skala stehen die kontrastierenden Töne den vergleichlichen gegenüber. Wie das Farbenmischmasch jenseits der extremen Lösung der Tonigkeit in mißtörender Dunkelheit versinkt, droht den gesteigerten Farbkontrasten jenseits der Polychromie die Aufhebung im harmonischen Nichts: das Gleichmaß ihrer grellen Wirkungen fordert im Gesichtssinn den Nullwert des Weißen heraus. »Alles kommt aus dem Schwarz, um sich im Weiß zu verlieren«, schrieb der Erfinder des Augenclavicembalos Louis-Bertrand Castel.[1] Aber das *schöne* Schwarz setzt sich aus Farben zusammen, die gemeinsam wirken, ohne sich zu vermischen.

In der Handhabung der Farbe entspricht der mittleren Problemlösung zwischen Verschmelzung und Zerteilung, Ineinander und Nebeneinander das *Übereinander* der Schichtentechnik. Mit der Anzahl der Schichten wächst der Spielraum des Ausgleichs zwischen den gegensätzlichen Polen. Im komplexen System finden die Problemstellungen der elementaren, figurativen und kompositorischen Ebene in jeder einzelnen Schicht andere Lösungen, die, Schicht für Schicht voneinander getrennt und zugleich in ihrer Wirkung aufeinander bezogen, im fertigen Bild zur Synthese verschmelzen. Die erste »lineare« Farbschicht der Technik van Eycks bildet die Basis der plastischen und räumlichen Konstruktion und dient zugleich durch ihre koloristische Orientierung der chromatischen Harmonie: die Konsonanz der mit Bleiweiß aufgehellten Farben hält aus der Tiefe die Fülle polychromer Details an der Oberfläche zusammen. In gleicher Weise ermöglicht die körperhafte Dichte und

[1] Zit. nach Claude Lévi-Strauss, *Regarder Écouter Lire*, S. 129. Castel arbeitete in den zwanziger Jahren des 18. Jahrhunderts an seinem Farbenclavicembalo. Vgl. dazu auch John Gage, *Kulturgeschichte der Farbe von der Antike bis zur Gegenwart*, Ravensburg 1994, S. 233.

Plastizität der unteren Schichten das malerische Helldunkel ohne Auflösung der eigenen Form, Farbe und Beschaffenheit der Dinge. Durch die transparente Trübung bleiben sich die Farben im Licht wie im Schatten treu und wirkt noch die tiefste Dunkelheit belebt: »Die verschwenderische Fülle der nicht zur Sichtbarkeit erlösten Formen wird in überdunkler Tiefe geahnt, der wie einem Füllhorne die Erscheinungen im ewigen Wandel entquellen, sobald das Licht sie aus dem inhaltsreichen Nichts erweckt.«[1]

[1] Friedländer, *Altniederländische Malerei*, S. 139.

Zweiter Teil

WELTLANDSCHAFT UND WILDER WALD

Die Welt ist ein ständiges Schwanken; alle Dinge darin schwanken ohne Unterlaß, die Erde, die Felsen des Kaukasus, die Pyramiden Ägyptens, durch eine allgemeine schwankende Bewegung sowohl als auch jedes durch eine ihm eigentümliche. Die Beständigkeit selbst ist nur ein langsameres Schwanken. Ich kann meinen Gegenstand nicht fixieren; er bewegt sich verworren und wankend, in einer natürlichen Trunkenheit. Ich greife ihn an irgendeiner Stelle, so wie er gerade ist, in dem Augenblick, in dem ich mich mit ihm abgebe. Ich male nicht das Sein, ich male den Wechsel.

MONTAIGNE

La Nature est un temple où de vivants piliers
Laissent parfois sortir de confuses paroles;
L'homme y passe à travers des forêts de symboles
Qui l'observent avec des regards familiers.[1]

BAUDELAIRE

I

Das Heilige im Wüsten

An die fünfzig Jahre waren seit der prunkvollen Vermählung Karls des Kühnen mit Margarete von York vergangen, zu deren Feier nach der Zeremonie im Hause Sint Jan in Damme am 28. Juni 1468 den Hochzeitsgästen in Brügge eine Woche lang jeden Tag hundert Pfauen aufgetischt wurden; das Goldene Zeitalter Burgunds war Legende, Geschichte die geharnischte Jagd des kühnen Karl nach der Krone, die in der Schlacht von Nancy im Jahre 1477 am eisigen Vorabend der Heiligen Drei Könige im Schlamm des Teiches von St. Jean ihr grauenvolles Ende nahm, vergessen der Triumph der »allgegenwärtigen Spinne«[2] über den Tod des Rivalen, der der französischen Krone den Süden des Herzogtums bescherte, während der Norden an den Habsburger Maximilian fiel; ein neuer Kontinent war entdeckt, der Ruhm Brügges vergangen, portugiesische Schiffe mit Pfeffer und Muskatnüssen segelten am versandeten Zwin

[1] *Die Natur ist ein Tempel, in dem lebende Säulen bisweilen unverständliche Worte von sich geben. Der Mensch geht dort durch Wälder von Symbolen, die ihn mit vertrauten Blicken beschatten.*

[2] König Ludwig XI. wurde »l'universelle araignée« genannt, weil er seine Feinde so gern in den Netzen seiner Berechnung zappeln sah.

vorbei, um im Scheldehafen vor Anker zu gehen; die neue Welthauptstadt des Handels hieß Antwerpen, als sich aus der Erinnerung an Jan van Eyck und Hugo van der Goes in einem Bild Gerard Davids, der letzte der frühen Flamen im untergehenden Brügge, ein neues Genre entfaltete.

In der »Waldansicht« auf den beiden 90 cm x 30,5 cm großen Tafeln, die einst die Außenflügel eines Triptychons bildeten, haben wir die erste Landschaft der flämischen Malerei vor Augen, in der keine Menschen zu sehen sind.[1] Schauplatz ist der *locus amoenus*, wie ihn die Dichtung seit der Antike kennt. Schattenspendende Bäume und Bäche gehören zur Grundausstattung des lieblichen Hains:

»Über feuchtem Rasen wölbte sich der Hain, von Tau benetzt, / Viele Bächlein sprudeln murmelnd hier und dort aus reichem Quell / Strömen, gleiten, fluten, perlen in der Tropfen Lichterspiel, / Moose kleiden aus die Grotten, grüner Efeu rankt sich hin, / Aller Vögel süße Lieder tönten durch den Schatten dort.«[2]

Eine Kohlmeise sitzt auf einem vereinzelten Efeustrauch[3]; ein Esel ruht auf dem Rasen einer kleinen Lichtung im Schatten hoher Bäume, deren Laubwerk Blatt für Blatt im von oben einfallenden Sonnenlicht glänzt; zwei Ochsen waten im klaren Wasser eines Baches, der

[1] Um 1920 wurde die »Waldansicht« auf den Außenflügeln des Altarbildes abgesägt. Die beiden Tafeln hingen bis zu ihrer Restaurierung Mitte der achtziger Jahre als Leihgabe des Rijksmuseums Amsterdam im Mauritshuis in Den Haag. Gewaltsame Eingriffe scheinen das Schicksal des Triptychons zu sein. Die »Waldansicht« ist nach ihrer Restaurierung nicht mehr wiederzuerkennen. Siehe dazu meinen Fußnoten-Exkurs am Ende dieses Kapitels.

[2] Tiberianus (4. Jh. n. Chr.), vgl. Curtius, *Lat. Mittelalter*, S. 203.

[3] Mitunter wird der Strauch als Brombeergewächs oder Weinrebe angesehen. Eine genaue Bestimmung des in diesem Bereich schlecht erhaltenen Bildes scheint selbst einem Botaniker nicht möglich. Die schattige Lage des Waldes und die Ikonographie sprechen jedoch für Efeu, dessen Ranken sich strauchartig ins Leere biegen, wenn es nichts zu umschlingen gibt. Vgl. S. 154, Fußnote[1].

den Wald in drei Armen durchfließt; Riedgräser säumen das Ufer, Sumpfschwertlilien und Röhricht wachsen zwischen unterspülten Baumwurzeln im Wasser; Lichtflecken tanzen auf glatter grauer Buchenrinde; schlanke Stämme werfen ihr schattiges Spiegelbild ins kühle Wasser, in dem der ferne Himmel widerscheint; ein Holzsteg führt schräg über den mäandrierenden Bach zum Esel auf der Lichtung, die zwischen gewundenem Bachbett und geradem Wassergraben auf einer Landzunge liegt; warm leuchtet ziegelrotes Gemäuer vor dem Waldesdunkel, ein Turm, ein Haus, eine Festungsmauer mit zwei Toren, ein geflochtener Zaun vor efeuumrankten Bäumen zeugen von der Gegenwart des Menschen. Der Wald selbst spricht von seiner Anwesenheit: Weidevieh läßt junges Unterholz zwischen den Baumriesen nicht aufkommen, die regelmäßig abgegrasten Kräuter der Lichtung bilden einen Rasen, die Stämme der Rotbuchen verdanken ihre Säulengestalt dem rechtzeitigen Schnitt der unteren Äste. Ob im tieferen Waldesgrund Wildwuchs herrscht, bleibt ein Geheimnis der Dunkelheit, die den lauschigen Buchenhain wie ein Schutzwall umschließt.[1]

Wälder mit fließenden Gewässern galten seit den benediktinischen Ordensreformen um 1100 als ideale Gründe für Abteien, Klöster und Eremitagen. Der wilde Wald war die abendländische Entsprechung zur biblischen Wüste. Nicht dem Kontrast von Erosion und Wucherung, der Waldeinsamkeit verdankt sich die Übertragung. Menschenfeindliche Ödnis ist das gemeinsame Merkmal. »Der Herr spannt die Meßschnur ›Öde‹ darüber, / er legt das Senkblei ›Leere‹ an.«[2] Ob unfruchtbare Leere oder vegetative Fülle, unermeßlich, zeitlos,

[1] Zum *boschetto adorno*, dem hübschen Wald im schaurigen Forst, einem häufigen Motiv romanischer Dichtung, dessen Quelle im antiken *Tempe*-Tal liegt, vgl. Curtius, *Lateinisches Mittelalter*, S. 201 bis 209.

[2] Jes 34, 11.

unwegsam sind Wüste und Wald. Im undurchdringlichen Dickicht errichtet der Eremit seine Klause, *in eremo*[1] sollen zwölf Zisterzienser und ein Abt ihr Kloster gründen. »Wir haben alles verlassen, das sind die Worte, die die Wälder der Anachoreten erfüllt haben.«[2] Wild, sumpfig und entlegen soll der Ort der Kasteiung sein. Die Mühsal der Rodung, Trockenlegung und Kultivierung stillt das Askeseverlangen, ein Mahl aus Buchenblättern entschädigt den Leib. Bäume sind Wächter der Weltflucht, stumme Aposteln der Christenheit. Als seine einzigen Lehrer pries der strenge Bernhard von Clairvaux Eichen und Buchen. »Du wirst in den Wäldern mehr finden als in den Büchern; die Bäume und Felsen werden dich Dinge lehren, die kein anderer Lehrer dir sagen kann«[3], predigt der *doctor mellifluus*[4] genannte Abt seinen Schülern. Im Irdischen gründend und in den Himmel weisend, sind die grünen Schattenspender von der Wurzel bis zum Wipfel auf die Heilsgeschichte bezogen. »Wenn aber der Geist aus der Höhe über uns ausgegossen wird, / dann wird die Wüste zum Garten, / und der Garten wird zu einem Wald«, verspricht der Prophet Jesaia, dessen *Waldansicht* der des Gerard David entspricht: »Wohl euch!

[1] *Eremit* geht auf das griech. *eremos* (einsam, wüst, verlassen) zurück; Campe verdeutscht es mit »Einsiedler, Waldbruder«; vgl. J. H. Campe, *Wörterbuch zur Erklärung und Verdeutschung*, Braunschweig 1813. Die Anweisung zur Klostergründung *in eremo* heißt also »in der Waldeinsamkeit«.

[2] Petrus Damiani (um 1020 bis 1085), zit. nach Jacques Le Goff, *Phantasie und Realität des Mittelalters*, Stuttgart 1990, S. 91.

[3] Zit. nach Duby, *Die Kunst des Mittelalters*, Genf 1985, Bd. II, S. 58. Nüchterner als der Mystiker aus Burgund, der in Anhäufung von Wissen nichts als Eitelkeit sah, äußerte sich sein scholastischer Gegenspieler Abaelard zur Heilsamkeit der Natur: »Es gibt in den Kräutern, den Samen, der Natur der Bäume und der Steine viele Kräfte, die fähig sind, eure Seelen aufzuwühlen oder zu beschwichtigen.« (Zit. nach Duby, ebda., S. 40.) Über die Differenzen zwischen Abaelard und Bernhard, vgl. die erhellende Darlegung von Arno Borst in: *Barbaren, Ketzer und Artisten*, München 1988, S. 351–376.

[4] *doctor mellifluus*, »der lieblich redende Lehrer« (wörtlich: der Lehrer, dessen Rede wie Honig fließt).

Ihr könnt an allen Gewässern säen / und eure Rinder und Esel frei laufen lassen.«[1]

Die Schönheit der Bäume preist, wie sinnvoll Gott alles angeordnet hat, und ihr Nutzen beweist es. Zum Ruhme des »alles Durchdringenden«[2] tragen die Balkengerippe aus hartem Eichenholz die Dächer der Abtei, dient Eichenrinde in der klösterlichen Gerberei als Lohe, erzielt Holzkohle aus Buche die höchsten Temperaturen in den Schmelzöfen zisterziensischer Glas- und Eisenhütten. Alles Sichtbare ist Zeichen unsichtbarer Dinge, in Wald und Wasser wird Verborgenes offenbar. »Der Ursprung aller Quellen und Flüsse ist das Meer, der Ursprung aller Tugenden und Wissenschaften der Herr Christus.«[3] Reinheit ist die größte Tugend im mönchischen Leben, in den *klaren Tälern*[4] von Clairvaux heißt ihr Sinnbild *Aube*[5]. So groß ist die Freude über die reinigende Kraft und »verläßliche Fügsamkeit« des kleinen Flusses, daß ihn ein Nachfolger des Heiligen Bernhard im 13. Jahrhundert als Freund verklärt, der die Mönche grüßt, sich entschuldigt, wenn er »die Hälfte seiner selbst« in ein anderes Bett schickt und ohne Murren alles ausführt, was man von ihm verlangt. Kein Gedanke an schmackhafte Beilagen zum Buchenblättergemüse in Fastenzeiten trübt dem Zisterzienser die Reinheit des »schönen Schauspiels« spielender Fische »unter der kristallenen Welle« und jagender Forellenschwärme, die der zum Kampf gegen sich selbst verurteilte Asket als himmlische

[1] Jes 32, 15, 20.

[2] Bernhard von Clairvaux, zit. nach Duby, *Mittelalter*, S. 59.

[3] Bernhard von Clairvaux, zit. nach Arno Borst, *Das Buch der Naturgeschichte*, Heidelberg 1995, S. 246.

[4] *Clairvaux*, *clairs vaux*, »klare Täler«, Klarheit hier im Sinne von Helligkeit und Licht.

[5] Die Aube entspringt nahe von Langres; »aube«, »Morgengrauen«. »Das ist die letzte Stunde, die Nacht ist fortgeschritten, der Tag naht, er atmet schon, und die Nacht erlischt«, dichtet Bernhard in der *Predigt auf das Hohelied*. Vgl. Georges Duby, *Der heilige Bernhard und die Kunst der Zisterzienser*, (Stuttgart 1981) Frankfurt 1991, S. 128.

Heerscharen auslegt. Das Wasser symbolisiert die Überschreitung der Grenze zwischen Fleisch und Geist[1] und erfüllt eine überirdische Funktion – es ist das einzige Element im Dasein der armen Büßer, das ihnen ein wenig Erlösung von der Sündenstrafarbeit schenkt. Dem »mildtätigen Strom« gelingt die schwerste Arbeit mühelos, und er erwartet keinen anderen Lohn, »als daß ihm gestattet wird, frei zu gehen, wenn er alles sorgfältig ausgeführt hat. So viele Räder er in schnellen Lauf setzte, so schäumend tritt er hinaus und scheint selbst gemahlen und weicher geworden zu sein.« Unermüdlich fließt der künstlich geteilte Fluß durch die verschiedenen Mühlen des Klostergeländes; kaum hat er seine Arbeit in der Walkmühle erledigt, schon stürzt er sich »mit Ungestüm« in die Getreidemühle, »wo er zu vielfältiger Tätigkeit veranlaßt und aufs Höchste herumgewirbelt wird, einmal Korn zu mahlen mit der Wucht der Mühlsteine und zum anderen das Mehl von der Kleie zu trennen mit feinem Sieb«[2].

Die Auslegung des Schicksals von Korn, Kleie und Mehl in der Mühle gehört zu den Merkwürdigkeiten christlicher Allegorese in Dichtung und bildender Kunst des Mittelalters. In Analogie zur »Wesensverwandlung« des Korns in der Mühle ersann das 12. Jahrhundert die »heilige« oder »mystische Mühle«, auch »Sakramentsmühle« oder »Hostienmühle« genannt. Ihre älteste Darstellung, die die Zeitläufte nicht überdauert hat, entstand im Auftrag des kunstsinnigen Abtes Suger in einem Glasfenster der Kirche von St. Denis; in einem Säulenkapitell in Vézelay ist eine Mühlendarstellung aus dem gleichen Jahrhundert erhalten.[3]

[1] Vgl. dazu die eindringliche Darstellung von Duby, *Zisterzienser*, S. 129.

[2] Jacques Paul Migne (Herausgeber): *Patrologiae cursus completus…*, *series latina*, Paris 1841 bis 1864, Band 185, S. 570 bis 572. Hinweis und Übersetzung verdanke ich Friedrich Kur.

[3] Vgl. Alois Thomas, »Die mystische Mühle«, in: *Christliche Kunst*, 31, 1934.

»Wenn das Weizenkorn nicht in die Erde fällt und stirbt, bleibt es allein; wenn es aber stirbt, bringt es reiche Frucht«, verheißt das Johannesevangelium, das mit der Verherrlichung des Logos beginnt: »Im Anfang war das Wort, / und das Wort war bei Gott, / und das Wort war Gott. (...) Alles ist durch das Wort geworden, / und ohne das Wort wurde nichts, was geworden ist. (...) Und das Wort ist Fleisch geworden / und hat unter uns gewohnt.« Das ist der Logos der mystischen Mühle, die sich um das verwandelte Korn im apostolischen Mahlwerk dreht. Die Lehre ist die Nahrung, ein Weizenkorn das göttliche Wort. Aus dem Korn der Propheten des alten Bundes wird das reine Mehl des Neuen, aus dem das Brot der Offenbarung gebacken wird: die Hostie im Wunder der Eucharistie.

»Ich bin das lebendige Brot, das vom Himmel herabgekommen ist. Wer von diesem Brot ißt, wird in Ewigkeit leben«[1], lehrt Jesus in der Synagoge von Kafarnaum. Der Ballaststoff des Korns ist die Last des Todes, die er auf sich nahm. »Alles Fleisch ist wie Gras«[2], hatte Jesaia gesagt. Nach dem Wunder der jungfräulichen Geburt ist das Brot Fleisch geworden.

An der Schwelle des 14. Jahrhunderts besingt der Dichter Barthel Regenbogen[3] die Welt als Rätselmühle. Das »wohldurchdachte reiche Bauwerk«, das ohne jedes Werkzeug im Nu vollbracht worden ist, liegt in einem Wald auf einem Berg, dessen »liebreizende Gestalt« aus einem See herausragt. »Den Wald bedeutet uns die Christenheit«, der See ist der erdumschließende Ozean der Schöpfung, »in dem manch Wunder lebt«; Jesus, »der

[1] Joh 6, 51.

[2] »Alles Fleisch ist Heu« übersetzt Luther; in der Jerusalemer Bibel heißt es: »Alles Sterbliche ist wie Gras, / und all seine Schönheit ist wie die Blume auf dem Feld. / Das Gras verdorrt, die Blume verwelkt, / wenn der Atem des Herrn darüberweht. / Wahrhaftig, Gras ist das Volk.« (Jes 40, 6–7.)

[3] Der Spruchdichter und Minnesänger Regenbogen dichtete um 1300 mit dem berühmten Frauenlob um die Wette.

edle Müller, / schuf uns das Leben, / sein also teures Wort«; Adam ist sein Knappe, die fünf Steine der Mühle entsprechen den fünf Sinnen; einem goldenen Wagen, der durch die ganze Mühle geht, verleiht der Tod seinen Sinn – das, »ihr Menschenkinder, nehmet wahr«.[1] Im Mühlenwunder vermischen sich Tod und Leben.

Ein anderes Rätselgedicht der Zeit schildert ebenfalls eine wundersame Mühle an einem »tiefen Meer«; ihr unbeweglicher Bodenstein bedeutet das Alte Testament, ihr Läufer das Neue; die 72 hölzernen Kammern des Mühlrads sind die 72 Sprachen der Welt, deren kostbarste die hebräische ist[2]; in dieser Kammer aus Aloeholz (»nie entstand auf Erden reineres Holz«), dem Sinnbild Mariens, wurde das Kind des gottväterlichen Müllers geboren.[3]

Im Laufe der Zeit wandelt sich der Mühlensinn. Das Verhältnis vom Alten zum Neuen Testament tritt in den Hintergrund. Aus vielen Körnern wird das reine Mehl gemahlen, aus einem einzigen Samenkorn entfaltet sich der göttliche Weizen. Bevor der ganze biblische Stoff in die Hostie gepreßt werden kann, muß sich die phantastische Menschwerdung aus dem Wort vollziehen, bevor das Brot Leib wird, muß die Jungfrau vom Kind entbunden sein. Im 15. Jahrhundert dreht sich eine makellose Mühle um die Inkarnation. Ohne den Einfluß des Heiligen Geistes sind die Wunder der Empfängnis wörtlichen Samens und schmerzloser Geburt nicht denkbar, und was könnte das Wirken des Unsichtbaren besser veranschaulichen als die geräuschvollen Vorgänge in einer Wassermühle?[4] Das ganze Mühlengehäuse mit allen

[1] Friedrich Heinrich von der Hagen (Hg.), *Minnesänger*, Leipzig 1838, S. 347–349 (Übesetzung von Friedrich Kur).

[2] Das Rätselgedicht »König Tirol« ist im *Codex Manesse* enthalten. Vgl. auch Arno Borst, *Der Turmbau von Babel*, Stuttgart (1957 bis 1963), 1995, Bd. II/2, S. 840.

[3] Vgl. Thomas, *Mühle*, S. 130.

[4] Christliche und heidnische Elemente fließen in der Marienmühle zusammen. Seit es Wassermühlen gibt, beschäftigt ihre Zeugungskraft

Steinen, Rädern und Kammern wird nun auf Maria bezogen, das Weihnachtsgeheimnis ist »Stern und Kern der Mühlensymbolik«[1] geworden.

Wie populär die Mühle Unserer Lieben Frau im 15. Jahrhundert war, zeigt das Weihnachtslied IN NATALI DOMINI mit seinem klappernden Mühlenrefrain:

»Terit mola farinula,
Dum virgo parit tenera,
Furfurem cribratum partum parit,
Creatura creatorem parit,
Taratantarizate, taratantarizate.«[2]

Deutlich spricht sich der marianische Mühlensinn in einem Lied des Meistersingers Muskatblüt[3] aus. Der weltliche Mühlenspruch »Ich rewt vnd wuͤl nach einer muͤl«[4]

die Phantasie; zu allen Zeiten oszillierte der Mühlensinn zwischen Heiligtum und Dämonenbetrieb. In der griechischen Mythologie schuf *Mylas* Mühle und Kult. Demeter, Göttin der Kornfelder, und die jungfräuliche Jägerin Artemis, Göttin der Geburt, wurden als Mühlengöttinnen verehrt, Zeus und Apollon galten als Mühlengötter. Als monströse Göttin des weißen Mehls trieb die Dämonin *Alphito* in Mühlen ihr Unwesen; sie gehört zu Hekates eselfüßigen Empusen, die man auch zu den Lamien (»Lamia« = Verschlingerin) rechnet; diese wandlungsfähigen Vampirwesen locken ihre männlichen Opfer durch Liebreiz an sich und rauben ihnen die Lebenskraft, indem sie ihr Blut aussaugen und ihre Herzen verzehren; in späterer Zeit sank *Alphito* zum Popanz herab, der Kinder schrecken sollte.

[1] Alois Thomas, *Mühle*, S. 134.

[2] Daniel, »Thesaurus hymnologicus«, IV, 261; zit. nach Thomas, ebda. In wörtlicher Übersetzung von Dieter Wuttke: »Die Mühle mahlt feines Mehl / Während die zarte Jungfrau gebiert. / Eine gesiebte Hülse gebiert sie als Kind; / Die Kreatur gebiert ihren Schöpfer: / Tut das Mehl in Säcke, tut das Mehl in Säcke!«

Die beliebte Volksmundfassung der Zeit verzeichnet Wackernagel in: *Das deutsche Kirchenlied*, II, Nr. 901. »Die mül die malt das mel so klar, / ein rein Jungfrau ein kind gebar, / es war der schöpfer himmels und der erden, / macht eure herzen rein, macht eure herzen rein, / empfaht das himmlische kind darrein.«

[3] Der oberfränkische Meistersänger Muskatblüt nahm an den Hussitenkriegen 1420–1430 teil. Er starb nach 1427.

[4] *Epochen der deutschen Lyrik 1300–1500*, Hg. Eva und Hansjürgen Kiepe, München 1972, S. 210 bis 213: »Ich reit und will zu einer Mühl.«

erläutert die mariologische Konzeption; das Wasser ist der Heilige Geist, der so mächtig wie gnädig alles treibt und dreht, »di mů̊l ir billig kennet!

den casten ich lauss wissen dich,
da got sin trait mit grosser arbait
werlich hatt geschuttet. (…)
Was ist die gotz barmherczikait,
das ich die mů̊l tu nennen?
maria die vil werde mait,
so mů̊gt ir sie her kennen«[1].

Der breite Strom des Marienkults ist in den *klaren Tälern* des Heiligen Bernhard entsprungen. »Ich liebe, weil ich liebe. Ich liebe, um zu lieben. Die Liebe ist etwas Erhabenes, wenn sie zu ihren Anfängen, zu ihren Ursprüngen zurückkehrt und immer wieder zurückkommt, um aus ihrer eigenen Quelle das Wasser ihres Stromes zu schöpfen.«[2] Der Marienkult des Mittelalters war die sublime Entsprechung des ritterlichen Kults der Dame. Ob sakrale Hymnen oder höfische Chansons, Ritterroman oder Mystikerspekulation, weltliche und geistliche Minnesänger schöpften aus den gleichen humanistischen Quellen[3], schilderten im gleichen Wortschatz und leidenschaftlichen Ton »die gleichen Prüfungen, Begierden und Hoffnungen des Helden«[4]. Der irdischen Minne zu Füßen der *dame sans merci*[5] entsprach die Himmelsminne im Staub vor der barmherzigen Frau. Die zarteste marianische Lyrik floß aus der Feder des harschen Puritaners

[1] »Diese Mühle sollt ihr wahrlich kennen! Den Kasten lehre ich dich kennen, in den Gott wahrlich mit großer Mühe sein Getreide hineingeschüttet hat. (…) Was ist die Barmherzigkeit Gottes, wie ich die Mühle genannt habe? In ihr sollt ihr Maria, die hehre Jungfrau erkennen.« Ebda.

[2] Bernhard von Clairvaux, *Predigt über das Hohelied*, zit. nach Duby, *Zisterzienser*, S. 142.

[3] Vgl. dazu Duby, *Mittelalter*, Band II, S. 61, und Duby, *Zisterzienser*, S. 142f.

[4] Duby, *Mittelalter*, Band II, S. 61.

[5] *dame sans merci* = die unerbittliche Dame, die Dame ohne Gnade.

Bernhard von Clairvaux. Das »Minneparadox«[1] der Mönche war der Reichtum, der aus Arbeit, Askese und Armut entstand. »Ihr werdet es selbst sehen, daß man aus den Steinen Honig und aus den härtesten Felsen Öl gewinnen kann«[2] – die Erfüllung seiner Prophezeiung im übertragen-materialistischen Sinn hatte der Abt sich nicht träumen lassen. Aber die glühende Marienverehrung des heiligen *Troubadours* überlebte den Niedergang zisterziensischer Klöster und wirkte über Jahrhunderte fort.[3] Eindringlich entfaltet sie in der benediktinischen Liturgie ihre dem Hohen Lied Salomonis entlehnte Symbolik:

»Ich grüße Dich, Jungfrau Maria, die das Böse überwunden hat, (...) Du bist das Fenster, die Pforte und der Schleier, der Hof und das Haus, der Tempel und die Erde, Lilie durch Deine Jungfräulichkeit und Rose durch Dein Martyrium. Du bist der verschlossene Garten und sein Brunnen, der die Beschmutzten wäscht, die Verderbten reinigt und den Toten das Leben zurückgibt. Du bist die Herrin der Zeitalter, und nach Gott die Hoffnung aller Jahrhunderte, bist das Haus, worin

[1] »Da die Liebe im Minnesang illegitim ist, wäre sie unmoralisch, wenn sie zum Ziel käme. Die Idealisierung der Geliebten verfolgt den Zweck, diese soweit zu entrücken, daß sie für ihren Verehrer von vornherein unerreichbar wird; wenn die Dame ihren Liebhaber erhören würde, müßte sie die Werte brechen, die ihr der Liebhaber selbst zuspricht. Wenn der Liebende seine Dame preist, demonstriert er, daß er nicht wollen kann, was er will. Dies ist das sogenannte ›Minneparadox‹.« (Gert Hübner, »Erotik, Rhetorik und Gesellschaft im Mittelalter«, in: *Germanistik & Kommunikationswissenschaft in Bamberg*, Hg. Rolf Bergmann, Bamberg 1995, S. 57f.)

[2] Duby, *Mittelalter*, Band II, S. 127.

[3] Dem Marienpreislied verdankt der Meistersänger Frauenlob (um 1250 bis 1318) seinen Namen. Seine sinnlichen Lieder verdeutlichen die Verwandtschaft himmlischer und irdischer Minne. »Ey, ich sach in dem throne / ein frouwen diu was swanger / sie truog ein wundercrone / vor miner ougen anger.« In einem anderen Gedicht preist er das lebende Brot, das Maria gebar und das »manch finster-kaltes Herz erleuchtete«, so daß es »in mannigfaltig-süßer Minne entbrannte«.

der König ruht und der Sitz des Göttlichen, Du bist der Stern, der im Morgenlande glänzt und die Finsternis des Abendlandes zerstreut, bist die Morgenröte, die die Sonne ankündigt, und der Tag, der keine Nacht kennt.«[1]

Als Tag, der keine Nacht kennt, erscheinen alle Bilder der Geburt Christi, die das nächtliche Ereignis in ewiger Mittagshelle zeigen. »In der heiligen Nacht verkehrte sich die Finsternis der Luft in die Klarheit des Tages«, berichtet die *Legenda aurea*.[2]

Solange die Außenflügel des Altarbildes von Gerard David noch mit dem Triptychon verbunden waren, öffnete sich das Waldesinnere auf eine Darstellung der Geburt Christi in einer *überhellen Nacht*. Ochsen und Esel mögen auf den Außentafeln daran erinnern, aber die herkömmliche Deutung des »Torgebäudes mit Turm«, in dem der zeitgenössische Betrachter »unmittelbar« die Stall-Herberge der Weihnachtsgeschichte erkannt haben soll, gibt mehr Rätsel auf, als sie löst.[3] Wo ist der anmutige Wald in dem Bild geblieben, das das Kind in der Krippe zeigt? Warum hat der Stall im Ruinengemäuer keinerlei Ähnlichkeit mit dem Backsteingebäude im Schoße des Waldes? Offenbar gibt es auf der *dinglichen* Ebene keine Kontinuität zwischen Außenflügel und Innenansicht, und was so realistisch als »Torgebäude mit Turm«[4] erscheint, erweist sich bei näherer Betrachtung als unzugänglich. Weder durch das hohe Tor mit Lisenengliederung noch durch das kleinere Nebentor kann je ein Mensch eingedrungen sein, denn vor den Bögen fließt Wasser: Aus dem Dunkel ins Licht entlassen, beginnt es als lebendiger Spiegel des

1 Zit. nach Duby, *Mittelalter*, Bd. II, S. 61.

2 Ebda., S. 232.

3 Vgl. Hans J. Miegroet, *Gerard David*, Amsterdam 1989, S. 232.

4 So bezeichnet im Katalog des Mauritshuis »Schilderijen en beeldhouwwerken 15e en 16e eeuw«, *Catalogus 1*, Hg. A. B. de Vries, Den Haag 1967, S. 22.

azurblauen Himmels seinen verzweigten Lauf durch den Wald.

Ob gläubig oder skeptisch, kein Betrachter zur Zeit Davids konnte am marianischen Sinn der unzugänglichen Pforte[1], der Mauer und des Turms zweifeln. Eine Festung ist die reine Magd: »Ein Kastell heißt das, da ein Turm steht und mit einer Mauer umfangen ist und sich die zwei beschirmen untereinander.«[2] Die einsame Lage, die Wasserwege und das Haus mit Zwerchgiebel bereichern das Kastell im Mühlensinn.

Klappen wir die »Waldansicht« auf, stoßen wir auf dem linken Innenflügel auf zwei berühmte Waldbewohner: Der unbekannte Stifter des Altarbildes verkörpert den hl. Antonius in Begleitung eines kleinen Schweins[3], hinter ihm der hl. Hieronymus mit seinem Löwen. Auf dem rechten Innenflügel haben wir zwei berühmte Mühlenheilige vor uns: Die Gattin des Stifters als hl. Katharina mit Schwert und Rad; der Diakon hinter ihr ist der hl. Vinzenz, der wie alle Heiligen für seinen Glauben starb; der Legende nach wurde sein Leichnam mit einem Mühlstein im Meer versenkt, »da war er schneller wieder am Strand denn die Schiffsleute«, die ihn ins Wasser geworfen hatten.[4] David zeigt den Heiligen mit einem

[1] »Dies Tor soll zugeschlossen bleiben / und nicht aufgetan werden und soll niemand dadurch gehen.« (Ez 44,2.)

[2] Wackernagel, »Altdeutsche Predigt«, VIII, 13: »In der mariologischen Symbolik der Lateiner und Griechen wird das Bild von dem Thurme, dem Castelle und der Mauer entweder zur Menschwerdung Christi in Maria in Beziehung gesetzt und dann die einzelnen Theile der Burg auf die Tugenden Mariens gedeutet, die sie gleich der Mauer und dem Thurme vor den Gefahren schützen, oder darin ein Bild des Schutzes gesehen, den Maria den Menschen gewährt.« (Anselm Salzer, *Lexikon der Sinnbilder und Beiworte Mariens*, Darmstadt 1967.)

[3] Das Attribut des Einsiedlers Antonius, des Schutzpatrons der Haustiere, weist auf das Privileg der Antoniter hin, kostenlose Schweinezucht zu betreiben; *Antoniusschweine* durften frei laufen, woran heute noch mancherorts der Schimpfname »Rennsau« erinnert. Vgl. Georg Schwaiger (Hg.), *Mönchtum, Orden, Klöster*, München 1993, S. 51.

[4] *Legenda aurea*, S. 140.

Instrument seiner Marter und dem Buch des Glaubens, das ihn die Überwindung der »Mühlsteine«[1] lehrte.

Mit dem Wandel der allegorischen Sakramentsmühle zum mariologischen Symbol der Inkarnation im 15. Jahrhundert wich die »unwirkliche« Darstellung des Mühleninneren dem realistischen Bild des einsamen, von Bäumen umgebenen Hauses am Wasser, das sich mit Mühlrad und Esel als Mühle zu erkennen gibt. Mit Memling taucht das Motiv im Hintergrund der Muttergottes-Bilder auf. Die gleiche Mühlenidylle mit Esel erscheint in seiner Darstellung der Eitelkeit und Unkeuschheit in einer Person.[2] Die reizende Nackte spiegelt sich zwischen Tod und Teufel in der Mitte eines Triptychons. Mit ihrer entblößten Scham, dem traurig-treuen Schoßhündchen[3] an der Seite und der geilen Windspielpose hinter ihrem Rücken, steht die eitle Schöne im Bannbereich der *anrüchigen Mühle*, deren Triebwerk sich um fleischliche Gelüste dreht. Das altgriechische »mýllein« heißt wörtlich »zermahlen, die Lippen zusammenpressen« und im übertragenen Sinn »Beischlaf betreiben, besonders außerehelichen, eine Hure beschlafen«; das verwandte »myllós« bedeutet »weibliche Scham«. In diesem Mühlensinn läßt auch Hiob seine Frau mahlen, als er auf seine Unschuld schwört: »Wenn sich mein Herz von einer Frau betören ließ / und ich an der Tür meines Nachbarn lauerte, / dann mahle meine Frau einem andern, / und andere sollen sich beugen über sie.«[4] Im Volksmund wird »mahlen« noch heute mit

[1] Zur übertragenen Bedeutung des Mühlsteins vgl. Ernest Borneman, *Sex im Volksmund*, Hamburg (1971), 1974, Bd. II, S. 11, 9.

[2] Abbildung »Triptyque de la Vanité terrestre«, 1485 oder später, Straßburg, Musée des Beaux-Arts.

[3] Zur Deutung des Greif-Terriers, der uns in der flämischen Malerei häufig begegnet und der, je nachdem, welches treuliebe oder treulose Frauchen er begleitet, auf Eheliches oder Außereheliches hinweist, vgl. Panofsky, »Jan van Eyck's ›Arnolfini‹ Portrait«, in: *Modern Perspectives in Western Art History*, hrsg. von W. Eugene Kleinbauer, New York 1971, S. 193 bis 203.

[4] Hiob 31, 9–10.

»koitieren« gleichgesetzt, eine untreue Frau als »Mühle, die nie stillsteht« bezeichnet.[1] Ein Esel darf bei keiner solchen fehlen. Im Bild läßt uns auch die unverständige Kreatur nicht ohne Belehrung. Wegen seiner wilden Brunst war der Esel in der Antike Fruchtbarkeitssymbol, eine Ehre, die ihn bei den Römern teuer zu stehen kam: dem Gott Priapus wurden Eselsopfer dargebracht. In unzüchtigem Kontext kommt das Geschlecht des Esels bei Ezechiel vor; der Prophet schildert eine Unkeusche, die »ihre Scham entblößte«, und »es erwachte in ihr die Gier nach ihren Liebhabern, deren Glieder wie die Glieder der Esel und deren Erguß wie der Erguß der Hengste waren«[2]. Als gutes Tier steht die sprechende Eselin Bileams da, die im Gegensatz zu ihrem zornigen Reiter den Engel des Herrn erkennt.[3] Auch Jesaia weiß den Esel zu loben: »Der Ochse kennt seinen Besitzer / und der Esel die Krippe seines Herrn.«[4]

Alle Tugenden, die man dem Esel im 15. und 16. Jahrhundert zusprach, hatten ihre lasterhafte Kehrseite. Je nachdem, ob das Reit- und Lasttier einem Gott oder einem Dämon dient, erscheint es beharrlich, geduldig, gehorsam und demütig oder störrisch, dumm, träge und unzüchtig. Der Sinnwechsel aller Symbolträger orientiert sich stets am Gegensinn. Aus dem genügsamen Distelfresser kann jederzeit ein genußsüchtiger Wüstling werden, aus der mystischen eine anrüchige Mühle.

[1] Borneman, *Sex*, Bd. II, S. 26, 25 und 10, 7.

[2] Ez 23, 18, 20.

[3] Num 22, 22–35.

[4] Jes 1, 3. Auf diese Bibelstelle geht die Anwesenheit von Ochs und Esel an der Krippe zurück, in der Weihnachtsgeschichte selbst finden sie keine Erwähnung. »Israel hat keine Erkenntnis, / mein Volk hat keine Einsicht«, fährt Jesaia im 3. Vers fort. So wurde der Esel im Christentum zum Vertreter des Alten Testaments, während der Ochs die neue Erkenntnis des Herrn verkörperte. In Davids Darstellung der Geburt lagern sie in gemeinsamer Andacht an der christlichen Krippe, wie es in der *Legenda aurea* erzählt wird. Vgl. auch die ausführliche Anmerkung bei Panofsky, *Netherlandish Painting*, S. 278, 1.

Bei David, dem Nachfolger Memlings in Brügge, lassen sich keine Hintergrundmühlen eindeutig bestimmen. In den Landschaftskulissen seiner bezaubernden kleinen Andachtsbilder, die die Ruhe auf der Flucht darstellen, kommen bisweilen in waldiger Umgebung einsame Häuser am Wasser vor, aber nie geben sie sich durch Rad oder Esel als Mühlen aus.

»Die Natur liebt es, sich zu verbergen«[1] und der Maler ahmt sie im Verborgenen nach. Die Mühlen-Erkenntnis ist in der »Waldansicht« versteckt. Im »Torgebäude mit Turm« ist ein doppelter Verkörperungssinn eingeschlossen, denn ein Mühlen-Kastell ist ein marianischer Pleonasmus; der rhetorische Überfluß verbirgt sich im Wald der Symbole.

Die lauschige Atmosphäre des Waldes ist nach dem Prinzip wachsender Lasurschichten aufgebaut. Nach der vereinfachten Schichtentechnik Memlings versucht David zur Dichte des »Erfinders der Ölmalerei« zurückzukehren. Auch der warme Rotton des Gemäuers im changierenden Grün des Laubes gehorcht dem eyckschen Gesetz der Farbgebung: dem der kleinsten Intervalle und dem des größten Kontrasts.[2]

Am Vorabend einer Zeit gemalt[3], in der die Streitfrage, ob Brot und Wein im Augenblick der Darreichung Leib und Blut Christi sind oder sie nur bedeuten[4], in Krieg, Autodafé und Bildersturm ausartete, nimmt sich

[1] Heraklit, 123. Fragment (*Die Fragmente der Vorsokratiker*, übersetzt von H. Diels, Hg. W. Kranz, Zürich/Hildesheim 1992, Bd. II, S. 178). *Quae plus latent, plus patent*, heißt es bei Bernhard von Clairvaux, »was mehr verborgen ist, gefällt mehr« oder »je verborgener, desto schöner«.

[2] Vgl. dazu die vorzügliche Monographie von E. Freiherr von Bodenhausen, *Gerard David und seine Schule*, München 1905.

[3] Das unsignierte und undatierte Triptychon wurde nach Ansicht der Kunsthistoriker um 1510/1515 gemalt; vgl. Miegroet, *Gerard David*, S. 300.

[4] Vgl. dazu E. Wind, »Warburgs Begriff der Kulturwissenschaft und seine Bedeutung für die Ästhetik«, in: *Aby M. Warburg, Ausgewählte Schriften und Würdigungen*, Hg. Dieter Wuttke, Baden-Baden 1992, S. 408–412.

die »Waldansicht« als Meisterwerk der Versöhnung mittelalterlicher Symbolik und naturalistischer *Wiedererwachsung*[1] aus. »Die Symbolik verwandelt die Erscheinung in Idee, die Idee in ein Bild, und so, daß die Idee im Bild immer unendlich wirksam und unerreichbar bleibt und, selbst in allen Sprachen ausgesprochen, doch unaussprechlich bliebe.«[2] Der lichte inmitten des dunklen Waldes, der gehegte Ort in der Wildnis, die beredte Stille, die Mittagshelle der heiligen Nacht sind Kontrastharmonien und Pathosformeln[3], die von der vitalen Kraft überlieferter Topoi zeugen. Das *Savoir-faire-de-la-matière*[4] des Malers hat das Rätsel der Inkarnation im Verborgenen aufgehoben und im Sichtbaren inkarniert. Wie im Gleichnis Walter Benjamins hat das Symbol den Sinn in sein verborgenes waldiges Innere aufgenommen.[5] Die

[1] Dürer übersetzte *rinascita* mit »Wiedererwachsung«. »Renaissance« ist eine Vegetations-Metapher. Vgl. auch Gerhart B. Ladner, »Vegetation Symbolism and the Concept of Renaissance«, in: *Essays in Honor of Erwin Panofsky*, Hg. M. Meiss, New York, Bd. 1, 1961, S. 303–322.

[2] Goethe, *Maximen und Reflexionen*, 1113.

[3] Vgl. Curtius, *Lateinisches Mittelalter*, S. 209. Den Polaritätsgedanken und den Begriff »Pathosformel« hat Curtius von Warburg übernommen, ohne den Funktionswandel der Topoi im Laufe der Geschichte zu berücksichtigen; siehe dazu *Kosmopolis der Wissenschaft: E. R. Curtius und das Warburg Institute*, Hg. Dieter Wuttke, Baden-Baden, 1989, S. 258f.

[4] *Savoir-faire-de-la-matière* (»gelungene Wiedergabe des Stofflichen«) in Anlehnung an Diderots *savoir faire de la chair* (»gelungene Wiedergabe des Fleisches«). In seinem »Essai sur la peinture« bewundert Diderot Chardin und setzt die Kunst, »einen Stoff, einen Himmel, eine Nelke, eine Pflaume mit ihrem Reif, einen Pfirsich mit seinem Flaum« wiederzugeben, mit der Portrait-Kunst in Beziehung. (Diderot, *Œuvres*, Hg. André Billy, *Bibliothèque de la Pléiade*, Paris 1951, S. 1124.) Im Zeitalter der Aufklärung ist die Bibel nicht mehr der Schlüssel zur Natur, sondern ihren Gesetzen selbst unterworfen. »Rien n'est beau que le vrai« – nur das Wahre ist schön, lautet die ästhetische Devise im 18. Jahrhundert. Selbst das Kleinste und Unscheinbarste weist auf eine *innere* Wahrheit hin, auf die unvergängliche Natur des Vergänglichen. Das Savoir-faire-de-la-matière bringt im Stilleben die Seele unbelebter Dinge zur Anschauung. Vgl. dazu Lévi-Strauss, *Regarder*, S. 31.

[5] Walter Benjamin, *Ursprung des deutschen Trauerspiels*, Berlin 1928, S. 164.

Kohlmeise und die winzige fliegende Taube am Himmel, die *zwei* Ochsen und der müßige Esel, der haltlose und der rankende Efeu, die Buchen und das Backsteingemäuer, das laubgefilterte Licht und das kristallene Wasser, alles Sichtbare spricht vom offenbaren Geheimnis.[1]

Am Ende seines Spottlobs der törichten Welt läßt Erasmus die Torheit zu der Einsicht kommen, daß selbst die gläubige Entrückung, das Außer-sich-sein der Mystiker, den Verrücktheiten sehr ähnlich ist, ohne die die Menschheit nicht bestehen kann. Das Unaussprechliche seliger Verzückung über die Gegenwart des Schöpfers in der Schöpfung »ist auch der Teil der Maria, der ihr nicht genommen werden kann im Wandel der Dinge, sondern (der) zur Vollkommenheit reift«[2], spricht die Torheit aus dem Weisen.

Als der Fanatismus seiner Zeitgenossen aller Beschreibung spottete, zog sich Erasmus in einen Wald von einem Werk zurück; *operis sylvam* nannte er in antiker Tradition seine vierbändige Kunst der Predigt. »Die grundlegenden, absoluten, unvergänglichen Geheimnisse göttlicher Weisheit enthüllen sich im lichten Dunkel der Stille.«[3]

[1] Als dionysischer Schmuck symbolisiert der »schmiegfüßige Efeu« (Ovid, *Metamorphosen*, X, 100) in der Antike die Beständigkeit vegetativer Kraft und die Beharrlichkeit des Begehrens. Eine wundersame Verkehrung ist der Keim des Sinnbilds der Treue und des ewigen Lebens: das immergrüne rankende Gewächs blüht im Herbst, entwickelt sich im Winter und trägt im Frühjahr seine giftigen schwarzen Beerenfrüchte. Schatten, Nacht und Winter koinzidieren mit nie welkendem Blattwerk, rankender Anschmiegsamkeit und unverhoffter Fruchtbarkeit. Auf der Lichtung mit dem Esel des Alten Bundes hat der Efeu noch nicht seinen Halt am christlichen Baum gefunden, dem wahren Lebensbaum, den die Kohlmeise ankündigt.

Zu den *zwei* Ochsen heißt es in der *Legenda aurea*: »Und wenige Tage vor Christi Geburt, da Etliche auf dem Felde pflügten, sprachen die Ochsen zu den Pflügern ›Die Menschen werden abnehmen, aber das Korn wird sich mehren‹.« (Ebda., S. 53.)

[2] Erasmus von Rotterdam, *Das Lob der Torheit*, (Paris 1511) Stuttgart 1969, S. 111.

[3] *Dionysius Areopagita*, zit. nach Duby, *Zisterzienser*, S. 141. In der Tradition dionysischer Theologie ist

Die Darstellung des Waldes als ein Bereich, in dem alles Echo, Zusammenhang und Entsprechung[1] ist, hat eine lange Geschichte. Im Licht ihrer Überlieferung erscheint die »Waldansicht« als das Bild einer *Region der Ähnlichkeit*[2], in der die unterschiedlichsten Geister aus den verschiedensten Zeiten einander begegnen:

»Dies unser Leben, vom Getümmel frei,
gibt Bäumen Zungen, findet Schrift im Bach,
in Steinen Lehre, Gutes überall.«[3]

Als sein Leben zur Neige ging, fühlte sich der Heilige Bernhard als Fabelmonster (*chimaera*)[4] seines Jahrhunderts und bedauerte seine *vita monstruosa.* »Weder Kleriker noch Laie«, führte er im mönchischen Habit schon lange kein kontemplatives Leben mehr. Geängstigt von den eigenen Werken, begriff er selbst nicht mehr, was er

»das Licht des göttlichen Ursprungs (...) als Überhelle mit ›Dunkelheit‹ benennbar«. (*Historisches Wörterbuch der Philosophie*, Basel 1971 bis 1995, Bd. 5, S. 284). Vgl. dazu die trübsinnigen Versuche deutscher Kulturwissenschaftler, die ›Dunkelheit‹ modern mit »Obskurantismus« verwechseln, Panofskys Suger-Interpretation zu widerlegen. (Bruno Reudenbach, »Ein Werk der Dunkelheit«, Frankfurter Allg. Zeitung, 3.1.1996.)

[1] Im 2. Vers der *Correspondances* von Baudelaire, die als Motto unserer Wald-Interpretation vorangestellt sind, entsprechen die Töne den Farben und Düften:

»Comme de longs échos qui de loin se confondent / Dans une ténébreuse et profonde unité, / Vaste comme la nuit et comme la clarté, / Les parfums, les couleurs et les sons se répondent.«

»Wie langer Hall und Widerhall, die fern vernommen in eine finstere und tiefe Einheit schmelzen, weit wie die Nacht und wie die Helle, antworten die Düfte, Farben und Töne einander.« (Charles Baudelaire, *Sämtliche Werke u. Briefe*, Hg. Friedhelm Kemp und Claude Pichois, München 1975, Band 3, S. 68f., Übers. Friedhelm Kemp.)

[2] Als »Regionen der Unähnlichkeit« galten dem Hl. Bernhard die Städte. Vgl. Duby, *Zisterzienser*, S. 168.

[3] Shakespeare, *Wie es euch gefällt*, II, 1.

[4] *Chimaera* hat im Mittelalter noch nicht die Bedeutung von »Trugbild«, sondern ist das feuerspeiende Monstrum der griechischen Mythologie, ein Mischwesen mit dem Kopf eines Löwen, dem Leib einer Ziege und dem Schwanz einer Schlange. Vgl. Jürgen Miethke, »Bernhard von

tat, und ließ doch nichts darüber verlauten, »in welche Abgründe (er) geworfen«[1] war. Er starb mit den Worten: »Es ist an der Zeit, daß ein so alter und unfruchtbarer Baum abgehauen wird.«[2]

Im Verborgenen entsprechen sich Asket und Libertin.[3] Wie langer Hall und Widerhall aus dem 12. Jahrhundert, in dem ein Fabelmonster am Ende seines *ungetümen Lebens* zu uns spricht, liest sich »Le Goût du néant«[4] von Baudelaire:

»Morne esprit, autrefois amoureux de la lutte,
L'Espoir, dont l'éperon attisait ton ardeur,
Ne veut plus t'enfourcher! Couche-toi sans pudeur,
Vieux cheval dont le pied à chaque obstacle bute.

Clairvaux«, in: Ausstellungskatalog *Die Zisterzienser*, Köln 1980, S. 55.

[1] Ebda.

[2] Zitiert nach Albert Christian Sellner, *Immerwährender Heiligenkalender*, Frankfurt 1993, S. 280.

[3] Das Wort »Libertin« taucht zum ersten Mal 1477 in einer französischen Bibelübersetzung auf. Ab 1540 werden Schwärmer und Wiedertäufer in Nordfrankreich »Libertins« genannt. 1544 bezichtigt Calvin »Libertins oder Spirituale« moralischer Ausschweifung. Vgl. *Hist. Wörterbuch*, Bd. 5, S. 272f.

[4] Gefallen am Nichts

»Trüber Geist, einst in den Kampf verliebt, die Hoffnung, deren Sporn den Mut dir stachelte, will dich nicht ferner reiten! So streck dich ohne Scham, alter Gaul, der am geringsten Hindernisse strauchelt!

Laß alles fahren, mein Herz; schlaf deinen tierisch dumpfen Schlaf.

Besiegter, erschöpfter Geist! Dir, alter Plünderer, ward die Liebe schal und schal der Streit; leb wohl denn Hörnerklang und Seufzer der Flöte! Ihr Lüste, laßt ein grämlich finstres Herz in Frieden!

Die Frühlingswonne hat ihren Duft verloren!

Und die Zeit verschlingt mich Minute um Minute, wie einen frosterstarrten Körper ungeheurer Schnee; von meiner Höhe betrachte ich die runde Welt und halte dort nicht mehr nach einer Hütte, die mich schütze, Ausschau!

Lawine, willst du in deinen Sturz mich mit dir nehmen?« (Übers. von Friedhelm Kemp, *Werke und Briefe*, S. 207.).

Postskriptum. 1985 bis 1987 wurden bei der Restaurierung der »Waldansicht« im Mauritshuis die alten Übermalungen vollständig entfernt, wodurch die Wasserwege auf der linken Tafel ebenso verschwunden sind wie der Ziegelcharakter des Gemäuers.

Zum Vorschein kam ein zweiter Zwerchgiebel des Dachs, eine Fassadenrosette im Mauerwerk über dem

Résigne-toi, mon cœur; dors ton sommeil de brute.

Esprit vaincu, fourbu! Pour toi, vieux maraudeur,
L'amour n'a plus de goût, non plus que la dispute;
Adieu donc, chants du cuivre et soupirs de la flûte!
Plaisirs, ne tentez plus un cœur sombre et boudeur!

Le Printemps adorable a perdu son odeur!

Et le Temps m'engloutit minute par minute,
Comme la neige immense un corps pris de roideur;
Je contemple d'en haut le globe en sa rondeur
Et je n'y cherche plus l'abri d'une cahute.

Avalanche, veux-tu m'emporter dans ta chute?«

kleinen Tor (ähnliche Rosetten zieren Zisterzienser-Klöster, vgl. Duby, *Die Kunst der Zisterzienser*, Stuttgart 1993, S. 86, Abbildung 71), und eine phantastische Zinnenkrönung über dem hohen Tor. Der lombardische Maler, der bei David in Brügge tätig war, hat die »Waldansicht« des Meisters in einer »Ruhe auf der Flucht« übernommen. Die 61 x 53 cm große Tafel hängt in Genua in der Galerie Durazzo-Palavincini. Vgl. Georges Marlier, *Ambrosius Benson et la peinture à Bruges au temps de Charles-Quint*, Damme 1957 (Register). Im Vordergrund eines waldigen Weilers stillt Maria das Kind, während Josef unter einer David-Buche neben einem grasenden Esel ein Nickerchen macht; hinter ihm ist ein Bauer unterwegs, ferner ein Reiter, ganz hinten duckt sich ein Bauernhaus ins Gehölz; auf der rechten Seite fließt ein David-Bach durch den David-Wald, auf der linken schlängelt sich ein Weg, der die Häuser des Weilers miteinander verbindet; das erste Gebäude ist das seltsame David-Haus mit Turm und Zinnenmauer, deren kleines Tor jedoch unmittelbar neben dem großen als offene Tür dargestellt ist. Bensons Flucht-Darstellung bewog die Restauratoren in Den Haag, die Wasserweg-Übermalungen ihrer Vorgänger als »pure fantasy« anzusehen und das Gebäude als Bauernhof zu deuten. Was sollte aber ein einzelnes Bauernhaus in einem Wald verloren haben und wo käme es im Kontext der Geburt Christi vor? Die beiden Tafeln wirken nun, als habe jemand aus Bensons Flucht-Darstellung den mittleren Streifen mit den Figuren herausgeschnitten und die verbliebenen Teile als Außentafeln des David-Triptychons verwendet, so daß der Kopist plötzlich als Urheber erscheint. Als Benson sich einst von David trennte, weigerte sich der Meister, dem Lombarden zwei Koffer mit Vorlagen auszuhändigen. Benson prozessierte gegen den alten Maler und bekam schließlich das Vorlagen-Gut. Vgl. Miegroet, *Gerard David*, S. 29. Wessen Ansicht die richtige war, bleibt ein Geheimnis des Waldes.

Doch dann fing die Gestalt des Drachen an,
Mit zweien Tatzen, die bedeckt mit Haaren,
Und Rücken, Brust und Seiten, die bemalt
mit Knoten und mit kleinen Schnörkeln waren;
Vielfarbig, wie kein Werk Arachnes strahlt,
wie, was auch Türk' und Tartar je gewoben,
so bunt doch nichts an Grund und Muster prahlt.

DANTE

II
Der Drachentöter im Laubmeer

Während sich in der Stadt am versandeten Zwin der erste flämische Schößling der Gattung *Waldlandschaft* entfaltete, ging in Regensburg an der Donau eine ganz andere Saat des Waldgenres auf: Altdorfers Thema ist nicht der gehegte, sondern der wilde Wald. *Silva*, das älteste Gesicht der Natur, wie Silvestris in der *Cosmographia* schreibt, »unermüdliche Gebärerin der Vermehrung, erster Entwurf der Formen, Materie der Körper und Grundlage der Substanz«[1].

Durch einen Laubwald, in dem er die Bäume vor lauter Blättern kaum sieht, sprengt auf weißem Pferd Sankt Georg in schwarzem Harnisch; winzig erscheint der Ritter auf seinem Roß in der gottverlassenen Wildnis, die über ihm uferlos ins Dunkle quillt; der üppige Federbusch seines Helms verschmilzt mit dem Gefieder des wuchernden Gebüschs; in fiebrigen Kräuseln schreibt sich das Licht in die Laubmassen, die sich vom Wind aufgewühlt in der schwülen Atmosphäre des Urwaldes bauschen; eine Prinzessin ist nicht in Sicht; indessen hat

[1] Bernhard Silvestris, *Cosmographia II*, 47f., zit. nach Duby, *Ziesterzinser*, S. 108.

sich das undurchdringliche Dickicht ein wenig geöffnet und den Blick auf hügeliges Ackerland vor blauen Bergen am niedrigen Horizont freigegeben; aber den Weg in die Welt versperrt ein fleischrotes Ungeheuer mit einem Kamm auf dem schwärzlichen Rücken: die Flossenflügel neben dem Krötenkopf ausgespannt, in dem die Augen aus den Höhlen quellen, bleckt das Untier mit heraushängender Zunge vor dem Schimmel die Zähne; reglos verharrt der Ritter im wogenden gelbgrünen Laubmeer, als zweifle er an seinem Drachentöterverstand.

Weit war der Weg des Truppenführers aus Kappadozien ins Drachenland. Das Monster hauste in Libyen in einem See, »der so groß als ein Meer«[1] war, und verpestete mit seinem Gifthauch Stadt und Land. Zwei Schafe täglich stillten nicht seine Gier, denn es lechzte nach Menschenfleisch. Viele Söhne und Töchter des Dattellandes mußten dran glauben, bis schließlich das traurige Opferlos auf die einzige Tochter des Königs fiel, die zu retten der erste der vierzehn heiligen Nothelfer im Eifer der Christianisierung auf sich nahm. Seine Lanze brach die Macht des geflügelten Wurms, ohne ihn sofort zu vernichten. »Dann sprach er zu der Jungfrau ›Nimm deinen Gürtel und wirf ihn dem Wurm um den Hals, und fürchte nichts‹. Sie tat es, und der Drache folgte ihr nach wie ein zahm Hündlein.«[2] Als die Prinzessin den Lindwurm am Bändchen in die Stadt führte, ergriffen die Einwohner *Silenas* in panischem Schrecken die Flucht und verkrochen sich in den Höhlen der Berge. Das war des Kreuzritters Stunde, die Heiden von der Drachen- zur Gottesfurcht zu bekehren. Auf sein Versprechen, das Land für immer vom Seeungeheuer zu erlösen, strömten der König und alles Volk herbei, 20000 Menschen, »Weiber und Kinder nicht gerechnet«[3], um die Taufe zu empfangen. Da endlich zückte Sankt Georg sein Schwert

[1] *Legenda aurea*, S. 301. [2] Ebda., S. 302. [3] Ebda., S. 303.

und tötete den Drachen. »Darnach gebot er ihn aus der Stadt zu schaffen, und vier paar Ochsen zogen ihn vor die Stadt auf ein großes Feld.«[1]

Jahrhundertelang war das einzige Monster der Georgslegende ein König oder Kaiser[2] gewesen, der Christen verfolgte und den *Bannerträger* »von Cappadozischem Geschlecht«[3] nach ungeheuerlichen Torturen mit dem Schwert enthaupten ließ, als im 12. Jahrhundert aus dem Morgenland heimkehrende Kreuzritter die Fabel ihres Schirmherrn mit dem Drachenkampf zur Errettung der libyschen Königstochter ausschmückten. Die Drachen-Legende ist eine Pfropfchimäre der Minnesängerzeit, die das Martermärchen des Heiligen bald gänzlich überwucherte. Der Erfolg der Verwandlung Sankt Georgs zum irdischen Vertreter des Erzengels Michael verdankt sich der Pfropfung antiker Drachentöterelemente auf den christlichen Stamm. Kein Glaubensstreiter scheint zur Anverwandlung heidnischer Götter besser geeignet als der Großmärtyrer aus Kappadozien, der, aufs Rad geflochten, in Kessel mit siedendem Blei getaucht, von Pferden gevierteilt und den Kopf mit sechzig Nägeln gespickt, dreimal starb und dreimal wieder auferstand. Wer sollte den Mut eines Perseus, Kadmos' Kühnheit, Herkules' Tatkraft, Bellerophons Streitbarkeit verkörpern, wenn nicht der unerschrockene *Soldat Christi* aus dem Land, das berühmt war für seine Pferdezucht?

Auf die antike Herkunft der Drachensage Sankt Georgs weist in der Goldenen Legende die Örtlichkeit hin. »Afrika nannten die Griechen Libyen und das Meer davor das Libysche.«[4] In ihrer Vorstellung bildete

[1] *Legenda aurea*, S. 303.

[2] Im 6. Jahrhundert wurde die Georgslegende in Byzanz den Bedürfnissen der Hochkirche angepaßt, der unhistorische Perser-König Datian durch den notorischen Christenverfolger Diokletian ersetzt und die Martergeschichte höfisch rhetorisiert. Vgl. *Lexikon für Theologie und Kirche*, Hg. Walter Kasper, Freiburg 1995, Band 4, S. 476f.

[3] *Legenda aurea*, S. 301.

[4] Plinius, *Naturkunde*, Buch V, S. 11; vgl. unten S. 294, Fußnote[2].

das Land, in dem Atlas[1] das Himmelsgewölbe trug, den Rand der Welt; Lage und Klima begünstigten jegliche Drachenbrut und Mischwesen aller Art; im Hort dämonischer Kreaturen kam den schnellfüßigen und scharfblickenden Silenen[2] trotz Pferdeohren, -schweif und -beinen noch die größte Menschenähnlichkeit zu. Als musikliebende Elementargeister der waldigen Teile des Atlasgebirges kommen diese Pferdemenschen in Gesellschaft bocksbeiniger Kumpane noch bei Plinius vor:

»Tagsüber sehe man niemanden von den Bewohnern; alles schweige, nicht anders als im Schauder der Wüsten; ein stiller Schauer ergreife die Gemüter der Nahenden und dazu ein Schrecken vor dem über die Wolken und in die Nähe der Mondbahn emporragenden Berg. In den Nächten schimmere er auch von zahlreichen Feuern, werde durch die Ausgelassenheit der Aigipane und Satyrn erfüllt und halle wider vom Spiel der Flöte und der Pfeife und vom Lärm der Pauken und Zimbeln. Dies berichten anerkannte Autoren neben den dort vollbrach-

[1] »Man berichtet, daß sich dieser Atlas mitten aus den Sandwüsten bis zum Himmel erhebe, rauh und wüst dort, wo er sich zu den Küsten des Ozeans neigt, dem er den Namen verlieh, aber auch schattig und bewaldet und durch das Hervorsprudeln von Quellen bewässert dort, wo er nach Afrika hinschaut.« (Ebda., S. 13.) Die Antike verkannte die Richtung, in der die Atlas-Gebirgskette Nordafrika von Osten nach Westen durchzieht. Auch bei Plinius verläuft der Atlas in Nord-Süd-Richtung.

[2] Satyroi und Silenoi sind ihrer äußeren Erscheinung nach nicht voneinander zu trennen. Beide sind mit den Kentauren verwandte Elementargeister des Waldgebirges, deren Pferdecharakter an Ohren, Schweif, Beinen, Körperbehaarung und Phallos in Erscheinung tritt. Sie hegen die Berge und unter ihrem Hufschlag sprudeln Quellen hervor. Ursprünglich erschienen die Silene in der Mehrzahl; im 4. Jahrhundert taucht *Silenos* auf, der ernste, weise, musikliebende Waldgott und Lehrer des Dionysos, in dessen Gefolge sich seine Söhne, die Silene, im dionysischen Taumel der Nymphenjagd hingaben. Satyrn und Silene verkörpern die hemmungslose sinnliche Gier und die Fruchtbarkeit der ungebändigten Natur. Auf italienischem Boden wurde Silen mit Silvanus verschmolzen. (Vgl. W. H. Roscher, *Ausführliches Lexikon der griechischen und römischen Mythologie*, (Leipzig 1909–1915) Hildesheim 1965, Bd. IV, S. 444–531.)

ten Taten des Herakles und Perseus. Die Entfernung zu ihm ist unermeßlich und noch nicht sicher bekannt.«[1]

Landeinwärts der ungastlichen Gestade der kleinen Syrte soll einst zwischen bewaldetem Gebirge und Wüste der vom Tritonfluß gespeiste See *Tritonis*[2] gelegen haben, der so groß wie ein Meer war und von fruchtbarem Land umgeben. Zur Monsterfauna dieser sagenhaften Region gehören neben tritonischen Fisch- und Schlangendämonen auch die drei Graien[3] und die drei Gorgonen[4]. Die schöne Gestalt der sterblichen Medusa wurde von Pallas Athene in ein geflügeltes Ungeheuer mit Vipernhaaren, Stupsnase, aus den Höhlen quellenden Augen, einem grinsenden Maul mit Eberzähnen und heraushängender Zunge verwandelt. Ein Beiname der streitbaren Athene war *Tritogeneia*, weil sie am Ufer des Tritonsees in voller Rüstung aus dem Haupt ihres Vaters sprang, nachdem Zeus die schwangere Metis[5] verschluckt hatte. Die Göttin des Krieges, der Wissenschaft und Künste war Herrin der Streitwagen und Pferde, Erfinderin des Zaumzeugs und Beschützerin der Drachentöter. Nach attischer Sage war

[1] Plinius, *Naturkunde*, B. V, S. 15.

[2] Den sagenhaften Tritonsee scheint es in der südtunesischen Senke einst wirklich gegeben zu haben. Schott el Djerid heißt der verbliebene Salzsee, der heute zu großen Teilen von wandernden Sanden bedeckt ist. Die große Ebene der Wüste Erg scheint früher eine blühende Kulturlandschaft gewesen zu sein. Die heute kahlen Hochländer und Berge waren einst dicht bewaldet. Vgl. *Paulys Realencyclopädie der classischen Altertumswissenschaft*, München 1939, zweite Reihe, 13. Halbband, S. 305–323.

[3] »Graiai« = alte Frauen. Die drei verschrumpelten, grauhaarigen Schwestern der Gorgonen teilten sich, weil sie blind und zahnlos waren, ein Auge und einen Zahn. Sie hausten in einer Höhle des Atlasgebirges. Perseus raubte ihnen die Prothesen und warf Auge und Zahn in den Tritonsee.

[4] »Gorgo« = schrecklich für Blick und Anblick. Stheino, die Starke, und Euryale, die Weitspringende, waren unsterbliche Gorgonen, nur Medusa, die Herrscherin, konnte getötet werden. Nach ihrer Enthauptung setzte Athene das Schreckensantlitz in ihren Brustpanzer, die *aigis* ein.

[5] »Metis« = Gedanke, Rat, List. Indem Zeus seine erste Gattin verschluckte, verinnerlichte er ihre Weisheit und List.

sie es, die die schwangere Medusa enthauptete, aus deren Rumpf die Kinder Poseidons sprangen, das Flügelroß Pegasos[1] und der Krieger Chrysaor[2]; nach anderen Überlieferungen begnügte sich die unbezwingbare Jungfrau mit dem Beschirmen und überließ Perseus das blutige Geschäft.

»Während als Sieger er schwebt über Libyens sandigen Flächen, / fielen aus Gorgos Haupt hinab die Tropfen des Blutes, / welche die Erde empfing und zu mancherlei Schlangen belebte; / drum ist der Boden dort so reich an bösem Gewürm.«[3]

Das Medusenhaupt im Zaubersack, flog Perseus, von zwistigen Winden hin- und hergejagt, über Libyen. *Silena* konnte er aus des Äthers Höhen nicht erspähen, denn ein Ort dieses Namens war der Antike unbekannt. Weder griechischen noch römischen Autoren wäre es in den Sinn gekommen, Berg- und Walddämonen eine Stadt anzudichten. Die urbanisierten Silene sind reine Kreuzritterphantasie. *Silena* ist eine Pfropfchimärenstadt aus dem Zeitalter, in dem Sankt Georg seine Märtyrerhaut abstreifte und sich in den rasselnden Harnisch des Drachentöters warf. Auf die Metamorphose des Heiligen folgte die Mutation des Bösen; im 13. Jahrhundert häutet sich die flügellose romanische Drachenschlange und erscheint als gotischer Drache mit dem Zackenkamm einer Echse und den Hautflügeln des lichtscheuen Wesens, das steile Felsklüfte und dunkle Höhlen bewohnt. Die Fledermausflügel der diabolischen Mächte scheinen auf *Tartaren*wegen aus China ins Abendland gedrungen zu sein.[4] Mongolen herrschten von den Küsten des Gelben Meeres bis an die

[1] Die Etymologie von »Pegasos« ist unklar, eine der möglichen Herleitungen läuft auf »weißes Pferd« hinaus.

[2] Chrysaor = goldenes Schwert.

[3] Ovid, *Metamorphosen*, 4. Buch, 617–620, S. 155.

[4] Vgl. dazu Jurgis Baltrušaitis, *Le Moyen Age Fantastique*, (Paris 1981) Berlin 1985, Kapitel V. »Tartaren« wurden die Mongolen genannt, weil sie auf das Abendland wirkten, als kämen sie geradewegs aus dem Tartaros.

Grenzen Europas, als Jacobus in Genua aus vielfältigen Quellen die Heiligenviten für seine *Legenda aurea* kompilierte. Sein Georgsdrache unterscheidet sich von den antiken Vorbildern durch die Fähigkeit, das Element zu wechseln. Halb Schlange des Mars, halb Andromedas Seeungeheuer, haust er bald im Wasser, bald im waldigen Berghöhlenland. Der Ritter teilt die Erfahrung der griechisch-römischen Heroen, daß Drachen sich nicht auf einen Streich töten lassen. Vergeblich stieß Perseus dem *Schnaubenden* die Klinge bis ans Heft in den Bug, kaum entging er dem gierigen Schlund des *Rasenden;* erst als sein Sichelschwert eine Blöße im muschelschalenbesäten Rücken des Monsters durchdrang, dann die Flanken und schließlich die Weichen, wo der gewaltige Rumpf sich zum schmächtigen Fischschwanz verjüngte, gab der Drache seinen bösen Geist auf. Auch Cadmus' Drachenkampf verlief in zwei Phasen: »Stand ein alter Wald, von keinem Beile verwundet. / Dort eine Höhle inmitten, mit dichtem Strauchwerk verwachsen, / bildet, aus Steinen gefügt, einen flach sich wölbenden Bogen, / reich an üppig quellender Flut. Im Innern verborgen / hauste die Schlange des Mars, mit goldenem Kamme gezeichnet. / Feuer die Augen ihr sprühn, am ganzen Leib sie von Gift schwillt, / dreifach züngelt's im Maul, dreireihig stehn ihr die Zähne.«[1] Das Ungeheuer wirft sich auf Cadmus' Gefährten, »mordet diese mit Bissen, mit mächtiger Umschlingung / jene und die mit dem Hauch des tödlich giftigen *Geifers*«[2]. Cadmus' gezielter Steinwurf prallte an den harten Schuppen des Schlangenpanzers ab, doch die eiserne Spitze seines Wurfspeers drang der Bestie in die Eingeweide; wild vor Schmerzen riß sie den Speer aus der Wunde, »doch blieb in den Rippen hängen das Eisen. / Aber jetzt, da zur Wut, der gewohnten, getreten ein neuer / Grund, jetzt blähte die Kehle sich auf von schwellenden

[1] Ovid, *Metamorphosen*, 3. Buch, 28–34.
[2] Ebda., 48–49.

Adern, / weißlicher *Geifer* umschäumt den verderbenbringenden Schlund, die / Erde ertönt vom Rasseln der Schuppen, dem höllischen Maule / schwarzer Atem entquillt und schwängert die Lüfte mit Pesthauch. / Einmal schließt sie den Leib zu unermeßlichem Kreise, / steht dann steiler gereckt als der ragende Stamm eines Baumes, / fährt wie ein Gießbach dahin, den Regen geschwellt hat, mit wilder / Wucht und wirft mit der Brust, was an Wald ihr begegnet, zu Boden.«[1] Mit vorgehaltenem Spieß hält Cadmus das drängende Maul zurück und sticht schließlich das Eisen tief in die Kehle des Ungeheuers, dessen Nacken zuletzt an den Stamm einer Eiche gespießt wird. »Nieder bog sich der Baum von der Last der Schlange und ächzte, / daß der Stamm ihm gepeitscht von dem zuckenden Ende des Zagels. // Während der Sieger das Maß des besiegten Feindes betrachtet, / klang eine Stimme plötzlich, woher war nicht zu erkennen, / aber sie klang: ›O Sohn des Agenor, was schaust die erlegte / Schlange du an, auch dich wird einst als Schlange man schauen.‹«[2]

Der Held, der dem Ungeheuer furchtlos entgegentrat, erstarrt in kaltem Entsetzen vor dem prophetischen Wort. Mit Grauen erkennt sich der Drachentöter im Drachen. Da eilt Pallas Athene herbei und rät, die Drachenzähne in die Erde zu streuen. Bald keimt die zwieträchtige Saat:

»Es erscheinen zuerst aus den Furchen die Spitzen der Lanzen, / dann der Häupter Bedeckung mit farbig nickendem Helmbusch; / Schultern tauchen dann auf und Brust und, gerüstet mit Waffen / schwer, die Arme; es wächst die Saat der beschildeten Männer.«[3]

Wie der Drachenzahnsaat entsprossene Nachkommen muten vom 14. bis ins 16. Jahrhundert Roß und Reiter im Harnisch an. In perfekter Mimikry ahmen die Streitkräfte des »Guten« die Streitkräfte des »Bösen« nach. Gezahnte

[1] Ebda., 71–80. [2] Ebda., 95–98.
[3] Ebda., 107–110.

Jacopo Bellini, Paris, Louvre, Cabinet des Dessins.

Auswüchse, Schuppen, Stacheln und Krallen sprießen aus den Rüstungen der Ritter und Pferde, Flossen wachsen an Ellbogengelenken, Muscheln am Kniebuckel, Drachen breiten ihre Fledermausflügel auf Sturmhauben aus, Affenteufelsfratzen auf dem Maskenvisier tragen Fledermausflügel statt Ohren und à la Fledermaus läuft der Faltenrockschurz am Harnisch in Krallen aus; Kampfhelme stellen Drachenköpfe mit aufgerissenen Mäulern dar, Zahnkämme bilden das Rückgrat des Roßharnischs oder wachsen aus dem Zaumzeug, und vollkommen paßt sich die Roßstirn in Drachenform der Anatomie des Pferdes an.

Die Ähnlichkeit mit dem Ungeheuer ist nicht allein durch die Maske bedingt. Harnisch im übertragenen Sinn gehört zum Wesen des Pferdes. Der Furor des Drachen ist wie der Furor des Pferdes gorgonischer Natur.

Blémma gorgón[1] heißt das feurige Auge des schreckhaften Wesens, dem bei seinen Anfällen von Kopflosigkeit die Augäpfel aus den Höhlen quellen; heftiges Gebaren, unberechenbare Raserei, weißer Geifer am Maul, Aufbäumen, Stampfen und Schnauben sind die infernalischen Aspekte, die das Pferd mit dem Drachen und der Gorgo Medusa teilt.[2]

Aus der Erfahrung des Grauens, das die Begegnung mit den eigenen finsteren Aspekten auslöst, ging die Zahnsaat des chthonischen Drachen hervor; die Drachentravestie christlicher Ritter gedeiht auf dem Boden der gleichen Erkenntnis: Nichts Schrecklicheres kann dem Drachen des Unglaubens begegnen als das eigene Spiegelbild.

»In ländlichen Gegenden war das Haupthindernis für das Christentum das zähe Fortleben anthropomorpher Kulte; in diesem Fall mußte das Prestige der Quell-, Baum- und Berggottheiten durch eine zusätzliche Humanisierung bekämpft werden.«[3] In Menschen verwandelt und urbanisiert, kommen die Silene der *Legenda aurea* ohne Roßgliedmaßen aus; ihr Heidentum ist der Pferdefuß, den die griechischen Vegetations- und Herdengötter mit dem Teufel der Christen teilen. Nicht von ungefähr findet der Drachenkampf im Land der Wald-, Berg- und Höhlenbewohner statt. »Georgius kommt von geos, Erde, und ogre, bauen.«[4] Das frische Grün ist die Farbe des »Märtyrers vom unzerstörbaren Leben«[5], sein Ge-

[1] Vgl. dazu das schöne Buch von Marcel Detienne und Jean-Pierre Vernant, *Les Ruses de l'Intelligence*, Paris 1974, S. 182.

[2] »Alles deutet darauf hin, daß Gorgo Medusa im griechischen Denken einen wesentlichen Aspekt des Pferdes verrät.« Ebda., S. 182. (Übers. A. A.)

»Drache« leitet sich vom griechischen *drákon* ab, was »der scharf Blickende« bedeutet.

[3] Jean Seznec, *La Survivance des Dieux Antiques*, (London 1940) *Das Fortleben der antiken Götter*, München 1990, S. 14.

[4] *Legenda aurea*, S. 300.

[5] »Die Legende des hl. Georg gehört zu dem Typus spätantiker Märtyrerromane, deren Helden und

denktag der 23. April, der Tag, an dem an vielen Orten die Weidezeit mit dem Austrieb des Viehs beginnt; die finsteren Drachenmächte sind bezwungen, »der Mythos wechselt, während der Brauch bestehen bleibt«[1]. Georgs-feste und -spiele stellen eine Verchristlichung heidnischer Frühjahrsbräuche dar; Slovenen und Zigeuner führten am 23. April einen in Laub gehüllten Burschen als *grünen Georg* umher, der zum Regenzauber am Ende ins Wasser getunkt werden mußte. Die ungezügelte Frucht-barkeit antiker Wald- und Weidegeister ist im »heiligen Fürchter«[2] aufgegangen. Als Schutzpatron der Hirten und Herden, der Wachstum, Fruchtbarkeit und Unver-letzlichkeit bewirken sollte, mußte Sankt Georg wie seine pferdefüßigen Vorgänger über geheimes Wissen von den Naturkräften verfügen. Wer Georgstaler als Amulett bei sich trug, war hieb-, stich- und kugelfest, konnte nicht vom Pferd stürzen und selbst das tobende Meer sollte ihm nichts anhaben können. *In tempestate securitas* stand auf der Rückseite der Drachenkampfmünze unter dem Bild eines Schiffes im Sturm.[3]

Die Schiffahrt über das Meer des Lebens mit dem Stoiker-Motto war ein vertrautes christliches Sinnbild antiker Provenienz: »Ein new Schiff / frische Segel führt / Durch vngewitter wird probiert. / Mannstugend vnd Beständigkeit / Erscheint in Wiederwertigkeit«[4] heißt die

Heldinnen man wegen der darin hyperbolisch gefeierten und in Handlung umgesetzten christlichen Unsterblichkeitshoffnung als ›Mär-tyrer vom unzerstörbaren Leben‹ be-zeichnet hat.« *Lexikon für Theologie und Kirche*, Band 4, S. 476.

[1] James George Frazer, *The Golden Bough*, (London 1922), *Der goldene Zweig*, Hamburg 1994, S. 693.

[2] »In Walferdingen wird Sankt Georg am Ostermontag gegen die Furcht angerufen unter dem Namen hl. *Ferter* (= Fürchter).« (*Hand-wörterbuch des Deutschen Aberglau-bens*, Hrsg. von E. Hoffmann-Krayer und Hanns Bächtold-Stäubli, Berlin und Leipzig 1930/31, Band III, S. 648.)

[3] Ebda., S. 657 f.

[4] *Emblemata: Handbuch zur Sinn-bildkunst des XVI. und XVII. Jahr-hunderts*, Hg. Arthur Henkel und Albrecht Schöne, (Stuttgart 1967) ergänzte Neuausgabe 1976, S. 1465.

moralische Botschaft frei nach Seneca im Epigramm. Sicherheit in stürmischer Zeit[1] hat Sankt Georg bewiesen, als er, konfrontiert mit dem Bösen, sich nicht vom Gefühlssturm überwältigen ließ. Den kritischen Augenblick vor dem Wendepunkt, in dem eine Hemmung den Entschluß zur Drachentötung in der Schwebe hält, hat Albrecht Altdorfer im Bild verewigt. Wie im kosmischen Panorama seiner großen »Alexanderschlacht« spiegelt im Drachenkampfwald die Natur das seelische Drama. Man täusche sich nicht über das »niedliche« Ungeheuer – die Gefühlsdimension seiner Erscheinung tritt im uferlosen Laubmeer ans Licht.

Niemand vor und niemand nach Altdorfer hat die Drachenkampfepisode in einem Urwald dargestellt, und kein anderes Georgsbild zeigt eine Schrecklähmung des Ritters. Berge, Felsenhöhlen, Stadt und See der *goldenen* Georgslegende bilden im gemalten Drachenkampf diesseits und jenseits der Alpen die Kulisse, und wenn der Drache noch nicht gestorben ist, zögert kein heiliger Fürchter, dem Untier die Lanze in den Rachen zu stoßen. In späteren Darstellungen hat auch Altdorfer den Augenblick der Drachentötung vor mehr oder weniger klassischem Hintergrund gezeigt.[2]

Der glückliche Einfall, den Märtyrer vom unzerstörbaren Leben im wuchernden Grün eines Waldes im Bann des Drachens darzustellen, könnte Altdorfer bei der Jacobus-Lektüre gekommen sein. Das Sonderbare der *Silena*-Fiktion konnte ihm so wenig verborgen bleiben wie die Verwandtschaft des *grünen Georg* mit den Silenen.

[1] »tempestas« = 1. Zeitpunkt, -abschnitt, -lage, -umstände; 2. Witterung, Wetter, Unwetter, Gewitter, Sturm; 3. Ansturm, Andrang, Ungestüm; 4. stürmische Zeit, Unruhe(n), schlimmes Unglück; »securitas« = Sorglosigkeit; 1. Gemütsruhe, Furchtlosigkeit; 2. (*pejorativ*) Fahrlässigkeit, Gleichgültigkeit; 3. Sicherheit, Gefahrlosigkeit.

[2] Vgl. den Ausstellungskatalog zum 450. Todestag Albrecht Altdorfers, Berlin u. Regensburg 1988, Hrsg. von Hans Mielke, S. 144, Abbildung 68, und S. 116, Abbildung 51.

Niemand wußte besser als Altdorfer, daß die unbekümmerte Sinnlichkeit der *gente silvatica*, die jede Kleidung verschmähten, nur im Wald in ihrem Element war, denn er hatte eine Schwäche für Waldleute der wüsten und der frommen Art, häufig hat er wilde Weiber mit und ohne wildes Balg, wilde Männer mit und ohne Lendenschurz, Satyrfamilien, Hexen und Eremiten in Wäldern dargestellt, die vom Baumsterben gezeichnet sind.[1] Der *Lamettawuchs* geschädigter Fichten, kahles Geäst, von dem Schlingpflanzen und Flechten herabhängen, und die federbuschartigen Triebe übernutzter Bäume mit *Kopfschneitelung*[2] waren ganz nach seinem Geschmack. Wie alle Maler der Donauschule schwelgte er im Schnörkelspiel, alles Bauschige, Gewellte, Gefiederte, Bewegte schmeichelte seinem Sinn.

Auf allen Ebenen der Betrachtung stellt Altdorfers Drachenkampfwildnis den Gegenpol zur davidischen Waldansicht dar. 28 cm x 22 cm mißt das kleine Bild, das wie eine Miniatur auf Pergament[3] gemalt ist. Ungewöhnlich ist die Verwendung von Ölfarbe auf diesem Grund; die Technik *alla prima* bricht mit der Tradition. Zwar sind die gelbgrünen Laubschnörkel ins olivfarbene Dunkel gemalt, die Glanzlichter darin nachträglich gehöht, aber das Ganze ist nicht mehr Schicht für Schicht aufgebaut, dem vollendeten Bild ging keine analytische Zerlegung voraus. Frei ist der Pinsel des Malers, beschwingt die Kalligraphie; die Hand will sich nicht verbergen, die Kunst triumphiert im Linienspiel. Die festumrissene Gestalt der Blätter und Bäume läßt Altdorfer kalt, was ihn entflammt, sind die Kaskaden des

[1] Ebda., S. 130, Abbildung 61, S. 98, Abbildung 40, S. 74, S. 34, Abbildung 7, S. 142, Abbildung 67.

[2] Zur »Kopfschneitelung« und dem Waldschwund vom Mittelalter bis zum 18. Jahrhundert vgl. die lehrreiche *Geschichte der Landschaft in Mitteleuropa* von Hansjörg Küster, München 1995.

[3] Das Pergament ist auf Lindenholz aufgezogen; vgl. Franz Winzinger, *Albrecht Altdorfer: Die Gemälde*, München/Zürich 1975, S. 74f.

Lichts in den Turbulenzen des Laubmeeres, die der Wind erzeugt.

Auf der Skala zwischen den Polen seiner Zeit steht Altdorfer ganz auf der optischen und malerischen Seite, Verschmelzung und Bewegung kennzeichnen seinen Stil, und auch der Eigenwert der Farbe ist sekundär. Sein Wald ist kein Wald der Symbole, kein »im geistigen Spiegel zusammengezogenes Bild«[1], das mit seinem Gegenstand identisch wäre. Altdorfers *imaginäres* Laubmeer hat den Gefühlswert der Musik und wartet noch immer auf den Komponisten, der die Partitur aus seinem rauschenden Blattwerk liest.[2]

[1] Goethe, *Gedenkausgabe*, Bd. 23, S. 868.

[2] Rossini wäre ein geeigneter Interpret gewesen. Ein satirisches Moment scheint mir im kleinen Georgsbild so unverkennbar wie in Altdorfers Satyr-Darstellungen; für den amerikanischen Kunsthistoriker Larry Silver dagegen zeugen diese Bilder von »darwinistischem Heroismus im Überlebenskampf« (»Forest primeval: Albrecht Altdorfer and the German wilderness Landscape«, in: *Simiolus*, 13, 1983, S. 5 bis 43). Die Darwin-Schneise ins 15./16. Jahrhundert hat Simon Schama dann schnurgerade zum Nationalsozialismus weitergeschlagen (*Der Traum von der Wildnis*, München 1996). Der *gerade* Weg führt in den obskuren Wald! Das ungebrochene Bewußtsein ihrer guten Absichten scheint die begabten Historiker Silver und Schama darüber zu täuschen, daß sich etwas von der Gewalt, deren Wurzeln sie in der Vergangenheit suchen, in ihre *Methodik* eingeschlichen hat.

Der Mensch wird von den Alten eine Welt im Kleinen genannt, und sicher ist diese Bezeichnung richtig gewählt, denn so wie der Mensch aus Erde, Wasser, Luft und Feuer zusammengesetzt ist, so ist es auch der Körper der Erde. (…) Das Gras wächst auf dem Feld und die Blätter wachsen an den Bäumen, und beide werden zu einem großen Teil jedes Jahr erneuert. Wir können also sagen, die Erde habe ein triebhaftes Leben, ihr Fleisch sei das Erdreich, ihre Knochen seien die zusammenhängenden Schichten der Gesteine, aus denen sich die Berge zusammensetzen; ihre Knorpel seien die Tuffsteine; ihr Blut seien die Wasseradern. Der Blutsee, der das Herz umgibt, ist gleich dem Weltmeer. Das Atmen geschieht beim Menschen durch das Anwachsen und Abnehmen des Blutes in den Adern, und eben so bei der Erde, durch den Zufluß und Rückfluß des Meeres; die Lebenswärme der Welt kommt vom Feuer, das in der ganzen Erde verbreitet ist, und der Sitz des triebhaften Lebens befindet sich in den Gluten, die an verschiedenen Stellen der Erde ausströmen.

LEONARDO DA VINCI

III
Das bewohnte Tuch und das Kleid der Erde

Noch Conrad Gesner[1] glaubte an die Wirklichkeit der Drachen und widmete ihnen im Buch über die Schlangen ein langes Kapitel, in dem er sie als Riesenschlangen mit und ohne Kamm beschrieb, deren Drachennatur dadurch offenkundig wird, daß sie ihresgleichen verschlingen.

[1] Der humanistische Universalgelehrte, Naturforscher und Arzt Conrad Gesner (1516 bis 1565) schuf mit seiner fünfbändigen *Historia animalium* (1551 bis 1587) eine der Grundlagen neuzeitlicher Zoologie.

Als freundlicher Drachenzähmer tritt das Jesuskind während der Flucht nach Ägypten auf, von der das Pseudo-Matthäus-Evangelium erzählt. Als die heilige Familie in einer Höhle Rast machen wollte, kamen plötzlich viele Drachen hervor. »Da stieg Jesus vom Schoße seiner Mutter herab« und gebot den Ungeheuern, die Menschen zu schonen. Maria und Josef beschwichtigte er mit den Worten: »Habt keine Angst und achtet nicht darauf, daß ich ein Kind bin; (...) alle wilden Tiere müssen vor mir zahm werden.«[1] Lammfromme Löwen und Leoparden begleiteten die Fliehenden in der Wüste. Am dritten Tag der Flucht wendet sich das Wunderkind auf Mutters Schoß an eine Palme, in deren Schatten sich die Emigranten niedergelassen haben: »Neige, Baum, deine Äste, und mit deiner Frucht erfrische meine Mutter«; gehorsam biegt sich die Palme und legt ihren Dattelschopf Maria zu Füßen. Nachdem sich alle an den süßen Früchten gelabt haben, verbleibt der Baum in seiner demütigen Haltung, bis der Gottessohn spricht: »Richte dich auf, Palme, werde stark und geselle dich zu meinen Bäumen, die im Paradies meines Vaters sind. Und erschließe unter deinen Wurzeln eine Wasserader, die in der Erde verborgen ist, und die Wasser mögen fließen, damit wir aus ihr unseren Durst stillen.«[2] Auf das Palmwunder folgte das Quellwunder, und als die Reisenden endlich nach Hermopolis kamen, bewirkte die Gegenwart des göttlichen Kindes im Tempel den Sturz der 365 ägyptischen Götzenbilder. Nach späteren Überlieferungen der Flucht-Legende ging den Drachen-, Palm-, Quell- und Götzenwundern ein Getreidewunder voraus:

Gesners *Historia animalium* erschien 1669 bis 1671 in deutscher Übersetzung in Frankfurt. Reprint Hannover 1995; die Drachen werden im 5. Teil, S. 52 bis 65 abgehandelt.

[1] *Neutestamentliche Apokryphen in deutscher Übersetzung*, von Edgar Hennecke begründete Sammlung, Hrsg. von W. Schneemelcher, Tübingen 1987, Bd. 1, S. 307.

[2] Ebda., S. 308.

»Kaum war die heilige Familie aus Bethlehem geflohen, da kamen die Soldaten des Herodes. Sie töteten die unschuldigen Kinder und suchten Jesus. Dann eilten sie zu einem Felde, bei dem ein Bauer stand. Als dieser eine Stunde vorher beschäftigt war, es zu bestellen und Samen auszuwerfen, hatte der heilige Josef ihm aufgetragen: »Wenn die Soldaten kommen und nach uns fragen, so antworte: ›Als ich hier den Samen ausstreute, da sind Joseph und Maria mit dem Kinde vorbeigeritten.‹ Alsogleich keimten die Körner, wuchsen und bildeten Aehren. Die Aehren waren reif als die Soldaten sich nahten. Sie fragten den Bauern: ›Sind hier nicht Leute mit einem Kinde vorbeigeflohen?‹ Er antwortete: ›Ja, als ich das Feld besäte, dessen Aehren ich jetzt eben abmähte, sah ich sie nach Ägypten eilen.‹ Da dachten die Soldaten, das wäre vor drei Monaten gewesen. Sie kehrten um, und die heilige Familie war gerettet.«[1]

Jahrhundertelang stellten Maler die Flucht nach Ägypten als Reise dar, die unter heiterem Himmel von links nach rechts in die Fremde führt: Maria mit dem Kind auf dem Esel, den Josef am Halfter nach sich zieht. 1379 wurde der heiligen Emigrantenfamilie im Bild zum ersten Mal eine Rast gewährt: Vor einer angedeuteten Landschaftskulisse kniet Maria am Boden und reicht dem Knäblein die Brust: Josef, der seinen Hunger mit einem Brötchen stillt, hält ihr die Reiseflasche entgegen, während der Esel an einem Heubündel frißt.[2] Kein Maler der Zeit schloß sich Meister Bertrams »Ruhe« an. Hundert Jahre vergingen, bis niederländische Maler das Motiv entdeckten, das zu Beginn des Jahrhunderts der Glaubensflüchtlinge nur wenige Künstler diesseits der Alpen zu schildern

[1] Das Weizenfeld-Wunder ist jüngeren Datums als die apokryphen Quellenschriften. Vgl. Karl Vogler, *Die Ikonographie der ›Flucht nach Ägypten‹*, Heidelberg 1930, S. 44.

[2] Meister Bertram (um 1340 – um 1414), Grabower Altar, Kunsthalle Hamburg.

versäumten. In Gerard Davids Darstellungen der Ruhe auf der Flucht erscheint Josef seiner Rolle gemäß stets im Hintergrund; wenn er nicht gerade irgendwo eingeschlafen ist, klopft er am Waldrand Nüsse vom Baum[1], während die Jungfrau im Grünen selbstvergessen den Gottessohn stillt oder ihm lächelnd eine Weintraube reicht[2]. In rotes oder blaues Tuch gehüllt sitzt sie auf dem blanken Boden; ihr Thron ist ein Felsvorsprung, ein Weidenkorb[3] ihr Reisegepäck. Der Maler zeigt sie als Ganz- oder Halbfigur aus nächster Nähe in inniger Zweisamkeit mit dem Kind vor dem Waldhintergrund eines nordischen Ägypten. Madonna und Sohn nehmen ein Drittel der Bildfläche ein, den restlichen Raum teilen sich Bäume, Felsen, Gewässer, Berge und Häuser: Erst kommt die Jungfrau, dann die Landschaft; mit Joachim Patinir kehrt sich das Verhältnis um.

Meister Joachim zeigt die Welt aus nächster Ferne, seine Perspektive ist die göttliche Vogelschau, sein »Ägypten« ein *kosmisches Panorama*[4]; weil aber dem »gut Landschaft-

[1] Von allen Wundern der Flucht nach Ägypten beugt sich in der flämischen Malerei zuerst die Palme der Verweltlichung. Das Bäumchen wechselt und wird zum Nußbaum – Edelkastanie oder Walnuß –, der sich seine Früchte abschlagen läßt.

[2] Das Flucht-Picknick mit Weintraube und dem Nüsse klopfenden Josef hängt in der *National Gallery of Art* in Washington, verschiedene Fassungen der stillenden Jungfrau im Grünen sind in Madrid, Oslo und Rotterdam zu sehen.

[3] Das Geburts-Triptychon im Innern von Davids »Waldansicht« zeigt das geöffnete Körbchen mit Windeln, die in der Art unseres Klopapiers zusammengerollt sind.

[4] »Kosmos« bedeutet ursprünglich nicht »Weltall«, sondern »harmonisch gegliederte Ordnung«, Welt als einheitliches Ganzes im Gegensatz zum bloßen Nebeneinander von Teilen. Vgl. *Historisches Wörterbuch*, Bd. 4, S. 1167–1175. »Die gesamte Raumwelt und mit ihr der Kosmos überhaupt, erscheint nach einem bestimmten Modell gebaut, das sich uns bald in vergrößertem, bald in verkleinertem Maßstabe darstellen kann, das aber stets im Größten wie im Kleinsten dasselbe bleibt. (...) Wie es eine eigene ›magische Anatomie‹ gibt, in der bestimmte Teile des menschlichen Körpers bestimmten Teilen der Welt gleichgesetzt werden, so auch eine mythische Geographie und Kosmographie, in welcher der Bau der Erde gemäß der gleichen Grundanschauung beschrieben und

maler«[1] die Figurendarstellung nicht gegeben war, übernahm er sie von Kollegen. »Den Meister Joachim hab ich 4 Christophel auf grau Papier verhöcht«[2], schreibt Dürer 1521 ins Tagebuch seiner Reise in die Niederlande. In der Berliner »Ruhe auf der Flucht« hat Patinirs Freund Joos van Cleve[3] Jungfrau und Kind ins Bild gesetzt.

Aus einem Erdklumpen wurde Adam erschaffen und auch die göttliche Mutter ist nur eine irdische Frau. Demütig hat sie im klassischen Madonnengewand auf dem grünen[4] Anger einer Anhöhe Platz genommen. Was dem Landschaftsmaler das Kleid der Erde, ist dem Figurenmaler das »bewohnte Tuch«[5]; wo das fließende Gewebe der blauen Seidenrobe und des roten Umhangs

bestimmt wird. Oft wächst beides, die magische Anatomie wie die mythische Geographie zusammen.« (Cassirer, *Symbolische Formen*, Bd. 2, S. 110 und 114.)

[1] Albrecht Dürer, »Tagebuch der Reise in die Niederlande«, in: *Schriften und Briefe*, Hrsg. von Ernst Ullmann, Leipzig 1993, S. 54.

[2] Ebda., S. 57. Beim ersten Besuch in Antwerpen schreibt Dürer: »Einmal hat Meister Joachim mit mir gessen. Mehr sein Knecht (Malergeselle) einmal. (...) Ich hab Meister Joachim für 1 Gulden Kunst geschenkt, darum daß er mir sein Knecht und Farb geliehen hat; und sein Knecht hab ich für 3 Pfund Kunst geschenkt.« Beim vierten Aufenthalt in der Stadt erhält er als Geschenk vom Syndikus Antwerpens ein »klein Täfelein, das Meister Joachim gemacht hat, ist S. Loth mit den Töchtern.« Beim fünften Aufenthalt hat er »Meister Joachim mit dem Stift konterfet und ihm sonst noch ein Angesicht mit dem Steft gemacht« und als geehrter Gast bei Patinirs zweiter Hochzeit den »gut Landschaftsmaler« gelobt. Nachdem er ihm vier Christophel verhökert hat, reist Dürer nach »Mecheln« und kehrt danach noch ein letztes Mal nach Antwerpen zurück, bevor er sich wieder auf den Weg nach Nürnberg macht. Ein Holzschnitt von Hans Baldung Grien beendet den Gabentausch der Künstler: »Ich hab Meister Joachim des Grünhansens Ding geschenkt«, lautet die Eintragung im Tagebuch. *Schriften und Briefe*, S. 27, 50, 53, 61.

[3] Joos van Cleve (1485–1540). Freimeister der Lukasgilde in Antwerpen (1511).

[4] Das Grün der Wiese ist wie das des Laubes im Laufe der Zeit verbräunt. Vgl. dazu S. 323 ff.

[5] Die Wendung geht auf Leonardo da Vinci zurück. Vgl. Carlo Pedretti, »Bewohntes Tuch«, in: *Leonardo da Vinci, Les études de draperies*, Paris 1989, *Leonardo da Vinci: Die Gewandstudien*, München 1990, S. 15–21.

mit dem goldbestickten Saum auf Widerstand stößt, fügt es sich in schmiegsame Falten und Knicke; rot schillern die schattigen Bereiche des olivfarbenen Seidenfutters[1], das am Ärmel und über dem rechten Knie der Jungfrau sichtbar wird – anscheinend haben sich, als Maria den Säugling zum Wickeln auf den Schoß hob, die Füßchen im Saum verfangen und das Innere des Kleides nach außen gestülpt; die segnende Geste des nackten Kindes mutet wie eine unbeholfene Nachahmung der mütterlichen Gebärde an – offenbar gilt sie dem Singvogel auf dem dürren Ast eines abgebrochenen Baumes, der von unten wieder grünt[2]; das Tote sprießt, die Quelle sprudelt wie es das Wunderkind will, das wehmütige Lied der Nachtigall ist mit seinem Segen verklungen; *Philomelas*[3] schluchzender

[1] Das schillernde Farbspiel solcher Seidenstoffe diente Dürer als Beispiel dafür, wie man nicht schattieren soll. »Es geh wie es woll«, schließt er sein Farbkapitel, außer bei der Wiedergabe changierender Seidenstoffe »muß kein Farb im Tuschieren aus ihrer Art kummen«. (*Schriften und Briefe*, S. 123; vgl. unten S. 291 f.)

[2] Der trockene Baum, der wieder grünt, war ein vertrautes Marien-Motiv. »Unsere Liebe Frau vom trockenen Baum« nannte sich eine erlauchte Gesellschaft in Brügge, die zur Erhaltung einer gleichnamigen Franziskaner-Kapelle gegründet worden war. Zu den Mitgliedern gehörte Philipp der Gute, Karl der Kühne und ab 1508 Meister Gerard David.

[3] Der Singvogel auf dem dürren Baum gibt Rätsel auf. Obwohl der rosa Hauch einer Krapplack-Lasur auf der hellgrauen Brust für eine Nachtigall untypisch ist, passen alle übrigen Merkmale zu diesem Vogel. Für ein Rotkehlchen ist die Färbung zu schwach, die Gestalt zu gestreckt und der Schnabel zu lang. Eine Singdrossel hingegen hat eine gefleckte Brust und einen hellen Bogen über dem Auge. Früher wurde die Nachtigall auch »rote Nachtigall« oder »Rothvogel« genannt. Das braune Gefieder der unscheinbaren Sängerin hat durchaus einen roten Schimmer, der in die helle Brust ausläuft. (Vgl. Walter Wüst, *Brutvögel Mitteleuropas*, München 1970, S. 340.) Schon in der Antike wurde das halb jauchzende, halb schluchzende Lied der Nachtigall mit Liebe und Tod in Verbindung gebracht. *Philomela* wird in eine Nachtigall verwandelt, nachdem sie den Sohn ihres Schwagers und Schänders Tereus getötet und ihm zur Speise vorgesetzt hat. (Ovid, *Metamorphosen*, Buch VI, 441–670.) Bei Vergil beklagt die Nachtigall im Schatten einer Pappel den Tod ihrer Nestlinge. (*Georgica*, 4, 511.) Selbst in der konkreten naturgeschichtlichen Beschreibung

Gesang wird erst mit der Passionsgeschichte wiederkehren: »Quand le rossignol a vu ses petits, il ne chante plus.«[1]

Die lanzettblättrige Kratzdistel und die gelbe Schwertlilie am Wasser weisen auf den Leidensweg hin; das Erdenleben ist eine Pilgerschaft von der Wiege ins Grab, Christus das Vorbild des *homo viator*[2], des Pilgers, der nur im Himmel heimisch ist. Der Maler wäre jedoch kein Maler, wenn sein Weltbild in dem der *Devotio moderna* aufginge.[3] Wohl sind Patinirs Weltlandschaften in jedem

von Plinius bleibt der Tod nicht aus: »Diesem Vogel gebührt wie wenigen unsere Bewunderung. Zuerst eine so große Stimme, ein so lang anhaltender Atem in einem so kleinen Körperchen; dann ihre einmalig vollendete Musikalität (...) Jede einzelne Nachtigall verfügt über mehr als eine Melodie, und diese sind nicht bei allen gleich, sondern jede hat ihre eigenen. Sie wetteifern untereinander und ihr hitziger Streit findet ganz offen statt. Unterliegt sie, so kommt es oft vor, daß sie stirbt, indem ihr eher der Atem ausgeht als der Gesang.« (*Naturkunde*, Buch X, S. 63, 65.) Nach christlicher Deutung kündet das Nachtigallenlied von der Passion und bringt die Sehnsucht nach dem Himmel zum Ausdruck; vgl. G. Roth-Bojadzhiev, *Die Vögel in der mittelalterlichen Tafelmalerei*, Köln/Wien 1985. Johannes Veghe verklärt den fröhlich auf einem grünenden Baum singenden Vogel als Sinnbild Marias in ihrer Freude über das Heil, das der Menschheit durch Christus widerfahren ist. Vgl. *Wyngaerden der Sele*.

1 »Wenn die Nachtigall ihre Jungen sieht, hört sie auf zu singen.« Das französische Sprichwort ist ein korrekter Spiegel der Natur und will sagen: Wenn die Kinder da sind, fängt der Ernst des Lebens an. Vgl. E. u. L. Gattiker, *Vögel im Volksglauben*, S. 88.

2 *homo viator* = der Pilger in der Nachfolge Christi, eine Schlüsselfigur der *Devotio moderna*. Ins Innere seines Geistes zurückgezogen ist der *homo viator*, in seiner Stube nicht anders als auf den steinigen Pfaden in der Fremde, immer unterwegs ins Himmlische Jerusalem. Vgl. auch Reindert L. Falkenburg, *Joachim Patinir, Landscape as an image of the Pilgrimage of Life*, Amsterdam/Philadelphia 1988. Falkenburg kommt das Verdienst zu, der verborgenen Symbolik nachzuspüren, aber seine gnostische Deutung verstellt ihm die Sicht für die Weltoffenheit, die dem Betrachter in den Landschaften Patinirs vor Augen steht.

3 »Die strengen, asketischen Ideale der Bewegung ließen keinen Raum für die Entwicklung einer eigenständigen Kunst.« (Peter Eikemeier, »Dieric Bouts, Johannes der Täufer weist auf Jesus hin: ›Siehe, das Lamm Gottes‹ (Ecce agnus dei)«, in: Heft 20 der KulturStiftung der Länder, München 1990, S. 16.) Wie

Detail auf das Heilsgeschehen bezogen, aber *zugleich* erscheint die Natur in seinen Andachtsbildern als dem Menschen wesensverwandt. »An die Naturobjekte geben wir uns nur deshalb hin, um an ihnen alle Züge zu entdecken und herauszuschälen, die unserem eigenen Sein wesensverwandt sind; die Erforschung der ›großen Welt‹ soll nur dazu dienen, uns das Bild des Mikrokosmos immer reiner zurückzustrahlen.«[1] Gott hat den Menschen zum Auge und Spiegel seiner Schöpfung gemacht, und zwar zu einem Spiegel, »der die Bilder der Dinge nicht von außen empfängt, sondern der sie vielmehr in sich formt und bildet.[2] *Saper vedere*[3], Augenbildung, ist eines der Renaissance-Ideale, im Süden wie im Norden.

unmöglich es ist, ein *frommer Moderner* und zugleich Maler zu sein, lehrt das traurige Schicksal des Hugo van der Goes (um 1435–1482). Im Zenit seines Ruhmes (um 1474) trat Hugo ins Roode Clooster der »Windesheimer Kongregation« in der Nähe von Brüssel ein, wo er das zweifelhafte Privileg erhielt, neben der geforderten Abtötung der Sinne, die sinnliche Welt im Bild festhalten zu dürfen. Sogar illustren Besuch, wie den des Erzherzogs und späteren Kaisers Maximilian, durfte er empfangen, »denn alle Welt wünschte brennend, seine Malerei zu sehen«. Nach fünf Jahren endete der Zwiespalt von Sinnestötung und -belebung in der Umnachtung. Hugos Suizid-Versuche konnten die »Brüder vom Gemeinsamen Leben« mit Gewalt verhindern, gegen die Raserei seiner Selbstbezichtigungen, die aus einem unlösbaren Gewissenskonflikt geborene Überzeugung, für alle Ewigkeit verdammt zu sein, konnte auch die Musik nichts ausrichten, die dem armen Maler nach dem Beispiel des Königs Saul verordnet wurde. Vgl. Rudolf und Margot Wittkower, *Born under Saturn: The Character and Conduct of Artists. A Documented History from Antiquity to the French Revolution*, London 1963 (Register).

[1] Cassirer, *Das Erkenntnisproblem in der Philosophie und Wissenschaft der neueren Zeit*, Darmstadt 1994, S. 161; das Zitat bezieht sich auf Carolus Bovillus (1478 bis 1556), dessen *Liber de Sapiente* 1510/1512 in Paris-Amiens erschien.

[2] Ebenfalls eine Bovillus-Interpretation von Cassirer, in: *Individuum und Kosmos*, S. 97.

[3] *Saper vedere* = zu sehen wissen, die Vollendung des Sehens. Vgl. Cassirer, ebda., S. 167, sowie Wuttke, *Dazwischen* (Register). Der dürftige Sensualismus unserer Tage projiziert seine photographische Auffassung des Sehens auf die niederländische Malerei. Vgl. Svetlana Alpers, *Kunst als Beschreibung: holländische Malerei des 17. Jahrhunderts*, Köln 1985. Im Streit um den Inhalt des Buches wurde übersehen, daß die Alpers-These von der inhaltslosen Ober-

Dem azurblauen Gefieder an Flügel, Kopf und Schwanz verdankt die Blaumeise ihren früheren Namen »Himmelsmeise«; im Stilleben des Pilgergepäcks hat sie sich auf dem Deckel des kunstvoll geflochtenen Weidenkorbs niedergelassen. »Bleib ruhig sitzen und künde vom Ziel der Reise«, scheint die Gebärde Mariens zu sagen[1], während das Vögelchen auf die prallen Säcke der um Josefs Wanderstab geschlungenen Satteltasche blickt. »Betrachtet die Vögel des Himmels! Sie säen nicht, sie ernten nicht, sie sammeln nicht in die Scheunen«,[2] und der himmlische Vater sorgt dafür, daß selbst heilige Pilger krümeln...

Dattelschopf-Wunder finden indessen nicht mehr statt. Im flämischen Ägypten wachsen keine Palmen. Eine einzelne Rotbuche ragt mit ihrer Krone zur Rechten der Gottesmutter in den Himmel und erfüllt zwei Wünsche des Landschaftsmalers: Tiefenwirkung und

flächenspiegelung der holländischen Malerei Methode hat. Die Gombrich-Schülerin arbeitete mit einem alten Trick aus der Räuberkiste und einem neuen aus der Spielzeugschachtel: der *tabula-rasa*-Methode und dem Lego-Prinzip. Mit der ersten fegte sie die Erkenntnisse Panofskys vom Tisch, um sich heimlich *unter* dem Tisch die brauchbaren Stücke wieder herauszuklauben und als eigene hinzustellen. (Vgl. im *Historischen Wörterbuch*, Band 7, S. 376 den Artikel »Perspektive«.) Die Einsicht, daß in der Malerei diesseits der Alpen der Betrachter frei ins Bild einbezogen ist, während die italienische seinen Standpunkt außerhalb festlegt, ist aus dem Zusammenhang herausgerissene Panofsky-Beute, die Alpers ihrer mechanistischen Deutung der Malerei als Netzhautbild-Projektion einverleibt. Damit folgt sie dem Lego-Prinzip. Ob Kepler oder Locke, Bacon oder Huygens, Ptolemaios oder Mercator, für Alpers stellen sich alle Denkgebäude als Summe ihrer Teile dar, die man wie Legosteine beliebig auseinandernehmen und beliebig zusammensetzen kann.

[1] Der liebevolle Charakter der Gebärde ist eindeutig, dennoch könnte einem launigen Surrealisten wie Max Ernst vor der erhobenen Hand der Gottesmutter und dem knieenden Nackedei der Hintergedanke gekommen sein, das Jesuskind einer züchtigenden Jungfrau aufs Knie zu legen. Das Bild »La Vièrge corrigeant l'enfant Jesus devant trois témoins: André Breton, Paul Éluard et l'artiste«, entstand 1926, Öl auf Leinwand, Privatbesitz Brüssel.

[2] Mt 6, 26.

schöne Aussicht, von keinem Ast am übernutzten Stamm verstellt.

Die Milch für die Suppe, die hinter Maria auf offenem Feuer köchelt, hat Josef aus dem Dorf geholt, dessen strohgedeckte Häuser sich im linken Mittelgrund des Bildes in eine Flußschleife ducken; in der Ferne sieht man den kleinen Mann seines Weges ziehen: einen Wanderstab in der Hand, den Esel am langen Halfter, kehrt er eben zum Marienanger zurück. Auf der gegenüberliegenden Seite der Landschaft erscheint auf einer Lichtung am Waldrand eine Hirschkuh als distanzierter Gast der marianischen Idylle.

Der Hirsch als Sinnbild Christi ist aus der antiken Vorstellung hervorgegangen, der »sanftmütige«[1] Wiederkäuer sei ein Feind der bösen Schlange. »Auch Hirsche leben mit den Schlangen im Streit«, schreibt Plinius im Buch über die Landtiere, »sie spüren ihre Höhlen auf und ziehen sie, so sehr sie auch Widerstand leisten, durch das Schnauben ihrer Nasen heraus. Daher eignet sich der Geruch von verbranntem Hirschhorn auch ganz besonders zur Vertreibung von Schlangen.«[2]

Im frühchristlichen Physiologus mutiert die Schlange zum Drachen, der Hirsch zum Herrn: »Wenn der Drache vor dem Hirsch flieht in die Spalten der Erde, geht der Hirsch hin und füllt sich die Höhle seines Bauches mit Quellwasser, und speit es aus in die Spalten der Erde, und so bringt er den Drachen heraus und schlägt ihn nieder und tötet ihn. / So hat auch unser Herr getötet den großen Drachen, den Teufel, durch die himmlischen Wasser, nämlich durch die göttlichen Heilslehren.«[3]

Göttlich wirkt der Hirsch, gottgefällig die Hirschkuh. Während er sich im Kampf gegen das Böse bewährt, geht

[1] »Auch Hirsche haben ihre Tücken, obwohl sie sonst die sanftmütigsten Tiere sind«, schreibt Plinius, *Naturkunde*, Buch VIII, S. 87.

[2] Ebda., S. 91 f.

[3] *Physiologus*, S. 43 f.

sie im Dürsten und Stillen auf. »Wie die Hindin lechzt nach frischem Wasser, / so lechzt meine Seele, Gott, nach dir«, klagt im 42. Psalm der Levit im Exil. MENS INTENTA DEO[1] heißt die Devise der Hirschkuh im Emblembuch des Joachim Camerarius[2]; das Sinnbild zeigt die Hindin, wie sie durch die Landschaft streift und den fallenden Tau der Sonne trinkt.[3] Die *Legenda aurea* schildert sie als mütterliches Gnadentier des heiligen Ägidius, der als Einsiedler im wilden Wald in einer Höhle mit Brunnen vor der »Gefahr des irdischen Ruhmes«[4] Schutz suchte, »und Gott sandte ihm eine Hirschkuh, die kam alle Tage zu allen Zeiten und nährte ihn mit ihrer Milch«.[5] Königliche Jäger verfolgten das Tier. Als der Einsiedler zu Gott betete, er möge ihm die Hindin erhalten, traf ihn der Pfeil, der ihr galt. So wurde Ägidius zum Schutzpatron der stillenden Mütter und der Tiere.

In der dörflichen Welt im Mittelgrund der Landschaftsbühne hat Patinir das zeitliche *Nach*einander der Fluchtepisoden räumlich *neben*einander gestellt. Im flämischen Bethlehem hinter dem Wäldchen der Hindin erleiden die Unschuldigen das von Herodes befohlene Massaker, einen Augenblick weiter geben die Verfolger der heiligen Familie nach der wahren Auskunft des Bauern am wunderbaren Weizenfeld vor dem Dorf ihre Suche auf, während das weiterwandernde Auge auf einem Felsen über dem Haupt der Madonna das winzige Standbild eines Götzen kopfüber von einer vegetabilischen Sockelspitze à la Hieronymus Bosch stürzen sieht.

[1] MENS INTENTA DEO = auf Gott gerichteter Sinn.

[2] Das Fauna-Emblembuch des gelehrten Arztes, Botanikers und Zoologie-Liebhabers Joachim Camerarius (1534–1598) erschien 1595 in Nürnberg. Vgl. auch Henkel und Schöne, *Emblemata*, S. 468f. und CLXXXII.

[3] Die *subscriptio* des Bildes lautet: »Mit dem geöffneten Maul nimmt die streifende Hirschkuh den fallenden Tau auf; mögest du, Gott, unsere ausgedörrten Herzen mit deinem Tau benetzen!« Ebda., S. 469.

[4] *Legenda aurea*, S. 667.

[5] Ebda.

Die Leichtigkeit, mit der das Auge des Betrachters in der gemalten Landschaft herumspaziert, wurde auf wundersame Weise auch den Flüchtenden zuteil. Der Weg von der Quelle zum Götzen wurde im Nu zurückgelegt. Nach dem Pseudo-Matthäus-Evangelium löschten die Pilger an der Wunderquelle ihren Durst und wanderten weiter in der sengenden Hitze des Landes. Josef wollte am Meer entlangziehen, um in den Küstenstädten ausruhen zu können, aber das Jesuskind versprach, den Weg abzukürzen: »Was ihr in einem Zeitraum von dreißig Tagen zurückzulegen im Begriffe wart, sollt ihr an einem Tage ausführen.« Und sogleich erblickten sie die Berge und Städte Ägyptens. »Freudig und jubelnd kamen sie im Gebiet von Hermopolis[1] an und zogen in eine ägyptische Stadt ein, die Sotinen heißt. Und da sich in ihr kein Bekannter befand, den sie um Gastfreundschaft hätten bitten können, traten sie in einen Tempel ein, der ›Kapitol Ägyptens‹ genannt wurde.«[2]

Sotinen ist wie *Silena* eine Phantasiestadt. Der Name könnte von *Sothis* abgeleitet sein, dem Sirius oder Hundsstern der Ägypter, der der Isis geweiht war. Das Erscheinen des hellsten aller Gestirne in der Morgendämmerung des Monats *Thoth*[3] kündigte mit der Nilschwelle den

[1] Nach anderer Schreibweise »Heliopolis«.

[2] Hennecke, Schneemelcher, *Apokryphen*, S. 308.

[3] Die ägyptische Überschwemmungszeit *Achet* und der Monat *Thoth* entspricht unserer Sommerzeit Juli-August. *Sothis*, die astronomische Bezeichnung der Isis, kündigt das Ende der Todesdürre an und bringt die neue, fruchtbare Zeit. Im Mythos vollbringt die Muttergottheit die Heilung des zerstückelten Gatten Osiris und empfängt von ihm den geliebten Sohn Horus, dessen Wiederverkörperung die irdischen Könige sind. *Thoth*, der Schutzgott des Mondes ist als »Rechner des Jahres« Schöpfer des Kalenders, Herr der Arithmetik, Erfinder der Schrift. Vgl. André Pichot, *Die Geburt der Wissenschaft*, Frankfurt 1995, S. 204f. Ibis und Pavian sind die heiligen Tiere des Thoth; die Griechen verglichen ihn mit ihrem Hermes. »Seinen Namen will man ableiten von dem ägyptischen Worte Thoÿth, die Säule; denn die Säule war in Ägypten Träger aller Wissenschaft gewesen, die die Priester darauf niedergeschrieben hatten. (...) Als Hermes Trismegistus (...) ist

Jahresbeginn an. 365 Tage zählte das ägyptische Kalenderjahr und ebensoviele Abgötter zerschellen nach Pseudo-Matthäus im Tempel. In einer anderen apokryphen Schrift[1] ist das Wunder auf den Sturz eines einzelnen Götzen beschränkt.

Patinirs Idol hält ein Zepter in der erhobenen Rechten; unter der Lupe mutet der stürzende Torso im ärmellosen Kleid wie eine Götzin mit einem spitzen Tierkopf an.[2]

Der Mann mit Turban und Wanderstab auf dem gewundenen Weg zur befestigten Stadt im Inneren des pittoresken Felsenmantels und die Figur mit Zipfelhaube, die ihm in einigem Abstand folgt, sind entweder dem einen oder dem anderen Kindheitsevangelium entsprungen. Das arabische erzählt von der Heilung des besessenen Sohnes eines Priesters von Hermopolis, während Pseudo-Matthäus vom obersten Sotinenser Affrodosius[3] berichtet, der mit seinem Gefolge zum Tempel eilte und vor dem Scherbengericht der 365 zerschellten Abgötter die Jungfrau und das Kind anbetete.

Endlose Steinstufen führen zur Hermes-, Helios- oder Isis-Stadt mit dem runden Tempel, die nach dem Sturz

(Thoth) in die mystischen Schriften der Cabbalisten eingeführt worden.« *Vollständiges Wörterbuch der Mythologie aller Völker*, Hg. W. Vollmer, Stuttgart 1851, S. 1037. Zum »dreimal großen« Hermes und der Renaissance-Ägyptomanie vgl. Seznec, *Fortleben*, und Rudolf Wittkower, *Allegorie und der Wandel in Antike und Renaissance*, Köln 1984, sowie Edgar Wind, *Heidnische Mysterien in der Renaissance*, Frankfurt 1981.

1 *Evangelium Infantiae Arabicum*, vgl. Vogler, *Ikonographie der Flucht*, S. 49.

2 In einer anderen »Ruhe auf der Flucht« von Patinir (Madrid, Prado) thront eine tierköpfige »Götzin« auf einem Säulenaltar unter freiem Himmel. Ganz unägyptisch locker hockt sie mit einer Kugel oder einem Ei in der Rechten vor einem Feuer, während die Linke lässig auf dem Oberschenkel ruht. Es fehlte nicht viel, und sie würde die Beine übereinanderschlagen. Flehende Heiden heben vor dem Altar die Hände zum Himmel, andere kommen mit Opfergaben für das Feuer die Treppe hinauf: einer lebendigen Gans und einem geschlachteten Lamm. »Rätselhaft« und »ägyptisch« war im 16. Jahrhundert bedeutungsgleich.

3 Nach anderer Schreibweise »Affrodisius«.

der falschen Tiergötter die feste Burg des Monotheismus darstellt. *Per aspera ad astra*, auf steinigem Weg erreicht der Mensch das Heil. Seine Würde liegt in seiner Wandlungsfähigkeit beschlossen. »Vom Geist der Cherubim beseelt (...) werden wir in philosophischer Betrachtung über die Stufen der Leiter, das ist der Natur, von einem Endpunkt zum anderen alles durchschreiten und dabei bald hinabsteigen, das Eine wie den Osiris mit titanischer Gewalt in eine Vielheit zerstückeln, bald hinaufsteigen, die Vielfalt gleichsam als Glieder des Osiris mit phöbeischer Macht zum Einen sammelnd, bis wir endlich im Schoß des Vaters über der Leiter ruhen und durch die Glückseligkeit der Theologie zur höchsten Vollendung gelangen.«[1]

Wie eine abgebrochene Säule des Himmels, deren Trümmer ringsum in der Landschaft verstreut sind, ragt der schroffe Fels in die Wolken. Das Vorbild der bizarren geologischen Formation haben Kunsthistoriker in Südfrankreich ausgemacht. Eine Nische in einer Felswand bei Marseille galt lange Zeit als Wüstenort Maria Magdalenas, aus der die heilige Sünderin nach dreißigjähriger Buße mit täglich siebenmaliger Ekstase[2] gen Himmel fuhr. Als »Tsente Marie Magdalenen ter Spelonken« war der Wallfahrtsort Sainte Baume auch in Flandern bekannt.[3]

[1] G. Pico della Mirandola (1463 bis 1494), *Über die Würde des Menschen*, Hg. A. Buck, Hamburg 1990, S. 17. Über den Einfluß der berühmten, 1486 verfaßten Rede Picos auf Erasmus und andere Humanisten außerhalb Italiens siehe die Einleitung von A. Buck ebda., zum Welt- und Menschenbild des großen Renaissance-Philosophen vgl. Cassirer, *Individuum und Kosmos* (Register).

[2] In Magdalenas rauher Wildnis gab es kein Wasser, kein Gras und keinen Baum. »An jeglichem Tag ward sie zu den sieben Gebetsstunden von Engeln auf in die Lüfte geführt, und hörte mit leiblichen Ohren den Gesang der himmlischen Heerscharen. So ward sie alle Tage mit dieser süßen Kost gespeist und darnach von den Engeln wieder an ihre Stätte zurückgebracht, also daß sie keiner irdischen Nahrung bedurfte.« (*Legenda aurea*, S. 478.)

[3] Vgl. Robert A. Koch, *Joachim Patinir*, Princeton 1968, die grund-

Aber so sehr sich die Felsen durch ihre umgürteten Burgen innerlich gleichen, so verschieden ist ihre äußere Gestalt. Die abgebrochene Felsensäule Patinirs hat mit dem Tafelgebirge bei Marseille nichts gemein. Einzig das um den Säulenberg und am Flußufer gestrandete Gestein scheint reale Verwandte zu haben: die Felszinnen im Maas-Tal in der Heimat[1] des Malers, auf die man seine Neigung, groteske Felsen als *Repoussoir* zu nutzen, gern zurückführt.

Felsen kennzeichnen seit van Eyck, Bouts[2] und David die Wüste der Heiligen, sie sind die *Klippen*, an denen der Ungläubige scheitert und die der Gläubige im Vertrauen auf die Nähe Gottes erklimmt: »Die Klippen hieß er in der Wüsten springen / und klaren Trank aus ihrer Tiefe dringen.«[3] Mit Patinir und Bles[4] nimmt der Fels in der Malerei immer phantastischere Formen an. Pfeiler, Kegeln, Nadeln, Zinnen, Obelisken, Pyramiden, Säulen, Hörner und Pilze, zerrissenes, zerklüftetes, verwittertes,

legende Arbeit über Meister Joachim, sowie Falkenburg, *Pilgrimage*, und die besonnenen Überlegungen von Walter S. Gibson, *Mirror of the Earth*, Princeton 1989.

[1] Eine Abbildung der Felszinnen von Bayard ist bei Gibson reproduziert. Patinir ist entweder in Dinant oder in Bouvignes geboren. Dazwischen ragen die pittoresken Zinnen empor.

[2] Dieric Bouts (um 1415–1475). 1990 konnte mit Hilfe der *Kultur-Stiftung der Länder* für die Sammlung der Alten Pinakothek in München ein wunderbares Gemälde von Bouts erworben werden. Das Wüstenmotiv einer Felslandschaft bildet den Hintergrund des Bildes »Johannes weist auf Jesus hin: Siehe, das Lamm Gottes«. Vgl. die Erläuterungen von Peter Eikemeier in: Heft 20 der *KulturStiftung der Länder*, S. 9–23.

[3] Martin Opitz (1597 – 1639).

[4] Herri met de Bles (*1505/10, †?). Der Nachfolger Patinirs war vielleicht sein Neffe, der sich 1435 als Freimeister Herri Patinir in der Lukasgilde in Antwerpen eintragen ließ. Bles trat mit Darstellungen des Hüttenwesens in phantastischen Felslandschaften hervor. In Italien wurde er »Civetta«, Käuzchen genannt, »denn er brachte auf allen seinen Werken eine kleine Eule an, die manchmal so verborgen sitzt, daß die Leute einander lange suchen lassen und einer mit dem anderen wettet, er werde sie nicht finden«. (Carel van Mander, *Das Leben der niederländischen und deutschen Maler*, Neuauflage der Ausgabe von 1905, Worms 1991, S. 100.)

schiefriges und zu Toren und Gewölben ausgehöhltes Gestein türmt sich, bald senkrecht, bald waagerecht geschichtet, über- und nebeneinander oder ragt vereinzelt, wie von Giganten-Macht in die Erde gerammt, aus der Landschaft hervor.

Zwar sind alle Klippen Klippen, aber Fels ist nicht gleich Fels.[1] Der, auf den man baut, ist ein anderer als »der Stein an den man anstößt, / der Felsen an dem man zu Fall kommt«[2]. Nur »Schlangenbrut«[3] kann den göttlichen Fels in der Wüste, der Jakob umhüllte und »hütete wie seinen Augenstern«, ihn nährte mit den Früchten des Feldes, ihn stillte »mit Wein aus den Felsen, / mit Öl aus Felsspalten«[4], mit den Glut-Breccien[5] des Teufels verwechseln, die die Feuersbrunst von Sodom und Gomorra reflektieren.[6]

Ob Felsmantel oder gefährliche Klippe, Mahnmal des Chaos oder Säule der Beständigkeit, vom schroffen Fels in lieblicher Landschaft geht im Guten wie im Bösen eine furchteinflößende Wirkung aus. So ungeheuerlich wie die steingewordene Macht des Teufels ist die felsenfeste Allmacht des Herrn. »Gott kann aus diesen Steinen Kinder Abrahams machen«[7], predigt Johannes der Täufer der Schlangenbrut in der Wüste. Wer die Gewässer mit der

[1] »Doch der Fels unserer Feinde ist nicht wie unser Fels; / das beweisen unsere Feinde«, lehrt Moses vor seinem Tod die Israeliten (Dtn 32, 31).

[2] Jes 8, 14.

[3] Als »Schlangenbrut« redet Johannes der Täufer das taufwillige Volk an, das sich in der Wüste um ihn schart (Lk 3, 7).

[4] Dtn 32, 10, 13. In seinem Vermächtnis verkündet Moses den Namen des Herrn: »Er heißt: Der Fels« (Dtn 32, 4).

[5] »Breccien« (o. Brekzien) = in der Geologie sekundär gebildete Sedimente aus Bruchstücken älterer Gesteine. Die eckig-kantig ausgebildeten zusammengekitteten Trümmer können aus tektonischer oder vulkanischer Bewegung hervorgegangen sein, letztere wurden in den Anfängen der Geologie »Gluht-Breccien« genannt; vgl. K. C. v. Leonhard, *Geologie oder Naturgeschichte der Erde*, Stuttgart 1838, Bd. 2, S. 37.

[6] Patinirs »Brand von Sodom und Gomorra« hängt im Museum Boymans van Beuningen in Rotterdam.

[7] Lk 3, 8.

hohlen Hand, die Himmel mit der Spanne gemessen, die Berge und Hügel gewogen und den Staub der Erde in ein Maß gefaßt hat, der kann auch Steine lebendig werden lassen, Täler heben, Berge und Hügel senken, das Krumme gerade und das Hügelige eben machen,[1] die Wüste in ein Eden und die Öde in einen Garten verwandeln.[2] »Hört auf mich, die ihr der Gerechtigkeit nachjagt«, beginnt Jesaia seine Prophezeiung der Wiederherstellung Zions, »Blickt auf den Felsen, aus dem ihr gehauen seid, / auf den Schacht, aus dem ihr herausgebohrt wurdet.«[3]

Die Vegetation auf dem schmalen Felsgrat zwischen den Abgründen des Schachtes und der Welt zeugt von der Genügsamkeit ihrer Natur: von keinem Sturm gebeugt, reckt sich ein kleiner Baum in den Himmel, die Wurzeln in den Fels gekrallt, trotzen Gräser und Stauden dem Wind. Schönwetterwolken bilden eine Flotte, die hoch über dem diesigen Horizont in westöstlicher Richtung am azurblauen Himmel entlangzieht. In der blauen Ferne der Welt münden die Arme eines scheldehaften Nil ins Meer; Schiffe segeln dort in den Hafen einer großen Stadt mit hohen Türmen, die, mit oder ohne Pharos ein flämisches Alexandria oder ägyptisches Antwerpen darstellt.

[1] Jes 40,12, 4, letzteres hat ein Echo im neuen Testament, das Johannes der Täufer vor seiner Schlangenbrut-Predigt vernimmt; vgl. Lk 3,5.

[2] Jes 51,3. [3] Jes 51,1.

Unsere leiblichen Augen sind auf einer Hälfte sehend, auf der anderen blind. (...) Die Natur steht dem Menschen also insofern bei, als sie seinem nach vorn auf die äußere Welt gerichteten Auge von Anfang an Klarsicht verleiht und ihm die ganze Welt eröffnet und entgegenbringt. Allein, indem sie des Menschen inneren nachfolgenden Blick blind ließ, gab sie ihn preis und wollte ihn unfertig, damit er aus eigenem Antrieb das vom ersten Auge erbettelte Licht dem zweiten vermittle und schließlich auf beiden Augen sehend würde. (...) So wie nämlich unser sichtbares Auge, solange es im Kopf fixiert ist, nur mit einer Hälfte seines Apfels sieht, während die andere nicht sehfähig und blind ist, so wird auch der menschliche Intellekt, solange er von den Sinnen gelenkt im Weltlichen tätig und geschäftig seines Vermögens unwürdig ist, zur Hälfte erleuchtet und zur anderen Hälfte finster sein und nur das, was in der Welt ist, wahrnehmen, aber nicht das, was im Menschen ist. Begreife also, daß sich das leibliche Auge aus seiner natürlichen Einfügung im Kopf befreit und sich, losgelöst vom Subjekt, unabhängig macht, als halte es sich von selbst in der Luft. Dieses Auge ist jedenfalls die vortreffliche Spur[1] *des denkenden, durch Kontemplation vollendeten Erkenntnisvermögens.*

BOVILLUS

IV

Augenpilger oder Spiegel der Schöpfung

Patinirs epische Landschaften sind nicht einheitlich konstruiert. Warum sich auf einen Fluchtpunkt beschränken? Zwei Augen sind dem Menschen gegeben und viele Möglichkeiten der Kontemplation. Bei Meister Joachim ist das eine Auge des Betrachters vertikal, das andere horizontal eingestellt. Allen aufrechten

[1] *Vestigium*, »Spur«, ist »eine Metapher, der ein lebensweltliches Verstehen zugrunde liegt« und bedeutet »einen Abdruck oder ein aufmerksam machendes Mal von etwas, das selbst nicht gegenwärtig ist«. (*Historisches Wörterbuch*, Band 9, S. 1550.)

Dingen, Bäumen, Stauden, Felsen, Gebäuden, Menschen und Tieren sehen wir uns in Augenhöhe gegenübergestellt, während wir die waagerechten Elemente der Landschaft, die Felder, Wiesen, Wasserläufe und Wege, mit dem Blick überfliegen. So können wir in aller Ruhe die Einzelheiten der Flucht verfolgen und zugleich über Land und Wasser schweben.[1]

Das Erdenleben ist eine Pilgerschaft, aber die Welt ist eine Augenweide. Je schwerer die wirklichen Klippen zu bewältigen waren, desto lieber lustwandelt der Pilger im Bild. Ob das Auge auf steinigen Wegen wandert oder mit den Wolken fliegt, an der Quelle verweilt oder zur Hirschkuh auf der Lichtung abschweift, durch Wald und Flur, Dorf und Stadt streift oder über Felsen, Steinstufen und Abgründe springt – spielend verläuft seine Reise. Je lebendiger die Erinnerung an die Hundstage des Lebens, die Entbehrungen in der Fremde, desto größer der Genuß am *orbis pictus*, denn nichts Schöneres ist dem Auge gegeben, als sich am Schönen niemals sattzusehen.

Die Menschen der Zeit verstanden sich als Pilger im übertragenen Sinn, Pilger im wörtlichen Sinn waren sie häufig ohnehin. Manche wurden von Hunger, Pest, politischer und religiöser Verfolgung in die Emigration getrieben,[2] anderen war der Glaube, das Geschäft oder die Kunst Anlaß zur Pilgerschaft. Erfahrungen in

[1] Friedländer vergleicht unsere Situation sehr anschaulich mit der im Theater: »Wir sitzen vor einer tiefen Bühne, auf der die Kulissen lotrecht vor uns stehen, während der Bühnenboden stark nach hinten ansteigt und Aufsicht gewährt.« Max J. Friedländer, *Von Van Eyck bis Bruegel, Studien für die Geschichte der Niederländischen Malerei*, Berlin 1916, S. 103.

[2] Vgl. dazu Wittkower *Born under Saturn*, Kap. III/2. Wittkower beschreibt den anschwellenden Strom flandrischer, brabanter und süddeutscher Kunsthandwerker, die vom Ende des 14. bis zum Beginn des 16. Jahrhunderts über die Alpen nach Italien flohen. In allen bedeutenden Städten Italiens gab es nordische Gobelinweber, Sticker, Sattler, Kürschner, Barbiere und Schuster. Zwischen 1420 und 1450 gab es 800 ausländische Schuster in Rom, zwischen 1500 und 1531 verzeichnet die Zunftliste zweitausend

der Fremde gehörten zur Ausbildung in allen Handwerkszünften. Auf die Lehrjahre folgte die Wanderzeit. Fahrende Gesellen und Malerknechte zogen zu Fuß oder zu Pferde in die Welt, verdingten sich bald hier, bald dort bei einem fremden Meister oder ließen sich zum »Muten«[1] in einer kunstsinnigen Stadt nieder.

Wo und bei wem Meister Joachim in die Lehre ging und wie weit ihn sein Wissensdurst führte, ist nicht überliefert. Carel van Mander, der 24 Jahre nach Patinirs Tod geborene Vasari des Nordens, schreibt in seinem *Schilder-Boeck:* »Die berühmte und herrliche Stadt Antwerpen, die dem Kaufhandel ihre Blüte verdankt, hat von überallher die bedeutendsten Vertreter unserer Kunst angelockt, die sich in großer Anzahl auch deswegen dorthin begeben haben, weil die Kunst sich gerne in der Nähe des Reichtums aufhält. Unter anderem ist auch Joachim Patinir (...) dorthin gekommen (...). Er hatte eine eigentümliche sehr hübsche und sorgfältige Art, seine Landschaften zu malen. Seine Bäume waren in Tüpfelmanier ausgeführt, und er malte in seine Landschaften auch hübsche kleine Figuren, so daß rege Nachfrage nach seinen Arbeiten bestand und sie gut verkauft in verschiedene Länder ausgeführt wurden. Er hatte die Gewohnheit, auf allen seinen Landschaften irgendwo ein Männchen anzubringen, das ein Geschäft verrichtete, weswegen er den Beinamen: ›der Kacker‹ erhielt. Diesen kleinen Kacker mußte man manchmal ebenso lange suchen wie das Käuzchen des Herri met de Bles. Dieser Patinir war ein Mensch, der außerhalb seiner edlen Kunst ein wüstes Leben führte und sehr dem Trunk ergeben

Namen. Ende des 15. und während des 16. Jahrhunderts war die Mehrzahl der Gastwirte südlich der Alpen flandrischer oder deutscher Herkunft.

[1] »muten« = bei den Handwerkern die Erlaubnis, ein Meisterstück machen zu dürfen und das Meisterrecht nachsuchen. Vgl. Grimm, Bd. 12, S. 2796 und Hans Huth, *Künstler und Werkstatt der Spätgotik*, Darmstadt 1967, S. 10.

war, so daß er ganze Tage im Wirtshaus saß und seinen Verdienst verschwendete und verpraßte, bis er, durch die Not gezwungen, dann wieder zu den geldschaffenden Pinseln greifen mußte.«[1]

Die kleinen Kacker sind nur in zwei Landschaftsbildern Patinirs zu finden, die, für Spanien bestimmt, van Mander nicht gekannt haben kann.[2] Wenn die Kacker nicht Legende sind, müssen sie sich entweder im Laufe der Jahrhunderte tiefer im Gebüsch verkrochen haben oder sie waren schon immer in den typischen Holzhäuschen verschwunden, die der Maler so höflich war, ihnen mit dem Pinsel auf diesen oder jenen Felsen zu zaubern.

Vom »Kacker« genannten Maler zum Säufer und Prasser ist kein weiter Weg. Nicht über Patinir, über die Rezipienten seiner Kunst belehrt uns die Wandersage. Sie wirft ein Licht auf die Wechselwirkung zwischen der Weltlandschaft und dem Erwartungshorizont verständiger Betrachter. Van Mander stellt uns den Patinir-Liebhaber im 16. Jahrhundert vor Augen, dem noch das kleinste Detail Anlaß zum Fabulieren über den einen oder den anderen Schöpfer war. Noch war das Signieren von Gemälden nicht die Regel. Daß der Schöpfer *en passant* im Bild gegenwärtig ist, sei es als Käuzchen oder als Kacker, war dem Betrachter der Zeit so selbstverständlich wie uns das Vorbeihuschen Hitchcocks in dessen Filmen.

Der glücklichen Fügung einer Überlieferung in Wort und Bild verdanken wir die Kenntnis eines Patinir-Liebhabers, der noch zu Lebzeiten des Malers seine Werke erwarb. Ein Wappen mit zwei schwarzen Ochsen und Devise[3] zeugt in vier Landschaften vom Auftraggeber Lukas Rem. Der reiche Kaufmann, Sproß einer

[1] Van Mander, *Leben der Maler*, S. 97.

[2] Vgl. Koch, *Patinir*, S. 9.

[3] Der eine Ochse ist der des Heiligen Lukas, der andere entspricht dem Familiennamen des Kaufmanns, der sich biblisch gibt: nach dem althebräischen Wort *reem*, »wilder Ochse«. Vgl. ebda., S. 10.

Augsburger Patrizierfamilie, kam 1508 zum ersten Mal in die Scheldestadt, in der er zwischen 1511 und 1518 häufig als Geschäftsmann und Kunstliebhaber zu Gast war. Er handelte mit Metall, Weizen, Baumwolle, Gewürzen und Wein. Die Reisen zu seinen Warenlagern in Lissabon, Lyon, Köln und Antwerpen, seine Pilgerfahrten nach Rom, La Sainte Baume und zum Montserrat, sein »Gott sei gepriesen« nach überstandener Gefahr in der Fremde und seine Gedanken über das mehr oder weniger florierende Geschäft hat der Augsburger gewissenhaft in einem Tagebuch verzeichnet, in dem er am Rande auch über seine Kunst-Einkäufe Rechenschaft ablegt. Blühte das Geschäft, erlaubte er sich *Extravaganzen* in Antwerpen wie Gemälde, Edelsteine und kostbare Gewebe, stagnierte der Handel, begnügte er sich damit, in Portugal die neuesten Papageien, Katzen und anderes »seltzam lustig Ding« zu kaufen.[1]

Zweierlei Devisen hat Rem für das Spruchband seines Wappens gewählt. Aus der einen spricht die Gottergebenheit des Kaufmanns, aus der anderen das Lichtkalkül des Pilgers: »ISTZ GVOT GEBS GO(T)« und »POST TENEBRAS SPERO LUC(EM?)«.[2]

Ob der Geschäftsmann mit dem Schiff auf der Rhone bis Tarascon fuhr, um als Pilger über Les Baux nach La Sainte Baume zu wandern, ob er über Le Puy in Richtung Pyrenäen zog oder die Pilgerstraße nach Spanien von Arles über Montpellier und Saint-Guilhem-le-Desert nahm, stets führte sein Weg an alten Gemäuern vobei, deren Architektur auf der Spitze oder am Hang wundersamer Felsen mit der der Natur wetteifert. Ein berühmtes Beispiel für die Kontrastharmonie von romanischem Bauwerk und Felsenkulisse war das Ziel einer Rem-Wallfahrt. Der Kunsthistoriker Henri Focillon[3] schrieb vom 880

[1] Ebda.
[2] Ebda.
[3] Henri Focillon (*Dijon 1881, †1942 New Haven). Die Schriften des großen französischen Kunsthistorikers werden heute in Deutsch-

gegründeten Benediktiner-Kloster *Sainte-Cécile*, das in 721 Meter Höhe an einem 1241 Meter hohen Berg liegt, es scheine nur geschaffen, den »starken menschlichen Sinn für eine konvulsivische Landschaft zu belegen«[1]. Eine anschauliche Schilderung der Felsregion um die alte Berg-Abtei verdanken wir einem Geologen des 19. Jahrhunderts: »Nicht weit von dem, auf Steinsalz-Massen erbauten Flecken *Cordona*, in der Spanischen Provinz Catalonien, erhebt sich jener Berg. Er wirkt besonders auffallend durch sein Emporsteigen aus einer Ebene, und durch wundersame Fels-Gestalten, durch gezackte, spitzige Gipfel, nach welchen er den Namen trägt; denn *Montserrat* will so viel sagen, als ›ausgezackter Berg‹. In einiger Entfernung gleicht seine Masse den Trümmern gewaltiger Bauwerke. An hoher Felswand ruht das alte Benediktiner-Kloster (...). Im letzten Französischen Kriege wurde die Abtei großen Theils zerstört. Weiter aufwärts findet man die berühmten Einsiedeleien, zu denen in schroffen Fels gehauene Stufen führen.«[2]

So patiniresk wie die Montserrat-Darstellung des Geologen müssen die Landschaftsschilderungen kunstliebender Pilger gewesen sein, die Meister Joachim auftrugen, die Erinnerungsbilder ihrer Reisen in einem Bild zu verdichten, das die Andacht vor dem Heiligenleben ineinssetzt mit der andächtigen Betrachtung der Welt.

Vertikale und horizontale Sicht kreuzen sich in Patinirs Panorama, eine Ost-West-Achse und eine Nord-Süd-Achse schneiden sich mitten im Bild. Die weltlichen Momente der Flucht verlaufen horizontal, während die überdauernden Wunder vertikal angeordnet sind: die fliehende und die ruhende Zeit.

land nicht mehr gelesen. Titel wie *Leben der Formen* und *Lobpreisung der Hand* gehen gegen den Strich der Zeit.

[1] Henri Focillon, *L'Art d'Occident*, Band 1, *Le moyen âge roman*, (Paris 1938) 1971, S. 63.

[2] Leonhard, *Geologie*, Band 1, S. 277.

Im Nu ist die Zeit verstrichen, aber nach *Maßen* fließt der lebendige Strom. Die Reise, die nach menschlichem Ermessen einen Monat in Anspruch genommen hätte, wurde im ewigen Maß eines Tages vollbracht, und wie jeder Tag trotz wechselndem Geschehen in seinem Lauf jedem anderen gleicht, so gehen die 365 Abgötter des ägyptischen Jahres in einem einzigen Gott auf. Das Zeitmaß hat er von seinem Vorgänger, dem Mondgott Thoth übernommen, dessen Monat mit dem Erscheinen des Hundssterns beginnt. Im ägyptischen Pantheon ist Thoth »als der Messende, der Teiler der Zeit, zugleich Herr über alles richtige Maß (...). Die heilige Elle, die bei den Plänen der Tempel und bei der Vermessung des Landes gebraucht wird, ist ihm geweiht. Er ist der Schreiber der Götter und der Richter der Himmel, der Sprache und Schrift gegeben hat und durch die Kunst des Zählens und Rechnens Götter und Menschen wissen läßt, was ihnen zusteht. Der Name für das vollkommene genaue unveränderliche Maß (maāt) wird auch hier der Name für die ewige unabänderliche Ordnung, die in der Natur wie im Sittlichen herrscht. Man hat diesen Begriff des ›Maßes‹ in seiner doppelten Bedeutung geradezu als die Grundlage des ganzen ägyptischen Religionssystems bezeichnet.«[1]

Zeitorientierung setzt Raumorientierung voraus. Dem Begriff der Zeitspanne liegt im lateinischen *tempus* die Idee des *templum* zugrunde. *Templum* leitet sich von der griechischen Wurzel τεμ »schneiden« ab und bedeutete ursprünglich nichts anderes als Schneidung, Kreuzung: »zwei sich kreuzende Dachsparren oder Balken bilden noch im Mund der späteren Zimmerleute ein *templum;* im natürlichen Fortschritt hat sich daraus die Bedeutung des auf solche Weise geteilten Raumes entwickelt, in *tempus* ist der Himmelsabschnitt (z. B. Osten) in die

[1] Cassirer, *Symbolische Formen*, Band 2, im Kapitel »Das mythische Denken«, S. 140f.

Tageszeit (z. B. Morgen) und dann allgemein in die Zeit übergegangen.«[1]

Templum kann das ganze Himmelszelt sein oder der vom Auguren abgesteckte Beobachtungskreis der Vogelschau, *hoc omne templum* – das Weltall oder der Ort, von dem aus man etwas überschaut, eine Anhöhe oder ein weiter Raum, ein Asyl oder eine Grotte, ein Gotteshaus oder eine Klosterzelle, vorausgesetzt, der umspannte Bezirk ist ein in sich geschlossenes geweihtes Gebiet, »das von *einem* göttlichen Sein bewohnt und von *einem* göttlichen Willen beherrscht wird«[2].

Wie der Raum, so die Zeit. Die Orientierung bestimmt, ob *tempus* Dauer, Weile oder Frist bedeutet, fliehende oder erfüllte Zeit. Es ist eine Frage der Betrachtung, wie man sich in Zeit und Raum orientiert. Auch *contemplatio* wurzelt in *templum* und auch die *Oltramontani*[3] stimmten mit Cicero überein, daß der Mensch zur Kontemplation des Universums geboren ist. Wie anders sollte man erklären, daß ihm im Innersten, dem *templum mentis*, das Maß der Welt gegeben war? Wie anders verstehen, daß seine Freiheit im Mangel gründete?

In Homine Substantia nulla[4] – an sich ist der Mensch wesenlos. Weil ihm nichts zu eigen ist, hat er an den Eigenschaften aller anderen Geschöpfe teil. Cusanus hatte Gott im Detail entdeckt, Charles de Bovelles[5] folgte seiner

[1] Usener, *Götternamen*, Frankfurt 1948, S. 191 f.

[2] Cassirer, *Symbolische Formen*, Bd. 2, S. 123.

[3] *Oltramontani* nannten die italienischen Künstler ihre Kollegen jenseits der Alpen.

[4] »Im Menschen ist kein Sein.« Charles de Bovelles, *Le Livre du Sage*, hrsg. und übersetzt von Pierre Magnard, Paris 1982, Kap. XIX, S. 152 (aus dem Latein./Franz. von A. A.).

[5] Charles de Bovelles (1478 bis 1556) war ein Schüler von Jacques Lefèvre D'Etaples (Faber Stapulenis), der seinerseits einer der ersten Schüler des Cusaners war und Herausgeber seiner Schriften in Frankreich. In den Jahrhunderten nach der Renaissance war Bovillus vergessen. Erst 1927 wurde sein *Liber de Sapiente* von Raymond Klibansky erneut herausgegeben und Cassirers *Individuum und Kosmos* beigefügt, 1943 erschien eine italie-

Spur und fand jedes Detail der Schöpfung vom Menschen beseelt.

Nach Bovillus ist in jedem Wesen der Welt etwas Menschliches verborgen, sind in allen Dingen einige Atome versteckt, die der Mensch mit ihnen teilt. Sie ausfindig zu machen, ist er sich und der Welt schuldig, denn er wurde von der Natur erschaffen, die Welt zu durchschreiten und in allen Dingen das Seinige zu erkunden, aus allen Wesen das für seine eigene Form bestimmende Unteilbare zu erforschen. Picos Rede über die Chamäleon-Würde des Menschen wurde von Bovillus aufgenommen und im *Buch des Weisen* zur Entfaltung gebracht. Das tradierte Mikrokosmos-Motiv erscheint darin in einem neuen Licht. »*Mundus maximus substantia, scientia nullus: Homo scientia amplissimus, substantia pusillus*«.[1] Der Mangel an Sein macht die Erkenntnis möglich. Der Mensch ist die Ausnahme der Schöpfung. Im Überfluß einer vollendeten Welt geschaffen, an die alle Gaben, Beweggründe, Eigenschaften, Orte und Formen bereits vergeben waren, wurde er an erhabener Stelle außerhalb der kosmischen Ordnung zum universellen Betrachter bestimmt, zum natürlichen Darsteller und Spiegel aller Dinge. Spiegel sind nämlich so beschaffen, daß sie dem, was sie reflektieren sollen, gegenübergestellt sein müssen. Wie ein Spiegel ist der Mensch von allen Dingen getrennt, und damit ihn, der bei der Schöpfung leer ausging, der farbige Abglanz des Lebens um so reicher erfülle und rundherum auf ihn einströme, wurde er *wie* in die Mitte der Welt gestellt. »Allen Geschöpfen und jeglicher Spezies zugeneigt, mündet in ihm selbst alle Form. Wäre er an eine Sache gefesselt, könnte er nicht die Kenntnis

nische Übersetzung von Eugène Garin und 1982 die französische Ausgabe.

[1] »Der Welt kommt ein Maximum an Sein und ein Minimum an Wissen zu, dem Menschen höchstes Wissen und ein bißchen Sein« (»Beide kennzeichnet ein Maximum und ein Minimum«); Bovelles, *Liber*, Kap. XIX, S. 152f.

dieser Sache und ihrer Substanz erlangen: Alle Erkenntnis und alle Erforschung, jede Darstellung der Dinge und jede Ausbreitung ihrer Formen verläuft nämlich auf der optischen Diagonale, durch die das, was sich dem Blick darbietet, von der Kraft getrennt ist, die reflektiert und schaut.«[1] Die Natur des Menschen ist mit der des Spiegels identisch. Der wahre Platz des Spiegels wie des Menschen ist »die frontale Position, am äußersten Ende, in der Distanz und Negation aller Dinge, an der Stelle von nichts, im Unwirklichen, außerhalb von allem, wo indessen alles in Erscheinung treten muß. Alles ist nämlich im Umkreis der Welt und kann in seinem Zentrum erscheinen. Wo alles ist, erscheint es nicht. Wo alles wirklich erscheinen kann und erscheint, ist es nicht.«[2]

[1] Ebda., Kap. XXVI, S. 176 bis 179. Als »grober, roher, konfuser, unvollkommener Spiegel, bar jeder Reflexion« (S. 180f.) tritt der Mensch in die Welt und bleibt es, solange er sich nicht zum treuen Spiegel der Einheit in der Vielfalt *verwandelt*. Die reflexive Welt- und Selbsterkenntnis Bovelles' ist das genaue Gegenteil des passiven Spiegels, den Svetlana Alpers Leonardo unterstellt, der die Natur »nicht selektiv abbilde«, (*Beschreibung*, S. 111). Ein spätes Zeugnis der Unzulänglichkeit unselektiver Spiegelung findet sich im dritten der wunderbaren *Neun Briefe über Landschaftsmalerei* von Carl Gustav Carus (1789–1869):

»Versuche es nur, betrachte die landschaftliche Natur im Spiegel! Du siehst sie mit allen ihren Reizen, allen Farben und Formen wieder abgebildet, und doch, wenn Du nun dieses Spiegelbild festhältst und es vergleichst mit dem Eindruck, welchen ein vollendetes landschaftliches Kunstwerk Dir gewährte, was bemerkst Du? – Offenbar ist das letztere an Wahrheit immer unendlich zurück; das Reizende schöner Naturformen, das Leuchtende der Farben wird im Bilde nie auch nur zur Hälfte erreicht; allein zugleich fühlst Du das rechte Kunstwerk als ein Ganzes, als eine kleine Welt (einen Mikrokosmos) für sich und in sich; das Spiegelbild hingegen erscheint ewig nur als ein Stück, als ein Teil der unendlichen Natur, herausgerissen aus seinen organischen Verbindungen und in widernatürliche Schranken geengt, und nicht, gleich dem Kunstwerke, als die in sich beschlossene Schöpfung einer uns verwandten, von uns zu umfassenden geistigen Kraft, vielmehr als ein einzelner Ton aus einer unermeßlichen Harmonie.« (*Briefe und Aufsätze über Landschaftsmalerei*, Leipzig, Weimar 1982, S. 26f.)

[2] Bovelles, *Liber*, Kap. XXVI, S. 180f.

Weder Körper noch Seele sind der Mensch, sondern die Verbindung von Körper und Seele; weder Mensch noch Welt sind das Universum, sondern die Verbindung von Mensch und Welt. Beide *sind* nicht, sondern müssen erst *werden*. Die Natur ist das Gewordene, das Werdende die Kultur. Dem letzten Wesen der Schöpfung ist es anheimgestellt, ob es in Trägheit verharrt wie ein Stein, sein nacktes Dasein reglos wie eine Pflanze auf den Stoffwechsel reduziert, seine Gefühle schürt mit der Triebhaftigkeit eines Tieres oder ob es Mensch wird und seine Möglichkeiten in weiser Hingabe an die Welt verwirklicht. »Wille und Erkenntnis dürfen, ja müssen sich jedem Teil des Universums hingeben; denn nur indem er den Gesamtkreis des Alls durchläuft, durchmißt der Mensch den Kreis seiner eigenen Bestimmung. Aber diese volle Aufgeschlossenheit gegen die Welt darf auf der anderen Seite niemals ein Aufgehen in ihr, ein mystisch-pantheistisches Sich-Verlieren, bedeuten. Denn der menschliche Wille besitzt sich nur, indem er weiß, daß kein einzelner Inhalt es jemals ausfüllen kann. So schließt die Wendung zum Ganzen des Kosmos immer zugleich die Fähigkeit in sich, sich in keinem seiner Teile zu binden. Der Kraft der totalen Hinwendung entspricht die der totalen Rückwendung.«[1]

Entgegensetzung heißt die Kunst des Weisen, sein Ort ist der, an dem die Gegensätze von Kunst und Natur, Sinnlichem und Intelligiblem zusammenfallen, ein Ort, der stets im Wandel begriffen ist und nie an der gleichen Stelle bleibt. Weisheit manifestiert sich im Übergang und in der Transformation. Nur indem er sich wechselnden Formen anverwandelt, wird der Weise zur Seele der Welt und die Welt zum Körper des Weisen.

»Außerhalb der Unterschiede und Eigenschaften aller Dinge also gedeiht der Mensch an einem allem entgegen-

[1] Cassirer, *Individuum und Kosmos*, S. 91.

gesetzten Ort, im Brennpunkt der Welt, in der schönen Mitte von allem: ein universeller Vermittler, der mit seinen Kräften, Schattierungen, Formen, Bildern und geistigen Fähigkeiten das verbliebene Vakuum der Natur ausfüllt.«[1]

Von Natur arm an Sein, bar jeder Reflexion und ungestalt, hat der Mensch nichts als den Kern ursprünglicher Einheit, die göttliche Monade, aus der er sich selbst in drei Phasen entfalten soll: von der Monade über die Dyade zur Triade. Wie er die Welt nur aus entgegengesetzter Distanz erkennt, kann er sich selbst nur in der Entfernung von sich finden.

»*Peregrinatio humane Anime*« heißt das zwölfte Kapitel im *Liber de Sapiente*. Nicht die Körper und Welt verachtende Seele der *Devotio moderna* entspricht dem bovillischen Pilger, die Reise seiner Seele ist die des weltoffenen Weisen, der durch die Tugend der Kontemplation Mikro- und Makrokosmos zur Übereinstimmung bringt. Seine Zeit erfüllt sich im *wiedergefundenen* Universum.

Die Kluft zwischen der Auffassung des Erdenlebens als Pilgerschaft und der Anschauung der Welt als Augenweide ist im bovillischen Kosmos wie in Patinirs Weltlandschaften aufgehoben. Weder die gnostische noch die sensualistische Interpretation wird dem Maler gerecht.[2]

»Landschaft« in der Bedeutung, die uns heute selbstverständlich ist, konnte der menschliche Geist überhaupt erst erfassen, als er den Dualismus überwand. Das Wort ist aus der Malerei diesseits der Alpen hervorgegangen.[3] *Parerga*, »Beiwerk«, wurde die Darstellung von Berg, Wald und Fels, Wiese, Feld und Dorf, Fluß, Meer und Stadt im Bildhintergrund ursprünglich genannt.[4]

[1] Bovelles, *Liber*, Kap. XXVI, S. 182 f.

[2] Zur Auffassung des Kosmos als Inbegriff des Bösen bei den Gnostikern vgl. im *Historischen Wörterbuch* unter »Malum«, Bd. 5, S. 667f.

[3] Vgl. im *Historischen Wörterbuch* unter »Landschaft«, Bd. 5, S. 11–28.

[4] Vgl. Ernst H. Gombrich, »Die Kunsttheorie der Renaissance und die Entstehung der Landschafts-

Aber die Aneinanderreihung ihrer Elemente macht so wenig eine Landschaft aus, wie das Nebeneinanderlegen von Körperteilen den Menschen. »Landschaft« umfaßt das Ganze der Natur in der besonderen Physiognomie monotoner oder kontrastierender, rauher oder lieblicher, harmonischer oder bizarrer Regionen, die dem Blick aus erhabener Ferne das unsichtbare Zusammenspiel von Boden, Luft, Gewässer, Pflanzen, Tieren, Mensch und Menschenwerk offenbaren.

Wie aus »Ländereien« eine Landschaft wird, scheint in einem Brief des jüngeren Plinius[1] auf. In dem Bemühen, einem Freund das liebreizende Antlitz vor Augen zu stellen, das die Gegend um seinen Landsitz in Tuscien auszeichnet, schildert Plinius zunächst das milde Klima und die gute Luft, die häufiger eine leichte Brise als eigentlicher Wind bewegt. In der bekömmlichen Atmosphäre leben viele alte Leute und erzählen Geschichten aus Urväterzeiten; »kommt man dorthin, hat man beinahe das Gefühl, in einem anderen Jahrhundert geboren zu sein. Die Landschaft ist ganz herrlich.[2] Stelle Dir ein riesiges Amphitheater vor, wie es allein die schöpferische Natur hervorbringen kann. Eine weitausgedehnte Ebene wird rings von Bergen umschlossen, die Berge zeigen um ihre Gipfel hochgewachsenen, alten Baumbestand; dort zahlreicher, mannigfaltiger Wildbestand. Alsdann senken sich schlagbare Waldungen zugleich mit dem Gebirge zu Tal. In sie eingestreut ergiebige, erdige Erhebungen – schwerlich trifft man irgendwo auf Felsen –, die den Feldern in der Ebene an Fruchtbarkeit nichts nachgeben und eine fette Ernte nur erst ziemlich spät, aber doch zur vollen Reife bringen. Unterhalb der Waldungen breiten sich, wohin man blickt, Weingärten aus und geben der

malerei«, in: *Die Kunst der Renaissance I, Norm und Form*, Stuttgart 1985, S. 148.

[1] Plinius der Jüngere war der Sohn einer Schwester des Verfassers der *Naturgeschichte*.

[2] »Regionis forma pulcherrima« heißt es im Original.

Landschaft weit und breit ein gleichförmiges Gepräge; an ihrer Grenze, sozusagen am unteren Rand, steht Jungholz. Dann Wiesen und Felder, Felder, die nur gewaltige Stiere und ganz feste Pflüge umbrechen; so große Schollen wirft der Boden auf, wenn er zum ersten Male gepflügt wird, daß er erst beim neunten Durchpflügen gebändigt wird. Die Wiesen, mit Blumen übersät und wie mit Edelsteinen bestickt, lassen Klee und andere Kräuter sprießen, immer zart und weich und wie neu. Denn alles wird von nie versiegenden Bächen berieselt.«[1]

Die Oper im Amphitheater der Natur klingt schließlich mit den vier Jahreszeiten des Tiber aus, des im Winter und Frühjahr schiffbaren Stromes, der die Felder in der Mitte durchschneidet und ihre Früchte in die Stadt transportiert, während im Sommer sein Bett austrocknet, so daß er erst im Herbst wieder den Namen »großer Fluß« annimmt.

An diesem Punkt setzt Plinius ein Subjekt mit neuer zeitlicher und räumlicher Perspektive ins Bild und erst dadurch wird »Landschaft« aus den Ländereien:

»Es wird für Dich ein großer Genuß sein«, versichert er dem Freund, »wenn Du von einem Berge aus auf diese Landschaft hinunterblickst. Denn es wird Dir so vorkommen, als sähest Du nicht Ländereien, sondern ein in außergewöhnlicher Schönheit gemaltes Landschaftsbild[2], an dessen Buntheit[3] und Gliederung Deine Augen sich erquicken werden, wohin auch immer sie blicken.«[4]

Aus erhabener Distanz verwandelt der Betrachter die Region in das Erinnerungsbild einer amphitheatralischen Landschaft.

[1] Plinius der Jüngere, *Briefe*, übersetzt und hrsg. von Helmut Kasten, Zürich 1995, S. 261 f.

[2] »ad eximiam pulchritudinem pictam« – im Original handelt es sich schlicht um ein außergewöhnlich schönes *Bild*.

[3] »varietate« könnte man auch mit »Mannigfaltigkeit« übersetzen.

[4] Ebda., S. 263.

Daß die Wahrnehmung von Landschaft ein neues Verhältnis von Mensch und Welt voraussetzt, eine Auffassung von Zeit und Raum, die vor der Entdeckung der Zentralperspektive nicht gegeben war, lehrt das Beispiel Petrarcas.

Am 26. April 1336 bestieg der 33jährige Dichter den Mont Ventoux, »allein vom Drang beseelt, diesen außergewöhnlich hohen Ort zu sehen«[1]. Auf dem mühseligen Weg schwingt er sich »auf den Flügeln des Geistes vom Körperlichen zum Unkörperlichen« und geht mit sich ins Gericht: »In der Tat liegt das Leben, das man das selige nennt, auf hohem Gipfel, und ein *schmaler Pfad* (...) führt zu ihm hin. Auch viele Hügel ragen dazwischen auf, und von Tugend zu Tugend muß man mit erhabenen Schritten wandeln; auf dem Gipfel ist das Ende aller Dinge und des Weges Ziel, auf das hin unsere Pilgerreise ausgerichtet ist. Dorthin gelangen wollen alle, doch, wie Ovid sagt: *Wollen, das ist zu wenig, Begehren erst führt dich zum Ziel.*«[2]

Auf dem Gipfel angelangt, steht er »durch den ungewohnten Hauch der Luft und die ganze freie Rundsicht bewegt, einem Betäubten gleich da.« Zu seinen Füßen: Wolken, in Richtung Italien erscheinen seinem sehnsuchtsvollen Auge die eisstarrenden, schneebedeckten Alpen ganz nah. Da drängt sich ihm ein neuer Gedanke auf und führt ihn »von der Betrachtung des Raumes hin zu der der Zeit«. Die letzten zehn Jahre seines Lebens, die er im »Talkessel der Sünde« verbrachte, ziehen am geistigen Auge des Poeten vorbei. Die Sonne neigt sich, am Fuß des Berges wächst der Schatten, als Petrarca sich umwendet und gegen Westen[3], woher er gekommen war, zurückblickt: »Der Grenzwall der gallischen Lande und Spaniens, der Kamm der Pyrenäen, ist von dort nicht zu

[1] Francesco Petrarca, *Die Besteigung des Mont Ventoux*, Hg. Kurt Steinmann, Stuttgart 1995, S. 5.

[2] Ebda., S. 13 und 15.

[3] Zur Todessymbolik der Himmelsrichtung, in der die Sonne untergeht, vgl. Cassirer, *Symbolische Formen*, Bd. 2, S. 122.

sehen, nicht weil, soviel ich weiß, irgendein Hindernis dazwischen träte, nein, allein infolge der Schwäche der menschlichen Sehkraft. Die Berge der Provinz von Lyon hingegen zur Rechten, zur Linken sogar der Golf von Marseille und der, der an Aigues-Mortes brandet, waren ganz deutlich zu sehen, obwohl dies alles einige Tagereisen entfernt ist. Die Rhone lag geradezu unter meinen Augen. Während ich dies eins ums andre bestaunte und bald am Irdischen Geschmack fand, bald nach dem Beispiel des Körpers die Seele zu Höherem erhob, kam ich auf den Gedanken, in das Buch der *Bekenntnisse* des Augustinus hineinzuschauen.«

»Zufällig« schlug er in dem »Werklein von winzigstem Format« die Seite auf, aus der *wir* lesen können, daß er nicht im Landschaftsbild war:

»Und es gehen die Menschen hin, zu bewundern die Höhen der Berge und die gewaltigen Fluten des Meeres und das Fließen der breitesten Ströme und des Ozeans Umlauf und die Kreisbahnen der Gestirne – und verlassen dabei sich selbst.«[1]

Wie eine von Patinirs Bildern inspirierte Antwort auf Petrarcas Seelenpein nimmt sich die folgende Stelle im *Buch des Weisen* aus:

»Verkümmere nicht, O Mensch, zu Stein, Pflanze, rohem Tier. Du bist Mensch: bleibe es. Möge das Sein dich beschützen, das Leben dich erquicken, deine Sensibilität deiner Gelehrsamkeit dienen, dein Verstand dich leiten. (...) Durch die Sinne pilgerst du durch die Welt, durch den Geist sammelst du dich in dir. (...) Führe im geistigen Sinai die Kontemplation des Gottes ein, der die ewigen Gesetze gab; schau nicht zurück aus Angst, die Verlockungen des Fleisches könnten dich verleiten, in die Gefängnisse Ägyptens, die Täler antiker Knechtschaft, den schwarzen Schatten des Todes, den

[1] Petrarca, *Mont Ventoux*, S. 22 und 25. Vgl. dazu Wuttke, *Dazwischen*, (Register).

Einbruch ewiger Nacht und die Sümpfe des Styx zurückzukehren.«[1]

Aus den *Parerga* der Bildhintergründe trat eben der Begriff »Landschaft« hervor, als Leonardo deren Darstellung zum Beweis dafür diente, daß die Malerei im Wettstreit mit der Poesie die Palme davontrug. Konnte der Maler nicht alles, was es im Weltall gab, mit Geist *und* Händen zu einer gleichzeitigen, in einen einzigen An- und Augenblick zusammengedrängten *Verhältnisharmonie*[2] bringen? »Will der Maler Schönheiten erblicken, die ihn zur Liebe bewegen, so ist er Herr darüber, sie ins Dasein zu rufen, und will er Dinge sehen, ungeheuerlich, zum Erschrecken, oder drollig und zum Lachen, oder aber zum Erbarmen, so ist er darüber Herr und Gott. Verlangt ihn nach bewohnten Gegenden oder Einöden, schattigen und dunklen Örtern zur Zeit der Hitze, er stellt sie vor, und so zur Zeit der Kälte warme. Will er Talgründe, will er von hohen Berggipfeln weite Gefilde vor sich aufgerollt sehen und hinter diesen den Meereshorizont erblicken, er ist Gebieter darüber und ebensowohl, wenn er aus Tiefen der Täler zu Gebirgshöhen hinan, oder von diesen zu tiefen Tälern und Abhängen hinabschauen will.«[3]

Leonardo hat keine reinen Landschaftsbilder gemalt. Überzeugt, daß der Mensch außer in seinen Kindern nichts Ursprüngliches hervorbringen kann, preist er im *Paragone* die Malerei als *Enkelin* der Natur, die ihre Werke nachahme und damit ihre Liebe zu ihrem »Erfinder« und »großen Werkmeister« bekunde.[4] Malerei sei Wissenschaft, wer sie mißachte, liebe weder Philosophie noch Natur, sagt er am Anfang seiner Unüberbietbarkeitsthesen.[5] Wenn er der Macht des Poeten, mit

[1] Bovelles, *Liber*, Kap. LI, S. 308f.

[2] Hervorhebung von A. A.

[3] Leonardo da Vinci, *Traktat von der Malerei*, nach der Übersetzung von H. Ludwig, neu hrsg. von Marie Herzfeld, Jena 1909, S. 15.

[4] Ebda., S. 54.

[5] Ebda., S. 10f.

Worten Gefühle hervorzurufen, die des Malers entgegenhält, durch Rekonstruktion der Schöpfung im Bild noch größere Wirkungen zu erzielen, heißt das nicht, wie Gombrich meint, Leonardo hätte im Selbstgefühl die treibende Kraft der Malerei gesehen.[1]

Nicht aus der Allmacht der Gefühle, aus der stoischen Position eines bovillischen Weisen, der die Welt zum Ruhme der Schöpfung beseelt, gingen die Weltlandschaften hervor. Wie alle humanistischen Gelehrten der Zeit war Charles de Bovelles ein Weltenpilger. Ob er in den Niederlanden oder in Spanien, in Deutschland oder Italien auch Landschaften *alla fiamminga* sah, ist nicht überliefert. Das Genre aber verdankt sich der *triadischen* Kontemplation malender Augenpilger, deren Hut der Himmel und deren Schuh die Erde war.[2] Mit Wasserfarben, Pinsel, Feder und Stift zeichneten sie nach dem Leben, »dann wahrhaftig steckt die Kunst in der Natur, wer sie heraus kann reißen, der hat sie«[3]. Aus den »aufgerissenen« *Parerga* ihrer Reisen komponierten sie ihre vielschichtige Vision der Welt in Öl auf Holz, Kupfer oder Leinwand.

In der Hierarchie der Gattungen nahm das neue Genre den bescheidensten Platz ein, während es sich bei Sammlern aus allen Kreisen im In- und Ausland der größten Beliebtheit erfreute. »Jeder Flickschuster hat in seinem Haus eine deutsche Landschaft«, schreibt Vasari 1548.[4] Zu dieser Zeit brach sich mit den Schriften Agricolas die Erkenntnis Bahn, daß auch die Gestalt der Erde in stetem Wandel begriffen ist. Wasser, Wind und innere Glut der Erde formen Berge, Hügel und Täler: »Obgleich all diese

[1] Vgl. Gombrich, *Norm und Form*, S. 146.

[2] »Der Himmel ist mein Hut, die Erde ist mein Schuh«, beginnt das Lied eines armen Pilgers in dem von Achim von Arnim und Clemens Brentano gesammelten Liederbuch *Des Knaben Wunderhorn*, nach der Erstausgabe v. 1806–1808, München 1963, Bd. III, S. 225.

[3] Dürer, *Schriften und Briefe*, S. 198, *(auf)reißen* = zeichnen.

[4] Zit. nach Gombrich, *Norm und Form*, S. 143.

Veränderungen in großem Maße stattfinden, bemerkt man sie gewöhnlich nicht, da sie infolge der langen Zeiträume, die sie beanspruchen, aus dem Gedächtnis der Menschen schwinden.«[1]

In seinen großen Weltpanoramen hat der ältere Breughel diese Naturgewalten aus schwindelerregender Perspektive sichtbar gemacht. Dann zogen sich die Maler aus der Weite der Welt allmählich in die Geborgenheit des Waldes zurück. Wie eine Synthese aus Davids Waldansicht und Altdorfers Laubwand mit Guckloch vor einer fernen Welt mit hohem Horizont nehmen sich die Waldlandschaften aus, die in der zweiten Hälfte des Jahrhunderts aufkamen. Elstern, Spechte, Eisvögel und Käuze warten im dunklen Laub auf den Blick des Betrachters; Szenen der Geschichte biblischer Figuren, heiliger Büßer oder antiker Götter spielen sich auf dieser oder jener Lichtung ab, wenn sich die üppige Vegetation nicht gänzlich um eine Jagdszene oder einen einsamen Angler schließt. Mit Roelandt Savery zieht endlich die ganze Tierwelt in das irdische Paradies, die natürliche Arche Noah oder den Säulentempel des Waldes, in dem Orpheus zur Leier singt. Indessen hatte sich ein weiteres Genre von den Außenflügeln der Altäre selbständig gemacht.

[1] Agricola, *De ortu et causis subterraneorum*, Basel 1546, Liber tertius, S. 36.

Dritter Teil

DAS STILLE LEBEN UND DAS RAUSCHEN DER ZEIT

Man sagt die Zeit ist schnell:
wer hat sie sehen fliegen? Sie bleibt ja unver-
ruckt im Weltbegrieffe liegen!

ANGELUS SILESIUS

Ein Sprüchwort ist: Was gut ist, ist weither.
Das edle Kraut Tabak diß kan erweißen:
weil es zu uns von fernen über Meer
aus Indien gewohnt ist herzureisen.
Die Neue Welt, die Alte ihr verpfändet,
indem sie ihr die wehrte Pflanze sendet.
Diß Kraut, weil es von wilden Leuten kömmt,
pflegt voll und toll und wilde Leut zu machen.
Es wundert mich, wann dich es wunder nimmt.
Gleich-närrisch auch sind andre Wollust-Sachen,
die sich in uns und uns durch sich entzünden,
bald wie der Rauch vergehen und verschwinden.
Es ist doch nur ein ungestraffter Mord,
die Kunst die sich vermisst den Tod zutödten;
sie schickt die Leut zum Grabe zeitlich fort.
Ein Kranker solt wol vor dem Artzt erblöden.
Drum bässer ists, diß Kraut nur ihm zulegen,
als ihm den Leib und Beutel lassen fegen.

SIGMUND VON BIRKEN

I
Tabakchen mit Trugbeeren

Auf engstem Raum haben sich ein Glas Weißwein, eine Tonpfeife, ein Häufchen und eine Rolle Tabak, ein Stückchen Papier, eine glühende Lunte und zwei Erdbeeren ein Stelldichein gegeben. Seit etwa dreihundertsiebzig Jahren glimmt die Lunte über dem Rand des Römers vor sich hin, ohne die getränkte Hanfschnur zu verzehren, während im Wein noch immer das Fenster des Raumes, in dem das kleine Bild[1] entstand, als dreifaches Sonnenbild schwimmt. Keines Menschen Schatten trübt das Raucherstilleben. Der Maler hat sich aus dem

[1] Öl auf Rotbuchenholz, 21,5 cm x 17 cm.

Staub gemacht und läßt die Dinge für sich sprechen. Ort und Anlaß ihrer Begegnung sind uns ein Rätsel. Noch nie haben wir ein *Tabackchen*[1] in einer Nische gesehen.[2] Als klassische Höhlen der Augentäuschung gaukeln uns die gemalten muschelförmigen Wandvertiefungen Kontinuität mit unserem Raum vor, während die dargebotenen Gastgeschenke der Zeit die Vergänglichkeit in der Dauer aufheben.

Schön scheint die Enge, wenn sich eine *Welt* in ihr erschließt. Welcher Welt sind die Erdbeeren zugedacht und welchem Gast hat der Maler in der eckigen Nische das trockene und das feuchte Rauschmittel zur Verfügung gestellt? Ungestopft lehnt die irdene Pfeife an der Wand, das zerbröselte Häufchen neben dem Tabakstrang liegt zum Füllen bereit, zum Anzünden die glimmende Lunte, aber welcher *Flegel* hat sie ausgerechnet über dem Rand des zerbrechlichen Glases abgelegt, das sich zum Trinken anbietet?

Von holländischen Stilleben ist uns der Bierkrug als »Gemahlin des Tabaks«[3] bekannt, aber manchmal wird dem Raucher auch in den Niederlanden klarer Wein eingeschenkt.[4] In späterer Zeit hat Flegel dem frugalen Tages-Tabakchen ein delikates nächtliches entgegengestellt: Auf einer Tafel schimmern ein Apfel, Pastetchen, Brot und ein prachtvolles Venetianerglas mit Weißwein im Licht einer Kerze, zu deren Füßen wir die Raucherutensilien wiedererkennen.[5] Mit den Jahren, die nicht mehr kommen,

[1] Ursprünglich wurden Rauchenstilleben »Toebackje« genannt.

[2] In sog. Nischenbildern treten Tabakutensilien nur in Begleitung starker Vanitas-Elemente wie Totenschädel oder Uhren auf.

[3] Sigmund von Birken, *Die Truckene Trunkenheit*, (Nürnberg 1658) München 1967, hrsg. von Karl Pörnbacher, S. 20.

[4] Zum Beispiel in dem schönen »Toebackje« von Karel Slabbaert; vgl. Laurens J. Bol, *Holländische Maler des 17. Jahrhunderts nahe den großen Meistern, Landschaft und Stillleben*, Braunschweig 1969, S. 86.

[5] Vgl. im Katalog *Georg Flegel 1566–1638, Stilleben*, hrsg. von Kurt Wettengl, Historisches Museum Frankfurt 1993, S. 134; die Lunte fehlt in diesem Bild, das Feuer vertritt hier die Kerze.

sondern immer schneller gehen, hat der Maler die Zeit neben seine Signatur gesetzt. Ab 1630 sind seine Bilder datiert. Das nächtliche »Rauchsaufstück« ist 1631 gemalt, während unsere tägliche Nische kein Datum neben dem ligierten Monogramm aufweist. Ein frühes und ein spätes Flegel-Merkmal sind darin vereint. Am Anfang seiner Laufbahn als selbständiger Stillebenmaler widmete er sich dem Trompe-l'œil-Thema »Nische« und am Ende trat eine Neigung zur Monochromie bei ihm hervor. Die mangelnde Datierung und das »topasfarbene Kolorit«[1] des Bildes, aus dem sich nur die Erdbeeren abheben, machen es zum Vorläufer einer Reihe toniger Stilleben aus den acht Jahren vor seinem Tod, weshalb es den »späten zwanziger Jahren«[2] zugeordnet wird.

Farblich wie inhaltlich stechen die Erdbeeren ins Auge. In keinem anderen Raucherstilleben tauchen die Früchte auf, die eigentlich gar keine Früchte sind. Das Gewächs gehört zur Familie der Rosazeen, seine falsche Beere wird in der Botanik »Sammelfrucht« genannt. »Bei der Erdbeere (Fragaria) ist der hügelförmig gewölbte Blütenboden zu einem fleischigen Körper umgewandelt, welcher die Früchte trägt. Die kleinen gelblichen Körnchen, welche der roten Oberfläche des fleischig gewordenen Blütenbodens aufsitzen, sind nicht etwa die Samen, sondern kleine Nüsse, deren jeder einen Samen umschließt.«[3]

Die Nußnatur der Körnchen und der Scheincharakter der Frucht waren zu Beginn des 17. Jahrhunderts noch

[1] Kurt Wettengl, »Die ›Gedeckten Tische‹ des Georg Flegel«, im oben genannten Katalog, S. 80; die von Wettengl konzipierte Ausstellung, der von ihm herausgegebene Katalog und seine kluge Deutung der Stilleben Flegels stellen die schönste Widerlegung des Geredes vom Ende der Kunstgeschichte dar. Vgl. A. Albus, »Kleines Abc prominenter Ideen der modernen Art«, in: *Kursbuch* 122, Berlin 1995, S. 135–146. Wettengl spannte den Faden vom gedeckten Tisch zur Humoralmedizin, den ich im Folgenden aufgreife, um mein Interpretationsnetz in der Weise des Strukturalisten Bovelles und des bovillischen Weisen Claude Lévi-Strauss zu knüpfen.

[2] Ebda., S. 126.

[3] Kerner, *Pflanzenleben*, Bd. 2, S. 429.

nicht entdeckt, aber das Besondere der Erdbeere war einer Zeit, die in allen Dingen »von Gott eyngepflantzte natürliche anmuthung«[1] erkannte, nicht entgangen: was andere Beeren im Innern verbergen, macht die Erdbeere offenbar. Ihre Samen sind außen ins Fruchtfleisch gebettet. Das Rätsel der Entfaltung aus dem Samen ist ihr gleichsam aufs Kleid appliziert und das prägte *im Verborgenen* ihren symbolischen Sinn. Umkehrung heißt das Prinzip der Trugbeere. Das Leben, das sich sonst innen verbirgt und keimt, nachdem der äußere Fruchtkörper zerfallen ist, erscheint bei ihr außen und birgt also innen den fleischlichen Zerfall. So oder so verweist die erdnahe Pflanze auf das ferne Paradies: als Nahrung des Goldenen Zeitalters, in dem »von sich aus alles die Erde«[2] gab, erscheint sie bei Ovid, als »Speise der Seligen« bei Heinrich Seuse.[3]

In Analogie zu den Bettchen im Fruchtfleisch mit den aufgebahrten Samenkindern wurde sie im Volksglauben als Nahrung für die Seelen verstorbener Kinder angesehen. Nach einer Sage führt Maria am Johannistag die Seelen der Kindlein zum Erdbeerpflücken ins Paradies.[4] Alchimisten des Mittelalters sahen in der aromatischen Frucht ein Allheilmittel, und noch Fontenelle glaubte ihnen seine Langlebigkeit zu verdanken.[5] »Die Köch seind der Erdbeeren auch gewar worden, machen gute Müslin, gebüren den kranken, hitzigen Menschen mehr

[1] Johannes Kepler, »TERTIVS INTERVENIENS. Das ist Warnung an etliche Theologos, Medicos vnd Philosophos (...), daß sie bey billicher Verwerffung der Sternguckerischen Aberglauben nicht das Kindt mit dem Badt außschütten vnd hiermit jhrer Profession vnwissendt zuwider handlen...«, Frankfurt 1610; *Ges. Werke*, hrsg. von Dyck/Caspar/Hammer 1937ff., Band 4, S. 246.

[2] *Metamorphosen*, Buch I, 102.

[3] Heinrich Seuse (um 1295 bis 1366).

[4] Vgl. Lurker, *Symbolik*, S. 177, und im *Wörterbuch der deutschen Volkskunde*, hrsg. von O. A. Erich/R. Beitl, Stuttgart 1974, S. 179: »Eine Art ›Beerenopfer‹ ist es noch, wenn Kinder eine Erdbeere, die ihnen beim Pflücken zu Boden fällt, liegenlassen: ›für die armen Seelen‹ sagen sie z.B. in *Böhmen*.«

[5] Bernard de Fontenelle (1657 bis 1757).

dann den Gesunden, um der Külung willen«, schreibt Hieronymus Bock 1539 im *Kräuterbuch*.[1]

Nach der antiken Säfte-Lehre, die mehr als zwei Jahrtausende maßgebend blieb, wurde Gesundheit als ausgewogene Mischung der *quattuor humores*[2] aufgefaßt: »Es gibt nämlich vier Säfte im Menschen, die die unterschiedlichen Elemente nachahmen; jeder nimmt in einer anderen Jahreszeit zu, jeder ist in einem anderen Lebensabschnitt vorherrschend. Das Blut ahmt die Luft nach, nimmt im Frühjahr zu und herrscht in der Kindheit vor. Die gelbe Galle ahmt das Feuer nach, nimmt im Sommer zu und herrscht in der Jugend vor. Die schwarze Galle oder Melancholie ahmt die Erde nach, nimmt im Herbst zu und ist im Mannesalter vorherrschend. Das Phlegma ahmt das Wasser nach, nimmt im Winter zu und ist im Greisenalter vorherrschend. Wenn sie weder in zu hohem noch zu geringem Maße fließen, ist der Mensch im Vollbesitz seiner Kräfte.«[3]

Von vier Qualitäten sind die vier Elemente bewohnt: Das Feuer von der Hitze, die Luft von der Kälte, das Wasser vom Feuchten, die Erde vom Trockenen. In zweierlei Weise sind die Säfte im Menschen, den vier Charakteren, Lebensabschnitten und Jahreszeiten temperiert: Blut, Sanguiniker, Kindheit und Frühling gelten als warm und feucht; gelbe Galle, Choleriker, Jugend und Sommer als warm und trocken; schwarze Galle, Melancholiker, Reifezeit und Herbst als kalt und trocken; Schleim, Phlegmatiker, Greisenalter und Winter als kalt und feucht.[4]

[1] Hieronymus Bock (1498 bis 1554).

[2] *quattuor humores* = vier Säfte. »Humor« geht auf die Temperamentenlehre zurück.

[3] Pseudo-Beda »*De mundi constitutione*«, 1135; vgl. Klibansky, Panofsky, Saxl, *Saturn und Melancholie*, S. 39.

[4] Aus der Verknüpfung der kosmischen Elemente mit den »Körpersäften« Blut, gelbe Galle, schwarze Galle und Schleim und ihrer Verbindung mit den Jahreszeiten ging die Zweiteilung hervor, die dann auf die Einschätzung der Elemente zurückwirkte: »daz erst tail ist der sumer, der ist trockner und haizer

Krankheit wird als Vorherrschaft oder Mangel einer Qualität definiert. Durch Einwirkung von Gegensätzlichem soll der Arzt die Harmonie im Säftehaushalt wiederherstellen. Seine Therapie geht von der Ernährung aus und versucht, die *Dyskrasis*[1] feuchter und trockener, warmer und kalter, süßer und saurer, bitterer und salziger, scharfer und fader Stoffe des Körpers durch weise Wahl gegenläufiger Lebensmittel wieder ins Lot zu bringen. Die Einschätzung der Speisen, Getränke und Arzneien im Sinne der Hippokrates zugeschriebenen Krasen-Theorie, die Galen systematisiert und Avicenna kanonisiert hatte, war dem 17. Jahrhundert noch so vertraut wie die drei entsprechenden Lehren: »Die Erste, heist eine gewisse Diät in Essen und Trinken halten, und die Umstände des Orts und der Zeit, der Leiber, wie auch der Speißen und Getränke selber, wohl beobachten, als da sind, quantitas, qualitas, substantia, modus, ordo & mensura.[2] Die Andre, befihlt, alle Fäulung zu verhüten. Die Dritte, verbietet den Gebrauch solcher Dinge, welche an sich selber der Natur schädlich sind, und die eingeschaffne Hitze oder Feuchte schwächen können: als da sind, übriges Wachen, Sorge, Kümmerniß, Übermüdung, und dann zuviel-trucknende oder erhitzende Sachen, davon der Leib ausdorret.«[3]

natur und geleichet sich dem feur. daz ander ist der lenz, der ist haizer und fäuchter natur und geleichet sich dem luft. daz dritte ist der winter, der ist kalter und fäuchter natur, als daz wazzer. daz vierd ist der herbst, der ist kalter und truckner natur, als die erde. (...) von den vieren habent ir natur alle geschepht (Geschöpfe) gots, und der mensch hat aller der natur iegleichs ain teil an ime, etliches mer, etleichs minner; wan er aller vier an im hat, so haizet er microcosmus«, heißt es in einem *Kräuterbüchlein* des 14. Jh.; vgl. Grimm, Band 11, S. 78f., wie bei allen Lehren gab es auch bei der der Säfte unterschiedliche Schulen, die sich um das richtige Schema stritten; vgl. Klibansky, *Saturn und Melancholie*, S. 48.

[1] *Dyskrasis*, »fehlerhafte Mischung«.

[2] *quantitas, qualitas, substantia, modus, ordo & mensura* = »Menge, Beschaffenheit, Wesen, Art der Zubereitung, Reihenfolge & Maß«.

[3] Sigmund von Birken, *Trunkenheit*, S. 134.

Wie die Eingeborenen Amerikas ihre Vernichter als Götter empfangen hatten, so begrüßten die Weißen den Tabak, als er im 16. Jahrhundert nach Europa kam, als göttliches Gewächs und Allheilmittel. Die frischen Blätter dienten als Pflaster, ihr Saft fand als Balsam und Tinktur, in Salben- und in Pillenform Verwendung, die gebeizten wurden zunächst als Pulver geschnupft und schließlich »trank«[1] man ihren Rauch nach dem Vorbild indianischer *Schlucker*. Im Überschwang der Entdeckung sprach man dem Nachtschattengewächs Kräfte zu, die jegliches Gebrechen kurierten. Tabak mache Rotz und Schleim fließen, stärke die Lebensgeister und auch das Gedächtnis, »indem er dessen Haus, das Gehirne, die Vestung und Hauptstadt des Schleims, (wie es Hippocrates nennet) von den groben Dünsten reinigt und ausleeret, da es dann mit den Ideen der Dinge kan angefüllet werden«;[2] außerdem helfe das »heilige Wund- und Tobackskraut« offene Wunden, Geschwüre, Asthma, Rheuma, Husten, Frauenleiden, giftige Bisse rasender Hunde, Zahn-, Kopf- und Magenschmerzen zu heilen, und namentlich der Glaube, daß es Wunder gegen die Pest wirke, war seiner Verbreitung noch lange förderlich.

Wegen des beißenden Geschmacks, der im Mund brennt und die »Sinne verrucket«, wurde die Natur des Tabaks wie die des Cholerikers als warm und trocken angesehen. Drei Arten wurden unterschieden und mit abweichenden *humores* verknüpft, die, bald als hitzig, bald als kalt eingestuft, dem cholerischen Kraut eine melancholische Färbung gaben.[3] Als Nutznießer des Tabaks sah man Phlegmatiker und Greise an, während man seine schädliche Wirkung für die ohnehin hitzige Jugend und cholerische Temperamente nicht in Zweifel zog.

[1] Das Wort »rauchen« für den Genuß von Tabak kam erst gegen Ende des 17. Jahrhunderts auf, bis dahin war für Tabak »trinken« oder »saufen« gebräuchlich.

[2] Sigmund von Birken, *Trunkenheit*, S. 139. [3] Ebda., S. 97.

»In unserem Zeitalter wächst der Gebrauch des Tabaks ins Unendliche und erobert die Menschen mit einem gewissen geheimnisvollen Ergötzen, so daß jene, die erst einmal daran gewöhnt sind, sich dessen nur schwer enthalten können«, schreibt Francis Bacon 1623.[1]

Die »Rauchsaufsucht« kam zuerst in Spanien, England und Holland auf. Mit der Zahl der Liebhaber des Krauts wuchs die seiner Feinde. Was den einen *Wunder-Confect*, *fürnembstes Arzney-Kräutlein*, *Erfrölichungs-Kraut*, *Heil aller Welt* war, galt den anderen als körpervernichtendes *Höllenkraut*, dessen teuflische Herkunft unschwer am Gestank und den *Blasebalg-Backen* der *Rauchdöpfe*, *Krauthäupter*, *Schmauchkrieg-Helden*, *Pfeifenbeisser*, *Pipenmelker* und *Rotzguschen* zu erkennen war.

»Was macht ihr Schmäucher ihr? was *Trinken*, ist der *Rauch*? / Die *Pipe*, komt vom *Koht*. Was überbleibt, ist *Aschen*. / Was ist *Tabak*? der *Tod*. Flieht, flieht vor diesem *Strauch*, der eine *Schlange* deckt! Sie wird euch sonst erhaschen«[2], lautet die Erklärung des Titelkupfers der *Truckenen Trunkenheit*.«

Indessen hatte ein Dichter die tödlichen Wirkungen des Tabaks als Strafe für die Vernichtung der Indianer wahrgenommen: »Ich hab, sprach der Teuffel, die Indianer redlich an den Spanern gerochen, wegen des gewalts, so sie ihnen angethan; dan in dem ich den Spaniern den Tabac in den kopff gebracht, hab ich ihnen mehr geschadet, als der König in Spanien den Indianern mit allen seinen Columbis, Pizarris, Cortesiis, Alkmeiris und anderen Tyrannen gethan hat.«[3]

Nach Deutschland kam die Schmauch-Mode erst mit den englischen Hilfstruppen, die zu Beginn des Dreißig-

[1] Francis Bacon (1561–1626), *Historia vitae et mortis*, vgl. Karl Pörnbacher im Nachwort zur *Truckenen Trunkenheit*, S. 208. Die folgenden kursiven Tabak- und Rauchernamen sind aus der Feder von Johann Neander (vgl. unten S. 219) und Sigmund von Birken.

[2] Ebda., S. 200.

[3] Johann Michael Moscherosch (1601–1669). Vgl. Pörnbacher, ebda., S. 211.

jährigen Krieges dem Winterkönig in Böhmen zugeführt wurden. Als der Handel in den zwanziger Jahren florierte, ließen sich spanische, flämische, holländische und wallonische »Tubackskremer« in deutschen Städten nieder und lösten die Spezereikrämer, Zuckerbäcker und Apotheker ab, die bis dahin die in »Briefchen« gehüllte Droge verkauft hatten. Bald wurden die Tubackskremer zu »Tabakisten«[1] und die Gegenden um Frankfurt, Hanau und Nürnberg berühmt für den Tabakanbau.

1622 erschien die Tabak-Eloge des Bremer Arztes Johann Neander, die zum erfolgreichsten Tabakbuch der ersten Hälfte des Jahrhunderts wurde. Wohl gab es zu dieser Zeit schon das eine oder andere Pasquill, aber der Streit um das Kraut, den eine Schmähschrift in England bereits 1602 ausgelöst hatte, entbrannte in Deutschland erst um die Jahrhundertmitte.

Wenn die geschätzte Datierung nicht trügt, ist das »Tabakchen mit Erdbeeren« um 1628 entstanden. Noch war Frankfurt nicht Kriegsschauplatz. Der skrupellose Kondottiere aus Böhmen,[2] dessen Parole »Der Krieg ernährt den Krieg« das Plündern zum Prinzip erhob, war zum Generalissimus des Baltischen und Ozeanischen Meeres ernannt, sein Söldnerheer mit der Verwüstung von Brandenburg, Pommern, Mecklenburg und Jütland beschäftigt. In Flegels böhmisch-mährischer Heimat war auf das Scheitern der Ständerepublik nach niederländischem Vorbild im Jahre 1623 ein furchtbares Strafgericht gefolgt. Einhundertfünfzigtausend Emigranten – enteigneter Adel und aller ständischen Freiheiten beraubtes Volk – hatten sich der gewaltsamen Rekatholisierung entzogen.

Flegel war im Greisenalter. Ein Selbstportrait von 1630 zeigt den Vierundsechzigjährigen mit langem Bart

[1] Vgl. Wettengl, *Flegel-Katalog*, S. 74. »Tabakisten« wurden Tabakanbauer und -hersteller genannt. Vgl. Alexander Dietz, *Frankfurter Handelsgeschichte*, Frankfurt 1925, Bd. 4, S. 58.

[2] Albrecht v. Wallenstein (1583 bis 1634).

über der Halskrause; die Stirn in viele Falten gelegt, blickt er halb skeptisch, halb melancholisch aus dem Rahmen eines Medaillons, das an einer Sanduhr lehnt.

Zwei seiner sieben Kinder waren seinem Vorbild gefolgt und wahrscheinlich bei ihm in die Lehre gegangen. Der eine starb 1616 mit neunzehn Jahren als »kunstreicher Junggesell«, der andere im Januar 1623 als etwa einundzwanzigjähriger »Maler«. Die Eintragungen im Totenbuch rücken die beiden Erdbeeren unter dem sargförmigen Nischenbogen auf die Seelenseite.[1]

Der Tod hat Flegel zum Nachfolger seiner künstlerischen Erben gemacht. Auf dem Weg zu ihm hat der Maler den Vorausgegangenen in einer Nische ein Rauch-, Wein- und Beerenopfer dargebracht. *Vita brevis, ars longa*[2] leitet bei Hippokrates eine skeptische Überlegung ein: Kurz ist das Leben und viel Zeit braucht die Kunst der Humoralmedizin. Bei Flegels Söhnen war sie vergeblich. Allein in ihrer Verknüpfung mit der Malkunst konnte sich ihre ausgleichende Kraft entfalten: Im »Tabakchen mit Erdbeeren« ist die Erinnerung an den kunstreichen Junggesell und den jungen Maler lebendig geblieben.

»Wasser, Erde, Luft und Feuer«, spricht bei Montaigne die Natur, »sind eben so wohl Werkzeuge deines Todes

[1] Nur selten gelingt es, Lebensspuren der diskreten Stillebenmaler im Bild ausfindig zu machen. Wir wissen nichts über eine große Malerin wie Clara Peters, aber sie hat uns ihr Selbstportrait in den Konvexspiegeln der Prunkpokale ihrer wunderbaren Stilleben hinterlassen. Vgl. Pamela Hibbs Decoteau, *Clara Peters*, Lingen 1992, S. 113. Wüßten wir nichts vom Ketzer-Prozeß, der den Maler ins Gefängnis brachte, könnten wir das *Stilleben mit Kandare* von Torrentius nur als Allegorie der Mäßigung lesen. Vgl. Zbigniew Herbert, *Stilleben mit Kandare*, Frankfurt 1994, S. 108f.

[2] *Vita brevis, ars longa*, »das Leben ist kurz, die Kunst lang«, bei Hippokrates heißt es weiter: »die Gelegenheit ist flüchtig, die Erfahrung unsicher, das Urteil schwierig.« Vgl. *Die hippokratische Schriftensammlung in neuer deutscher Übersetzung*, hrsg. von R. Kapferer, Stuttgart, Leipzig 1934–38, Teil XIV/1. Vgl. auch Seneca, *De brevitate vitae* I.

als deines Lebens. ›Warum fürchtest du dich vor deinem letzten Tag?‹[1] Die Frage war für den über sechzigjährigen Flegel an der Zeit. Im Raucherstilleben ist seine Antwort mit Augen zu vernehmen. Wenn wir genau hinhören, sehen wir die Stille im Rauschen der Zeit.

[1] Michel de Montaigne, *Essais*, 1580, übersetzt von J. D. Tietz, (Leipzig 1753/54) Zürich 1992, 1. Buch, S. 133.

Verlasse diese Welt – so spricht Allmutter Natur *zu uns – wie Du in sie eingetreten bist. Denselben Schritt, den Du vom Tode zum Leben ohne Leiden und Furcht getan, tue ihn vom Leben zum Tode zurück. Dein Tod ist ein Glied des Universums, ein Glied im Leben des Alls. Soll ich für Dich diese harmonische Verkettung der Dinge aufheben? Er ist die Bedingung Deiner Erschaffung, ein Teil Deiner selbst, Du fliehst in ihm nur Dich selber.* MONTAIGNE

II
Dauernd vergeht die Lunte

Honigfarben funkelt der Wein durch das grüne Glas. Drei Sinne erfordert die Einschätzung seiner Güte nach Farbe, Geruch und Geschmack. Zur rechten Zeit und genügsam getrunken, preist ihn die Bibel als Lebenswasser[1]; die dämonischen Wirkungen bei übermäßigem Genuß hat Fischart in einem Vers erfaßt:

»da hat er, denck ich, bey dem Wein
den heiligen Geist genommen ein
in einer Gstalt eins weiszen Raben«[2]

Ob Wein das Herz erfreut, Kummer verscheucht, Trübsinn glättet, Wahrheit enthält, versunkene Worte emporschwimmen läßt, alle Fenster im Kopf aufsperrt, »daß der Verstand seinen Flug hat«[3] oder im Gegenteil stumpf-

[1] »Wie ein Lebenswasser ist der Wein für den Menschen, / wenn er ihn mäßig trinkt. Was ist das für ein Leben, wenn man keinen Wein hat, / der doch von Anfang an zur Freude geschaffen wurde? (Was ist das für ein Miniatur – ?) Frohsinn, Wonne und Lust bringt Wein, / zur rechten Zeit und genügsam getrunken.« Sir 31, 27 f.

[2] Johann Fischart (1546/47 bis 1590), vgl. Grimm, Band 28, S. 848.

[3] Ebda.

sinnig und blöde macht, Neid und Mißgunst schürt, Gier und Wut entfacht, die Zunge auf Stelzen gehen läßt[1] und den Verstand mit Trugbildern peinigt, ist eine Frage des *Temperaments*[2]. Entscheidend ist, wie sich das des Trinkers mit dem des Getränks verträgt. »Man hat so viele Anweisungen, den Wein recht zu bauen, und noch keine, ihn recht zu trinken. Er wächst nur gut unter dem Schutz eines sanften Himmels, und ähnliche Seelen müssen diejenigen haben, die ihn am besten trinken«[3], schrieb Lichtenberg zu einer Zeit, als die Säfte-Lehre fast vergessen war. Allein die Bezeichnung »trocken« für Weine, in denen der Zucker vollkommen vergoren ist, erinnert noch heute an die alte Naturlehre, der alle säurehaltigen, herben, zusammenziehenden Flüssigkeiten als trocken galten. Nicht am Aggregatzustand, an der vermittelnden Wirkkraft zwischen Makro- und Mikrokosmos erkannte die Humoralmedizin das Wesen der Dinge. Ob der Wein süß oder sauer ist, ändert seine Temperatur, als trocken gilt er allemal. Seine in der Jugend cholerische und in der Reife melancholische Natur ist der Erde und der Luft zugeordnet. Wie die schwarze Galle die gegensätzlichsten psychischen Zustände erzeugt, so ruft der Wein je nach Temperatur und Maß des Genusses »die mannigfaltigsten Wirkungen (hervor) und (macht) den Menschen bald heiter, bald traurig, bald redselig, bald verschlossen, bald rasend und bald apathisch«[4].

Das sich selbst verzehrende Element, das der Wein entfacht, erzeugt eine Umkehrung nach dem Prinzip »Der Wein ernährt den Wein«. Nach einem Sprichwort trinkt der Mensch beim ersten Glas den Wein, beim zweiten der Wein den Wein, beim dritten der Wein den Menschen.

[1] Ebda., S. 847.

[2] *Temperamentum* heißt »richtige Mischung« und »rechtes Maß«.

[3] Georg Christoph Lichtenberg, *Schriften und Briefe*, hrsg. von Franz H. Mautner, Frankfurt 1983, Bd. I, S. 525.

[4] Vgl. Klibansky u. a., *Saturn und Melancholie*, S. 77.

Warum die erhitzende oder entzündliche Wirkung des Weins aus humoralmedizinischer Sicht mit seiner »luftartigen« Natur zusammenhängt, wird nur verständlich, wenn man sich seinen natürlichen Werdegang vom Weinberg zum Faß vor Augen hält, der einst nicht nur deshalb so geläufig war, weil jedes Kind ihn unmittelbar verfolgen konnte. Im Zeitalter der Emblemata war die reiche Allegorese noch präsent[1], die das Beugen, Schneiden, Gipfeln, Binden der Rebe, das Harken, Düngen, Unkrautjäten, die Lese, Kelter, Gärung und das Verbrennen des Rebholzes im Winter ebenso umspann wie die »Gescheine« genannten Blüten, die »Tränen« des austreibenden Rebstocks, die »Knospenwolle« der Triebe, die »Knoten« der Ruten, die »Rappen« der Trauben, die Kerne oder den Reif der Beeren, der ihre Hefe enthält.

Die Rebe liebt steinige, wasserdurchlässige Böden, die schnell erhitzen. Das Verhältnis von Ton, Silikat, Kalk und Eisenoxyd in der Erde verleiht dem Wein den besonderen Geschmack, die Sonnenglut vollendet den Reifungsprozeß. Auf die Weinlese im September folgt die Kelter, an der ein Küfer den Winzer ablöste. Die Umwandlung des Mosts in Wein geschieht durch Gärung, ein der Fäulnis analoger Prozeß.[2] Die Hefeteilchen zersetzen den Traubenzucker, der in Alkohol und Kohlensäure zerfällt, was sich durch Sprudeln und Erhöhung der Temperatur bemerkbar macht. Einem unvorsichtigen Küfer kann es passieren, daß die freiwerdende Kohlensäure das Faß sprengt. Nach der ersten Klärung wird der Wein von der Hefe abgezogen, die als ungenießbarer Bodensatz zurückbleibt, eine Trennung, die nicht ohne Rest gelingt.

[1] »Weit davon entfernt, zu versiegen, fließt der allegorische Strom des Mittelalters nur um so breiter«, schreibt Seznec in seinem heiter-melancholischen Werk über das emblemverliebte 16. und 17. Jahrhundert (*Fortleben*, S. 82).

[2] Vgl. »Das Wesen der Gärung und der Fäulnis« in: Dannemann, *Naturwissenschaften*, Bd. 4, S. 227ff.

Ausgegoren und geklärt ist der Wein ein Herbstkind wie der Melancholiker. Der bittere Rest fügt sich ebenso ins schwarzgallige Bild wie das unter ungünstigen Umständen berstende Faß. Die »luftartige« Natur des Weins macht das Sprudeln sichtbar und sie ist es, die das Feuer im Trinker entfacht. Wie die Luft schwankt der Wein zwischen heiß und kalt, je nach Sorte, Alter und Reinheit, und wie sich die »edle Melancholie«[1] vor der gewöhnlichen durch die Verbindung ihrer erdhaften Festigkeit mit warmblütiger Regsamkeit auszeichnet, so der edle Wein durch die Verbindung erdiger Trockenheit mit luftiger Hitze, aus der im Laufe der Zeit die sublime Körperhaftigkeit entsteht: »Je älter er würt, je mehr er trucken würt und heisz«, schreibt Dryander und Guarinonius erläutert, daß der ausgegorene Wein »vil edler und ausbündiger (ist), wie dann alle truckne naturn edler als die feuchten«[2].

Auch der beste Wein kann nicht weiser sein als der Trinker. In einer Bemerkung im *Buch des Weisen* erscheinen die Trinkgewohnheiten der Zeit in grellem Licht: »Es werden so viele Krüge und Amphoren Wein getrunken, daß man meinen könnte, die Fortpflanzung des menschlichen Geschlechts habe kein anderes Ziel als die Austrocknung der Weinberge.«[3]

Nur in Maßen kann edler Wein zur Harmonie der *quattuor humores*, zum Einklang von Geist und Moral beitragen. Auch diese sind kosmisch inspiriert. Die Schärfe des Geistes gleicht dem Feuer, seine Reinheit der Luft, seine Festigkeit und Eindrucksfähigkeit der Erde und seine Beweglichkeit dem Wasser. Was die Moral angeht,

[1] Vgl. Klibansky u. a., *Saturn und Melancholie*, S. 129f.

[2] Johann Dryander (1500 bis 1560), *Der gantzen Arzenei gemeyner Inhalt, wes einem Artzt, bede in der theoric vnd practic zustehet*, Frankfurt 1542, Blatt 36 recto. Hippolytus Guarinonius (1571 bis 1654), *Die Grewel der Verwüstung menschlichen Geschlechts*, Ingolstadt 1610, S. 637.

[3] Bovelles, *Liber*, Kap. XVI, S. 134.

hat der Geist anstelle des Blutes die Süßigkeit, »anstelle der roten Galle die Bitternis, anstelle der schwarzen Galle die Trauer, anstelle des Phlegmas den Gleichmut. Es sagen nämlich die Ärzte, daß die Sanguiniker süß seien, die Choleriker bitter, die Melancholiker traurig und die Phlegmatiker gleichmütig. So sei in der Kontemplation die Süßigkeit, aus der Erinnerung an die Sünde entstehe die Bitternis, aus ihrem Vollzug Trauer, aus ihrer Wiedergutmachung der Gleichmut.«[1]

Wie die Luft zwischen Sonnenglut und Erde vermittelt, so kann reifer Wein helfen, Bitternis und Trauer in wohltemperiertem Gleichmut aufzuheben. Zur Beseitigung von Rückständen bitterer Affekte kann im Greisenalter ein bißchen Tabak nicht schaden. Allein die doppelte Hitze von Wein und Rauch scheint durch zwei feuchte und kühle Erdbeeren schlecht ausbalanciert.

»Schau nicht auf den Wein, wenn er im Glase glänzt«[2] lautet eine alte Mahnung. Hinter dem Rücken des Malers, der uns vor das Rätsel ihrer Umkehrung im Trugbild stellt, findet der Ausgleich auf einer anderen Ebene statt.

Läßt man die Händler aus dem Spiel, sind in den gemalten Dingen zwölf Berufsstände präsent.[3] Ein Steinmetz hat die Steine für die Nische behauen, ein Maurer sie zusammengefügt; in einer Waldhütte in Hessen oder im Spessart[4] hat ein Glasbläser mit seinem Atem dem Römer die bauchige Form gegeben und dann dem zylindrischen Stiel die Beeren aufgeschmolzen; dem Winzer sind wir schon im Weinberg und dem Küfer im Keller begegnet; der Tabak kam wahrscheinlich aus Straßburg und war in

[1] Vgl. Klibansky u. a., *Saturn und Melancholie*, S. 77.

[2] Dieser von Bovelles im *Buch des Weisen* zitierte Satz (S. 132) stammt von dem neulateinischen Dichter Ludovicus Pictorius Bigus (1454 bis 1520), dessen 1498 in Modena erschienenes Werk *Christiana opuscula* Giovanni Francesco della Mirandola gewidmet ist.

[3] Steinmetz, Maurer, Glasbläser, Winzer, Küfer, Tabakist, Papiermacher, Bauer, Hänfer, Seiler, Pfeifenbäcker, Gärtner.

[4] Vgl. Wettengl, *Flegel-Katalog*, S. 74.

Frankfurt gesoßt, gesponnen, gerollt und in »Kistlein« gepreßt worden[1]; das Papier für das Briefchen, in dem der »Tubackskremer« die Ware verkaufte, hat aus alten Hadern ein Papiermacher geschöpft; den vom Bauern »gefimmelten« Hanf hat ein »Hänfer«[2] zu Fäden gesponnen, aus denen ein Seiler den Strick für die Lunte drehte; der feine weiße Ton für die »Rauchflöte« hat ein »Pfeifenbäcker« in einem Model gebrannt, das ihr sein Rankenmuster aufprägte, und selbst die beiden Erdbeeren sind zu ihrer »edlen« Form erst durch die Gartenkultur gekommen.

Die Materie von Nische, Pfeife und Glas gehört zur mineralischen Welt, die der restlichen fünf Dinge zur pflanzlichen: Stein, Ton und Quarzsand sind Bestandteile des Erdkörpers, Erdbeere, Rebe, Tabakskraut, Hanf und Lein wurzeln in ihm. Bei der Formbildung war das Feuer das maßgebliche Element. Im Natürlichen der Sonne sind die Erdbeeren gereift und ihm verdankt sich der Traubenzucker, der den Wein im Zerfall erwärmt; die Tabaksauce aus Wein, Salz und Gewürzen[3] wird auf dem Küchenfeuer reduziert, die Pfeife im Brennofen gebacken, das Glas dem Schmelzofen entnommen, der Hanf vor dem Raufen geröstet, und auch das Wasser mit den angefaulten Haderlumpen in der Bütte wird erhitzt.

Auf gegensätzliche Weise haben die Dinge ihre Form angenommen: Bei der Erdbeere schwillt der Blütenboden durch *kalte Feuchtigkeit* von *innen* und reift durch *natürliche Erwärmung* von *außen* zur *weichen* Frucht, die Glasbeeren entstehen *trocken* durch *künstliches Feuer* von *außen* und erhärten durch *natürliche Abkühlung* von *innen;* bei der Rebe werden die Früchte geerntet, wenn die Blätter gefallen sind, aus denen die Trauben ihre Nährstoffe gezogen haben, während beim Tabakskraut die Fruchtbildung unter-

[1] Vgl. Dietz, *Handelsgeschichte*, Bd. 4, S. 56f., sowie Sigmund von Birken, *Trunkenheit*, S. 106f.

[2] Zu Hanf und Hänfer vgl. Grimm, Bd. 10, S. 431f.

[3] Birken, *Trunkenheit*, S. 102f.

bunden wird, damit alle Nährstoffe in die Blätter ziehen. Im Gegensatz zur *heiß* geblasenen *flüssigen* Schmelze, die durch *inneren* Druck und mit *diskontinuierlicher* Hitze[1] ihre Form erhält, wird die *feste* Erde der Pfeife durch *äußeren* Druck *kalt* in der Form geprägt und in *kontinuierlicher* Hitze gebacken; der *zusammenklebende* Faserbrei wird vom Papierer *naß* geschöpft, während beim Hecheln des Hanfs die Fasern *trocken auseinandergekämmt* werden; die *scharfe* und *salzige* Beize, in der die trockenen Tabakblätter fermentieren, wird von *außen* hinzugefügt, während das Ferment der *edelfaulen* und *süßen* Gärung im Traubensaft enthalten ist.

Drei Dinge sind den Augen zum Verzehr hingestellt: Wein, Erdbeeren und Tabak. Der Römer ist das Trinkgefäß, die Pfeife das Rauchinstrument, das Briefchen die Hülle des Tabaks, die Lunte das Nest des Feuers, die rohen Früchte liegen auf dem blanken Stein – als ihr Gehäuse im Bild erscheint die Nische.

[1] »Der Glasbläser beginnt seine Arbeit mit einem *Rohr*, das er zunächst an einem Ende schließt, um eine hohle Blase zu erhalten, in deren Innern sein Luftstoß einen gleichmäßigen Druck nach allen Seiten ausübt; aber die kugelige Form, die durch diese gleichförmige Ausdehnungskraft natürlicherweise entstehen würde, wird zu allen möglichen Formen abgeändert; das geschieht durch die Hindernisse und Widerstände, die der Blasende erzeugt, indem er den einen oder anderen Teil seiner Blase nicht gleich stark erhitzt oder abkühlt wie den Rest. Oliver Wendell Holmes wies als erster auf diese merkwürdige Parallele zwischen der Tätigkeit des Glasbläsers und dem Wirken der Natur hin, wenn diese, wie so oft, ihre Gestaltung mit einem einfachen Rohr beginnt. Der Verdauungskanal, das arterielle System einschließlich des Herzens, das Zentralnervensystem der Vertebraten einschließlich des Gehirns – sie alle beginnen als einfache röhrenförmige Gebilde, und die Natur geht genauso mit ihnen vor wie der Glasbläser bei seiner Arbeit; man könnte sogar sagen, sie tut nicht mehr als er; denn sie kann das Rohr hier erweitern und dort verengen, seine Wände verdicken oder sie verdünnen, einen seitlichen Auswuchs oder einen Blindsack aufblasen; sie kann das Rohr biegen oder es verdrehen und aufrollen und seine Wände einrollen, sozusagen wie es ihr gerade beliebt.« (D'Arcy Thompson, *Wachstum und Form*, S. 346f.)

Das Glas ist so zerbrechlich wie die Tonpfeife, das Briefchen nicht viel haltbarer als die Lunte. Langsam zerfällt Papier in feuchter Luft, am schnellsten verzehrt sich die Lunte im Feuer. Je haltbarer die Dinge, desto vergänglicher ihr Wohnsitz, die wilden Denker diesseits und jenseits des Meeres entsprechen sich.[1] Dem Maler, der das zahme Feuer in der Lunte verewigte, erschien die dauerhafte Nische als der den vergänglichen Beeren angemessene Ort.

Dryanders *Artzney Spiegel* reflektiert den vergänglichen Körper und das dauerhafte Temperament der Erdbeere:

»Die Frucht der Erdbeeren (...) fuehret viel Feuchtigkeit, kraefftiges Oel und Sal essentiale, ist ihrem Temperament nach zwar kalt und feucht, jedoch, wegen ihres lieblichen und Wein-hafften Geruchs scheint sie zugleich eine fluechtige Waerme bey sich zu haben. Dannenhero auch, wenn sie nicht denselben Tag, da sie voellig reif ist, gegessen wird, so vergehet ihr solcher fluechtiger Geruch und sie verfaulet. In der heissen Sommers-Zeit sind die Beere sonst eine angenehme Speise, sonderlich den Cholerischen und von Natur hitzigen Leuten. Loeschen den Durst, daempfen die Hitze der Leber und Nieren, saubern das Gebluet, daempfen die Galle, befoerdern den Harn und das Grieß, und treiben den Schweiß. (...) Und weil sie die Signatur des Aussatzes an sich habenm, werden sie von Ramundo Lullio[2] trefflich wider denselben geruehmet. Sie sind aber dem bloeden[3] und kalten Magen nicht gesund, auch denen Wassersuechtigen (...) schaedlich; geben sehr wenig Nahrung, verderben leichtlich den Magen, und verursachen alsdann das Fieber.«[4]

[1] Vgl. dazu Claude Lévi-Strauss, *L'Origine des manières de table – Mythologiques III*, Paris 1968, S. 405.

[2] Raymundus Lullus (um 1235 bis 1315).

[3] *bloede* = krank.

[4] Johann Dryander, *Artzney Spiegel. Gemeyner Inhalt derselbigen.* Frankfurt 1547, Blatt 34 recto.

Die Bekömmlichkeit der Erdbeere ist eine Frage des Magens, den Galen als Küche im menschlichen Körper versteht:

»Wiederüm lehret Galenus, daß den Leib nichts nehren könne, es werde dann erstlich in dem Magen, als in einer Küche zubereitet; und diß sey die Strasse der Nahrungskost, daß sie durch den Mund in den Magen, gleich als in eine Speißkammer, und von dannen ihr bästes Wesen in die Leber eingehe, da es zu Geblüte wird, und allen Gliedern, als Nahrung zufliesset: Welches mit dem Rauch nicht geschihet. Abermahls lehret er, daß die Zeugung und Nährung einerley Matery haben: (generationis & nutritionis eandem esse materiam). Ein Mensch aber wird nicht aus Rauch gezeuget, darüm kan ihm auch der Rauch keine Nahrung geben. Ferner: Das Wasser könne keine Nahrung geben; viel weniger wird es der Rauch thun, als der weit dünner und unkörperlicher ist.

Es wäre noch viel dergleichen zu sagen: aber auch viel darauf zu antworten. Ob der Rauch schon nit fühlbar ist, so steiget er doch von fühlbaren Sachen auf, und wird in fühlbare Sachen, in Ruß oder Dunst, verwandelt. Ferner so steckt in dem Tabak-Rauch eine Gewürzhafftige Krafft, welche dem Gehirne, Hertzen und Magen angenehm ist, dieselben stärket, und die Lebensgeister erfrischet. Wiederüm, so hat der Mensch zweyerley Wesen, ein Körperliches, welches durch die irdische und wässrichte: und ein geistiges, welches durch die feurige und lufftige Matery genehret wird; wie auch Galenus lehret.«[1]

Würzig sind Erdbeeren, Wein und Tabak, ihre Qualität erkennt zuerst die Nase. Flüchtig wie der Rauch ist der weinhafte Duft der Erdbeere. Ihr sattes Rot vermittelt dem geistigen Auge den Gegensatz von weißem Wein und schwarzem Tabak, wie ihre Frische für den Geschmack gleichweit vom Edelfaulen entfernt ist wie vom Verbrannten. Im *humoralen Dreieck*[2] repräsentiert sie das Wasser, den

[1] Sigmund von Birken, *Trunkenheit*, S. 117f.

[2] In Anlehnung an das kulinarische Dreieck von Lévi-Strauss, *L'Origine des manières de table*, S. 406; vgl. auch *Le Cru et le Cuit – Mythologiques I*,

Winter, das Greisenalter und das phlegmatische Temperament und bildet die Spitze über dem lufthaften Wein und dem feurigen Tabak. Auf der zeitlichen Ebene der Reifung verschieben sich die Elemente. Wie die Erdbeere durch die Sonne schnell eine »flüchtige Wärme« – etwas Lufthaftes gewinnt, so nimmt die lufthafte Wärme und Feuchtigkeit des jungen Weins langsam erdige Trockenheit und feurige Hitze an, während der heiße und trockene Tabak mit der Zeit durch die Luft seine Würze verliert; die Verwandlung des Tabaks geschieht durch Verbrennen im eigenen Element, und so ist er im Verhältnis zur Dauer seines Geschmacks und seiner Form vom Wein ebenso weit entfernt wie die schnell verfaulende Erdbeere, deren Platz im Dreieck er nun einnimmt. Im Kontext der Orientation und der Fortpflanzung bilden die Gegensätze einen Kreis. Die kriechende Erdbeerstaude ist mit radialen Ausläufern *horizontal* orientiert, der aufrecht wachsende einjährige Tabak *vertikal*, während die Rebe in der Mitte steht, weil sie sich als kletternder Halbstrauch *spiralig* um einen Stock windet. Rebe und Tabak breiten sich durch Samen, die Erdbeere durch Ausläufer und Samen aus. Die vergängliche Erdbeere ist also zweifach mit dem Leben verbunden: Aus der Beerenfäule entfalten sich die Samen, während die Mutterpflanzen mit ihren Töchtern auf dem Waldboden einen Teppich bilden. In der Kultur werden die Ableger entfernt, damit alle Kraft der Pflanze in die Früchte zieht. Bei der Weißwein-Bereitung spielen die Kerne keine Rolle und bleiben beim Pressen zurück[1], die Tabakzucht verlangt das Unterbinden der Samenbildung. Beim Tabak können sich die Knospen nicht entfalten, bei der Traube nicht die Kerne, während bei der Erdbeere die doppelt garantierte Fruchtbarkeit halbiert erscheint. Auf dem Weg von der Natur zur Kultur wird

Paris 1964, und *Du miel aux cendres – Mythologique II*, Paris 1967 (Register: Cru, cuit, pourri).

[1] Beim Weißwein wird keine Maische aufgesetzt.

bei der Erdbeere das Leben, beim Wein und Tabak der Tod kontrolliert: Fermentation und Gärung sind der Fäulnis analog. Ihren Gegensatz stellt das Feuer dar, das beim Verbrennen des Tabaks kontrollierte Element.

Als Trompe-l'œil sind Wein, Erdbeeren und Tabak unersättlicher Kontemplation zugedacht, humoral betrachtet nähren sie weniger den Körper als Seele und Geist. Als unnatürliche Abweichung von Galens Straße der körperlichen Nahrungskost erscheint der Weg geistiger Speise im *Buch des Weisen*. Für das Erkenntnisvermögen ist nicht der Magen die »Küche«, sondern das Herz. Die Evidenz auf der geistigen Ebene zwingt die Symmetrie auf der körperlichen herbei. Mit der Säfte-Lehre stimmt Bovelles darin überein, daß auch bei Galen die »Geist-Seele des Menschen« im Herzen wohnt und von der »linken Höhle« aus »über die übrige Psyche (herrscht)«[1]. Den drei Modalitäten des Geistes: Erkenntnis, Gedächtnis und Kontemplation korrespondieren im bovillischen System Mund, Magen und Herz. Der Erkenntnis entspricht der aufnehmende Mund, dem Gedächtnis der »sammelnde, fixierende und bewahrende Magen«, während die »assimilierende, einordnende Kontemplation«, die das Aufgenommene, mit dem Gedächtnis Verknüpfte und von ihr auf den Begriff Gebrachte an das Erkenntnisvermögen zurückleitet, dem Herz entsprechen soll, weil es das vom Magen Empfangene »kocht, verdaut und verwandelt« und im Blut an den Organismus zurückgibt.[2]

»Wie keine natürliche Nahrung in die Schüssel des Magens fallen kann ohne den Mund zu passieren, also nichts im Magen ist, das nicht im Mund gewesen wäre, so kann auch nichts in der Hitze des Herzens kochen, das nicht zuvor eine Weile in der Höhle[3] des Gaumens und dem Kessel des Gedächtnisses verbracht hat: desgleichen

[1] *Hippokratische Schriften*, Teil XVI/68.

[2] *Liber*, Kap. X, S. 106.

[3] *Palato*, *palais* = »Palast« und bezeichnet den Gaumen; im Deutschen gibt es leider nur die Höhle.

ist nichts im inneren Gedächtnis, das nicht zuvor in der äußeren Erkenntnis, nichts in der Kontemplation, das nicht zuvor in Erkenntnis und Gedächtnis war. Der Mund empfängt die Nahrung von keinem anderen Organ, das ihm vorausginge, er selbst ergreift sie mit den Zähnen. Der Magen bekommt alles, was er erhält, vom Mund. Das Herz schließlich verdankt dem einen und dem anderen, Mund und Magen, was es verbrennt und verdaut.« Auf das übertragen, was Bovelles »die Organe der Seele« nennt, entfaltet das Gleichnis seinen Sinn:

»Das Erkenntnisvermögen empfängt die intelligible Form von keinem anderen Teil der Seele, der ihm zuvorgekommen wäre, das Gedächtnis ist allein durch das Erkenntnisvermögen von dieser Form erfüllt, ja gesättigt, während die Kontemplation vom einen wie vom anderen, dem Erkenntnisvermögen und dem Gedächtnis, ausgeht.«[1]

Drei Modalitäten und drei Organen der Seele korrespondieren drei Speisesorten: die sinnenhafte, die phantasievolle, die vernunftbegabte. Die erste kommt aus der Welt, die zweite aus dem Körper, die dritte geht selbständig vor – in ihr vollendet sich das Schauspiel der sinnlichen Welt und körperlichen Einbildungskraft.

Auch die Sinne »glänzen« dreifach in »erstaunlicher Symmetrie und Proportion«. Deshalb sind es nicht fünf sondern sechs – drei Herrschende und drei Dienende. Die Hände »schaffen den Augen die Schriften, Farben und alle Arten der Malerei. Der Mund schenkt dem Gehör die Stimmen, ihren Einklang und alle Harmonie. Der Geruchssinn durchdringt das Gehirn, den Sitz der Phantasie und ihrer Trugbilder, mit mannigfaltigen Düften und schmeichelt ihm angenehm mit ihrem lieblichen Aroma«[2]. Hände, Mund und Nase sind die Vasallen, die ihrer Herrschaft Gesicht, Gehör und Gehirn

[1] *Liber*, Kap. X, S. 108.
[2] Ebda., Kap. XXX, S. 202.

Farben, Stimmen und Düfte bringen. Der sechste Sinn im Dreimaldrei heißt Vorstellungsvermögen, Einbildungskraft oder Phantasie.

Die dreifaltige Struktur umgibt eine vierfaltige. Der buchstäbliche Einfluß des großen Kosmos auf den kleinen des Menschen spiegelt sich in vier Stadien, die das Sein durchläuft. Das Element Erde gleicht dem Sein und spiegelt sich in der mineralischen Sphäre, das Element Wasser gleicht dem Leben und spiegelt sich in der vegetativen Sphäre, das Element Luft gleicht dem Gefühl und spiegelt sich in der animalischen Sphäre, das Element Feuer gleicht dem Verstand und hat sein Ebenbild in der menschlichen Sphäre. Wie sich die sinnliche Welt im menschlichen Geist erkennt, so begreifen sich Erde, Wasser und Luft im Feuerlicht. Weil es am Himmelsgewölbe die anderen Sphären umfaßt, alle Umwandlungen in der Natur bewirkt, in äußerster Entfernung der Erde entgegengesetzt ist und durch Wandel währt, erscheint das Feuer bei Bovelles in heraklitisch-stoischer Tradition als Logos der Schöpfung, dem sich alle Formbildung verdankt. Aus dem vernunftbegabten göttlichen Urfeuer hat sich die Welt entfaltet, zum »ewig lebendigen Feuer, erglimmend nach Maßen und erlöschend nach Maßen«[1], kehren alle Dinge zurück. Der Mensch hat das Feuer vom Himmel auf die Erde geholt und damit die natürliche Ordnung umgekehrt. Vernunftbegabtes Feuer und feurige Vernunft sind Anverwandler, ihr Verfahren heißt »Kunst der Gegensätze«[2], die *Umkehrung* ist ihr Lebensprinzip.

Durch das Erkenntnisvermögen wird »die große Kette des Seienden«[3] aus der Finsternis und dem Chaos ihrer ursprünglichen Identität ins Licht der Gegensätze gerückt

[1] Heraklit, 30. Fragment (Diels).

[2] »Die Kunst der Gegensätze«, *Ars oppositorum* von Charles de Bovelles erschien in einem Sammelband 1511 in Paris. Neuausgabe *L'Art des opposés*, herausgegeben und übersetzt von Pierre Magnard, Paris 1984.

[3] Ebda., Kap. VII, S. 84.

und erscheint in ihrer »gegenstrebigen Fügung«[1]. Im Zusammenfall der Gegensätze tauschen die Dinge ihren Platz und laufen die Reihe gegensätzlicher Entsprechungen in umgekehrter Richtung zurück. Das von Bovelles »Antiperistase«[2] genannte Verfahren ist als strukturalistisches im Werk von Claude Lévi-Strauss zur Vollendung gelangt: »Der fundamentale Gegensatz, Erzeuger aller anderen, (...) ist derselbe, den Hamlet in Form einer noch allzu leichtgläubigen Alternative ausspricht. Denn zwischen dem Sein und dem Nichtsein zu wählen, ist nicht Sache des Menschen. Eine seiner Geschichte konsubstantielle geistige Anstrengung, die erst mit seinem Verschwinden von der Szene des Universums aufhören wird, zwingt ihn dazu, die beiden widersprüchlichen Evidenzen auf sich zu nehmen, deren Anstoß sein Denken in Gang setzt und, um ihren Gegensatz zu neutralisieren, eine unbegrenzte Reihe weiterer binärer Gegensätze erzeugt, die, ohne jene erste Antinomie je aufzulösen, auf immer kleineren Stufenleitern sie nur reproduzieren und perpetuieren: Realität des Seins, von der der Mensch in seinem tiefsten Inneren spürt, daß sie einzig fähig ist, seinen alltäglichen Gesten, seinem moralischen und sentimentalen Leben, seinen politischen Entscheidungen, seinem Engagement in der sozialen und natürlichen Welt, seinen praktischen Unternehmungen und seinen wissenschaftlichen Errungenschaften Grund und Sinn zu verleihen.«[3]

Der elementare Gegensatz, der alle anderen hervortreibt, bringt uns zum *Tabakchen* zurück, dem Gastmahl des Weisen.[4] Am Ende seiner *Kunst der Gegensätze* führt

[1] Heraklit, 8. Fragment.

[2] Vgl. Bovelles, *L'Art des opposés*, Kap. VI, S. 75f. »Antiperistase« bezeichnet den Kreislauf und die Umkehrung der Gegensätze.

[3] Claude Lévi-Strauss, *Der nackte Mensch – Mythologica IV*, Frankfurt 1975, Bd. 2, S. 817.

[4] »Sein passiver Intellekt ist der gedeckte Tisch für alle Freuden des Geistes.« (Bovelles, *Liber*, Kap. XV, S. 130.)

Bovelles den Leser durch ein »Labyrinth« aus variierten und quadrierten Oppositionen, in das wir ihm mit Erdbeeren, Tabak, Wein und Lunte folgen.[1]

Die rohe Erdbeere verfault, ihr Verderben ist mit dem Element Wasser verbunden. Der fermentierte Tabak wird im Feuer verbrannt. Der vergorene Wein oxydiert mit der Zeit, sein Verderben bewirkt die Luft. Die Erdbeere zersetzt sich frei, der Tabak endet im offenen Gefäß, der Wein im geschlossenen. Vom Wein bleibt das Oxyd, vom Tabak die Asche, von der Erdbeere bleiben die Samen. Die Umkehrung von sichtbarem Leben und verborgenem Tod in den Trugbeeren wirft im Spiegel des menschlichen Geistes ihr Sinnbild zurück: auf der symbolischen Leiter werden die Erdbeeren für die Seelen der Kinder ins Paradies gebracht. »Das Offenbare offenbart sich vor aller Welt und verbirgt sich im Geheimen, während das Verborgene vor der Welt verborgen ist, aber bekannt als offenbar im Geheimen.«[2]

In der Pfeife ist der Tabak das Leben des Feuers, das am Ende vom Toten (der Asche) begraben wird, und das Feuer der Tod des Tabaks, der die Asche zum Tod des Todes macht: buchstäbliche Auferstehung des Lebens aus einer doppelten Verneinung, die ihre Kehrseite hat; das Feuer verwandelt seine Nahrung in Asche wie der Raucher den Tabak, allein das Feuer frißt den Tabakkörper, während der Raucher gleichsam die Seele des Krauts schluckt; die Frage, ob seine eigene im Tod unsichtbar in den Himmel aufsteigt wie der mit seinem Atem vermischte sichtbare Rauch im Leben oder ob sie der Teufel als Rauch schluckt, nachdem sie in der Hölle dem Fegefeuer ausgesetzt war wie der Tabak im Rauchgefäß, kann kein Pfeifenmelker im Diesseits beantworten, und darin gründet die zwiespältige Symbolik des Tabaks. »Das Leben ist das Leben des Lebens und der Tod

[1] Bovelles, *L'Art des opposés*, S. 172f.
[2] Ebda., S. 174.

des Todes, während der Tod lebender Tod ist und totes Leben.«[1]

Der oxydierte Wein verbräunt und ist ungenießbar, nachdem die Luft durch den mürbe gewordenen Korken in die Flasche drang; wenn der Zeitpunkt versäumt wurde, den reifen Wein zu trinken, verdirbt er über kurz oder lang; einmal oxydiert, ist die »Entzündung« letal; seine Erzeugung setzt die Überwindung einer »Entzündung« voraus – die Abkühlung nach der Erwärmung durch Desoxydation; die Reifezeit vollendet sich in der verkorkten Flasche, in der sich der Wein mit einem angemessenen Teil des Elements austauscht, vor dem er abgeschlossen ist.

Mit der Zeit reift der Wein und mit der Zeit oxydiert er; wenn er wieder mit dem bei der Gärung schnell entwichenen Element vereinigt ist, verliert er im Nu den erdigen und feurigen Körper und verbräunt; nicht in der maßlosen, in der angemessenen Verbindung ist seine »Ewigkeit« beschlossen; »firn« wird der reife Wein genannt, ein Wort, das sich von »fern« ableitet, denn »was im Raum absteht, musz es auch in der zeit«;[2] als firner Wein, wie ihn Flegel gemalt hat, à la Bovillus in der Herzküche gekocht und in Blut verwandelt, vereinigt er sich im Guten mit seinem Element und steigt in die Region der Trugbeeren auf: *vivitur ingenio caetera mortis sunt*, »man lebt durch den Geist, alles andere fällt dem Tod anheim«[3].

Mit winzigen weißroten Taktstrichen durchmißt die Glut die Raumzeit der Lunte im rauchtopastonigen Stillleben. Im durchglühten Stück der Hanfschlange ist ihre Textur sichtlich intakt, während sie im angebrannten Teil hinter der Glut im Schwarz verborgen ist. In diskreten

[1] Ebda.

[2] Vgl. Grimm, Bd. 3, S. 1675.

[3] Vgl. Dieter Wuttke, *Der Humanist Willibald Pirckheimer – Namengeber für ein mathematisch-naturwissenschaftliches und neusprachliches Gymnasium? Ein Beitrag zur Überwindung der ›Zwei Kulturen‹*, Nürnberg 1994, S. 68.

Intervallen fällt das abgestorbene Lunteteil von der Glut und hebt für einen Augenblick ihre kontinuierliche Verbindung mit der Asche auf. Dauernd vergeht die Lunte, auch sie ist durch Zusammenfall von Gegensätzen zum *Vita-brevis*-Symbol geworden.

»Lunte« hieß ursprünglich »Lumpen, Fetzen«. Königin Ester achtete laut Luther die auf ihrem Haupt prangende Krone so wenig wie wertlose »Lunten«; in seinen Tischreden schildert der Reformator die zerrissenen und zerstampften »Lunten« in der Papiermühle.[1]

Gedreht und getränkt wird die oder der »Lunte« zum Docht, ein Wort, das im altnordischen *pattr*, »Litze eines Seils, Abschnitt«, wurzelt. Ein Arzneibuch von 1572 erhellt den Dochtsinn *des* Lunten: »... und geschicht dem herzen gleich wie ein lüntten in der ampel, der brinnet erstlich hell, je lenger aber dasselbig wehret, je härter, verbrannter, ausgemergelter und erbrechlicher er wird, verleurt also von weil zu weil sein sterk.«[2]

Die Luntentaufe des Zündstricks wurde im 16. Jahrhundert vollzogen, früh tauchte das Wort in den Niederlanden auf und wurde bald in andere Sprachen übernommen. Als Zündmittel von Sprengkörpern dient die Lunte dem Krieg. In der Wendung »Lunte riechen« hat sie den Sinn »Gefahr«, denn nur ihr scharfer Geruch im Brand verrät den Schützen im Versteck.

Die früheste Bedeutung von »Lunte« verknüpft das Wort mit dem mittelniederländischen *lunderen*, »etwas Nutzloses tun, mit unpassenden Dingen seine Zeit vertrödeln, entschlußlos sein«. Als *Pars pro toto* werden »die Lumpen« zum »Lump«, nehmen die Fetzen des Tagediebs oder *Lunterus* seine Stelle ein: zerrissen wie seine Kleidung ist das Leben des Lumpen.

In allen Fällen ist »Lunte« ein durch zeitliche Abnutzung wertlos gewordenes Gewebe, das zerrissen,

[1] Vgl. Grimm, Bd. 12, S. 1307.
[2] Ebda.

zerstampft oder als zusammengedrehter und getränkter Abschnitt einem neuen Zweck dient, dabei aber etwas von der Fragwürdigkeit seines abgerissenen Daseins beibehält: Papier, Docht und lumpigem Leben mangelt es an Haltbarkeit.

Kurze Spanne ist die Lunte zunächst im räumlichen Sinn, verglichen mit der langen Hanfschnur, von der sie abgeschnitten wurde. In Bleioxydlösung getränkt und angezündet gibt sie das Feuer weiter und vergeht dabei langsam aber sicher. Auf kleinstem Raum konzentriert sich das Feuer und durchglüht, Abschnitt für Abschnitt, den getränkten Hanf, der sich so langsam wie möglich verzehrt. Wie das Hanfstück als Teil des ganzen Stricks eine kurze Spanne repräsentiert, so erscheint das Ganze der Lunte im Verhältnis zum einzelnen Glutabschnitt lang, und wie die Zeit des kleinen Feuers in der Lunte verglichen mit dem eines großen lodernden maximal ausgedehnt ist, erscheint sie im einzelnen Glutaugenblick minimiert. Die Konstanz des Luntenfeuers verdankt sich dem Prinzip: gerade so viel Raum, Nahrung und Luft, daß es weder entflammt noch vergeht.

Als Zündstoff der Sprengkörper setzt die Lunte Zerstörung in Gang, als Feuerspender zu friedlichem Zweck verkörpert sie Vergänglichkeit und Lebensökonomie. Kontinuierlich bleibt die Glut mit der Asche in Verbindung, ohne von ihr begraben zu werden, diskontinuierlich fällt die Asche ab, ohne Flammen freizugeben. Das Ganze und der Teil fallen in der Lunte zusammen. »Das Ganze ist ganz als Ganzes, Teil aus Teilen. Das Teil ist Teil des Ganzen und das Ganze der Teile.«[1]

Non sine igne lautet ein Emblem-Motto, denn »nicht ohne Feuer« gibt es Opfer und Werk.[2] *Vita brevis, ars longa* heißt der elementare Gegensatz von Leben und Kunst, der nur im Werk zusammenfallen kann: je mehr

[1] Bovelles, *L'Art des opposés*, S. 172.
[2] Vgl. Henkel/Schöne, *Emblemata*, S. 132.

der Künstler von seinem Leben opfert, desto länger überlebt ihn sein Werk.

Alles zu seiner Zeit und alles nach seinem inneren Maß, sagen uns Lunte, Tabak, Wein und Erdbeeren. Alle Dinge vergehen durch das Element, das ihr Temperament beherrschte, und steigen aus ihm wieder auf. »Das Leben kehrt wieder in den Spuren des Todes, wie das Licht wiederkehrt in den Schritten der Nacht.«[1]

Keine Erkenntnis kann den Wissensdurst stillen, unersättlich schmeckt das Auge Farbe und Textur im Konterfei der Dinge, und auch die immer offenen Sinne, Nase und Ohr, gehen in Flegels Trugbild nicht leer aus. Bittere und süße, beißende und schmeichelnde Gerüche kokeln[2] im Trompe-nez, während der sechste Sinn dem Ohr die konterfeiten Stimmen in der Nische vortäuscht: das stille Feuer im lautern Wein, der stummen Pfeife Ton, die raschelnde Tabak- und die knisternde Hanfschlange, das klingende Glas und das knirschende Samenkleid zweier Trugbeeren.

Die Kunst der Gegensätze liegt allen Künsten zugrunde, und hätten wir nicht in der Gestalt der Lunte das Maximum des gezähmten irdischen Feuers erkannt und im gemalten Reflex des Sonnenlichts, das ohne Zerstörung Fenster, Römer und Wein durchdrang, das Minimum des himmlischen Feuers, wäre der Zusammenfall von Vergänglichkeit und Dauer in einem zerbrechlichen Glas nicht über die Schwelle des Bewußtseins gelangt.

[1] Bernhard von Clairvaux, zit. nach Georges Duby, *Die Kunst der Zisterzienser*, Stuttgart 1993, S. 154.

[2] »Kokeln« hängt mit »gaukeln« zusammen. Vgl. Grimm, Band 11, S. 1566.

As then the Tulip for her morning sup
of Heavenly Vintage from the soil looks up,
Do you devoutly do the like, till Heav'n
To earth invert you – like an empty Cup.[1]

OMAR KHAYAAM

III
Batavische Harlekinade oder das Ergötzen der Blumisten

Ein phantastischer Strauß: keine Vase hat je einen solchen gefaßt. Unverwelklich blühen Tulpen, Schwefel-, Wein- und Damaszenerrose, Kapuzinerkresse, Prunkwinde, Malven und Nelke, Milch- und Blaustern, Iris und Hyazinthe, Stiefmütterchen, Akelei und Schachbrettblume. Dargeboten wird die Blütenlese einer Gartensaison von März bis Oktober, das Schauspiel der Floreszenz vor dunklem Hintergrund. In ihren gefransten, gestreiften, gewürfelten, geflammten, gescheckten Gewändern nehmen sich die Darsteller aus wie Figuren der Commedia dell'arte.

Vier Tulipane beherrschen die Szene. Die Hauptrolle spielt *Superintendant*[2], festgehalten im Augenblick vor der Entfaltung. Auf der glänzenden Atlasseide der rosarot geflammten Blütenblätter sitzt die gemeine Stubenfliege –

[1] Aus dem Persischen von Edward Fitzgerald.

[2] Tulipahybride Schrenkii x stellata. Die alten Namen der Tulipane verdanke ich Sam Segal (private Korrespondenz). Beim Milchstern weicht meine Bestimmung von Segals ab, der die Blume als *Ixia candida* ansieht. Ob Iris- oder Liliengewächs, bei der Pflanze mit den orangefarbenen Staubgefäßen scheint es sich um eine verlorene Art zu handeln, die auf erneute Entdeckung wartet.

seit ungefähr dreihundertsechsunddreißig Jahren kündet sie vom baldigen Zerfall.[1]

Dem *Superintendanten* zur Seite: ein elfenbeinfarbiger, braun geflammter Tulipan namens *General der Generäle von Gouda*[2]. Hell glüht das Irisauge der düsteren spanischen Schwertlilie über der eiförmigen Tulipanknospe *Weißer Lappenrock*[3], die ihre zinnoberrot gesäumten Rockzipfel neben einem *Latour*-Tulipan[4] öffnet, dessen Blütenschale, purpurrot lasiert auf muschelweißem Grund, an kostbares chinesisches Porzellan erinnert. Halb verdeckt vom schönen Tulipan erscheint die Columbinenhaube[5] der gemeinen Akelei und aus dem Zwischenraum der Tulpenherrschaft schaut das lachende Gesichtchen einer *Viola tricolor*.

Als Faulpelz, der nichts als Honig will, sitzt die Hummel ewig auf der Rose, während aus dem Dunkel ein Aurorafalter auf der Stelle zur Futterpflanze seiner Raupen fliegt.[6] *Nasturtium*, »Nasenquäler« hieß die kleine Kapuzinerkresse aus Peru, bevor Linné sie *Tropaeolum*

[1] Johannes Goedaert (1617 bis 1668) malte das Bild um 1660. Vgl. Laurens J. Bol, »Johannes Goedaert, schilder-entomoloog«, in: *Oud Holland*, LXXIV, 1959, S. 1–19.

[2] Tulipahybride biflora x stellata.

[3] Tulipahybride biflora x Schrenkii.

[4] Tulipahybride Clusiana x Schrenkii.

[5] In England heißt die Akelei »Columbine«, weil die fünf Honigsporen über den Kelchblättern Tauben ähneln, die ihre Schnäbel gurrend zusammenstecken. In der *Flora von Deutschland* (hrsg. von F. L. von Schlechtendal, Gera-Untermhaus 1880) heißt die Akelei »Harlekinsblume« wegen der Ähnlichkeit der einzelnen Sporne mit einer Narrenkappe (Register).

[6] *Anthocharis cardamines* wurde früher auch »Kressenfalter« genannt. Vgl. *F. Berge's Schmetterlingsbuch*, 3. Auflage Stuttgart 1863, S. 66. Goedaerts Darstellung weicht vom gewöhnlichen Aurorafalter ab. *Zufällig* ähnelt er einem Schmetterling aus Nabokovs Universum: *Zegris eupheme*, früher *Anthocharis eupheme* genannt. Vgl. ebda., Tafel 10, und Dieter E. Zimmer, *A Guide to Nabokovs Butterflies and Moths*, Hamburg 1996, S. 153 und Abbildung 11. Da sich ein in Rußland und Spanien heimischer Falter kaum nach Middelburg verirren dürfte, scheint es sich bei Goedaert um einen Aurora-Bastard zu handeln, der uns im 17. Jahrhundert den großen russischen Dichter ankündigt.

minus nannte.[1] Neben den spektakulären Tulpen nehmen sich die übrigen Blumen des Bildes eher kleinblütig aus, vergleicht man sie mit heutigen Gartenformen. Ob Würfelwurf der Natur wie die Schachbrettblume oder Spielform der Kultur wie die gestreifte Damaszenerrose[2], farbig gemustert sind sie fast alle. Taufrisch und unversehrt schimmern ihre scheckigen Blüten im klaren Licht, während die Rosenblätter von einer Dornraupe angenagt und von herbstlicher Verbräunung gezeichnet sind.

Das monochrome Spiel der gelben und rötlichen Ockertöne im olivfarbenen Blattwerk bildet einen melancholischen Kontrast zur heiteren Polychromie der Blumengesellschaft. Tautropfen glitzern auf müdem Grün, zwei leere Perlmuttgehäuse exotischer Muscheln liegen halb im Schatten, halb im Licht, dessen Reflexe auf dem Rand der *Nautilus pompilius* mit den Kelchen der nächtlichen Hyazinthe korrespondieren.[3]

Auf der anderen Seite der chinesischen Vase mit Bambus-Dekor zerfleddert eine flinke Blaumeise einen Nachtfalter aus der Familie der Eulen, *Noctua pronuba*, im Deutschen wie im Holländischen »Hausmutter« genannt. »Pimpelmees« heißt niederländisch die Blaumeise, »Pimpelaar« der Zecher, denn blau ist der Vogel und blau der »pimpelnde« Mensch.[4] Das fortwährende Gebimmel einer Schelle, das repetitive Meisenlied und die weinerlichen Klagen das Säufers stimmen im lautmalenden

[1] Aus *Nasturtium indicum*, der »indischen Kresse«, wurde *Tropaeolum*, weil Linné die farbigen Säulen der um Stangen gewundenen großen Kapuzinerkresse an das Tropäum erinnerten, das mit den Waffen ihrer Feinde geschmückte Siegeszeichen römischer Legionäre – die Blätter gleichen Schildern, die Blüten blutbefleckten goldenen Helmen. So haben die spanischen Zerstörer der Inkakultur im Namen der Blume aus Peru einen römischen Habitus angenommen…

[2] *Rosa damascena versicolor*, »York and Lancaster Rose«.

[3] Darüber ist das metallische Blau einer Prachtlibelle im krepierten Firnis einer späten Restaurierung versunken.

[4] Vgl. Grimm, Bd. 13, S. 1858 unter »Pimpelmeise« und »pimpeln«. Im Niederländischen heißt »pimpelen« saufen, zechen.

Wort überein. Ein blaues Wunder war der Tulpenrausch, der für manchen batavischen Harlekin ein Hausmutter-Ende nahm.

Die Tulpenliebe der Holländer hat die Jahrhunderte überdauert. Noch immer ist Haarlem das Herzland der Tulpenzwiebelproduktion. Aber die prächtigen gestreiften, geflammten, gesäumten Röcke und martialischen Namen der Tulpenhybriden von einst sind verschwunden. *Texas Flame*, *Sweetheart*, *Angélique*, *Dreaming Maid*, *Dutch Princess* oder *African Queen* heißen heute die Varietäten. Das Geschlecht, dem man sie zuordnet, hat sich gewandelt. Im 17. Jahrhundert betrachtete man die stramme Tulpe als männlich und unterteilte die Sorten in aristokratische Klassen. Die begehrtesten rot und rosa geflammten nahmen den obersten Rang ein. Sie waren selten und kostbar. *Ex minimis patet ipse Deus*, »Gott offenbart sich im Kleinsten«[1] – noch ahnte niemand, daß die winzige Ursache der bizarren geflammten Raritäten ein Virus war.

Ein flämischer Edelmann brachte die Tulpe aus dem Morgenland nach Europa, Gesner gab die erste gültige Beschreibung und der große Flame Carolus Clusius schilderte 1576 als Hofbotaniker in Wien die rätselhaften Spielarten der Turbanblume in der Kultur.[2]

»Ich werde schlaff, wenn die Sonne verborgen ist«, bekennt der Tulipan im frühen Emblem von Camerarius.[3]

[1] Zu dem Motto eines Tulpen-Gartens auf einem Kupferstich in Adriaen van de Vennes *Seeländischer Nachtigal* (*Zeevsche Nachtegael*, Middelburg 1623) vgl. Sam Segal, Michiel Roding, *de Tulp en de kunst*, Zwolle 1994, S. 10.

[2] Der flämische Edelmann, der die Tulpe nach Europa brachte, war Ghislain de Busbecq, habsburgischer Gesandter am Hof Suleiman des Prächtigen in Konstantinopel. Das Wort Tulpe leitet sich aus dem türkischen *tülbent*, »Turban« ab, dem Sinnbild der Herrscherwürde des Sultans. Die geflammten Virustulpen heißen heute Rembrandt-Tulpen. Die Turban-Ungetüme, die der Maler seinen biblischen Gestalten aufbürdete, erinnern jedoch eher an Flauberts Beschreibung von Bovarys Mütze als an die orientalisch-niederländische Hybride.

[3] Vgl. Henkel, Schöne, *Emblemata*, S. 311.

Auf dem Weg aus fürstlichen in Allerweltsgärten kam die unterirdische Börsenzwiebel des Himmelsspekulanten ans Licht. Sonne der Anbetung wurde bald *die bare Münze des Apriori.*[1]

»Ein Narr und sein Geld werden schnell voneinander geschieden«, heißt schon 1614 das Emblem-Motto eines geflammten Tulpenpaars vor seinen beutelförmigen treibenden Zwiebeln.[2] Keine Blüten stünden der Willkürgöttin Fortuna besser zu Gesicht als die polychromen Becher der Tulpen, die in Zeichnung, Farbe und Form bald treu, bald unbeständig schienen. Wie ein Komplott Fortunas mit dem Gott der Diebe auf Kosten des armen Clusius mutet der Ursprung des holländischen Tulpenhandels an. Die in Wien angelegte und in Frankfurt erweiterte Tulpensammlung war der einzige wertvolle Besitz des Botanikers, als er 1593 einem Ruf an die Universität von Leiden folgte. Prächtig gediehen die Tulipane im neuen botanischen Garten. Die Kostbarkeiten auszugraben genügte den Dieben eine Nacht. Seit die Beute auf die siebzehn Provinzen der nördlichen Niederlande verteilt wurde, gilt Clusius als Begründer von Tulpenzucht und -handel.[3]

Der latente Tulpenwahn wurde Ende 1634 manifest. Wirtshäuser wurden in Börsen umgewandelt, »wo die Zechenden wie sonst bei Karten und Würfel, sich jetzt an

[1] Alfred Sohn-Rethel, *Das Geld, die bare Münze des Apriori*, Berlin 1990.

[2] In Roemer Visscher, *Sinnepoppen*, Amsterdam 1614. Vgl. Segal, Roding, *de Tulp*, S. 18.

[3] Vgl. Tyler Whittle, C. D. K. Cook, *Curtis' Wunderwelt der Blumen*, Bern 1979, S. 26. 1575/76 pflanzte Clusius im neuen kaiserlichen Garten in Wien 1500 Samen und Zwiebeln der von Busbecq aus dem Osmanenreich mitgebrachten Tulpen. Die Geschichte des Leidener Diebstahls hat alle Züge einer Wandersage. Schon aus Frankfurt beschwerte sich Clusius in einem Brief an Camerarius, daß man ihm Tulpenzwiebeln aus dem Garten gestohlen habe. Vgl. *Das Camerarius-Florilegium*, herausgegeben von der KulturStiftung der Länder und der Universitätsbibliothek Erlangen-Nürnberg, Erlangen 1993, S. 9. In der Legende der Leidener Diebesnacht drückt sich gleichsam durch

dem Tulpenspiel berauschten«.[1] Die Zwiebeln wurden nicht mehr stückweise sondern nach Gewicht gehandelt, die Preise pro As, dem kleinsten Maß der Goldschmiede, notiert. Wenn es sich auszahlt, hat auch der Teufel eine Schwäche fürs Kleinste, und so lernten die Harlekine von Tulpen und Talern zu abstrahieren. »Viele, die eine seltene Zwiebel kaufen wollten, erhielten statt derselben nur eine Bescheinigung darüber, daß sie den Contract für eine solche abgeschlossen und verkauften dieses Papier wieder zu höherem Preise. So steigerte sich oft die Summe ins Unglaubliche. Der Hauptschwindel lag aber darin, daß die angeblich ge- oder verkaufte Zwiebel häufig nur in der Phantasie der sich gegenseitig Beschwindelnden existierte. (...) Die Partheien, welche Geschäfte machten, schlossen Lieferungen auf Zeit ab. An einem bestimmten Tag sollte zu einem festgesetzten Preise das Geschäft realisiert werden; schlug das fehl, so wurden nicht die Tulpen, sondern die Differenzen bezahlt. Auf diese Weise kamen so viel Zwiebeln in den Handel, als binnen zehn Jahren sämmtliche Gärtner Hollands nicht hätten produzieren können.«[2]

Der Aberglaube an papierene Versprechen einer vorgeschützten Menge Gold[3] zeitigte im 17. Jahrhundert seine ersten Suchtblüten. Den Wahnwitz der Tauschabstraktion stellt die Naturalien-Rechnung eines Pamphlets gegen die Tulpomanie von 1636 anschaulich dar. Eine einzige Zwiebel der Sorte *Vizekönig* kostete damals 2500 Gulden, was folgendem »Warenpöbel«[4] entsprach:

die Tulpe die Grausamkeit aus, die das Schicksal dem größten Botaniker des 16. Jahrhunderts zugemutet hat. Vgl. Whittle, Cook, ebda., S. 16.

[1] M. von Strantz, *Die Blumen in Sage und Geschichte*, Berlin 1875, S. 281. Vgl. auch Simon Schama, *Überfluß und schöner Schein*, München 1988, S. 379f.

[2] Strantz, *Die Blumen*, S. 279/282.

[3] Vgl. Sohn-Rethel, *Das Geld*, S. 34.

[4] Zum Marxschen Begriff des »Warenpöbels« vgl. Sohn-Rethel ebda.

160 Scheffel Weizen	448 Gulden
320 Scheffel Roggen	558 Gulden
Vier fette Ochsen	480 Gulden
Acht fette Schweine	120 Gulden
Zwölf fette Schafe	120 Gulden
Vier Tonnen Bier	32 Gulden
Zwei Tonnen Butter	192 Gulden
Tausend Pfund Käse	120 Gulden
Ein Bett mit Zubehör	100 Gulden
Einige Kleidungsstücke	80 Gulden
Ein silberner Becher	60 Gulden

Bevor 1637 die Tulpenbörse zusammenbrach, sollte die seltenste Zwiebel so viel kosten wie die teuersten Häuser an Amsterdams Grachten. Maria Sibylla Merian erinnert daran in der Vorrede ihres Blumenbuchs von 1680: »Eine Blume, von den Tulpenhändlern *Semper Augustus* genannt, habe man für 2000 Niederländische Gulden verkaufft; welche ums Jahr 1637 für kein Geld mehr zu kauffen gewest, dieweil derer nur zwo, eine zu Amsterdam, die andere zu Harlem, vorhanden waren. Man sagte auch, daß einer einen Garten von Tulipanen gehabt, für welchen, samt den Blumen, ihm 70000 Gulden wären angeboten worden; er aber habe die nicht annehmen, sondern seinen Garten, mit den Blumen, behalten wollen. Auf diesen Handel, weil er angfangs so wol trug, begaben sich die Leute so gar, daß die Weber ihre Stühle zu Geld gemacht, und an die Blumen gelegt: Ihrer viel haben schöne, köstliche Häuser, Landgüter, und alles, was sie gehabt, verkaufft, auch grosse, auf Zins ausgeleihene Geldsummen wiederum eingezogen, und an solche Blumen gewagt, die weder Geruch noch Geschmack hatten; nur daß sie mit einer flüchtigen Augenweide lüsterne Hertzen eine kurze Zeit ergötzten.«[1]

[1] *Neues BlumenBuch – Allen Kunstverständiger Liebhabern zu Lust, Nutz und Dienst, mit Fleiß verfertiget*, Nürnberg 1680, Faksimile-Nachdruck herausgegeben von Helmut Deckert, Leipzig 1968, S. o.

Wenn alles eitel ist, so ist es auch die Vanitas-Moral.[1] Nicht Eitelkeit, Weisheit erkennt Goedaerts berühmte Nachfolgerin im Ergötzen der Blumisten, die nicht auf Papierblüten schielten: »So viel vermag nemlich die Natur, mit ihrer holdseeligen Zierde, bey grossen Liebhabern auszurichten, daß sie die Beschauung solcher Blumen höher, als ihrer Schätze achten; und lieber ihren Reichthum, dann ihre Lust vermindern wollen. Um welcher willen sie vielleicht desto weniger zu verdenken, indem so bunte Meisterstücke die heimliche Neigung an sich haben, daß sie diejenigen nicht so wol mit sehenden Augen blind, als mit blinden Augen sehend machen.«[2]

Als der Maler und Insektenforscher Johannes Goedaert in Middelburg auf der Insel Walcheren die »Blumen in Wanli-Vase mit Blaumeise« schuf, hatten sich die Tulpenpreise längst wieder eingependelt, gestaffelt nach ihren alten Rängen. Nach dem letalen Tulpenwahn hielt sich das Fritillaria-Fieber in Grenzen. *Clio*, *Merveilleuse*, *Serpentino*, *Viperino* nannten sich die edlen Bizarren der Würfelbecher, die heute so vergessen sind wie die karnevalesken Nelken in den Gärten niederländischer und wallonischer Weber.[3]

Während die Künstler der Zeit mit prunkvollen, auseinanderfallenden Blumenbuketts ihre virtuose Malweise zur Schau stellten, malte Goedaert unbeirrt mit künstlerischer Strenge seine so phantastischen wie naturwissenschaftlich getreuen botanischen Portraits. Er brachte eine Tradition zur Vollendung, die in der Tafelmalerei mit ihm untergegangen ist.[4] Sie hatte am Anfang des Jahrhunderts

[1] Vgl. dazu Vladimir Nabokov, *Deutliche Worte*, herausgegeben von Dieter E. Zimmer, Hamburg 1993, S. 300.

[2] Merian, ebda.

[3] *Fritillaria*, »Würfelbecher«. Zur Geschichte des Fritillaria-Fiebers vgl. Christabel Beck, *Fritillaries*, London (ohne Jahresangabe). Zum Nelkenstoff aus Weber-Gärten vgl. Whittle, Cook, *Curtis' Wunderwelt*, S. 188.

[4] Auf Pergament und Papier lebte sie in botanischen und entomologischen Werken, wie denen der Maria Sibylla Merian, fort.

mit Ambrosius Bosschaert begonnen und war von Malern fortgesetzt worden, die die Kunst beherrschten, in ihrer Malerei zu verschwinden, um Blumen, Insekten, Vögel, Eidechsen, Schnecken und Muscheln ins Licht des unvergänglichen Entzückens zu tauchen.[1]

[1] »Wer die holländischen Blumenmaler des siebzehnten Jahrhunderts und ihre Schüler bei allen Völkern Europas kennt, der weiß, daß sie Papageientulpe, Ranunkel und Feuerlilie mit dem gleichen grandiosen Blicke des Geistes aller Unwesentlichkeit entkleidet haben, (...) in der gemalten Blume ist der Eindruck verewigt, den die Wirkliche vielleicht nur eine Sekunde lang auf das hingerissene Auge machte, und damit nicht ein bereits bestehendes Äußeres nochmals äußerlich gemacht, sondern die verwelkliche Form in das Licht des unvergänglichen Entzückens getaucht.« Rudolf Borchardt, *Der leidenschaftliche Gärtner*, (Stuttgart 1968) Nördlingen 1987, S. 265.

Es braucht viel Zeit bis eine Welt untergeht – weiter aber auch nichts.

FONTENELLE

IV
Krötenansicht eines Schnüfflers

Kein Blumenstilleben ohne Insekt, und sei es auch nur eine Fliege. Für augentäuschende Maler gibt es kein größeres Vorbild als das phantastische Trompe-l'œil der Insekten, das nicht nur die unterschiedlichsten Texturen der Pflanzenwelt bis ins kleinste Detail nachahmt, sondern die Wahrähnlichkeit der in Blüten, Blätter, Rinden oder Äste verzauberten Tiere durch Zeichen des Verfalls erhöht, indem es sie mit vorgetäuschten Schadstellen, wie Rissen, Tupfen, schimmligen, faulen oder trockenen Flecken versieht. Solange *natura sola magistra* die stolze Devise der Maler war, haben sie der großen Augenbetrügerin diese List abgeschaut, weil es im Bild wie im Leben der kleine Makel ist, durch den der entzückte Blick dem Schönen in die Falle geht.

Über dreißig Jahre verfolgte Goedaert das Schauspiel der Insekten-Verwandlung. Sein Hecken-Theater war die Insel Walcheren, sein Logenplatz der Wohnsitz mit Seeblick an Middelburgs Peripherie, seine Wanderbühne das Eiland in seiner Kontrast-Harmonie aus welligen Dünen mit zähen Gräsern, Kräutern, windschiefen Bäumen und flachen Feldern, die sich, von Hecken umsäumt, zwischen verstreuten Höfen, Gärten, Weiden und kleinen Wäldern im weichen Licht am Horizont verlieren.

Pan oder Proteus hieß das Mysterienspiel der Metamorphose, deren Geheimnis noch sehr lange verborgen blieb.[1] Erst heute wissen wir, welchen hormongesteuerten Prozessen sich die Entwicklung zur vollständigen Imago des Falters aus dem formlosen Brei der aufgelösten Larve im Inneren der Puppe verdankt, und finden also bestätigt, was das 17. Jahrhundert darin sah: das Wunder der Auferstehung aus der Verwesung. Wollte man aus dem reichen Schatz der barocken Emblematik ein Sinnbild auswählen, das mehr als jedes andere die Phantasie der Maler, Forscher und Dichter beflügelt hat, es wäre das Emblem der Entfaltung, die aus der Chrysalide schlüpfende Imago. Im Emblembuch *Silene Alcibiadis, sive Proteus* des seeländischen Dichters Jacob Cats[2], verkörpert ein schlüpfender Schmetterling auf einer Düne die verwandelnde Kraft der Liebe. *Amor elegantiae pater* heißt das begleitende Motto.

Die größten Verwandlungskünstler des Tierreichs offenbaren das dem Vielen innewohnende Eine, das Prinzip des »Ganzen im Teil«. Die Erforschung der Insekten-Arcana stand in der Tradition der Renaissance-Humanisten und knüpfte bei Plinius an. »Wir bewundern aber die turmtragenden Schultern der Elefanten, die Nacken der Stiere und ihre trotzigen Attacken, die Raubgier der Tiger und die Mähnen der Löwen, während die Natur doch nirgends vollkommener ist als in den kleinsten Tieren.«[3]

Von dieser Erkenntnis beseelt schrieb und bebilderte Goedaert sein Werk *Metamorphosis et Historia Naturalis Insectorum*, die erste eigenständige Insektenkunde in der Geschichte der Entomologie.[4] Amor war der Vater seines

[1] Vgl. zum Thema »Pan und Proteus« Edgar Wind, *Heidnische Mysterien in der Renaissance*, Frankfurt 1981, (Register: Proteus).

[2] Amsterdam 1618. Vgl. Henkel, Schöne, *Emblemata*, S. 912.

[3] Plinius, *Naturkunde*, Buch II, 4, S. 21.

[4] Das *Insekten-Theater* des Schotten Thomas Mouffet erschien bereits 1634, war aber in erster Linie ein Kompendium der Insektenansichten früherer Autoren. Vgl. Paul Smart, *Encyclopedia of the Butterfly World*, London 1976, S. 85.

Kunstsinns, im Glauben wurzelte sein Forscherdrang und Gelehrsamkeit gab ihm die Freiheit, auf die Genauigkeit des eigenen Auges zu vertrauen.[1]

Über hundertfünfzig kolorierte Kupferstiche von Maden, Würmern, Raupen, Larven, Puppen, Kokons, Faltern, Fliegen, Bienen, Hummeln, Grillen, Heupferden und anderem wirbellosem Getier illustrieren die drei kleinen Bände seiner Verwandlungslehre. »Es besteht kein Grund, uns vorzuwerfen, es seien ärmliche und kleine Tiere, mit denen wir uns befassen«, verteidigt er sich in der Vorrede an den »hochgebildeten Leser«, denn aus ihrer Beschreibung und Geschichte gehe deutlich hervor, »daß GOTT die größten Wunder der Natur in die kleinsten Dinge gelegt hat.« Stolz betont er, nur das beschrieben zu haben, was Experiment und eigene Erfahrung ihn lehrte, »die die Lehrmeisterin auch der Törichten ist, jedenfalls der sicherste Weg zur untrüglichen Kenntnis der Naturwissenschaft, die wir uns allmählich erwerben müssen.« Glasgehäuse, in die er Raupen, Würmer und andere Insekten einschließt, erleichtern ihm die genaue Beobachtung und Darstellung der Stadien ihrer Verwandlung. »Ich habe jedes mit der seiner Art entsprechenden Nahrung gefüttert und ehe sie sich zur Verwandlung anschickten, nach dem Leben gemalt«, erläutert er seine Methode, »ich habe auch genau Zeitpunkt und Art der Verwandlung aufgezeichnet und mit eigenen Farben die neuen Tierchen gemalt, die aus ihnen hervorgingen. Manchmal habe ich mit einer Laterne des nachts Insekten gefangen, die sich bei Tage nicht zeigen. Oder ich habe die Erde aufgegraben und diejenigen, die man selten zu Gesicht bekommt, zu mir nach Hause genommen.« Die Frage,

[1] Goedaert zitiert außer der Bibel alte und neue Fachliteratur: Aristoteles und Plinius, Boxhorn, Dodonaeus, Rondelet und Aldrovandi und die Klassiker humanistischer Bildung: Seneca, Cicero, Horaz, Pindar, Ovid, Aesop, Augustinus, Erasmus. Vgl. L. J. Bol, *Johannes Goedaert*, S. 3.

warum selbst Gelehrte »unter Verzicht auf eigene Experimente und eigenes Nachdenken«, durch »leere Konzepte und Traditionen« über Ursprung und Wesen der Insekten im Irrtum waren, beantwortete er im Sinne von Cusanus, Pico und Bovillus: »Die Menschen sind nämlich nach dem Bilde Gottes geschaffen und zwar am Ende der Schöpfung, gleichsam als Mikrokosmos und Kompendium des Universums; durch den Sündenfall haben sie sich zwar kein ungeheures Elend, aber ungeheure Unwissenheit zugezogen. Dennoch ist in uns ein Licht der Natur, mit Hilfe dessen wir durch sorgfältige Beobachtung und fleißige Betrachtung der Geschöpfe dank der sichtbaren Werke Gottes das begreifen und mit dem Verstand erfassen können, was sonst an Gott unsichtbar ist.«[1]

Die Erforschung der Gliederfüßer lag in der Luft. Ein Jahr nach Goedaerts Tod erschien in Utrecht Swammerdams *Allgemeine Naturgeschichte der Insekten*. Was dem bloßen Auge bei der gottgefälligen Vivisektion und Autopsie unsichtbar blieb, machten Lupen und Mikroskope der Middelburger Linsenschleifer offenbar. Mit andächtiger List und grenzenloser Geduld zergliederte der geniale Mikroskopierer Swammerdam die »unergründlichen Kunst- und Meisterstücke des großen Baumeisters«[2]. Die Scheren, Messer und Lanzetten, mit denen er den göttlichen Geschöpfen zuleibe rückte, waren so klein, daß er sie nur unter dem Vergrößerungsglas zu schleifen vermochte.

Die Gewissenhaftigkeit des Forschers war das eine, etwas anderes das Gewissen des Chiliasten. Halb blind vom vielen Mikroskopieren und erschöpft von dem

[1] Aus dem Vorwort der 1662 in Middelburg erschienenen lateinischen Ausgabe, die, von Goedaerts Freund, dem Mediziner und Theologen Johannes Mey übertragen, der holländischen Fassung von ca. 1660 gefolgt war. (Übersetzung von Ilse Leube.)

[2] Vgl. Dannemann, *Naturwissenschaften*, Bd. 2, S. 377.

vergeblichen Bemühen, die unersättliche Wißbegier mit der Suche nach dem Seelenheil in Einklang zu bringen, schrieb Swammerdam sein letztes Werk, in dem er das Leben der Eintagsfliege als »Abbildung des Menschenlebens« schildert und bekennt, daß er es nur mit tausend Ängsten, Gewissensnagen und aufwallenden Verweisen seines gottesfürchtigen Herzens, unter Seufzern, Schluchzen und Tränen vollbracht habe.

Unter dem aufgeklappten Pelz der Biene entdeckte Swammerdam Herz, Gehirn, Tracheen, Magen und Darmsystem. Für die Darstellung der unbegreiflich feinen Gefäße blies er mit winzigen Glaskanülen farbige Flüssigkeiten ein. Die *Bibel der Natur* zeigt seine erstaunlichen Entdeckungen in wunderbaren Kupferstichen: der Bienenstachel – ein präziser Pfeil mit Widerhaken unter flatternden Muskelbändern; die Ovarien der Bienenkönigin – zwei aufgefächerte Seeanemonen über dem Korallenstock des Gedärms; die Nervenbahn im Larvenleib der Eintagsfliege – eine feingliedrige Kette inmitten fiedriger Kiemen und den Spiralringen verzweigter Luftkanälchen.[1]

»Alle Züge des Apelles«, schwärmt der unermüdliche Zergliederer in seiner Anatomie des Nashornkäfers, »sind gegen die zarten Striche der Natur nur grobe Balken. Alles künstliche Gewebe der Menschen muß sich vor einer einzigen Trachee verkriechen. Wer will sie abbilden? Welcher Witz vermag sie zu beschreiben? Welcher Fleiß kann sie hinlänglich untersuchen?«[2]

Es war die Zeit der Stilleben-im-Freien. Der Impuls, nicht mehr Blumen und Früchte als *nature morte* auf einer Steinplinthe zu zeigen, sondern das pflanzliche Leben mit allem, was da kreucht und fleucht, auf dem Boden von Wald, Düne oder Feld darzustellen, ging nach der Mitte

[1] Die *Bibel der Natur* wurde 1737 von dem Anatom Boerhaave herausgegeben, der Swammdams nachgelassene Manuskripte erwarb.

[2] Vgl. Dannemann, *Naturwissenschaften*, S. 379.

des Jahrhunderts von Marseus van Schrieck aus.[1] Die Bilder des Europabummlers, dem die Kollegen des niederländischen Malerbunds in Rom den Spitznamen »Snuffelaer« gaben, weil er überall nach Schlangen, Lurchen, Eidechsen, Fröschen, Kröten, Insekten und Pilzen herumschnüffelte, zeigen die todverfallene Fauna und Flora des Bösen in der Kulisse des dunklen Waldes: die Natur als Oper oder barockes Trauerspiel, den verehrten Fröschen in ihrer Perspektive zur Schau gestellt.

Schmarotzer, Würger, Schlinger, Parasiten, Räuber und Mörder agieren im Reich der Verwesung. Wer verfällt wem, ist hier die Frage. Ein stolzer Tulipan, wie die fiedrige Sternwinde ins Zwielicht der modrigen Unterholzwelt verbannt, wird von einer Vierstreifennatter genötigt, sich vor einem Ziegenbart zu verneigen, auf dem eine Schwärmerraupe mit hellem Schwanzhorn ihre starre Sphinx-Haltung eingenommen hat: Ruhe oder Gefahr heißt das Rätsel, das sie dem Tulipan stellt, dessen Stengelblatt sich auf dem klebrigen Hut eines im Schatten verborgenen Dickfußröhrlings verfing.[2]

Außer dem anonymen Röhrling und dem Korallenpilz figurieren noch die köstlichen Kaiserlinge aus der hochgiftigen Familie und ein gefallener Täubling im Schnüffler-Bild.[3] Die griechische Antike betrachtete die über Nacht aus feuchtem Moos schießenden Pilze als Scherze der Natur. Homer sah sie als Früchte der Verbindung von Himmel und Erde an, da sie mit Vorliebe nach Gewittern in Erscheinung treten. Dioskurides führte ihre Giftigkeit auf die Nähe von Schlangenhöhlen

[1] Otto Marseus van Schrieck (um 1619 bis 1678).

[2] Nach der Sphinx-Haltung, die die Raupen in Ruhe und bei Gefahr einnehmen, heißt die Familie der Schwärmer *Sphingidae*.

[3] Der Dickfußröhrling entzieht sich im Schatten einer genaueren Bestimmung. Auf dem gefallenen Täubling hat der Maler seine Signatur untergebracht: »OTTO MARSEO 1662«. Vgl. Gian Casper Bott, *Stilleben*, Bilderhefte des Herzog Anton Ulrich-Museums, Braunschweig 1996, Heft 10, S. 52.

und Bäumen mit tödlichen Früchten zurück: »Derartige Pilze weisen eine weichlich-klebrige Oberfläche auf und verfaulen und zerfallen sofort nach dem Ablösen vom Erdboden. Die genießbaren unter den Pilzen schmecken weder angenehm noch süß und zu reichlicher Genuß kann, wenn der Körper sie nicht verdaut, schaden und zu Erstickungsanfällen führen und die Krankheit hervorrufen, die man Tobsucht nennt.«[1]

Was dem Mykophilen »wunderbare Dinge« sind, sind dem Mykophoben »Übel der Erde«. Bei Plinius fallen beide Einstellungen zusammen. Einerseits sind Pilze eine »vortrefflich nährende Speise«, andererseits sind sie aus Schlamm geborene Giftträger. »Jene verderblichen Gewächse, was für ein Wagnis sie zu beurteilen!« Unlösbar schien ihm das Rätsel ihrer Giftnatur, unlösbar das Rätsel ihres Mischwesens, von dem unklar war, »ob es lebte oder nicht.«[2]

Noch im 16. Jahrhundert meinte Mattioli, die Giftigkeit mancher Pilze aus den schillernden Verfärbungen an den Bruchstellen abzulesen: »Beim Auseinanderbrechen werden sie zuerst grün, dann schwarzrot, bis schließlich dunkelblau und zuletzt schwarz. (...) Dieser Umstand erfordert eine kräftige und unempfindliche Person, die sich beim Anblick dieser Veränderungen nicht vor ihrer Bösartigkeit fürchtet.«[3]

Drei Niederländer, ein Dichter, ein Pfarrer und ein Botaniker, waren die unerschrockenen Verfasser der ersten Pilzbücher, die ein Licht ins *Theater der Pilze* warfen.[4] Aber das *Privatleben der Pilze* blieb noch lange im

[1] *Materia medica*, Bd. IV, vgl. Severino Viola, *Die Pilze*, München 1972, 1977, S. 9.

[2] In den sechzehn Bänden, die Plinius der Pflanzenwelt widmet, werden die Pilze in wenigen Zeilen abgehandelt: Buch XIX, 36–38 und Buch XXII, 92–99.

[3] Der 1548 in Venedig veröffentlichte Dioskurides-Kommentar des Sienesen Pietro Andrea Mattioli (1500–1577) erlebte bis ins 18. Jahrhundert über sechzig Neuauflagen in verschiedenen Sprachen.

[4] Die drei unerschrockenen Pilzbetrachter waren: der Dichter Ad-

Dunkeln und beschäftigte die Phantasie.[1] »Fast überall auf der Welt werden diese Gewächse entweder mit Donner und Blitz, mit dem Teufel oder mit dem Wahnsinn verbunden.«[2] *Amanita caesarea*, die begehrteste Delikatesse römischer Pilzliebhaber, die man auch roh verzehren kann, erscheint im Waldbodenbild als Wiege und Labsal der Schmeißfliegenbrut: bald fallen die Schmarotzerfrüchte der Fäulnis selbst der Fäulnis anheim.

Der Tulipan hat seine Schmach zu schlucken, während die Natterrivalinnen eine furiose Arie der Zwietracht singen.[3] Indessen züngelt sich die beißlustige gelbgrüne Zornnatter an *bufo bufo* heran. Umschlingen, Erdrosseln, Verschlingen heißt die Methode des Natterngezüchts, wehrlose Opfer werden auch lebend heruntergewürgt. Mäuse, Vögel, Eidechsen, Frösche und Kröten sind ihre Lieblingsspeisen, junge Nattern üben sich mit kleinerem Getier, darunter auch Käfer und Heuschrecken. Wie alle Schlangen sind Nattern doppelzüngig und fahren häufig aus der Haut.

»Wachet und seid auf der Hut! Allenthalben ist lauernder Betrug in finsteren Winkeln verborgen. Nimm dich in acht, daß man dich nicht fängt, und sei nüchtern und wachsam!«[4] Anscheinend ist die Erdkröte taub für die Mahnung, mit der Camerarius das Sinnbild einer Schlange zwischen Gras und Kraut erläutert. Als Inbegriff der Häßlichkeit verkörpert sie selbst Heim-

riaen de Jonghe (1511–1575) mit seinem Werk *Phalli ex fungorum genere*, Delphis 1564; der Pfarrer Frans van Sterbeeck (1631–1693) mit *Theatrum fungorum*, Antwerpen 1675; der Botaniker Carolus Clusius mit *Fungorum in Pannoniis observatorum brevis Historia*, Antwerpen 1601.

[1] Die Fortpflanzungsverhältnisse der Pilze wurden erst in der Mitte des 19. Jahrhunderts entdeckt. *La vie privée des champignons* des französischen Mykologen G. Becker erschien 1952 in Paris.

[2] Claude Lévi-Strauss, »Die Pilze in der Kultur«, in: *Strukturale Anthropologie II*, Ffm. 1975, S. 253.

[3] *Avaler des couleuvres* bedeutet »seinen Ärger hinunterschlucken, Kränkungen hinnehmen und den Schmerz verbergen, den sie verursachen.«

[4] Vgl. Henkel, Schöne, *Emblemata*, S. 631.

tücke, Wollust, Geiz und Unersättlichkeit, Laster, die sich mit Nüchternheit und Wachsamkeit nur schwer vereinbaren lassen. Tatsächlich ist das warzige Tier aus der Familie der Scheibenzüngler so gefräßig wie wachsam. Seine Beutetiere sind Regenwürmer, Nacktschnecken, Wespen, Bienen, Spinnen, Käfer und alle Arten Insekten. Schmetterlinge verschmäht es, weil der Flügelstaub an seiner schleimigen Zunge festklebt und ihm das Schlucken erschwert. Seinen höchst beweglichen Glubschaugen entspricht eine wendige Zunge, die es aus dem Verborgenen auf das erspähte Opfer wirft. Der Magen bestimme das Gebaren der Kröte, schreibt Brehm, der ihre Jagdtechnik anschaulich schildert: »Augenblicklich beginnen die Augen zu funkeln, und sie selbst erhebt sich aus ihrem scheinbar schlaftrunkenen Zustande und bewegt sich mit einer Hurtigkeit, die mit ihrem sonstigen Wesen im vollsten Widerspruche steht, auf ihre Beute zu. Hat sie sich bis auf die rechte Entfernung genähert, so hält sie in ihrem Lauf an, faßt, wie ein vor dem Wilde stehender Hühnerhund, den Raub fest ins Auge, wobei nur das Zucken der Zehenspitzen ihre Erregung verrät, schießt die Zunge hervor und wirft mit ihr das Opfer in den weitgeöffneten Rachen, es fast gleichzeitig verschluckend und in dem Magen bergend. (...) Unmittelbar darauf sitzt die Kröte wiederum in ihrer lauernden Stellung unbeweglich da und späht von neuem in die Runde.«[1]

Die natürlichen Feinde der wendig-plumpen Jägerin sind Krötenschmeißfliege und Natter. Gegen das Insekt ist sie machtlos, der Schlange aber weiß sie zu imponieren: sie bläst sich dick auf und wackelt auf steif ausgestreckten Beinen hin und her, während ihre Ohren und Körperdrüsen ein milchiges Sekret ausscheiden, das ein starkes Gift enthält.[2]

[1] *Brehms Tierleben*, Bd. 1, S. 211.

[2] Vgl. Ludwig Trutnau, *Europäische Amphibien und Reptilien*, Stuttgart 1975, S. 123.

Mit deutlich aufgeblasenem Leib schleckt sich die Kröte im Konterfei mit ihrem klebrigen Zungenlappen gerade das Maul.[1] Anscheinend hat sie mitten im Imponiertanz die Freßgier übermannt, während ihr großmäuliger Gatte es vorzieht, sich im tiefen Schatten hinter dem Dickfußröhrling zu verbergen. Eine Eidechse, geschmeidige Beute-Konkurrentin der Trägen, gerät angesichts der genießerischen Scheibenzünglerin, die ihr einen Leckerbissen vor der Nase wegschoß, ganz außer sich – ungern sieht sich der Betrüger betrogen. Arglistige Täuschung, Mißgunst, Eifer- und Rachsucht verkörpert die Eidechse im Emblem.[2]

Die grausame Oper um den schönen Tulipan handelt von finsteren Leidenschaften. Fernes Donnergrollen übertönt das Rasseln und Zirpen der kleinen Heuschrecke. Den drei Nattern geht es nur um die Kröten. Die übertragene Bedeutung ist auch im Holländischen gemein und scheint mit der unersättlichen Gier des als unrein erachteten Tiers zusammenzuhängen.[3] Ein Reim von Hans Sachs beschwört ihre verkehrte Ökonomie:

> »Nach dem watschlet daher die Kröt
> und wolt auch mit dem Fuchsen gan.
> Der sprach: niemand dich füllen kan,
> des ganzen Erdrichs will dir zrinnen
> du sparst das Gut und frißt das Arg.«[4]

[1] Eine Kröte mit herausgeschossenem Zungenpfeil, an dessen Spitze ein Falter klebt, hat Marseus in einem Waldbodenstilleben geschildert, das im Staatlichen Museum in Schwerin hängt.

Vgl. die Abbildung in: Erika Gemar-Koeltzsch, *Holländische Stillebenmaler*, Lingen 1995, Band 3, S. 923.

[2] Vgl. Henkel, Schöne, *Emblemata*, S. 663 f.

[3] »Kröte« ist ein Luther-Wort, zuvor fehlten dem Tier die Tüpfelchen auf dem o. »Diese sollen euch auch unrein sein unter den Thieren, die auf Erden kriechen, die Wisel, die Maus, die Kröte«, übersetzt der Reformator Mos 11, 29.

[4] Vgl. Grimm, Bd. 11, S. 2416.

Die große Königslibelle mit ihren riesigen Facettenaugen hat den besten Überblick im Schattenreich der Kröten. *Libella* bedeutet »kleine Waage«, ein Name, den das 18. Jahrhundert den Wasserjungfern verlieh. Er spiegelt die waagerechte Flugkunst, mit der die »wechselnde Libelle« unsichtbare geometrische Figuren in die Luft schreibt. Bevor man der größten *Demoiselle* den königlichen Namen gab, redete man sie weniger höflich auch als »Drachenfliege«, »Drachenhure« und »Teufelsnadel« an. Sie ist die begabteste aller Räuberinnen des Bildes. »Teufelsnadeln« heißt ihre Familie noch im alten Brehm, der die »große Teufelsnadel« mit ihren ungleichen Flügelpaaren als »wahren Beherrscher der Lüfte« bezeichnet. »Die Libellen leben ausnahmslos räuberisch. Namentlich die ungestümen Ungleichflügler spielen im Reich der Kerftiere etwa die Rolle der Falken unter den Vögeln. In rasendem Flug holen sie ihre Opfer ein, packen sie in der Luft, nehmen sich aber meist nicht einmal die Mühe, den Raub an einem sicheren Ort zu verzehren, sondern fangen sofort an zu fressen und zerstückeln die Beute im Fluge, so daß oft ganze Körperteile, abgetrennte Flügel, der Kopf oder die Beine eines Käfers oder einer Fliege zu Boden fallen, während die mörderische Libelle, noch ehe sie ihre Mahlzeit beendet hat, im Dahinjagen schon wieder nach neuen Schlachtopfern Ausschau hält.«[1]

Die moralische Deutung der Libelle im Emblem ist anders orientiert. Zwar sind die Jungfern in ihrer metallischen Rüstung kriegerisch, aber sie vertilgen das Ungeziefer Luzifers, blutsaugende Mücken, Fliegen und Käfer, und kämpfen also für das Gute. In einer Miniatur von Joris Hoefnagel sind drei Libellen als höchste Kreaturen dargestellt, die das Element Feuer repräsentieren.[2] In einer

[1] *Brehms Tierleben*, Bd. 2, S. 64.

[2] Vgl. Thea Vignau-Wilberg, »›Hortus philosophicus‹: The Humanist's View of Nature in the Era of Erasmus«, in: *Center 15*, National Gallery of Art, Record of Activities and Research Reports June 1994 to May 1995, Washington 1995, S. 116.

der schönsten illuminierten Handschriften breitet eine blaugoldene Edellibelle ihre gläsernen Netzflügel im Kontext einer Lobpreisung Christi und seiner jungfräulichen Mutter aus: ein Wasserjungfern-Kreuz über einer Birne und einer Nelke, auf der eine kleine Schlupfwespe mit langem Todesstachel sitzt.[1] Auf einem Blatt des emblematischen Werks, das Jakob Hoefnagel nach den Miniaturen seines Vaters geschaffen hat, umfaßt eine Königslibelle mit ihren Vorderbeinen den im Zentrum der Inschrift durch Versalien hervorgehobenen Titel des Sinnbilds:

Dedit mihi Dominus ARTE mercedem meam
Et in illa laudabo nomen eius[2]

»Der Herr hat mir die KUNST als Lohn gegeben und in ihr werde ich seinen Namen loben.« Wie ein Geschmeide schimmert der Libellenleib, nachdem er mit schwirrenden Flügeln aus einer häßlichen Wasserlarve in die Lüfte aufgestiegen ist. Die Verwandlungskunst der Libelle verweist wie die der Falter und Schmetterlinge auf die Überwindung des Todes. Befreit von der Gier seiner Raupenzeit fliegt das große Nachtpfauenauge in seinem braunen Pelzwams mit weißem Kragen und prachtvoll gemustertem Flügelkleid, dessen schwarze Augen zimtfarben, weiß, amarantrot und schwarz ummalt sind, um die blühende Mariendistel.

So lebensnah die Dinge in den Bildern von Marseus wiedergegeben sind, so phantastisch ist ihre Zusammenstellung: sonnenhungrige Gartenhybriden und Feldblumen blühen im schattigen Wald; Schlangen verfolgen Schmetterlinge; Libellen und Nachtfalter fliegen zur selben Zeit.[3] Was sich in der Natur nicht reimt, spiegelt um so deutlicher die Menschenwelt. Das Verhalten der

[1] Vgl. die Faksimile-Ausgabe des von Joris Hoefnagel (1542–1600) illuminierten *Mira Calligraphiae Monumenta* von Georg Bocskay, London 1992, Folio 76, S. 205.

[2] Ebda., S. 43.

[3] Vgl. Bol, *Holländische Maler*, S. 336, Abbildung 303, und S. 338, Abbildung 305.

Insekten und Reptilien kannte niemand besser als der Schnüffler. Er zog sie nicht nur auf seinem kleinen Grundstück vor den Toren Amsterdams in Terrarien, wo er sie in Ruhe betrachten und zeichnen konnte, er war auch sonst ein genauer Naturbeobachter. Nicht zufällig war er es, der der Schlupfwespe auf die Schliche kam und seine Entdeckung Swammerdam mitteilte.[1]

Die dramatischen Waldszenen mit kreatürlichen Protagonisten wurden von vielen Malern aufgegriffen und variiert. Jan Davidsz de Heem schuf Blumenbuketts und Früchtearrangements, die, von einem zerstreuten Liebhaber in einer Grotte vergessen, auf dem Erdboden von kleinem Getier besucht werden. Sein Schüler Abraham Mignon, Lehrer der Merian, gab dem Genre eine lichtere Note. Mit den strotzenden Feldblumen, dem fröhlichen Gewimmel der kleinen Lebewesen seiner sonnendurchfluteten Dickicht-Stilleben schildert er die Natur als glanzvolles Fest.[2]

[1] »Nichts kann aber einem Insektenliebhaber verdrüßlicher fallen, als wann er die mit vieler Mühe aufgesuchte Raupen so weit gebracht, daß sie sich nunmehr verwandeln sollen, oder auch schon in eine Puppe verwandelt haben, und er aus selbigen, statt des mit sehnlichem Verlangen erwarteten Papilions, ganz andere Creaturen zum Vorschein kommen siehet. So wird oft die Schönste und vollkommenste Raupe bald von vielen, bald von wenigen Maden, so in ihr ihren Aufenthalt gehabt, durchbohret, und gehet darüber zu Grunde; und aus mancher Puppe kommen, statt des Papilions, etliche entweder kleinere oder größere Schlupfwespen (...). Wie dieses zugehe, ist vielen unbegreiflich gewesen, und auch selbst Schwammerdam sagt, er wisse hier nichts tüchtiges und zuverlässiges anzugeben, ob ihn gleich Otto Marsilius, ein berühmter Blumen- und Insektenmahler, berichtet, er hätte gesehen, daß die Raupen von den Mücken angestochen und mit Eyern beleget würden, aus welchen diese Würmer kämen; und ich sollte fast glauben, die Schlupfwespen (...) so aus den Insecten von ganz anderer Art kommen, haben nebst andern, von verfaulten Aesern lebenden, verschiedenen Würmern, zu der irrigen Meinung Anlaß gegeben, es könnte durch die Fäulung aus einer Creatur eine ganz andere entspringen.« (August Johann Rösel v. Rosenhof, *Der Insecten-Belustigung*, Nürnberg 1746, »Sammlung der Hummeln und Wespen«, 2. Theil, S. 18.)

[2] Vgl. Jan Davidsz de Heem (1606 bis 1684), vgl. Gregor J. M.

Elias van den Broeck komponiert seine Kriechtier- und Insekten-Szenen mit Vorliebe um dickfleischige Kakteen und Agaven im fahlen Mondlicht: Nocturnalien eines Schlafwandlers.[1] In seiner Lebensbeschreibung niederländischer Maler und Malerinnen berichtet Jakob Campo Weyerman 1729, die »samtbehosten Signeurs« Antwerpens hätten Elias van den Broeck nach Amsterdam verscheucht, weil sie seine Methode verurteilten, Schmetterlinge ins Bild zu kleben, statt zu malen. »Die verschnupften Hänschen« hätten nicht erwogen, mokiert sich Weyerman, »daß die geklebten Falterchen schöner und natürlicher sind als gemalte, weil sie nicht nur ihre ganze Zeichnung behalten, sondern auch länger als die gemalten bestehen.«[2]

Vergänglich wie das Leben des Schmetterlings ist sein Farbenstaub. Die bleichen Phantome einstiger Falterpracht, die sich mit der Zeit wie Löcher im Bild ausnehmen, geben den verblichenen Samtbehosten recht. Fast alle Maler und Malerinnen des Waldboden-Genres haben sich der Abklatsch-Methode bedient, allen voran der Schnüffler.[3] Auch bei der Darstellung von Flechten und Moosen wurde gemogelt. Wozu die komplizierten Strukturen malen, die sich so einfach mit einem Stück Moos oder Flechte in der grobkörnigen Ölfarbe abdrücken lassen?

Im Gegensatz zu Goedaert, der das Wunder vollbrachte, die moderne Naturwissenschaft in der alten

Weber, »Stilles Leben am Erdboden«, in: *Kunst und Antiquitäten* 1/2, 1993, S. 27. Abraham Mignon (1640–1679), eines seiner schönsten Waldbodenbilder hängt im Musée des Beaux Arts in Brüssel.

[1] Elias van den Broeck (um 1650 bis 1708), vgl. Bol, *Holländische Maler*, Abbildung 308, S. 342, ein »Waldboden mit Kakteen und exotischen Tieren« gehört dem Staatlichen Museum Schwerin (Inv. Nr. 73).

[2] *De Levens-beschryvingen der Nederlandsche Konst-schilders en Konst-schilderessen*, Den Haag 1729–69, Bd. 3, S. 211. Vgl. auch Weber, *Stilles Leben*, S. 27.

[3] Vgl. dazu die anschaulichen Mikro-Aufnahmen alten und neuen Abklatsches von Schmetterlingsflügeln, ebda., S. 29.

Kunst aufzuheben, ging Marseus mit der Zeit. Seine glatten Waldboden-Darstellungen wirken neben dem emaillierten Schmelz der vielschichtigen »Blumen in Wanli-Vase mit Blaumeise« wie zauberhafte Bühnenbilder *en miniature*.[1] In Goedaerts heiter-melancholischem Blumen-Portrait erscheint die Tulpomanie als harlekineskes Moment im unvergänglichen Entzücken an den augenöffnenden Meisterwerken der Natur, während die Geschöpfe der grausam-komischen Tulipan-Oper im Dunkel allegorischer Verschlingung ganz in ihrer Rolle als Darsteller menschlichen Wahns aufgehen. Marseus sucht nach dem Vorbild der eingelegten Bedeutungen im Emblem das Besondere als Exempel des Allgemeinen, während Goedaert das Allgemeine im Besonderen schaut, »nicht als Traum und Schatten, sondern als lebendig-augenblickliche Offenbarung des Unerforschlichen.«[2]

Der Schnüffler durchstreifte die Wälder mit dem Auge eines Sammlers kurioser Naturalien, während der Verfasser der Metamorphosen-Lehre in den Wäldern und Dünen von Walcheren seinen Sinn schärfte für das Leben des Details durch die Struktur.

Im 17. Jahrhundert war der Zeitaufwand für den Preis der Bilder noch maßgeblich. Je langwieriger die Kunst, desto kostbarer. Man verkennt diese Einschätzung, wenn man in ihr eine Überbewertung des Handwerklichen sieht. Am Grad der Schwierigkeit, die der Künstler überwand, am Maß der Vollkommenheit, dem

[1] Im Verhältnis zum Bühnenbild sind seine Waldböden klein, im Verhältnis zu ihren natürlichen Vorbildern sind die Darsteller der Unterholzbühne eher groß: das Erdkrötenweibchen in unserem Bild ist 14 cm breit, bedenkt man die perspektivische Verkürzung, erscheint es im Vergleich mit der wirklichen Krott, die 13 cm lang ist, leicht vergrößert. Da es dem Schnüffler mehr um dramatische Wirkung als um Dichte ging, sind seine Bilder meist großformatig. Ich danke den Restauratoren und Antje Maack vom Herzog Anton Ulrich-Museum für die Krötenmessung.

[2] Goethe, *Gedenkausgabe*, *Naturwissenschaftliche Schriften*, Zweiter Teil, S. 705.

er sich unterwarf, erkannte die Zeit seine Gabe. Die samtbehosten Kunstliebhaber stimmen mit ihrer Geringschätzung des Abklatsch- und Abdruck-Verfahrens ganz mit der Erkenntnis überein, die Tania Blixen in einer ihrer Novellen einer begnadeten Köchin in den Mund legt: »Für einen Künstler (...) ist es schrecklich und unerträglich, wenn er aufgestachelt wird und womöglich noch Beifall bekommt zu etwas und für etwas, was von ihm aus nur zweiten Ranges ist. Durch die ganze Welt (...) schallt unablässig der eine Schrei aus dem Herzen des Künstlers: Erlaubt mir doch, daß ich mein Äußerstes gebe!«[1]

Im Rückblick auf die Geschichte der Malerei geben sich die falterjagenden Nattern der Unterholzwelt als effekthaschende Maler zu erkennen, die ihre Liebe zum Detail dem Clair-obscur preisgaben, das hohe visuelle Gewicht der zeitraubenden Schichtentechnik einer schnelleren flachen Peinture und den Wunsch, wie Gott in der Schöpfung zu verschwinden, dem Verlangen eine Manier prunkend hervorzukehren.

[1] »Babettes Gastmahl«, in: *Schicksalsanekdoten*, übersetzt von W. E. Süskind, Frankfurt 1960, S. 80.

Vierter Teil

AUSSICHT MIT ZEHN VERLORENEN FARBEN

In die Posaune des jüngsten Gerichts kann man nur einmal blasen, nicht aber alle Tage. EDGAR WIND

Die Mehrheit der jetzt Lebenden, die von ihrem Lärm berauscht oder betäubt durch die Arena läuft, sollte nicht vergessen, daß ihr auf den Rängen eine riesige Menge zusieht. Die Toten können uns nichts befehlen, ihre schlafenden Rechte nicht einklagen; das Sagen haben wir. Allein ihr Schweigen stellt uns die Frage: »Wir haben euch auf der Flöte vorgespielt, wir haben Klagelieder gesungen – habt ihr nichts gehört?« Unsere Menschlichkeit sollte stabil, unsere Phantasie mobil genug sein, um ihnen zu antworten: »Weil wir geschwindere Spiele lieben als ihr, hätten wir beinahe eure besonnenste Spielregel vergessen. Aber ihr habt recht, wir wollen es uns gesagt sein lassen: Seine eigene Geschichte gewinnt nur, wer mit den Vorangegangenen redet und mit den Nachkommenden rechnet.

ARNO BORST

I
Die Umkehr des Schmetterlings

Von der stoischen Philosophie, die den Menschen des 17. Jahrhunderts ethische Würde versprach, hat sich unsere Zeit weit entfernt.[1] Ungeteilte Hingabe an eine Sache, die Entsagung verlangt und sich nicht auszahlt, erscheint in der Nützlichkeitswelt als schlechte Investition. Das Fest wie die Kunst und selbst die Verschwendung messen wir am Nutzen und mit Befremden lesen wir, daß Bauern des Mittelalters sich

[1] Vgl. dazu das wichtige Werk von Ernst Cassirer, *Der Mythus des Staates*, das er kurz vor seinem Tod im Jahre 1945 in der Emigration in New York abgeschlossen hat. Die heute greifbare Ausgabe erschien 1994 in Frankfurt.

Zum Wiederaufleben stoischer Ideen im 17. Jahrhundert, vgl. auch S. 218f.

ruinierten, »weil sie – so arm sie auch sein mochten – ihrer Braut am Hochzeitstag einen weiten Mantel aus rotem Tuch schenken mußten.«[1] Am Ende des Jahrhunderts, das die industrielle Produktion des Leichnams erfand, triumphiert der Glaube an die Machbarkeit unsterblicher Körper. Vorläufig muß noch das Skalpell für ewige Jugend sorgen. Wir halten das Glück für verfügbar und wollen Künstler sein, leibhaftige Götter oder göttliche Teufel, die die vakanten Posten jener einnehmen, von denen nach einem Wort Adornos nur der Neid überlebte.

»Weil uns die unmittelbare Wirkung mehr bedeutet als der ausdauernde Gebrauch unserer Einbildungskraft, verfallen wir jener typisch romantischen Verwirrung, die Wordsworth im Jahre 1800 eine ›entwürdigende Sucht nach maßloser Erregung‹ nannte.«[2] Wohl wahr, wir sind *den* Bösen los, aber wer könnte bezweifeln, daß er uns mit dem Geist der Banalität seine Unwirklichkeit vermachte?[3]

Der Unglaube in einer Sache gründe sich bei den meisten Menschen auf blindem Glauben in einer andern, sagt uns Lichtenberg in seinen Sudelbüchern.[4] Urknall heißt unsere Schöpfungsgeschichte; die Bilozität der Engel haben die Elektronen im expandierenden Weltall übernommen; die Heerscharen der *Welluskeln* sollen in zwei Millionen Jahren zum nächsten Sternennebel der Andromeda reisen; zum Gott, der keine anderen Götter neben sich duldet, ist der Große Attraktor avanciert; der Maxwellsche Dämon sucht uns mit der Heiligen Entropie heim und teuflische Quanten erzeugen im negativen Zustand Löcher im Nichts. Die Mythen, mit denen wir aufgeräumt haben, kehren aus dem Überirdischen wissen-

[1] Duby, *Ziesterzienserkunst*, S. 8.
[2] Edgar Wind, *Kunst und Anarchie*, S. 50.
[3] Vgl. dazu Borges, *Gesammelte Werke*, Bd. 5/II, S. 138–140.
[4] *Schriften und Briefe*, Bd. 1, S. 508 (L 670).

schaftlicher Rationalität zurück.[1] Da diese Sphäre dem Laien so unzugänglich ist wie einst die supralunare dem Sterblichen, sind wir auf Popularisierungen angewiesen. Weil wir unfähig sind, die Mystifizierung des Unvorstellbaren vom blanken Unfug zu unterscheiden, ist uns der Sinn für das Unbegreifliche abhanden gekommen.

Vom Glauben erlöst verteufeln und vergöttlichen wir.[2] Unwirklicheres als die Gegenwart läßt sich kaum vergötzen, es sei denn die Totgeburten permanenter Innovation. Wir spotten über die Salonmaler des 19. Jahrhunderts wie das 21. über unseren kolossalen Tand spotten wird, dessen Geistesverwandtschaft mit totalitärem Kitsch uns nur deshalb entgeht, weil wir uns wie der gescheite Hans im Märchen verhalten.[3] Die Angst zu verkennen, hat noch niemanden vor dem Verkennen bewahrt, sie scheint vielmehr das untrügliche Indiz dafür zu sein, daß wir uns die Gründe verhehlen, warum wir uns täuschen *wollen*.

Glauben wir unser Zeitalter vor Irrtümern gefeit, weil alle Informationen auf Knopfdruck ins Haus schneien, erliegen wir einer doppelten Illusion. Zum einen können wir nicht mehr aufnehmen, als das kurze Leben erlaubt, zum anderen multiplizieren sich die Dummheiten durch Menge und Leichtigkeit der Rezeption ungleich schneller, als die im Info-Mischmasch verborgenen Denkfrüchte.[4]

Wir sind Gefangene eines technischen Universums, in dem die fortschreitende Verarmung des Naturkosmos einem immer kärglicheren Kulturkosmos entspricht. Blind für die durch keinen Nutzen zu erklärende Pracht

[1] Vgl. dazu Claude Lévi-Strauss, *Histoire de lynx*, Paris 1991, S. 10ff.

[2] Vgl. dazu Odo Marquards Einführung zum Artikel *Malum* im *Historischen Wörterbuch*, Bd. 5, S. 654f.

[3] Er überläßt das Denken seiner Mutter und macht stets alles falsch, weil er den für die vergangene Situation passenden Rat auf eine veränderte Situation überträgt. Vgl. *Grimms Märchen*, Frankfurt 1984, Bd. 1, S. 205f.

[4] Vgl. dazu Stanisław Lem, »Zu Tode informiert«, in: *Der Spiegel* 11, 1996.

der Tier- und Pflanzenwelt, neigen wir dazu, nicht die Kunstfertigkeit der Natur nachzuahmen, sondern ihre unbarmherzigen Gebote auf die Kultur zu übertragen und so dem zu frönen, was Panofsky »Insektolatrie« nennt.[1]

Die abergläubische Vorstellung, daß sich der Genius mit Geld aufwiegen lasse, konnte erst auf dem Boden der Trennung von Kunst und Wissenschaft, Geist und Natur, Kopf und Hand ihre verhängnisvolle Macht entfalten, die heute auf dem Kunstmarkt des letzten Schreis von gestern an die Zeiten des Tulpenschwindels gemahnt. Nach einem Wort Valérys führt nichts sicherer zur völligen Barbarei als ausschließlich dem reinen Geist anzuhängen.[2] Die reine Abstraktion spiegelt die reale der »Kröten«. Welche Nattern zu schlucken sind, wenn das Geld der »reichen Bastarde«, gegen die man anzumalen meint, zum einzigen Maßstab der Wertschätzung geworden ist, lehrt das Schicksal des Malers Mark Rothko.

Überzeugt, daß »interessante Malerei« nicht ausdrückt was man sieht, sondern was man denkt, gab der abstrakte Expressionist sein Äußerstes, sich selbst in seinen Riesenfarbflächen zu mystifizieren. Beauftragt, die Wände eines Nobelrestaurants zu bemalen, nahm er sich vor, »every son of a bitch« der »richest bastards in New York« den Appetit gründlich zu verderben und ihnen mit seiner Kunst das Gefühl zu vermitteln, »that they are trapped in a room where all the doors and windows are bricked up, so that all they can do is butt their heads forever against the wall.«

Ein Probeessen im Four Seasons belehrte ihn, daß die verdammten Bastarde gar nicht daran denken würden, den Blick von den teuren Köstlichkeiten auf ihren Tellern abzuwenden, um sein letztes Farbgericht ins Auge zu fassen.

Zornentbrannt gab er den Anzahlungsscheck zurück, um schließlich mit anderen Bastarden einen Vertrag abzuschließen: »the greatest contract ever signed by a living

[1] *Sinn und Deutung in der bildenden Kunst*, Köln 1978, S. 9.

[2] Vgl. dazu Wind, *Kunst und Anarchie*, S. 25.

artist«. Eine Million Dollar war der Preis für die Kehrseite der Selbstmystifikation: die Schmach der Selbstverleugnung. Mit dem Gefühl, seine Seele verkauft zu haben, nahm er sich ein Jahr nach Vertragsabschluß das Leben.[1]

Wenn es nichts Größeres gibt als das Ich, wird die Verwechslung von Kunst und Leben unvermeidlich. Woran sollte sich ein Werk messen in einer Künstlergemeinde, die das Credo an die »kerngesunde Wahrheit, die *Ich bin da* heißt«, mit der zähen Zeitgeist-Meinung verbindet, daß auch die »genialste Kraft« nicht über die Grenzen ihrer Epoche zu springen vermag?[2] Wer sich diesen Dogmen beugt, soll sich alles herausnehmen dürfen. Von allen Zwängen befreit ist jeder sein eigener Tyrann und zugleich der Sklave seiner Zeit.

Nicht am Verlust der Mitte, an ihrer Fixierung kranken die bildenden Künste. Von Baudelaires Definition der *modernité* ist nur die ephemere Hälfte übriggeblieben.[3] Halbseitig gelähmt ist die Moderne keine mehr. Vom Unwandelbaren abgeschnitten, hat sie ihren Geist aufgegeben. Ob jemand über oder unter der Grammatik steht, läßt sich ohne Grammatik nicht erkennen.[4] Wer

[1] Alle Zitate aus *The New York Review of Books*, December 2, 1993, Jack Flam, *The Agonies of Success*, S. 36–39.

[2] Wassily Kandinsky, *Über das Geistige in der Kunst*, München 1912 und *Aufsätze von 1923 bis 1943*, in Auszügen aufgenommen in: Walter Hess, *Dokumente zum Verständnis der modernen Malerei*, Hamburg 1956, S. 94.

[3] »La modernité, c'est le transitoire, le fugitif, le contingent, la moitié de l'art, dont l'autre moitié est l'éternel et l'immuable.« (»Le peintre de la vie moderne«, in: *Œuvres complètes*, Hg. Claude Pichois, Paris 1976, Bd. 2, S. 695.) Ohne sich vom Unwandelbaren und Unvergänglichen abzuheben, kann das Vergängliche, Flüchtige und Zufällige gar nicht in Erscheinung treten. Baudelaires Forderung, daß die Moderne nicht im Gegensatz zu anderen Epochen, sondern in der jeder Zeit je eigenen Weise *antiquité* werden soll, kann sich nicht erfüllen, wenn die eine Hälfte skotomisiert wird. Die Verabsolutierung des Neuen bricht so das Versprechen des Neuen, statt *antiquité* zu *werden*, will solche Moderne *antiquité sein*.

[4] Vgl. dazu Albus, *Abc prominenter Ideen*, S. 146.

keine Regeln beherrscht, kann auch keine verwandeln. Regellosigkeit und Starrheit sind eins. Ob figurativer oder abstrakter Maler, Video- oder Performance-Artist, die Verabsolutierung der Innovation verdammt jeden Produzenten, lebenslänglich mit der gleichen Masche zu hausieren. Reist er mit zweien, wird eben dies sein Markenzeichen. Corporate identity lautet das Motto der Selbstvermarktung. Der Willkür eines Machtmenschen wie Rolin war mit List zu begegnen, die Börse reagiert nur auf Falter, die Turbulenzen auslösen.

Nach dem Sieg der Darstellung über das Dargestellte verschlang die Malerei ihren Gegenstand und zeigte nur noch sich selbst. Da sie ihre Regeln nun auf einer einzigen Ebene formulierte, war ihr Repertoire bald erschöpft, und der es erkannte, stellte auf ihr Grab das Ready-Made. Der große Pessimist konnte nicht ahnen, daß seine »unerbittlichen Negationen«, in der Kunst-Geisterbahn massenhaft imitiert, sich ins Gegenteil kehren würden.[1] Die kerngesunde Ich-bin-da-Wahrheit hat den Schock abonniert. Im schrankenlosen Selbstverlies der Kunst herrschen seither die Deuter. Ihr Interesse, die Kunst der Kunstlosigkeit zu verkünden ist klar: da nicht alles Kunstlose Kunst sein kann, haben sie allein das Sagen.[2]

Die Malerei ging von der Sichtbarkeit des Unsichtbaren aus und endete bei der Unsichtbarkeit des Sichtbaren. »Ohne Programm und Kommentar wird das Auge nicht mehr befriedigt, als Organ der Aufklärung hat es abgedankt.«[3] Die bildenden Künste dienen dem knechtischen Ohr.

[1] Hans Platschek, *Von Dada zur Smart Art*, Frankfurt 1989, S. 130, und *Engel bringt das Gewünschte*, Frankfurt 1987, S. 69–82.

[2] Vgl. dazu die präzise Studie der Kunstszene von Tom Wolfe, *The painted Word*, New York 1975. Wolfes scharfe Beobachtungen der Statuswelt konnten nicht als philiströs oder reaktionär abgetan werden und so wurde *Das gemalte Wort* mit Schweigen übergangen.

[3] Vgl. Chapeaurouge, *Das Auge*, S. 153.

Die Art und Weise, wie sich die Theorie um die Kunst rankt, erinnert an die Emmentaler-Fabrikation nach der Methode: man nehme die Löcher und lege den Käse drumherum. Gleichgültig ob der Theorieteig, der sich um die Hohlräume wölbt, im dumpfen Kessel der *political correctness* angerührt wurde oder im sublimen Schmelztiegel der Metaphysik, wenn Form und Inhalt sich nicht durchdringen, kann von Kunst keine Rede sein.

Kein Lebendiges kann sich im fließenden Strom der Zeit verabsolutieren, ohne als Schein-Leiche unterzugehen. Soviel immerhin könnten wir uns zumuten, aus der Geschichte zu lernen.[1] Der Fortschrittsglaube ist uns vergangen, seinem Popanz »Zeitgeist« huldigen wir nach wie vor. Das Ganze für das Wahre zu nehmen, fällt uns nicht mehr ein, aber das Negativ des Sophismas ist immer noch das fatalste Erbstück der Hegelschen Philosophie.[2] So soll unter umgekehrtem Vorzeichen die Weltgeschichte doch wieder das Weltgericht sein und kein *Geworfener* aus dem Strom der Zeit auftauchen können.

Vor dem Medusenhaupt *des* Fortschritts sind *die* Fortschritte der Kunst unmöglich geworden. Wie der lahme Weber träumt, er webe, träumt der blinde Maler von dem Blau des Blaus. Wenn er seinen Schöpfertraum nicht ängstlich vor dem Wissen hütet, dann mit Gewalt. Als Gagarin 1961 verkündete, der Kosmos sei schwarz, war Jean Tinguely, der im Radio die Bestätigung der uralten Entdeckung vernommen hatte, so indiskret, sie Yves Klein mitzuteilen. »Ein Moment Stille, Yves Klein packt

[1] Am 3.11.1933 sagt Heidegger als Rektor der Universität Freiburg seinen Studenten: »Nicht Lehrsätze und Ideen seien die Regeln eures Seins, der Führer selbst und allein ist die heutige und künftige deutsche Wirklichkeit und ihr Gesetz.« Vgl. Alfred Grosser, *20 Leçons sur le nazisme*, Paris 1976, 1984, S. 95. Gerade weil es darum geht, Politik und Kunst zu unterscheiden, können Künstler nicht die Verkennungen jener teilen, denen zu dienen man ihnen zu Recht vorwerfen würde.

[2] Vgl. dazu Cassirer, *Mythus*, S. 342–360.

den Tinguely am Hemd und jagt ihm voll die Faust ins Gesicht.«[1]

Der in der Meute rennt, träumt, es sei die Avantgarde.[2] Widersprüche können Träumen nichts anhaben – sie leben davon. Wie scheinhaft das Kunstreich ist, läßt sich daran ermessen, daß der Widerspruch, an dem Rothko scheiterte, längst gegessen ist, wie es in der Verbrauchersprache heißt. Wer der Gesellschaft ihre Häßlichkeit vorhält, findet es selbstverständlich, zugleich um ihre Anerkennung zu buhlen. In der Hölle der Nützlichkeit hat die Konsumtion des Grauens Hochkonjunktur.

Anders als seine Simulanten, wußte Duchamp Ruhm und Prominenz zu unterscheiden.[3] Gefragt, ob er wisse,

[1] Magazin der Süddeutschen Zeitung vom 20. 10. 1995, Interview mit Jean-Christoph Ammann, dem Leiter des Museums für Moderne Kunst in Frankfurt a. M.; Ammann erzählt die Geschichte vom faustdicken Blau voller Begeisterung für die tapfere Verteidigung eines Kunstkonzepts und plaudert aus der Museums-Schule. Unverständigen Betrachtern, die meinen, so mit Farbe herumschmieren könnten sie auch, antwortet er: »Sehr gut, ich gratuliere. Vielleicht machen Sie es sogar noch besser, aber war es denn Ihre Idee?« Zur Furcht vor dem Wissen vgl. Wind, *Kunst und Anarchie*, S. 56f., und Wuttke, *Aby M. Warburgs Methode*, S. 12f.

[2] Vgl. dazu Hans Magnus Enzensberger, »Aporien der Avantgarde« in: *Einzelheiten*, Frankfurt 1962, S. 290–315. Die Starrheit der Gegenwart läßt sich daran ablesen, daß in den 34 Jahren, die seit Erscheinen der *Aporien der Avantgarde* verstrichen sind, hierzulande nicht nur niemand Enzenbergers Analyse weitertreiben konnte, sondern diese noch heute, würde sie zur Kenntnis genommen, die Kunstszene empören müßte. »Die Wirklichkeit ist immer anachronistisch«, schreibt Borges (»Zwei Bücher« in *Gesammelte Werke*, Bd. 5/II, S. 136), und sie ist es aus den oben erwähnten Info-Mischmasch-Gründen heute mehr denn je.

[3] »Prominent« ist eine Wortbildung unseres Jahrhunderts. Wahrscheinlich aus der Statuswelt der Politik und der des Leistungssports auf die der Künstler und Denker übertragen, zeugt der Wortgebrauch von der Verblendung, die Leben und Werk ineinssetzt und, in ihrer reinen Gegenwartsbezogenheit, Erfolg und Ruhm gleichstellt. Wie unangemessen der Begriff in qualitativem Kontext ist, wird deutlich, wenn man sich vor Augen hält, welche Bedeutung er unter unmenschlichen Bedingungen annahm. Vgl. dazu Primo Levi, *Ist das ein Mensch? Die Atempause*, München 1988, S. 97f., und *Die Untergegangenen und die Geretteten*, München 1990, S. 99f.

daß er einer der berühmtesten Künstler der Welt sei, antwortete er: »Davon weiß ich nichts. Erstens kennen die kleinen Leute meinen Namen nicht, während die meisten von ihnen schon von Dali oder Picasso und selbst von Matisse gehört haben. Zweitens glaube ich, daß, wenn jemand berühmt ist, er dies unmöglich wissen kann. Berühmt sein ist wie tot sein: ich glaube nicht, daß die Toten wissen, daß sie tot sind. Und drittens: wenn ich berühmt wäre, so könnte ich darauf nicht sehr stolz sein; dies wäre eine clowneske Art von Ruhm, die sich der Sensation verdankte, die ›Nu descendant un escalier‹ verursacht hat. Obwohl ich natürlich annehme, daß, wenn diese Art von Niedertracht fünfzig Jahre anhält, etwas mehr dran sein muß als nur der Skandal.«[1] Was dieses »mehr« sei, wollte der Interviewer wissen: »Es. Das, was keinen Namen hat.« Eine Treppe hinabsteigend verabschiedet sich die nackte Muse bewegt von der Malerei...

Der Gott der Künste hat wie der cusanische keinen Namen und er geht in keiner Kirche auf. Gelehrte und Dichter, die sich nicht scheuten, gegen ihre Zeit zu denken, übten sich weiter in der Kunst der Gegensätze, als die Malerei die Versöhnung des Sinnlichen mit dem Intelligiblen zu vernachlässigen begann. In ihren Werken ist die Liebe zum Detail und das Verständnis der Struktur lebendig geblieben. Ohne sich von ihrer Gegenwart zu lösen, hätten sie die Sichtbarkeit des Unsichtbaren nicht wahrnehmen können und wären nicht gewesen, was sie in den Augen ihrer Zeitgenossen waren: Außenseiter und Ketzer.

Vom guten Maler sagt Dürer, er sei »inwendig voller Figur, und obs müglich wär, daß er ewiglich lebte, so hätt

[1] Platschek, *Smart Art*, S. 130. Ohne im Keller nach dem Flaschentrockner zu sehen, verließ die bewegte Muse das Gebäude und sorgte dafür, daß Dichter und Denker die Malkunst bis zu ihrer Wiederentdeckung in ihren Schöpfungen verbergen. Vgl. dazu im folgenden.

er aus den innern Ideen, davon Platon schreibt, allbeg etwas Neus durch das Werk auszugießen.«[1] Nicht Maler, ein forschender Dichter und ein kunstsinniger Polyhistor von barockem Format schauten die Ideen der Schöpfung. Dem einen gelang es durch reine Kontemplation die Metamorphose der Pflanzen ins Wortnetz zu ziehen, dem anderen glückte die Entzifferung der geometrischen Sprache im Buch der Natur, so daß seine Koordinatennetze nach dem Vorbild von Dürers *Geometrie* und *Abhandlung über die Proportion* die Transformationen der Fische und Krustentiere einfingen, die Verwandlung des Krokodilskeletts, der Beckenknochen von Dinosauriern und fossilen Vögeln, der Schädel ausgestorbener Nashörner bis hin zu ihrem jüngsten Memento mori.[2]

Das kleine Werk des geschätzten Dichters und belächelten Naturforschers erschien 1790, das umfangreiche des Mathematikers, Physikers und Altphilologen, dessen *bel canto*-Stil als peinlich empfunden wurde und dessen Thesen man nicht verstand, erschien 1917. Der zweite entfaltete die Wissenschaft, dessen Patenonkel der erste war: die Morphologie.

»Willst du dich am Ganzen erquicken,
So mußt du das Ganze im Kleinsten erblicken.»[3]

Wie weit Goethe von den Denkgewohnheiten seiner Zeitgenossen entfernt war, läßt sich der mißverstandenen Darstellung seiner Urpflanze ablesen, die zwei Jahre nach seinem Tod entstand: die Zeichnung des Botanikers Pierre-Jean-François Turpin wirkt wie eine vegetabilische Vorwegnahme von Bovarys Mütze.[4]

Erst unser Jahrhundert hat die ganze Tragweite von Goethes Forschung für die vergleichende Morphologie erkannt. *On Growth and Form* von D'Arcy Wentworth

[1] Dürer, *Schriften und Briefe*, S. 119.

[2] Vgl. Abbildung S. 373.

[3] Goethe, *Werkausgabe letzter Hand*, Bd. 2, S. 228.

[4] Vgl. Abbildung S. 374.

Thompson gilt heute nicht nur als die »beste literarische Schöpfung in der Geschichte der Naturwissenschaft, die jemals in englischer Sprache erschienen ist«, der *bel canto*-Sänger, der sich mit Jean-Henri Fabre, »dem weisen Erforscher und Schüler der Ameise und der Biene«, darüber einig war, daß die Zahl *la clef de voûte de L'Univers* darstellt, und wie dieser nicht an Gott glaubte, sondern ihn sah, wurde zu einem Vorläufer der Katastrophen- und Chaosforschung.[1]

»Die Meereswogen, die kleinen Kräuselwellen am Ufer, der weit geschwungene Bogen der sandigen Bucht zwischen den Ausläufern des Festlandes, die Konturen der Hügel, die Form der Wolken, sie alle stellen uns vor so viele Rätsel der Form, so viele morphologische Probleme – und sie alle vermag der Physiker mehr oder weniger leicht zu deuten und zweckmässig zu lösen, indem er sie in Beziehung setzt zu den ihnen zugrunde liegenden Phänomenen innerhalb des materiellen Systems mechanischer Kräfte, denen sie angehören und die wir als ihre Ursache ansehen. Sie haben auch zweifellos ihre *immanente* teleologische Bedeutung, aber unsere Betrachtung der ihnen innewohnenden Harmonie und Vollkommenheit, unser ›und siehe, es war gut‹, vollzieht sich auf einer anderen Gedankenebene als der des Physikers.«[2]

Der Streit Aristoteles oder Platon, alter oder moderner Weg, erübrigt sich für den, der zwischen den Ebenen zu unterscheiden weiß und begreift, daß das Ganze nicht nur mehr als die Summe seiner Teile ist, sondern *immer* auch etwas von diesen sehr Verschiedenes, obwohl es in

[1] Erstes Zitat von J. Tyler Bonner in der Einleitung von *Wachstum und Form*, S. 13, zweites Zitat von Thompson, ebda., S. 390.

[2] Ebda., S. 27f. Lichtenberg nimmt in einer kleinen Gedankenskizze das Thema vorweg: »Bei der Betrachtung über die Oberfläche der Körper sind nicht zu vergessen: Die Taugeschichte, das matt geschliffene Glas, das Fallen der Meereswellen durch Öl, die Farben-Veränderungen und Farbe überhaupt.« (*Schriften und Briefe*, hrsg. von Wolfgang Promies, München 1971, *Sudelbücher II*, J 1802).

ihnen nicht anders in Erscheinung tritt: als Harmonie und Gleichgewicht ihres Zusammenspiels.[1]

»Völlig eingenommen von der eigenartigen Schönheit, die sich in der augenscheinlichen Zweckmäßigkeit oder ›Anpassung‹ äussert – zwischen Blume und Biene, zwischen Beere und Vogel«, war der kritische Teleologe Thompson von der Leichtfertigkeit der Annahme überzeugt, daß *Zufallsvariation* und *Überleben des Tauglichsten* eine hinreichende Grundlage sei, »auf der man, mit der allmächtigen Hilfe der natürlichen Selektion, die Theorie einer klar ausgerichteten und vorwärtsstrebenden Evolution aufbauen könne.«[2]

Der Aristoteles-Übersetzer und Verfasser eines *Glossary of Greek Birds* und eines *Glossary of Greek Fishes* – Voliere und Aquarium aller Vögel und Fische der klassischen griechischen Literatur –, dem es gelang, die moderne Naturwissenschaft mit der Antike zu verschmelzen, ist ein gutes Beispiel dafür, daß sich die Avantgarde-Frage, in welcher *freien* Kunst auch immer, nur aus der Distanz beantworten läßt. Nicht zufällig erscheint aus der Perspektive der Nachkommenden derjenige, der den Erfindungsreichtum der Tradition wahrnahm und wußte, was er ihr schuldig war, so häufig als Moderner.[3]

Im Vorwort seiner Einleitung zu *Wachstum und Form* erinnert der moderne Traditionalist oder traditionalistische Moderne an die alte hebräische Betrachtungsweise, »dass

[1] Vgl. *Wachstum und Form*, S. 321, Fußnote 47. Ein schönes Beispiel für das Phänomen, daß sich zwei unversöhnliche Theorien als gleich-gültig erweisen, weil sie verschiedenen Ebenen angehören, bietet in jüngster Zeit die Neurophysiologie des Sehvorgangs. Der Streit Helmholtz/Hering (Rot, Grün, Blau contra Rot-Grün, Gelb-Blau, Schwarz-Weiß) war ein Streit um die Katz. Helmholtz erfaßte das Zapfen-Prinzip, Hering die antagonistischen Meß-Prozesse der nachfolgenden Sehbahn-Stufen. Vgl. Hubel, *Auge und Gehirn*, S. 165–194. Auch die Streitfrage: angeboren/erworben hat durch die Neurobiologie eine versöhnliche Antwort gefunden. Vgl. ebda.

[2] Ebda., S. 26, Fußnote 8.

[3] Vgl. dazu im *Historischen Wörterbuch* den Artikel *Modern, die Moderne*, Bd. 6, S. 54f.

Gott ›jede Pflanze auf dem Felde erzeugte, ehe sie in der Erde war, und jedes Kraut auf dem Felde, bevor es wuchs‹«, und kommt mit dem Wohlwollen seiner humanistischen Bildung zu dem Schluß, es sei eine geläufige und zugleich erhabene Anschauung, denn sie lasse einen flüchtigen Blick erhaschen von einer großartigen Vision und wurzle »wie die Liebe zur Natur selbst tief im menschlichen Herzen.«[1]

Wie Kunst nicht gleich Kunst ist, ist auch Wissenschaft nicht gleich Wissenschaft. Man unterscheidet die weiche und die harte, die freie und die angewandte. Letzterer ist der Sündenfall der Trennung von Geist und Natur anzulasten. Als Kennzeichen der Nutzwissenschaft sah einer der größten Sprachmaler dieses Jahrhunderts die Kurzlebigkeit jener Hypothesen an, die weltweit auf flimmernden Rasterschirmen die Illusion hervorrufen, alles in der Natur reduziere sich auf *bits*, in Laboren würden aus dem Nichts unsterbliche Körper geklont und die Menschheit sei im Begriff, alle Rätsel des Lebens zu lösen. Je mehr echtes wissenschaftliches Wissen man habe, sagt der dichtende Schmetterlingsforscher, um so größer werde das Gefühl des Geheimnisses. Respektierten wir nicht die Einsamkeit des russischen Emigranten, der sich allen Einordnungen verweigerte, würden wir ihn in Gesellschaft von D'Arcy Thompson und seiner cusanisch-bovillischen Vorläufer wähnen – im Gespräch über den großen Gesichtssinn des *Petit-gris*-Trägers oder über die Aschenputteltöne in den unendlichen Windungen der Farbwunderspirale.[2]

[1] *Wachstum und Form*, S. 23.

[2] *Petit gris*, wörtlich »kleines Grau«, heißt ›Feh, Grauwerk‹, der Winterpelz des sibirischen Eichhörnchens, *Sciurus vulgaris varius*. (*Sciurus* bedeutet »der sich mit seinem Schwanz beschattet«.) Als *grand gris* geistert die größere amerikanische Art des Schattenschwanzes leitmotivisch durch Nabokovs *Pnin* (übersetzt und herausgegeben von D. E. Zimmer, *Gesammelte Werke*, Band IX, Hamburg 1994, vgl. Zimmers Anmerkung zur S. 26). Wie »der König und oberste Knacker der Nüsse (...) durch das Blattwerk

»Die physikalische Wissenschaft lehrt mich nicht, wie es kommt, dass die Seele den Körper lenkt, und dass die lebende Materie den Geist beeinflusst und von ihm beeinflusst wird, ist ein ungelöstes Rätsel«, schreibt Thompson im Jahre 1917.[1] Das Leben mit der Chemie erklären zu wollen, laufe darauf hinaus, *obscurum per obscurius* zu erhellen, sagt sein begabter Nachfolger, der Mathematiker René Thom.[2] Der Topologe schuf den Kanon der formbildenden Elementarkatastrophen, sieben an der Zahl: die Falte, die Kuspe (von *cuspis*, »Spitze, Stachel«), der Schwalbenschwanz, die elliptische Umbilik (von *umbilicus*, »Nabel«), die hyberbolische Umbilik, der Schmetterling, die parabolische Umbilik. *Katastrophe* heißt »Wendung, Umkehr«. Weil sich die Morphogenese als Ergebnis eines Konflikts darstellt, sei es von verschiedenen Attraktionszentren oder von verschiedenen Gebieten

des Nachbarromans« *Lolita* zu Pnin übersprang, hat der findige Literatur-Nußknacker Michael Maar unter dem Titel »Die Wiedergeburt des Grauhörnchen« in der *Frankfurter Allg. Zeitung* vom 4.10.1994 ans Licht gebracht. Über den großen Gesichtssinn der Eichhörnchen schreibt Thompson in *Wachstum und Form* auf S. 59. Zu den Aschenputteltönen vgl. *Pnin*, S. 117. Zur *spira mirabilis* vgl. oben S. 40, Fußnote 3. »Wie die unendliche Reihe sich fügt zur endlichen Summe / Und der Grenze sich beugt, was dir grenzenlos scheint, / So im bescheidenen Körper verbirgt der unendlichen Gottheit / Spur sich, und grenzenlos wird, was doch so eng ist begrenzt«, dichtet Jakob Bernoulli im 17. Jahrhundert. Ein flüchtiges Schema der Farbwunderspirale scheint im *Blaubuch* von August Strindberg auf: »Die Farben des Spektrums zeigen nur das Licht in abnehmenden Stärkegraden zu beiden Seiten vom Gelb, dem stärksten, das in der Mitte liegt. Die Farben des Prismas beginnen mit Rot und schließen mit Violett, weil der Übergang von Blau, dem vorletzten in der Skala, und Rot, dem ersten, Violett ist. Die also eine Farbe hinter Violett ganz außen im Regenbogen erwarten und die geglaubt haben, sie im photographierten Spektrum wahrzunehmen, warten wahrscheinlich vergebens, soweit sie nicht auf Rotblau oder Blaurot warten! oder Schwarz! *Lavendelgrau*, sagt Helmholtz.« Hervorhebung von A. A. (Nach der ersten deutschen Ausgabe von 1908 abgedruckt in: *Die Republik*, Nr. 61 bis 67, herausgegeben von Petra und Uwe Nettelbeck, Salzhausen-Luhmühlen 1983, S. 349.)

[1] *Wachstum und Form*, S. 29.

[2] *Prédire n'est pas expliquer*, Entretien avec Emile Noël, Paris 1991, S. 102.

des gleichen Zentrums, hat die Umkehr der topologischen Gegensatzkunst den Namen gegeben. Die Wahrähnlichkeit einer zweitausendfünfhundert Jahre alten Philosophie, die schon in *Growth and Form* aufschien, findet in Thoms *Stabilité structurelle et morphogénèse* ihre glänzende Bestätigung: die der Vorsokratiker Anaximander und Heraklit. Der Mathematiker und Naturphilosoph übersetzt *logos* mit »Form«. Nach seiner luziden Deutung des dunklen Heraklit verdankt sich die Einheit und Stabilität der Dinge ihrer formalen Struktur. »In der unfaßbaren Tiefe des heraklitischen *logos* unserer Seele sind nachahmende Strukturen aller äußeren Naturkräfte wirksam, oder in Erwartung bereit, sich, wenn es notwendig wird, zu entfalten. Die alte Vorstellung vom Menschen als Mikrokosmos, der den Makrokosmos spiegelt, hat ihre ganze Gültigkeit bewahrt: wer den Menschen kennt, wird das Universum kennen.«[1] Das Streben nach Vollkommenheit und die Unerreichbarkeit des Ziels sind in Thoms Wende-Philosophie eins. »La vie n'a pas le temps d'attendre la rigueur« lautet ein Valéry-Motto seines Buchs.[2] Die Unmöglichkeit, den Gestaltsinn der Seele zu erschöpfen, belegt er mit den Worten des Dunklen: »Der Seele Grenzen könntest du nicht erreichen, wie weit dich dein Weg auch immer trüge, so tief ist ihre Form.«[3]

Warum lebte die *techné* der alten Malerei bei den Sprachschöpfern fort? Warum taucht die Schichtentechnik, die nach dem Gesetz eyckscher Farbgebung: kleinstes Intervall und größter Kontrast, ein Maximum an Detail

[1] René Thom, *Stabilité structurelle et morphogénèse*, Paris 1972, 1977, S. 328. (Übersetzung A. A.)

[2] Ebda., S. 276.

[3] Heraklit (544 bis 483) wurde wegen des Tiefsinns seiner Lehren »der Dunkle« genannt. Ich habe das 45. Fragment nach Thoms Übersetzung übertragen, bei Diels heißt es: »Der Seele Grenzen kannst du im Gehen nicht ausfindig machen, und ob du jegliche Straße abschrittest; so tiefen Sinn hat sie.« Im 115. Fragment sagt Heraklit, der Seele sei der Sinn eigen, der sich selbst mehre; nach Thom wäre das die unerschöpfliche Wandlungsfähigkeit ihrer Form.

in der aufgehobenen Zeit darzustellen erlaubt, in Prousts Werk wieder auf, in dem das Unvergängliche durch einen unebenen Pflasterstein aus der Tiefe der Seele emporsteigt?

Warum kristallisieren sich im Konvexspiegel der Kunst Nabokovs die Töne seines einzigartigen Universums – quarzrosa, hafermehlfarben, paradiesgrün, lavendelblau –, vor der dunklen Folie des Lebens nach der Devise flämischer Maltechnik: so transparent wie es die größte Dichte irgend erlaubt? Warum ist in *Pnin* van Eycks Kanonikus van der Paele »mit seinem ausladenden Kinn und seinem Heiligenschein aus Flaumhaar« wieder lebendig geworden, minutiös ausgemalt – »die knotige Schläfe, der traurige, nachdenkliche Blick, die Falten und Furchen fazialen Fleisches, die dünnen Lippen und sogar die Warze auf der linken Wange«, während kein einziger Maler der Gegenwart, selbst wenn er noch einen Nagel und seinen Schatten wiedergeben kann, die Illusion atmender Haut zu erzeugen vermag?[1]

Warum ist »Handwerk« in den bildenden Künsten ein verpöntes Wort, während es in der Literatur selbstverständliche Voraussetzung geblieben ist? Eine prägnante Antwort hat Cassirer fünf Jahre vor der Welturaufführung des politischen Gesamtkunstwerks *Menschheitsuntergang* gegeben. Alles Leben und alles Schaffen, schreibt der höfliche Philosoph, sei an das Urphänomen der Polarität gebunden, die keine Dualität ist. Dieses stellt sich am deutlichsten in der Sprache dar, die einerseits danach strebt, individueller Ausdruck zu sein, und andererseits nur in einem objektiven, überindividuellen »Medium« von Formen möglich ist. »Die produktive Kunst des Individuums (der großen Sprachschöpfer) bezeugt sich niemals darin, daß sie dieses Medium wegwerfen, sondern daß sie hinter der bloss konventionellen Formel die Form der produktiven Urkraft entdecken.

[1] *Pnin*, S. 189f.

Aber sie sind hierbei nur scheinbar die eigentlichen Formschöpfer. (...) Nicht *sie* sind es, die ›die Sprache‹ schaffen, sondern die Sprache ist es, die in ihnen und durch sie schafft. (...) Das Individuum, wie das ›Leben‹ kann sich selbst gar nicht anders haben, als indem es über sich selbst hinaus in die Welt der Formen ›eingeht‹, sich an diese *hingiebt*. Die Entsagung gegenüber der unpersönlichen Form ist das, worin es sich selbst erst *gewinnen* kann – es muss das Leben *einsetzen*, um die Region des Geistes zu gewinnen.«[1]

Alle wahren Sprachschöpfer von der Antike bis zum heutigen Tag teilen das Wissen, daß sie *der Gottheit Kleid weben*. Aber sie weben es nicht mit Händen.[2] Die Trennung von Kopf und Hand macht ihnen weniger zu schaffen. Sie stellen keine Statusfetische her und die kostbare Textur ihrer Verdichtungen kann niemandem als realer Gewissensschleier dienen. Der Krötenwert ihrer Manuskripte erscheint erst posthum und sie sind zu unscheinbar, um die Tempel realer Abstraktion zu schmücken. Weshalb sollten sie sich ihre Wißbegierde abkaufen lassen und wo kämen sie hin, wenn sie der Versuchung erlägen, die Bankrotterklärung der Einbildungskraft zu unterzeichnen, die postuliert, alles in der Geschichte hätte gar nicht anders kommen können als es kam. Das Vergangene ist nicht festgeschrieben, jede Zeit muß es verwandeln und in ihr eigener Weise vergegenwärtigen. »Ungleich dem Orpheus, gewinnen wir unsere Eurydice durch Rückwärts- und verlieren sie durch Vorwärtsschauen.«[3] Der Blickpunkt, in dem das mit Zukunft Begabte im Vergangenen wiedererwächst, verlangt die Distanz.

[1] Ernst Cassirer, *Nachgelassene Manuskripte und Texte*, hrsg. von John Michael Krois, Hamburg 1995, Bd. 1, S. 218.

[2] Ihr manuelles Geschick steht auf einem anderen Blatt. Eine »glückliche Hand« brauchen sie nur im übertragenen Sinn und so kann die Verkümmerung des Manuellen in der fabrikfertigen Welt nicht zum Problem ihres Schaffens werden.

[3] Jean Paul, *Vorschule*, S. 49.

»Nicht vergessen«, mahnt Proust, »die Bücher sind das Werk der Einsamkeit und die *Kinder des Schweigens*.«[1] Wie die Samtbehosten und Blixens Babette war er davon überzeugt, daß allen ins Ideal verliebten Naturen als Schönstes erscheint, was für sie das Allerschwierigste ist, »was im übrigen dem Moralinstikt entspricht, dem Gegenbalancieren unserer Laster und Schwächen.«[2] In den Augen des asthmatischen Dichters der *Suche nach der verlorenen Zeit* mit dem langen Atem ihrer mäandrierenden Sätze, besteht die ganze Lebenskunst darin, »uns der Personen, durch die wir leiden, wie einer Stufe zu bedienen, auf der wir zu ihrer göttlichen Gestalt Zugang erhalten können, und auf diese Weise unser Leben fröhlich mit Gottheiten zu bevölkern.«[3]

Techné ist eine Frage der Weisheitsliebe, das Metier des Künstlers eine der Moral. »Le dilettantisme n'a jamais rien créé«, denn der Dilettant will seine Laster und Schwächen nicht gegenbalancieren, sondern zur Kunst erklären.[4]

Die beste Vorschule der Ästhetik, die wir besuchen können, ist nach wie vor die des Jean Paul, der rückwärtsschauend weit in die Zukunft sah: »Es folgt aus der gesetzlosen Willkür des jetzigen Zeitgeistes – der lieber ichsüchtig die Welt und das All vernichtet, um sich nur freien *Spiel*-Raum im Nichts auszuleeren, und welcher den *Verband* seiner Wunden als eine *Fessel* abreißet –, daß er von der Nachahmung und dem Studium der Natur verächtlich sprechen muß?«[5]

[1] *Contre Sainte-Beuve*, Bibliothèque de la Pléiade, Paris 1971, S. 309. (Übers. von A. A.) Der Doppelsinn von *silence*, »Stille« und »Schweigen«, ist in deutscher Übertragung nicht zu retten. Da Proust die *enfants du silence* den *enfants de la parole* entgegensetzt, geht der Sinn aus dem Schweigen hervor.

[2] Ebda., S. 312.

[3] »Die wiedergefundene Zeit«, in: *Auf der Suche nach der verlorenen Zeit*, übers. von Eva Rechel-Mertens, Frankfurt 1967, Bd. 3, S. 3991, Fußnote.

[4] Proust, *Contre Sainte-Beuve*, S. 278f.

[5] Jean Paul, *Vorschule*, S. 31.

Ohne Zweifel gab es auch in unserem Jahrhundert noch begnadete Maler, aber die Stagnation der Malerei hat keiner überwinden, den Verfall des Metiers keiner aufhalten können. Ihre Werke lassen sich nur nachäffen, denn »das Spiegeln spiegelt sich nicht«.[1] Solange die Malerei der Natur den Rücken kehrt, kann sie nicht wiedererwachsen. Einstweilen können wir unser Auge nur mit Hilfe der Dichter und Denker üben. Die sinnliche Schilderung morphogenetischer Felder finden wir in Strindbergs *Blaubuch* unter der Überschrift »Das Alpenveilchen, die große Unordnung und den großen Zusammenhang erhellend«. Folgen wir dem Dichter beim Waldspaziergang oberhalb der Donau. Ein Efeuteppich liegt im Tempel der Natur, mittendrin geht das Trompe-l'œil seines Musters auf: »Die Blätter hatten sich zur Sonne gewinkelt, die nur mit Mühe durch das Laubwerk des Baumes dringen konnte. Als ich den Efeu eine Weile betrachtet hatte, bemerkte ich ein Cyclamen mitten darin. Und dann bemerkte ich noch einige, und sah schließlich ebenso viele Cyclamenblätter wie Efeublätter. Daß ich das Cyclamen nicht sofort sah, beruhte darauf, daß diese Art, europaeum, eine dunkelgrüne Zeichnung mitten auf dem Blatte hat, außen von einem Weißgrau begrenzt, so daß das Dunkelgrüne innen ein Efeublatt bildet. (...) Ich hatte oft in der Pflanzenwelt die Manier der Natur bemerkt, eine Skizze zu entwerfen, ehe sie ausführte, und ich bemerkte hier beim Cyclamen, daß die rote Farbe für die Blüte bereits im Blattschaft bereitet war und auf der Palette des Blattes aufgetragen. Und so fragte ich mich: sollte nicht die weiße Guillochierung auf der Oberseite des Blattes der Entwurf zu einer neuen Form sein? (...) Das Efeublatt ist eine mathematische Figur, die Cissoide heißt und von Diocles entdeckt wurde. Sie wird so in der neuen Geometrie charakterisiert: eine Kurve, die

[1] Ebda., S. 60. »Wären wir uns unserer ganz bewußt, so wären wir unsre Schöpfer und schrankenlos«, heißt es weiter bei Jean Paul.

beständig den Lotrechten folgt, die man vom Scheitelpunkt einer Parabel auf deren Tangenten fällt. Oder so: eine Linie, welche die Kontur des Efeublattes nachahmt, indem sie sich ihrer Asymptote nähert. / Das Cyclamenblatt wieder bildet eine kaustische Figur, welche bekanntlich durch Brechung von Strahlen in einem konkaven Spiegel entsteht, oder durch Fallen von Strahlen durch eine durchsichtige Halbkugel, einen Kegel oder Zylinder. / Wenn man auf einer Veranda sitzt, wo die Sonnenstrahlen durch ein dichtes Laubwerk hereinbrechen, sieht man auf dem Fußboden eine Menge Ellipsen sich abzeichnen. Diese entstehen dadurch, daß der Lichtkegel, der durch die Löcher im Laubwerk dringt, vom Fußboden so geschnitten wird, daß sich Ellipsen bilden. Es sind also Kegelschnitte. Was wird denn im Walde unter dem dichten Laubwerk geschehen? Das wird man wohl schwerlich ausrechnen können, aber das stellt kein Hindernis für den Gedanken dar, sich im voraus eine Vorstellung von dem Linienspiel zu bilden, das bei all den Kegelschnitten entsteht, zu welchen gleichfalls die Parabel und die Hyperbel gehören, und welche ja in einem intimen Zusammenhang mit der Cissoide und den kaustischen Linien stehen.«[1]

Wie das Alpenveilchen den Efeu, so spiegelt die Makrele im *Blaubuch* des Meeres Wellen und lehrt uns die Makrelenkunst: »Die Makrele hat den Wellenschlag so scharf auf den Rücken gezeichnet, daß ein Marinemaler ihn kopieren und perspektivisch auf eine Leinwand bringen könnte, um die Wogen wiederzugeben.«[2]

Wie sich die Vollkommenheit eines frisch geschlüpften Schmetterlings mit jeder Schuppe seiner Flügel im Geist eines Dichter-Physikers spiegelt, können wir in Lichtenbergs »Vergleichung der Malerei auf einem Schmetterlings-Flügel mit einem Meisterstück in mosaischer Arbeit« lesen:

[1] Ebda., S. 369–370. [2] Ebda., S. 372.

»Unser Sonnensystem verschwindet verglichen mit dem uns unübersehbaren Teil des unermeßlichen Raums, so wie die höchste menschliche Kunst, auch unter der vorteilhaftesten Vergleichung gegen die unvergänglichen Werke der Natur. Jenes aus dem großen Ganzen weggerückt, würde eine Lücke zurücklassen, derjenigen ähnlich, die ein dem Gestade des Weltmeeres entwendetes Sandkorn in demselben zurückließe, und das größte Kunststück musivischer Arbeit gegen den Flügel eines Schmetterlings gehalten, deren die Natur in einer Sommerstunde Tausende formt und von uns unbewundert und ungesehen wieder einschmelzt, ist, selbst nur Oberfläche gegen Oberfläche verglichen, schnödes Kinderspiel.« 931808 Farbschuppen hatte ein ungenannter englischer Naturkenner auf einem Quadratzoll eines kurz vor dem Schlüpfen aus der Puppe geschnittenen Pfauen-Schmetterlings gezählt, die Lichtenberg mit den 868 Mosaiksteinchen auf dem feinsten neurömischen Gemälde vergleicht. »Hingegen muß unser blödes Auge erst Vergrößerungsgläser zur Hand nehmen, um die wundervolle Ordnung in den Schuppen der Schmetterlingsflügel, dessen Farbenzüge Tausende für den ganzen Endzweck halten, zu erkennen. Zerstört man diese Schönheit durch Vergrößerung, so steigt aus ihrer Hülle wieder eine neue hervor, Schönheit einzelner Teile, ihrer Form und Fibern, und auch hier würden wieder neue hervortreten, wenn unsere Gläser hinreichten, die Decke abzuziehen, die sie verhüllt.«[1]

Die Malerei konnte nur solange beanspruchen, Kunst der Künste zu sein, wie sie die sieben freien Künste in

[1] *Schriften und Briefe*, (Mauthner), Bd. 2, S. 228 und 230. Was das blöde Auge durch die Vergrößerungsgläser bei Lichtenberg sieht, wird heute *Julia-* oder *Mandelbrotmenge* genannt. Der Physiker beschäftigte sich mit Dendriten und beschrieb ihre Entstehung in seinem Aufsatz *De nova methodo naturam ac motum fluidi electrici investigandi*, Göttingen 1778, wo die noch heute so genannten fraktalen Lichtenbergschen Figuren auch abgebildet sind. (Ich danke dem Mathematik-Liebhaber H. M. Enzensberger für den Mandelbrot-Hinweis.)

sich umfaßte und die Maler im *Wettstreit* ihr Äußerstes gaben, die Welt zu beseelen. Ohne ihre Gelehrsamkeit und gegenbalancierende Moral wird sich aus dem zersetzten Metier kein neuer Pfauen-Schmetterling entfalten. Schauen wir auf die vielschichtige Falter-Phase der Malerei zurück. Aus der unermeßlichen Lebensferne des Alls funkte »Lunar Orbiter« die Bilder unseres blauen Sterns. Wären wir seiner Einzigartigkeit innegeworden, würden wir eine Fliege, die nach ihrer Morgentoilette auf apfelgrüner Wachshaut um einen Globus mit Stiel spaziert, mit anderen Augen sehen. Vielleicht hätten wir dann die Intensität des Blicks wiedergewonnen, die einem van Eyck oder Rogier, Patinir oder David, Flegel oder Goedaert eigen war. Nicht um das Gleiche zu machen wie sie, sollten wir bei ihnen anknüpfen, sondern um am Gleichen teilzuhaben: der vollkommenen Schöpfung, *der* nachzuahmen die Form unserer Unsterblichkeit ist.

Color nihil aliud est, quam lux incorporata. THOMAS VON AQUIN

II
Von verlorenen Farben

Vom Bleiweiß bis zum Marienglas sind die folgenden Pigmente noch oder wieder zu haben. Als Bausteine für Tiefenlicht und Dichte in öligem Medium sind sie in ihrer heutigen Handelsform mehr oder weniger unbrauchbar. Auf dem Weg vom erhabnen zum flachen Malen ging mit der Kunst vielschichtigen Bildaufbaus die Kenntnis der Gesetzmäßigkeiten verloren, nach denen sich das Licht je nach Korngröße und Gestalt der Farbkörper beugt und bricht. Wer dem hohen visuellen Gewicht der frühen niederländischen Malerei nacheifern wollte, müßte sich seine Farben nicht nur anreiben, sondern nach alten Rezepten selbst herstellen.

»An allen Dingen ist Lichts und Finsters«, schreibt Dürer in den Entwürfen zum *Lehrbuch der Malerei*, »was sich aus den Augen krümmt und beugt. Wo das nit wär, so wärs alls eben anzusehen, und in solicher Gestalt würd man nüt erkennen denn als viel sich die bloßen Farben auseinanderschieden.« Erhabnes Malen, das dem Auge Körperlichkeit vortäuscht, meidet das Vermischen der Farben. »Du muß in solicher Gestalt molen ein rot Ding, daß es überall rot sei, desgeleichen mit allen Farben, und doch erhaben schein. Auch mit dem Schättigen desgeleichen halten, daß man nit sprech, ein schön Rot sei mit Schwarz beschissen. Deshalb hab acht, daß du ein jedliche Farb schättigst mit einer Farb, die sich dorzu vergeleich. Als ich setz ein gele Farb. Soll sie in ihrer Art bleiben, so mußt du sie mit einer gelben Farb schättigen, die dunkeler sei weder die Hauptfarb ist. (...) Es geh wie es woll, so muß kein Farb im Tuschieren aus ihrer Art kummen.«[1]

Glatte Feinmalerei war ebenso zeitgemäß wie das Hervorkehren der Pinselschrift, das Verschwinden des Details im Clair-obscur so vertraut wie das Vermischen der Farben, als der größte Maler des 17. Jahrhunderts seine Ansichten vom stillen Leben der Menschen schuf. Mit »chinesischer Geduld« wußte er die Spuren des Machens im Bild zu tilgen.[2] Wie bei van Eyck scheint das Geheimnis seiner Kunst mit der Korngröße der Farben im Schichtengefüge zusammenzuhängen. Seine Pigmente waren die körperhaftesten. Die gröbsten waren ihm noch nicht grob genug. Die kostbare Textur von Prousts *petit pan de mur jaune* in der Ansicht von Delft verdankt sich der Beimischung von Quarzsand im Bleizinngelb.[3] Durch Beimengung von Marienglas oder Calcit lassen sich ähnlich stoffliche und wieder andere optische Wirkungen erzeugen. Die im öligen Medium transparenten Quarz-, Gips- oder Calcitkristalle verändern das Spiel des Lichts ohne den Farbton zu brechen.

Wichtige Farben der alten Malerei wie die gelben, grünen, roten und braunen Erden, Krapplack und Kernschwarz kommen hier nicht vor. Luftdicht in Alufolie verpackte Pfirsichkerne kann jeder in der Glut kalzinieren und im Mörser zerstoßen.[4] Auch die Beschaffung von Erden im Rohzustand ließe sich bewerkstelligen. Wurzelkrapplack ist ein pflanzliches Pigment, eine feinstkörnige

[1] *Schriften und Briefe*, S. 122f.

[2] Vgl. Jean-Louis Vaudoyer, »Le Mystérieux Vermeer«, in: *L'Opinion*, 30.4./7.5./14.5.1921, S. 515 und 543. »›So hätte ich schreiben sollen‹«, sagt sich Bergotte vor der *Ansicht von Delft*, »›ich hätte mehrere Farbschichten übereinanderlegen müssen, meine Sprache in sich selber kostbar machen sollen, wie es dieses kleine Mauerstück ist‹.« (Proust, *A la recherche du temps perdu*, Hg. Jean-Yves Tadié, Paris 1987–89, Bd. III, »La Prisonnière«, S. 692.)

[3] *Vermeer en plein jour*, herausgegeben von Jørgen Wadum, Mauritshuis, Den Haag 1995, S. 14.

[4] Für größere Kernmengen empfiehlt es sich, eine Metalldose so dicht wie möglich zu füllen und den Deckel mit zwei, drei Luftlöchern zu versehen.

Lasurfarbe. Die Pigmente dieses Kapitels aber wurden unter dem Aspekt ausgewählt, der sich im Raster unserer augentötenden Vierfarbwelt nicht einfangen läßt: der rauhen Gestalt ihrer kristallinen Körper.

Im Buch über die Malerei berichtet Plinius vom ruhmreichen Maler Apelles, er habe mit großer Berechnung bewirkt, »daß der Glanz der Farben das Auge nicht schmerze, indem man sie wie durch einen Spiegelstein sah, und daß aus der Ferne der gleiche Kunstgriff den allzu leuchtenden Farben unvermerkt einen tieferen Ton verlieh.«[1]

Farbiger Abglanz hat mit greller Buntheit nichts gemein, Schicht für Schicht, Körnchen für Körnchen soll sich das Licht farbig kontemplieren.[2]

BLEIWEISS

Schieferweiß, Schulpweiß, Schneeweiß, Silberweiß, Kremser Weiß, Kremnitzer Weiß, Venetianer Weiß, Venedisches Muschelweiß, Holländisches Muschelweiß; lat.: *cerussa*, *cerosa*, *album*, *album plumbum*, *albus*, *glaucus*, *leucos*, *minium album*, *psimithium*, *psimithin*, *simity.*

MERKMALE. *Farbe:* warmes reines Weiß. *Stoffliche Erscheinung:* rundliche Körner. Als Rohmaterial schwere harte muschelförmige Schuppen mit glänzendem Bruch. *Chemische Zusammensetzung:* $2PbCO_3 \times Pb\ (OH)_2$ = basisches Bleicarbonat.

[1] Vgl. Plinius, *Naturkunde*, Buch XXXV, 97, Seite 75. Spiegelstein ist Marienglas. Diese Pliniusstelle könnte van Eyck zur Entfaltung der Tiefenwirkung angeregt haben. Ob seinem Bleiweiß Marienglas beigemischt war, wurde bislang nicht untersucht. Die optische Schönheit von Wurzelkrapplack erhöhte er, indem er es mit Aragonit (eine Calcit-Art mit rhombischem Raumgitter) mischte. Vgl. Coremans, *L'Agneau Mystique*, S. 69.

[1] Ich danke Wolfgang Fünders, Georg Kremer und Evert Thielen, den Farb- & Maltechnik-Ratgebern.

PHYSIKALISCHE EIGENSCHAFTEN: Stark doppelbrechende kristalline Partikel, die im Elektronenmikroskop als tafelförmig mit hexagonalem Umriß erscheinen. *Lichtbrechungsindex:* $\varepsilon = 1{,}94$ $\omega = 2{,}09$ *Dichte:* 7,0. *Toxizität:* Giftklasse 3; einatmen von Pigmentstaub über längere Zeiträume kann lebensgefährlich sein.

Die Herstellung von Bleiweiß ist seit der Antike be-kannt. Plinius[1] beschreibt das Verfahren im Buch XXXIV seiner *Naturkunde:*

»Auch das Bleiweiß (*psimithium*) liefern die Bleihütten; man lobt besonders das von Rhodos. Man gewinnt es aus sehr dünnen Bleispänen, die man über ein Gefäß mit schärfstem Essig legt und so abtropfen läßt. Was davon direkt in den Essig gefallen ist, wird getrocknet, gemahlen, gesiebt und abermals mit Essig vermischt, in Kügelchen verteilt und im Sommer an der Sonne getrocknet. Man erhält es auch auf andere Weise, indem man Blei in Krüge mit Essig wirft, diese zehn Tage verschlossen hält, den schimmelartigen Belag abkratzt und das Blei wieder hineinwirft, bis das Material erschöpft ist.«[2]

Im Mittelalter wurden die weißen Ausblühungen dünner Bleiblätter mal durch Einwirkung von Essig- 'mal von Urindämpfen erzeugt.[3]

Aus dem 17. Jahrhundert ist das *Loogen-Verfahren* der Holländer überliefert, die berühmt waren für ihr hervorragendes »Muschelbleiweiß«, das sie *Schelpwit*, *Schulpwit* oder *Schilferwit* nannten.[4] Der glasierte untere Teil

[1] Gaius Plinius (23–79 n. Chr.) auch »Plinius der Ältere« und »Plinius Secundus« genannt.

[2] Plinius, *Naturkunde*, hrsg. und übersetzt von Roderich König, München und Zürich 1989, Buch XXXIV, S. 119 bis 121.

[3] Vgl. Heinz Roosen-Runge, *Farbgebung und Technik frühmittelalterlicher Buchmalerei*, München 1967, sowie den Beitrag des Autors in *Reclam Handbuch*, Band 1, S. 98 bis 99.

[4] »Schelp-, Schulp- oder Schilferwit« nannten die Holländer das unverfälschte rohe Material, das sich

konischer Tontöpfe wurde mit Essig angefüllt, darüber fanden spiralig zusammengerollte Streifen aus gegossenem Blei auf vorspringenden Tonnasen Halt. Die Töpfe wurden zwischen verwesendem Pferdemist oder gebrauchter Gerberlohe, die Wärme und Kohlensäure abgaben, in mehreren Lagen gestapelt und über Monate dem Kristallisationsprozeß überlassen. Dann wurden die harten Schuppen des sogenannten *Bleikalks* von den zerfressenen Spiralen geklopft, deren Muschelform auf die verbackene Ausblühung übergegangen war. In diesem Zustand stellten die konkaven Schuppen das *Schieferweiß* vor, das beste, weil garantiert unverfälschte Bleiweiß, das vor seiner Verwendung mit Wasser gemahlen, sorgfältig gewaschen, getrocknet und abermals naß gerieben werden mußte.

Obwohl Bleiweiß in wässriger Bindung unter Umständen zum Verschwärzen neigt, galt es auch den Illuminierern als unverzichtbares Pigment. »Denn wir es fast zu allen Farben auff eine und andere Weise bedürffen, darumb es auch der Butter verglichen wird / die alle Speisen verbessert«, schreibt Gerhard zur Brügge im Buch über die *Illuminir- oder Erleuchterey-Kunst.*[1]

Das *Praktische Handbuch für Künstler*, 1792 aus dem Englischen übersetzt, preist vor allem das italienische Schieferweiß, »welches vermittelst der Auspressung der Weintraube zernagt worden, oder eigentlich ein durch

die Maler selbst zubereiten mußten, während sie das mit Kreide oder Marienglas verschnittene pulverisierte Material »Lootwit«, nannten. Vgl. T. Goedings, »Een Zeventiende-Eeuwse Verklaring voor het woord Schulpwit«, in *IIC Mededelingenblad*, März 1989/1, S. 7–12.

[1] *Illuminir- oder Erleuchterey-Kunst / oder der rechte Gebrauch der Wasserfarben / darinnen derselbigen rechten Grund und vollkommener Gebrauch so wol zu der Mahlerey als Illuminirung und Erleuchterey kürzlich gezeiget wird. Ehemals durch den fürtrefflichen Illuminirer Gerhard zur Brügge / und nun den Liebhabern zu Nutzen zum andernmahl durchaus mit nöthigen / und nebenst dem Illuminiren auch zu den Anlegen und Mahlen mit Wasserfarben / dienlichen Anmerckungen vermehret & verbessert durch Wilhelm Goeree.* Aus dem Nieder- ins Hochdeutsche übersetzet von Johann Langen, Hamburg 1678, S. 9/10.

die Säure der Weintrauben verfeinertes Bleiweiß (ist). Dasjenige, das man aus Italien bringt, übertrifft sowohl in Rücksicht seiner vollkommnen Weisse, als wegen seiner Haltung, alles andere sonst gebräuchliche Bleyweiß, deswegen man sich desselben in der Oel- und Firnißmalerey überall, wo ein reines Weiß erforderlich ist, bedient; (...) Man erhält das Schieferweiß bey den Farbenhändlern insgemein vollkommen zubereitet, lävigirt und mit Stärke vermischt, auch nicht selten mit gewöhnlichem Bleyweiß und andern noch schädlichern Mitteln verfälscht. Wer daher sicher gehen will, dieses Pigment rein zu erhalten, muß es sich in Klumpen zu verschaffen suchen, so wie sie herüber gebracht werden, und sich dieselben nachgehends selbst lävigiren und schlemmen.« Für gröbere Arbeiten empfiehlt der Anonymus das wohlfeilere englische Bleyweiß, das »die Zerfressung oder der Rost des Bleyes, vermöge des Weineßigs« ist. »Ohngeachtet des geringen Preißes des Bleyweiß, geschehen doch, weil es in sehr großen Quantitäten gebraucht wird, von den Manufaktoristen und denen die damit im Großen handeln, vielerley Verfälschungen, besonders mit Kalk und Marienglas, da dies die wohlfeilsten Ingredienzien sind, womit es vermischt werden kann, ohne seiner Weisse zu sehr nachtheilig zu werden. Ist indessen diese Verfälschung nicht gar zu stark, so beraubt sie ihn blos seines Körperlichen in etwas; ist sie aber zu groß, so leidet man nicht nur Verlust, da man eine größere Menge desselben nöthig hat, sondern es leidet auch die Mahlerey in Rücksicht anderer schädlichen Eigenschaften dabey.«[1]

Auch für den Pariser Maler, Lackierer und Farbenhändler Jean-Félix Watin, der 1773 eine Anleitung für »Staffiermaler« veröffentlichte, ist das »Schiefer- oder Schulpweiß ohnstreitig das schönste Weiß zur Malerey«.

[1] *Praktisches Handbuch für Künstler*, aus dem Englischen nach der zwoten verbesserten & vermehrten Ausgabe übersetzt und mit Anmerkungen versehen, Dresden 1792, 1. Theil, S. 133–136.

Nur will es dem französischen Kaufmann nicht einleuchten, daß der Handel des besten Schieferweiß, das sonst von Venedig kam, nun ganz im Besitz der Engländer und Holländer ist. Nicht genug damit, holen sie »Bley und Essig aus Frankreich, und bringen das fabricirte Schieferweiß wieder dahin zurück.«[1] Wieviel einfacher wäre es, bei dem inzwischen so »leichten und simplen« Verfahren, »andrer Orten« Fabriken davon anzulegen, die um so einträglicher wären, als das Pigment gleichsam der Grund aller Farben ist, da man es unter alle Farben mischt.

Hätte Watin noch gelebt, als sein Farbfabrikationstraum im 19. Jahrhundert in Erfüllung ging, er hätte sein Schieferweiß nicht wiedererkannt. Franzosen und Deutsche waren die ersten, die das mit Kohlensäure aus Bleizucker gefällte Pigment massenhaft produzierten. Als Pulver weißer als irgendein holländisches oder venezianisches Schieferweiß je war, blieb auf diesem Darstellungsweg von den einstigen Tugenden der Farbe nur die trocknende Wirkung auf Öl und die filmstabilisierende Rolle des Bleioleats.

Im Kampf gegen die Flut minderwertiger Pigmente, die in der zweiten Hälfte des 19. Jahrhunderts den Markt überschwemmten, zeichnete sich J.-G. Vibert aus, Genremaler und Lehrer für Maltechnik an der Pariser École des Beaux-Arts. Er veranlaßte die Société des Artistes Français, eine Kommission zur Qualitätsüberwachung einzusetzen, und gründete an der École ein Forschungslabor. 1891 veröffentlichte er seine maltechnischen Vorlesungen unter dem Titel *La Science de la Peinture*. Im Anhang seines Buches, das noch im selben Jahr neunmal nachgedruckt wurde, behandelt der Autor »die guten und die schlechten Farben«, allen voran »Blanc de plomb ou blanc d'argent«. Er beklagt die Minderwertigkeit des

[1] *Der Staffirmaler, oder die Kunst anzustreichen, zu vergolden & zu lackiren*, nach der zweyten viel verbesserten Französischen Ausgabe übersetzt, Leipzig 1774, Reprint Aichstetten (o. Jahresangabe), S. 13–16.

konsistenzlosen gefällten Pigments, die der aller übrigen Farben entspricht und mit der sich die Künstler abfinden müssen, weil alle kleinen Betriebe alten Stils, die qualitätvolle Farben erzeugten, von der Großindustrie geschluckt worden sind. »Wollte man jetzt der Malkunst angemessene Farben erhalten, müßten die Maler sie selbst herstellen, was unmöglich wäre, oder sie müßten übereinkommen, Produkte eigens für ihre Zwecke in Auftrag zu geben, was, wie wir hoffen, bald möglich sein wird.«[1]

Die Hoffnung Viberts auf verbesserte Tubenfarben war so vergeblich wie sein frommer Wunsch, die Maler könnten zu der Einsicht kommen, daß sie sich für die Beherrschung ihres Handwerks nicht schämen müssen. Die sich schämten wußten, wenn sie ihre Technik mit der ihrer alten Vorbilder verglichen, warum sie »erröteten«. Vibert hingegen konnte nicht ermessen, wie weit seine »Science« von der Wissenschaft der Malerei seiner empfohlenen Vorbilder Rubens, van Dyck, Leonardo und Michelangelo entfernt war.

Indessen ging, unbemerkt von Maltechnikern und Künstlern der Zeit, noch viel bleihaltiges Wasser die Bäche hinunter, bevor die Labormethode alle anderen Herstellungsmethoden verdrängte. 1839 war in Deutschland das *Kammerverfahren* eingeführt worden, eine klinische Version der alten Topf- und Pferdemistprozedur, bei der Bleilappen im geschlossenen Raum einströmendem Wasserdampf, Essigdampf und Kohlensäuregas ausgesetzt wurden. Das Kammerweiß[2] war weder so schön wie das Schieferweiß von einst, noch so häßlich wie die neue Laborfarbe. Aber auch das holländische Loogen-Verfahren war in kleineren Betrieben verschiedener Länder Europas noch lange in Gebrauch. Genteles *Lehrbuch der Farbenfabrikation* von 1880 schildert die Bleiweiß-

[1] J.-G. Vibert, *La Science de la Peinture*, Paris 1891, S. 281 (Übersetzung A. A.).

[2] Das berühmte Kremser Weiß wurde auf eine ähnliche, aber nicht ganz so sterile Weise hergestellt.

produktion bis ins kleinste Detail. Zur Erzeugung von Wärme durch langsame Verwesung, bei der sich gleichzeitig Kohlensäure bildet, wurde nach wie vor Pferdemist oder gebrauchte Gerberlohe verwendet. »Unter den *Lohesorten findet ein wesentlicher Unterschied statt.* Lohe von jungen Bäumen ohne harte Rinde erhitzt sich weit mehr und ist besser. Lohe von weichem Holze erhitzt sich auch mehr als die von Eichenholz, und Lohe von Weiden, welche wie weiches Stroh geformt ist, bewährt sich am allerbesten. *Mist und Lohe von Eichenholz* wird namentlich in *Holland*, *Mist* hauptsächlich in *Deutschland*, *Eichenholz allein in ganz England*, *Fichtenlohe in den nördlichen Ländern*, *Weidenlohe* allein in *Petersburg* angewendet. Bei zweckmäßiger Anwendung geben jedoch sämmtliche Materialien gute Resultate.«[1]

Gegen 1900 waren in Rotterdam, das im 17. Jahrhundert eines der drei Zentren des florierenden Loogen-Verfahrens war, noch zehn Bleiweißfirmen in Betrieb.[2] Es gab sie also noch, die steinharten weißen Bleimuscheln mit glänzendem Bruch, die man einst »Schieferweiß« nannte. Aber in seiner rohen Form kam der Bleikalk nicht mehr in den Handel. Ob in der Tube oder als ungebundenes Pigment, verkauft wurde nur »Bleiweiß«, das in mechanisch betriebenen Steinmühlen mit Wasser »höchst fein«[3] gemahlene und mit preiswerten Füllstoffen verschnittene Bleikalkpulver.

Der im 18. Jahrhundert noch jedem Staffiermaler geläufige Unterschied zwischen Bleiweiß und Schieferweiß war vergessen. Chemiker und Farbfabrikanten, die noch wußten, was es damit auf sich hat, behielten ihre Kenntnisse lieber für sich. Den Aufwand, das Material von Hand zuzubereiten, hätte niemand bezahlen können.

[1] J. G. Gentele, *Lehrbuch der Farbenfabrikation*, Braunschweig 1880, S. 116.

[2] Vgl. dazu Goedings, *Schulpwit*, S. 11.

[3] Gentele, *Lehrbuch*, S. 121.

Als bestes Bleiweiß galt nun das Kremser Weiß aus Klagenfurt. Die Schönheit der Farbe ist ihre Weiße, die nicht allein von der Darstellungsweise abhängt, sondern sich auch nach der Güte des geschmolzenen Bleies richtet. Kremser Weiß verdankte seinen Ruhm dem vorzüglichen Villacher Blei und einem Kammerverfahren, das ebenso zeitaufwendig war wie die alte holländische Methode.[1]

Heute weiß man, daß das alte Schieferweiß deutlich mehr Silber- und Kupferanteile enthielt, als das im 19. Jahrhundert aus überseeischen Erzen produzierte Bleiweiß. Die vor 1850 nicht vorhandenen Spuren von Zink und unlöslichem Antimon werden von den Experten auf die unterschiedliche Herkunft des Bleies zurückgeführt.[2]

Das heute gehandelte weiche Pulver enthält so minimale Spuren anderer Elemente, daß kein Rückschluß auf die Herkunft des Bleies mehr möglich ist. Chemische Analysen können nur noch das Firmenzeichen herauslesen, den winzigen Unterschied, an dem man die Hersteller erkennt. Etwas anderes als niedergeschlagenes Labor-Bleiweiß, das sich durch seine amorphen 1 bis 2 Mikron kleinen Partikel zu erkennten gibt, ist weder in Europa noch sonst irgendwo zu haben. Sobald die EG-Gesetze in Kraft treten, wird es auch diese Schwundform des einstigen Schieferweiß nicht mehr geben.

Deckend, körperhaft und beständig teilt Bleiweiß in Öl anderen Farben seine trocknende Wirkung mit und hellt sie auf, ohne ins Bläuliche oder Rötliche zu spielen, wie seine Nachfolger aus Zink und Titan. Jahrhundertelang bedienten sich die Maler dieses artigen Pigments, dessen Dichte selbst in feinsten Schichten zur Geltung

[1] Vgl. Gentele, *Lehrbuch*, S. 135 bis 139.

[2] Vgl. Rutherford J. Gettens, Hermann Kühn, W. T. Chase, »Lead White«, in: *Artists' Pigments*, Hrsg. Ashok Roy, New York, Oxford 1993, Bd. 2, S. 67–79.

kam. Seiner stabilisierenden Funktion im Malfilm ist der gute Erhaltungszustand vieler alter Bilder zu verdanken, deren Schönheit mit zunehmendem Alter durch den Prozeß der Verseifung von basischem Bleicarbonat in Öl noch gewinnt.

BLEIZINNGELB

Bleistannatgelb, Canarigelb, Massicot, Masticot.

MERKMALE. *Farbe:* helles Zitronengelb und wärmere Nuancen. *Stoffliche Erscheinung:* Kleine Partikel mit Glas-charakter und muscheligem Bruch. *Chemische Zusammensetzung:* Pb_2SnO_4 = Bleistannat (Blei-Zinnoxid).

PHYSIKALISCHE EIGENSCHAFTEN: Das stark doppelbrechende künstliche Mineralpigment gehört zum tetragonalen Kristallsystem. *Lichtbrechungsindex:* $\omega = 2{,}29$ $\varepsilon = 2{,}31$ *Dichte:* 9,00. *Toxizität:* Giftklasse 3

Von den Malern jenseits der Alpen *Giallorino* oder *Giallolino* genannt – »kleines Gelb« oder »Gelbchen« –, teilte Bleizinngelb diesseits der Alpen den Namen mit gelbem Bleioxid[1]: *Massicot* oder *Masticot* und war im Norden wie im Süden vom 15. bis zum 17. Jahrhundert ein überaus beliebtes Pigment. Von Giotto bis Tintoretto, vom Maître de Flémalle bis zu Vermeer, von Dürer bis Flegel leuchtet das fabelhaft deckende, lichtbeständige, körperhafte *kleine Gelb* in seinen zitronigen und wärmeren Varianten in den Werken der Malerei. Im 18. Jahrhundert von Neapelgelb, dem Bleiantimonat, allmählich verdrängt, war es im

[1] Gelbes Bleioxid, das durch Erhitzen von Bleiweiß auf circa 300°C entsteht, ist ein selten verwendetes Pigment, das sich am Licht rötlich bis bräunlich verfärbt. Vgl. H. Kühn, »Farbmaterialien«, *Reclams Handbuch*, S. 27.

19. Jahrhundert vergessen. Durch Untersuchungen alter Gemälde am Doerner Institut 1941 entdeckt und identifiziert, wird es heute für den Bedarf der Restauratoren wieder hergestellt. Nur zwei Rezepte der Farbe sind überliefert, die beide in einem italienischen Manuskript des 15. Jahrhunderts, *Bologneser Manuskript* genannt, aufbewahrt sind.[1] *Giallolino* ist eine Verschmelzung von Saturnrot und dem in der Bergmannsprache »Zwitter« genannten Jupitererz. Mennige[2] und Zinndioxid, im Verhältnis 3:1 gemischt, wird bei 650–800 °C kalziniert. Die niedrigeren Temperaturen ergeben den wärmeren, die höheren die kühleren Töne. Der Bindemittelbedarf von Bleizinngelb liegt zwischen 15% und 25%, es teilt mit Bleiweiß die trocknende Wirkung auf Öl.[3]

Gerhard zur Brügge rechnet Masticot zu den »fürnehmsten Farben« der Illuminier-Kunst:

»Der Masticot ist eine sehr gute gelbe Farbe / wiewol die eine Gattung desselben höher fället / als die andere / und wird meistentheils unter die grünen Farben gemischet / weil sie nur was mager und dünne ist / gleichwol wird sie zuweilen gebrauchet ein Sommerklares Wetter in Verschiessung der Lufft anzulegen / welches denn allgemach / nach unten gegen die Berge zu / muß vertrieben werden. So dienet er auch / wenn man einige ferngelegene Büsche / erleuchtete Thäler oder Ebenen auff den Bergen und dergleichen erhöhen wil / wie davon in den Anlegen der Landschafften gesaget werden soll.«[4]

Um welches Masticot es sich dabei handelt, das reine Bleigelb oder das Bleizinn-Zwitter-Pigment, bleibt Gerhards Geheimnis.

[1] Ebda., S. 16/17.
[2] Mennige = rotes Bleioxid (Pb_3O_4).
[3] Vgl. H. Kühn, »Lead Tin Yellow«, in: *Artist's Pigments*, S. 83–111.
[4] Ebda., S. 17.

AURIPIGMENT

Operment, Rauschgelb, Arsenblende, Gelber Hüttenrauch, Arsengelb, Chinagelb, Königsgelb; lat.: *auripigmentum*, *arrhenicum*, *arsenicum citrinum*.

MERKMALE. *Farbe:* lichtes bis dunkles Schwefelgelb. *Stoffliche Erscheinung:* mittelgroße, ungleichmäßige Schuppen, harz- und perlmuttartig glänzend, mit mildem muscheligem Bruch; Spaltflächen quergestreift, häufig mit faseriger Struktur. Vom Rohmaterial schreibt Watin: »Es muß in schönen kalkartigen Stücken von goldgelber Farbe, und auch ebenso glänzend seyn, und sich leicht in Schuppen oder dünne Täflein theilen lassen.«[1] *Chemische Zusammensetzung:* As_2S_3 = Arsensulfid.

PHYSIKALISCHE EIGENSCHAFTEN: Auripigment gehört zum monoklinen System und findet sich in kleinen blättrigen, säuligen, tafeligen, kurzprismatischen Kristallen, körnig bis dicht, auch nierenförmig, kugelig, traubig, stengelig, radialstrahlig, derb, auf Erzgängen, eingesprengt in Tonen, Mergeln, an Vulkanen und in heißen Quellen, meist in Begleitung seines rötlichen Geschwisterminerals Realgar, dessen Beimengung im Pigment das Gelb ins Rote neigen läßt. Auf den sehr vollkommenen Spaltungsflächen glänzen die durchscheinenden bis undurchsichtigen biegsamen Blättchen perlmuttartig. Der höllische Schwefel- und Arsengeruch entfaltet sich vor allem bei Erhitzung, beim kalten Pigment kommt er als Knoblauchgeruch zum Ausdruck. Zur Erhaltung der Leucht- und Deckkraft des üppigen Gelbs wurde das stark doppelbrechende Pigment eher grobkörnig verwendet. Die lichtbeständige Farbe wurde in Buch- und Tafelmalerei, in wässrigem und öligem Medium eingesetzt. Theoretisch verträgt sich das Schwefelpigment nicht mit blei- und

[1] *Der Staffirmaler*, S. 31.

kupferhaltigen Farben.[1] Wässrig gebunden erscheint die rauschgelbe Oberfläche »nie ganz glatt, zuweilen glimmerartig mit winzigen glitzernden Stellen.«[2] *Lichtbrechungsindex:* $\alpha = 2{,}4$ $\gamma = 3{,}02$ $\beta = 2{,}81$ *Dichte:* 3,4–3,5 *Toxizität:* Giftklasse I; während künstliches Arsensulfid zu den tödlichen Giften zählt, gilt das natürliche als weitgehend ungiftig, weil das enthaltene Arsen nicht mit Sauerstoff verbunden ist.

»Der Worte güldner Glantz hat Gift zu seinem Grunde
und Operment steckt drinn, es schadet dem Gesunde.«

Das Operment des Barockdichters Friedrich von Logau muß ein durch Sublimation oder Fällung dargestelltes Arsensulfid gewesen sein, das man auch Königsgelb nennt. Das künstliche Pigment enthält Arsenik, As_2O_3, ein berüchtigtes Gift. Nur in Verbindung mit Sauerstoff kann der Körper Arsen aufschließen, trotzdem wird niemand freiwillig der Empfehlung von Plinius[3] folgen, *arrhenicum* zur Entfernung von Polypen in die Nase zu streichen. »Das beste«, schreibt der Vertraute des römischen Kaisers, »ist von einer Farbe, die man sogar beim Gold als auffallend bezeichnen würde; das blassere oder dem Sandarach[4] ähnliche wird für schlechter gehalten. Es gibt noch eine dritte Art, bei der die Farbe des Goldes mit der des Sandarachs gemischt ist. Beide Arten sind schuppig, jene aber trocken und rein, seinen feinen Adern entlang spaltbar.«[5]

In Plinius Buch über die Malerei wird *arrhenicum* als Farbe unter dem Namen *auripigmentum* aufgeführt. In Ägypten und vor allem in China hat das leuchtende Gelb lange vor unserer Zeit Verwendung gefunden. Lager-

[1] In wässrigem Medium kann es schwarzes Blei- oder Kupfersulfid bilden.

[2] Roosen-Runge, *Farbgebung*, S. 86.

[3] *Naturkunde*, Buch XXXIV, S. 123 und 209.

[4] Sandarach = Realgar.

[5] Ebda., S. 121–123.

stätten mit Auripigment gibt es in Yunnan und im Kaukasus, in Anatolien und in Kurdistan, in Neapel und im Banat, in Siebenbürgen und am Andreasberg im Harz, aber das Mineral findet sich nie in großen Mengen. Die relative Seltenheit des Steins und das Heikle des Pigments, das sich nicht gern mit anderen Farben verbindet, machen verständlich, warum Rauschgelb zwar in allen Maltraktaten von Cennini bis Mayerne aufgeführt wird, aber nach dem 14. Jahrhundert nur noch selten in Tafelbildern vorkommt: im 15. Jahrhundert wurde es von dem unproblematischeren und unbegrenzt verfügbaren Bleizinngelb abgelöst. Boltz von Ruffach beschreibt ein »Goldgelb das schön ist. Nimb Auripigmentum / reib das gar wohl auff einem Stein mit Geisgallen oder Rindern Gallen. Thue es in ein klein saubers Häflein thu guten Saffran dran / nach Gelegenheit geus guten weissen Wein daran / nicht zu viel noch zu wenig / stells zum Feuer / laß sittlich sieden / bis es dicklechtig wird / heb es denn ab / laß erkalten / und brauchs / es ist gar schön und Goldfarb / dünners allweg mit Gallen / die mit Wein temperiert ist. Das behalt allweg in einem Gläßlein.«[1]

Vorsicht im Umgang mit »Auripigmentum, das wird genennet Operment«, eine »sorglich, doch schöne Farb«, hielt Boltz jedenfalls für geboten: »Wenn du die reibst / so verbinde Mund und Naßlöcher / daß dir der Dampff und Staub nicht darein rieche. Reib es wol auff einem Stein / mit einem lautern dünnen Pergamentleim-Wasser / oder Gummiwässerlein / welches du wilt. Und hüte dich / daß du kein Pinsel dieser Farb leckest / denn es ist schädlich. Wenn du wilt so reib es an mit gebrandtem Wein / temperiers damit / und leg ein Gummi Klötzlein darein / so wirds starck.«[2] Auch Gerhard zur Brügge warnt vor der Farbe, die er »Operment oder Gelber Hütenrauch« nennt:

[1] Valentin Boltz von Ruffach, *Illuminir-Buch*, Basel 1549, St. Annaberg 1690, S. 44.

[2] Ebda., S. 41 f.; weitere Anweisungen für den Gebrauch von Auripigment vgl. unter Realgar.

»Das gelbe Operment ist zwar eine schöne Farbe / aber gifftig / darumb man sie in deren Gebrauch von dem Munde weg lassen soll. Man reibet sie mit alten Harn / und lässet sie alsdann trocknen / und mischet sie / so man sie brauchen wil / mit Gummiwasser. Hiermit leget man an alle seidene und atlassene Frauenkleider / und vertiefefet sie mit Bergbraun und Saffran / und die Vertieffungen mit Ofen- oder Kühnruß. Aber zu den Erhobenheiten / wil sie sich / wegen ihrer Gifftigkeit / nicht wol gebrauchen lassen; Man kan sie auch wol gar ungebraucht lassen.«[1]

Wie giftig das stinkende Arsengelb auch immer sein mag, beim Anreiben mit altem Harn empfiehlt es sich, Mund und Nase zu verhüllen. In kleinen Mengen wird die teure Farbe für Restauratoren heute wieder aus dem Mineral gewonnen.

REALGAR

Rauschrot, Rubinschwefel, Feuerschwefel, roth Operment, Roter Hüttenrauch, rote Arsenblende, Sandarach, Rüschgäl; lat.: *sandaraca*, *risigallum*, *resegale*, *arsenicum rubrum.*

MERKMALE. *Farbe:* orangerot. *Stoffliche Erscheinung:* wie Auripigment. *Chemische Zusammensetzung:* $As_2 S_2$ = rotes Arsensulfid.

PHYSIKALISCHE EIGENSCHAFTEN: Das Pigment aus den feuer- bis rubinroten prismatischen Kristallen hat den gleichen Charakter wie Auripigment. *Lichtbrechungsindex:* $\alpha = 2{,}46$ $\gamma = 2{,}61$ $\beta = 2{,}59$ *Dichte:* 3,5–3,6 *Toxizität:* Giftklasse 1

Die rauschrote Geschwisterfarbe des Auripigments hat in der europäischen Malerei nur selten Verwendung

[1] Gerhard zur Brügge, *Illuminir- oder Erleuchterey-Kunst*, S. 18.

gefunden. In synthetischer Form diente Realgar eher als Ratten- und Mäusegift und trägt deshalb den Namen, der sich aus dem arabischen *rahg al-far*, »Mäusestaub, Mäusegift« ableitet, das durch Verschreibung zu *rahg al-gar* und schließlich zu Realgar wurde.[1]

Bei Dioskurides[2] und Plinius heißt das Mineral *sandaraca*. Letzterer schreibt von der Beschaffenheit des Sandarach: »Er findet sich wohl in Gold- als auch in Silbergruben; er ist um so besser, je röter er ist, je intensiver er ist. Er ist von Wert zum Reinigen, Stillen, Erwärmen und Ausnagen, wobei eine beizende Wirkung seine Haupteigenschaft ist. Mit Essig aufgestrichen, beseitigt er die Kahlköpfigkeit; man fügt ihn Augenmitteln bei; mit Honig genommen reinigt er den Schlund und macht die Stimme klar und wohltönend; mit Terpentinharz in der Nahrung genommen, heilt er Atemnot und Husten auf angenehme Weise; auch als Räuchermittel mit Zedernholz heilt er die gleichen Leiden durch seinen bloßen Dunst.«[3]

Paracelsus sah natürliches rotes Arsensulfid als so schwaches Gift an, daß er es als Heilmittel für unbrauchbar hielt. Die Tugend der Gifte lag in seinen Augen darin beschlossen, daß »gift ander gift uberwint«, und so galt ihm gelbe Arsenblende in der Arznei wenig und rote als »gar nichts wert«.[4]

Boltz von Ruffach benutzt das von ihm Rüschgäl genannte Pigment zum Schattieren von Auripigment und anderen lichtgelben Farben.

Im Mayerne-Manuskript behandelt der holländische Historien- und Portraitmaler Cornelis Janson rotes und gelbes Arsensulfid unter der Überschrift »Von Auripigment« als zwei Farbsorten zum Goldmalen. »Sie müssen

[1] Vgl. Dietlinde Goltz, *Studien zur Geschichte der Mineralnamen in Pharmazie, Chemie und Medizin von den Anfängen bis Paracelsus*, Wiesbaden 1972, S. 241.

[2] Ebda., S. 158.

[3] Plinius, *Naturkunde*, Buch XXXIV, S. 121.

[4] Hans Lüschen, *Die Namen der Steine*, Thun, München 1968, S. 178.

zuerst in Wasser gerieben werden, und wenn sie getrocknet sind, dann lassen sie sich leicht mit Oel vermischen, entweder auf der Palette oder wenn man mehr braucht, auf dem Stein, aber mit Oel wird es niemals schön gerieben. Das beste Oel zur Mischung und um es trocknend zu machen, ist Oel mit Glätte gekocht.

Gelber Ocker ist ein Untergrund hiefür, wenn er nicht zu hell ist, aber der englische Ocker ist (...) geeigneter, hat mehr Körper, ist brauner und für den Goldgrund (besser). Auripigment wird auf jeder Farbe gut sein, ausgenommen auf Grünspan, aber keine Farbe kann auf ihn gut angebracht werden, weil er alle tötet, ob er nun auf die übrigen Farben aufgetragen oder mit ihnen gemischt wird, ausgenommen gelber Ocker oder solche ähnliche Gelb, um die Schatten zu brechen; die Schatten werden jedoch am besten mit anderen Farben gemacht, und dieses Auripigmentum diene nur für Lichter.«[1]

An beständigen roten Pigmenten hat es nie gefehlt. Eine Vielzahl roter Erden, Minium, Zinnober können mit Gelb gemischt jederzeit als Feuerfarbe dienen, und so nimmt es nicht wunder, daß das schwierige Sandarach uns selten in Bildern begegnet. Der antike Name kam im 18. Jahrhundert für das Mineral außer Gebrauch. Sandarak bezeichnet seither nur noch das goldene Baumharz, das aus nordafrikanischen Koniferen und aus alten Wacholderstämmen tritt.[2]

ZINNOBER

Bergzinnober, Vermillon, Cinnabarit, Merkurblende, Korallenerz, Karminzinnober, Scharlachzinnober, Holländischer Zinnober, Chinesischer Zinnober, Bastart

[1] Ernst Berger, *Quellen für Maltechnik*, S. 337.
[2] Vgl. Lüschen, *Die Namen der Steine*, S. 309.

Zinober, Patentzinnober; lat.: *vermiculum*, *cinnabaris*, *minium*, *cenobrium*.

MERKMALE. *Farbe:* je nach Stein feuerrot, korallenrot, kirschrot. *Stoffliche Erscheinung:* irreguläre, uneben gebrochene Splitter, mal winzig, mal riesig, mit deutlich sichtbaren Kanten. *Chemische Zusammensetzung:* HgS = Quecksilbersulfid.

PHYSIKALISCHE EIGENSCHAFTEN: Das Quecksilbererz Zinnober, von Mineralogen heute Cinnabarit genannt, findet sich kristallinisch klein- bis feinkörnig, oft erdig, derb und eingesprengt. Die prismatisch vollkommen spaltbaren Kristalle sind lebhaft diamantglänzend, mitunter morellenrot[1], selten durchsichtig, meist kantendurchscheinend bis undurchsichtig, die scharlachroten erdigen Massen erscheinen glanzlos. Zinnober kommt in Begleitung von gediegenem Quecksilber, Pyrit, Grauspießglanz und Markasit vor, häufig auch in Gängen mit Opal, Chalcedon, Quarz, Gips, Calcit, Dolomit und Realgar, im Umfeld tätiger Vulkane und heißer Quellen, als Imprägnation in sedimentärem Gestein, auf Klüften und Verwerfungen. Bei höchster Dichte erscheinen die doppelbrechenden Partikel hauchartig transparent, wenn sie dünn aufgetragen werden, ansonsten ist die Farbe für ihre Deckkraft und Körperhaftigkeit berühmt.[2] *Lichtbrechungsindex:* ω=2,819 ε=3,146 *Dichte:* 8,1 *Toxizität:* die stabile HgS-Verbindung hat sich bislang als nicht giftig erwiesen.[3]

χιννάβαρι (*kinnabari*) ist der aus Persien stammende griechische Name des Quecksilbersulfids. Die früheste Erwähnung des Minerals findet sich im ältesten aller europäischen Lapidarien, dem Buch *Über Steine* des Theophrast (um 372 bis 287 v. Chr.). Der Schüler des

[1] Durch Beimengung von kohlig-bituminösen Stoffen.
[2] Vgl. Roosen-Runge, in: *Reclams Handbuch*, S. 78.
[3] Vgl. Wehlte, *Werkstoffe und Techniken*, S. 119.

Aristoteles berichtet, *kinnabari* sei seit dem 6. Jahrhundert in Griechenland bekannt und in Kleinasien habe man es vielleicht schon lange vor dieser Zeit verwendet. Wenige Jahrhunderte später schreibt Plinius in seinem Buch über die Malerei von *cinnabaris*, aber wie schon bei Dioskurides bezeichnet das Wort nun nicht mehr Zinnober, sondern die noch heute unter ihrem alten Fabelnamen bekannte Farbe aus rotem indischem Baumharz: Drachenblut. Durch viele Jahrhunderte wanderte die Sage, Drachenblut sei aus dem Titanenkampf eines Elefanten mit einem Drachen hervorgegangen, von Plinius bis zu Lohenstein: »Cinnober ist Drachen- und Elefantenblut vermischt, wann sie mit einander gekempfft haben«, heißt es im Trauerspiel *Arminius.* Schon bei Plinius standen Farbe und Fabel im Kontext eines Trauerspiels: »Jetzt, wo der Purpur seinen Weg auch auf die Wände gefunden hat und Indien den Schlamm seiner Flüsse, das Blut der Drachen und Elefanten zur Verfügung stellt, ist die edle Malerei verschwunden«, klagt der römische Gelehrte und beschwört die unsterblichen Werke berühmter griechischer Maler, wie die des Apelles, der sich auf vier Farben zu beschränken verstand.

Nicht genug der Zinnober-Verwirrung, wollten Dioskurides und Plinius das Quecksilberpigment als *minion* beziehungsweise *minium* bezeichnet wissen, ein Name, der auch Bleirot (Pb_3O_4)[1] meint. Im Labyrinth antiker Zinnober-Bezeichnungen wechseln die Namen ständig ihren Inhalt. Es ist, als habe sich etwas von dem seltsam flüchtigen Metall, das in der Farbe enthalten ist, den Namensgebern mitgeteilt, so daß die Bezeichnungen bald mit diesem, bald mit jenem Rot ein Amalgam bilden, wie das »lebendige Silber«[2] des Gottes, der griechisch Hermes und römisch Merkur heißt.

[1] Das auch »Saturnrot« genannte Bleirot ist die uns unter dem Namen *Mennige* bekannte Rostschutzfarbe.

[2] »Quecksilber« ist eine frühe Lehnübersetzung des lat. *argentum vivum*.

»Einige meinen irrtümlicherweise«, schreibt der unschuldige Verwirrer Dioskurides, »*kinnabari* sei dasselbe wie das sogenannte *minion*. Das *minion* nämlich wird in Spanien gewonnen aus einem besonderen Stein, gemischt mit Silbersand, der sonst nicht bekannt ist. Im Brennofen bekommt es die blühendste und brennendste Farbe. In den Erzgruben gibt es eine würgende Ausdünstung von sich. Deshalb überziehen die Arbeiter dort ihre Angesichter mit Blasen, so daß sie zwar sehen, aber die Luft nicht einziehen. Die Maler brauchen es zu kostbaren Wand-Ausschmückungen.«[1]

Unfaßbar und gefährlich wie die Wasserschlange Hydra, das von Herkules mit Hilfe des Feuers besiegte vielköpfige Ungeheuer mit giftigem Hundeleib, dessen abgeschlagene Köpfe doppelt nachwuchsen, ist das griechisch *hydrargyros*[2] genannte Quecksilber im reinen ungebundenen Zustand.[3] Das widersprüchliche Element entspricht ganz dem zwiespältigen Hermes. Gott der Weisheit *und* täuschenden Schläue, nächster Verwandter von Sonne *und* Mond, nach Osten *und* nach Westen orientiert, begleitet er als *Psychopompos* die Seelen ins Jenseits *und* trägt, nachdem er im Diesseits die Sonne emporgeführt, die Götterkinder zu ihren Ammen. Was könnte die Unmöglichkeit, die duale Natur des Hermes zur Einheit zu zwingen, besser verkörpern, als ein Metall, das seine tödliche Wirkung durch unendliche Teilung so lebendig entfaltet, wenn man es als Eines fassen will?

In Gestalt winziger spiegelnder Perlen auf scharlachrotem, häufiger leberfarbenem erdigem Gestein oder zwischen zierlichen morellenroten Kristallen erscheint das sogenannte Jungfern-Quecksilber nur spärlich in

[1] Zit. nach Lüschen, *Namen der Steine*, S. 348f.

[2] *hydrargyros* = »Wassersilber«, daher *Hg* für das Element Quecksilber.

[3] Der ungebundene reine Zustand eines Elements wird in der Sprache der Mineralogen »gediegen« genannt.

der Natur. Die erste Schilderung der Destillation von *hydrargyros* aus seinem gewöhnlichsten Erz, dem als *minion* bezeichneten Zinnober, stammt wiederum von Dioskurides. Die Flüchtigkeit des »Wassersilbers« macht es leicht, es durch Rösten des Erzes vom Schwefel zu scheiden. Der in Tonkammern geleitete Dampf schlägt sich an den Wänden nieder und wird als destilliertes Quecksilber aufgefangen.

Zu Plinius' Zeiten waren die besten spanischen *minium*-Minen Eigentum des römischen Staates, der den Abbau kontrollierte und die Verarbeitung des Minerals am Ort der Schürfung verbot. Unter sorgfältiger Bewachung wurden jährlich 10000 Pfund rohes *minium* versiegelt und nach Rom gebracht. Künstlicher Zinnober scheint der Antike nicht bekannt gewesen zu sein, und da das meiste Erz eher leberfarben als korallenrot auftritt, waren schönfarbige Steine eine große Kostbarkeit. Laut Plinius kostete das Pfund 70 Sesterzen, ein kolossaler Preis, der gesetzlich festgelegt wurde, um willkürliche Steigerungen zu verhindern. Die Farbe wurde in der Malerei gebraucht und zum Schreiben auf Pergament. In Kampfspielen rieben sich die Sieger den Körper mit *minium* ein, das auch als Heilmittel verwendet wurde. Zinnober gehört, wie das Kochsalz, zu den chemischen Verwandlungswundern. Tagtäglich heben wir den Geschmack unserer Speisen mit einem Gewürz, das zwei Gifte in sich vereint: Chlor und Natrium. So ist auch das gefährliche Quecksilbergift in der stabilen Verbindung mit Schwefel unwirksam.

Schwefel und Quecksilber haben schon immer die Phantasie der Alchimisten entflammt. »Zinnobrische und rott sulphurische Witterungen«[1] erfüllten die Sphäre hermetischer Scheidekunst. Waren nicht alle Metalle aus dem Feurigen, das im Schwefel wohnt, und dem Prinzip

[1] Leonhard Thurneysser, *Vel Magna Alchymia, das ist ein Lehr und Unterweisung von den offenbaren und verborglichen Naturen, ... allerhandt wunderlicher Erdgewechssen*, Berlin 1583.

des Feuchten, das das Quecksilber bewegt, zusammengesetzt? Die mystische »Hochzeit« der in hermetischer Sprache »Liebespaar« genannten Elemente Merkur und Sulfur im Retorten-»Brautgemach«, steht im Mittelpunkt der durch maurischen Einfluß ins Abendland gedrungenen Läuterungslehren. Aus der feurig-feuchten Verschmelzung des weiblich gedachten Merkur und des männlich vorgestellten Sulfur, ging das hermaphroditische Sinnbild der zinnobrischen Zunft hervor: Ein schwefelbeseelter Quecksilberleib mit zwei Köpfen und zweierlei Geschlecht. Die Bedeutsamkeit des Quecksilbers für die Erzeugung des »Steins der Weisen« kommt in einer Vielzahl geheimer Namen zum Ausdruck, die die wandelbare Natur des Merkur spiegeln: *Weißer Vogel, Wasser der Philosophen, Unser Wasser, Schaum des giftigen Hundes, Geschwänzter Skorpion, Giftige Schlange, Schweiß der Körper, Erwecker der Toten.* Als Wiedererwecker der Metalle wurde das Vermögen des Quecksilbers interpretiert, andere Metalle aufzulösen. Namentlich die Verschmelzung mit Gold und Silber kam den unredlichen unter den gelehrten Vorläufern der Chemie bei ihrem »Umwandlung der Metalle« genannten Zauberkunststück wie gerufen: Nach der Verflüchtigung des auflösenden Elements bleibt schieres Gold und Silber zurück.

»Machet nicht Gold, machet Medizin!« mahnte Paracelsus die Alchimisten und lehrte sie, daß Gift anderes Gift überwindet. Aus dem »Stein der Steine«, »König der Könige«, dem »Stein der Weisen« konnte nichts werden, aber nicht von ungefähr ist der flinke Götterbote Merkur auch Beschützer der Reisenden, Kaufleute und Diebe. Die vergebliche Suche nach dem Goldelixier ewiger Jugend – im alchimistischen Emblem ein roter gekrönter Löwe mit erhobener Pranke – ging vom merkurialischen »Drachen« aus: Der Zinnober-Synthese. Ursprünglich kam der Drache aus China, wo die rote Farbe auch in der Kunst der Leichenkonservierung eine Rolle gespielt zu haben scheint, von Arabern wurde das Zinnober-Rezept in die islamische Welt gebracht und so kam es, daß der »Rote Drache«, die *materia prima* der Alchimisten, durch arabische Geheimlehren ins Abendland wanderte.

Zwei Wege führen zum Zinnober, ein trockener und ein nasser. Die frühe Zinnober-Darstellung, vom 8. bis zum 18. Jahrhundert praktiziert, wurde mit Hilfe des Feuers vollzogen, also auf trockenem Weg. Aus der Mischung von Quecksilber und geschmolzenem Schwefel im Verhältnis 5:1 geht das »Mohr« oder auch »Äthiopisches Mineral« genannte schwarze Merkursulfid hervor. In Ton-Retorten erhitzt, sublimiert das pulverisierte Mohr und schlägt sich an den irdenen Wänden nieder. Die Verwandlung vom Schwarzen ins Rote ist eine rein physikalische. Das Feuer bewirkt eine neue Anordnung der kristallinen Struktur: das schwarze kubische wird zum hexagonalen roten System.

Das aus dem erkalteten, zerbrochenen Gefäß gesammelte bläulichrote Sublimat muß lange mit Wasser und lange trocken gerieben werden, erst dann entfaltet sich das leuchtende Rot und der eigentümliche Glanz:

»Es ist besonders nothwendig, daß der Zinnober sehr gut lävigiret werde, da dies nicht allein zu seinem Glanze viel beyträgt, sondern er sich auch leichter verwaschen läßt; indessen läßt sich dies durch Mühlen nicht allein zwingen, sondern man muß hierzu noch den Mörser und den Reibestein anwenden. Da man ihn bei den Händlern in diesem Zustande nie erhalten kann, so müssen diejenigen welche den Zinnober in seinem vollkommenen Zustande haben wollen, besonders wenn sie ihn zum Mahlen der Fleischfarben, oder zu Vermischung desselben mit Weiß anwenden wollen, dessen Feinheit noch überdies durchs Schlemmen besonders zu erhalten suchen.«[1]

Die Empfehlung gilt auch für natürlichen Zinnober und erübrigt sich nur bei der auf nassem Weg erzeugten

[1] *Praktisches Handbuch für Künstler*, Bd. I, S. 40.

Farbe. Das modernere Verfahren ist, wie sich von selbst versteht, das einfachere und weniger kostspielige. Das Ergebnis ist ein Zinnober, wie er selbst mit der Geduld eines Cennino Cennini nicht hergestellt werden könnte. »Wisse«, hatte Cennino den Malern des 14. Jahrhunderts gesagt, »daß wenn du (Zinnober) zwanzig Jahre lang jeden Tag reibst, die Farbe immer noch feiner und schöner wird.«[1]

Auf bequeme Weise dargestellt, ist von der Schönheit des Pigments zwar noch der Ton vorhanden, aber der Körper bleibt auf der Strecke. Die uniformen Partikel sind so winzig, daß die stark doppelbrechenden Eigenschaften nicht zur Wirkung kommen. Auch das launische Laster des Zinnobers, der, in wässriger Bindung direktem Sonnenlicht ausgesetzt, mitunter in schwarzen Metazinnober umschlägt, tritt bei dem im 19. Jahrhundert in England und Deutschland fabrizierten Pigment häufiger auf, als bei der einst vor allem in Holland trocken hergestellten Farbe, die sorgfältig gewaschen, levigiert, gerieben und geschlämmt werden mußte. Dabei waren die Zinnoberschichten der alten Malerei meistens durch Krapplack-Lasuren vor einem »Mohr-Rückfall« geschützt.

Der umständlich sublimierte Zinnober läßt sich vom natürlichen selbst unter dem Mikroskop nur schwer unterscheiden. Als Indizien gelten Spuren von Begleitmineralien und die nur bei extremer Vergrößerung (durch elektronische Scanner-Mikrographie) sichtbaren länglichen Kristallsplitter, die für die Säulenstruktur sublimierter Zinnoberbrocken charakteristisch sind.[2]

In unserem Jahrhundert ist von den drei Zinnobersorten nur noch der Schein übriggeblieben. An die Stelle der mohranfälligen Farbe ist ein körperloses Cadmium-

[1] Zit. nach Daniel V. Thompson, *The Materials and Techniques of Medieval Painting*, London 1936, New York 1956, S. 104.

[2] Vgl. Rutherford J. Gettens, Robert L. Feller, W. T. Chase, »Vermilion and Cinnabar«, in: *Artists' Pigments*, S. 159–182.

rot getreten, ein ultrarotes merkur- und sulfurverlassenes Pigment.

Als Bezeichnung für feinsten Zinnober erklärt der Fremdwörter-Duden von 1990 das aus dem Lateinischen abgeleitete französische Wort *Vermillon*. *Vermiculus* ist der Scharlachwurm. Ursprünglich bezeichnete *vermiculum* die *Kermes* oder *Karmin* genannte Farbe, die man aus Schildläusen gewinnt. So wiederholte sich im Mittelalter, als der Wurm-Name *vermiculum* auf künstlichen Zinnober übersprang, die antike Konfusion roter Benennungen.

Menjo ist der Name eines Flusses in Spanien, den die Römer *Minium* nannten. Ob die Farbe in der Antike *minium* hieß, weil der Fluß Zinnobersand mit sich führte, oder der Fluß seinen Namen eben diesem Umstand verdankt, entzieht sich unserer Kenntnis. Indessen wird in der spanischen Provinz La Mancha in der Stadt Almaden, die unter römischer Herrschaft Sisapu hieß, seit der Antike Zinnober abgebaut. Weder Idria in Krain noch Monte Amiata in der Toskana konnten sich je mit Almaden messen. Ungeachtet des Jahrhunderte dauernden Bergbaus birgt der öde Landstrich mit seinen nackten Felsenkämmen noch immer die reichsten Zinnobervorkommen der Welt.

Vom umständlichen Weg der Zinnoberdarstellung, dem langwierigen Waschen, Reiben und Schlämmen der sublimierten wie der natürlichen Farbe ist hingegen nicht viel mehr als die Redewendung »mach keinen Zinnober« übriggeblieben.[1]

Im *Grimmschen Wörterbuch* kommt der zinnobrische Umstandskrämer noch nicht vor. 1956 fertiggestellt, belegt der 31. Band mit den Artikeln von Z bis Zmasch über fünf Spalten den Bedeutungsreichtum des Wortes Zinnober. Als Farbe, Schminke und Arznei, als Ver-

[1] Für Restaurationszwecke wird echter Bergzinnober und sublimiertes Vermillon von der Firma Kremer wieder hergestellt.

gleich und als Metapher sticht es in den Werken der Literatur bald glänzend und schön, bald gemein und häßlich hervor und entfaltet seinen flackernden Sinn in der Alchmistenschelte »Paracelsisten... mit ihrem spring daemonio, zinobrische teuffel, mörderischen tincturen«, der alten Gleichsetzung von Rausch und Zinnober in Predigten des Abraham a Santa Clara, den süßen zinnoberroten Wangen der *geharnischten Venus* von Stieler, Heines »Grübchen in Zinnoberwangen, drin die Schalkheit heimlich kichert« und Brentanos »Purpur und Zinnober weiset / wie es mit der Wahrheit steht; / wenn der Basiliske gleisend / aus der falschen Schminke kräht«, bis es schließlich im Märchen von ETA Hoffmann die garstige *und* schmucke, rüpelhafte *und* würdevolle, verlachte *und* bewunderte Gestalt des Kobolds »Klein Zaches, genannt Zinnober« annimmt. Nach dem tragikomischen Ende des zum Minister *sublimierten* Wechselbalgs Klein Zaches, wird der unersetzliche Verlust des *Zinnober* offenbar.

MALACHIT

natürlicher und künstlicher

Berggrün, Erdgrün, Kupfergrün, Mineralgrün, Azurgrün, Irisgrün, Schiefergrün, grüner Verditer; griech./lat.: *molochites*, *chrysocolla*, *viride azurinum*.

MERKMALE. *Farbe:* lichtes kühles Grün in wässrigen Techniken, in Öl gebunden dunkles Smaragdgrün. *Stoffliche Erscheinung:* griffiges Pulver aus unregelmäßigen schiefrigen Kristallbruchstücken von faseriger Struktur, mit splittrig-muscheligem Bruch und Seiden-, Glas- oder Fettglanz. *Chemische Zusammensetzung:* $CuCo_3 \times Cu(OH)_2$ = basisches Kupfercarbonat. *Toxizität:* Giftklasse 3.

Physikalische Eigenschaften: Fein prismatische haar- bis nadelförmige Kristalle in strahligen Büscheln und faserigen Fächern sind seltener als traubig-nierenförmige, achatähnlich gebänderte Aggregate. Häufige Vorkommen in Kupferminen vieler Teile der Welt, oft in Gesellschaft des nahe verwandten Azurit und anderer Kupferminerale wie Chrysokoll und Cuprit, die als Spuren im Pigment die natürliche Herkunft anzeigen. Je feiner das Pigmentkorn, desto schwächer die Farbe, sehr feine erscheinen nahezu farblos. Malachit gehört zu den Farben, die Körperhaftigkeit mit Transparenz verbinden. In öligem Medium entsteht durch starkes Tiefenlicht ein dunkles Smaragdgrün. *Lichtbrechungsindex:* stark doppelbrechend: $\alpha = 1{,}6$ $\beta = 1{,}8$ $\gamma = 1{,}9$ *Dichte:* 4

Von China bis Ägypten war der Malachit schon vor Jahrtausenden als Pigment bekannt. Im 37. Buch der Naturkunde beschreibt Plinius den Stein: »Nicht durchscheinend ist der *molochitis*; er hat ein tiefes Grün und seinen Namen nach der Farbe der Malve erhalten; man lobt ihn für Siegel und als Schutzmittel für Kinder; auch ist ihm eine gewisse Abwehrkraft gegen Gefahren eigen.« Der Glaube an den Abwehrzauber des grünen Minerals verlieh ihm den Namen »Schreckstein« und blieb bis ins 18. Jahrhundert lebendig. Im Jahre 1780 schreibt noch der ungläubige Adelung, der »Schreckstein« sei »bey dem großen Haufen ein Name des Malachiten, weil er wider jähen Schrecken gut seyn soll.«[1]

Von der Antike bis zur neueren Mineralogie wurde der Malachit in seinem unterschiedlichen Habitus häufig mit anderen Steinen verwechselt: in seiner prismatischen diamantglänzenden Nadelgestalt mit dem Smaragd, als dichtes erdiges Aggregat mit dem blaugrünen ebenfalls traubigen, aber amorphen Chrysokoll, eine Bezeichnung, die seit dem 19. Jahrhundert dem Kieselkupfer (Kupfer-

[1] Zit. nach Lüschen, *Namen der Steine*, S. 316.

silicat) vorbehalten ist. Laut Plinius wird der Chrysokoll in Indien gefunden, »wo die Ameisen das Gold ausscharren«[1], das den Stein enthält. Da er ihn als goldähnlich und viereckig beschreibt, kann es sich nicht um Chrysokoll handeln, der ansonsten in der *Naturkunde* mit dem Malachit identisch ist.

In den maltechnischen Schriften früherer Zeit wurde der Malachit selten Malachit genannt. Cennino Cennini nennt das Pigment *verde azzurro*, Valentin Boltz von Ruffach beschreibt es in seinem Illuminier-Buch von 1549 unter dem Namen *Schiefergrün*: »Schifer grün wird aus den Ertzsteinen gemacht / einer schöner als das ander / ist ein schwer Materi wie Lasur. Das reib nicht zu fast / es verleuret sonst die grüne Farbe / temperiers mit Eyerklar Temperatur / oder Pergamentleim / darein ein wenig Honig gemenget sey.«[2]

Die nahe Verwandtschaft des Pigments mit dem Azurit könnte eine Erklärung dafür sein, daß sich in der Malliteratur nur spärliche Erwähnungen des bis zum 17. Jahrhundert gebräuchlichen Malachits finden. Herstellung und Verwendung der beiden Farben gehorchen den gleichen Regeln; wer sich auf Azurit verstand, wußte: Malachit ist dasselbe in Grün; Rezepte des einen Pigments erübrigten die des anderen; wie die Anweisungen zur Verwendung von Gold in der Malerei auch für Silber gültig sind, und wie das Silber vor dem kostbaren Gold, mußte auch der grüne vor dem selteneren blauen Stein bei der Beschreibung zurückstehen.

Die »lichtbleiche grüne Farb«, die Boltz »Berggrün« nennt, ist vielleicht künstliches Malachit[3], auch *grüner Verditer* geheißen. Die Terminologie der Synthesen war

[1] Plinius, *Naturkunde*, Buch XXXVII, S. 103.

[2] Boltz von Ruffach, *Illuminir-Buch*, S. 84.

[3] Vgl. dazu Frederike Ellwanger-Eckel, *Herstellung und Verwendung künstlicher grüner und blauer Kupferpigmente in der Malerei*, herausgegeben vom Institut für Museumskunde an der Staatlichen Akademie der Bildenden Künste, Stuttgart 1988.

noch verworrener als die des natürlichen Minerals. Die in italienischen Gemälden der Frührenaissance nachgewiesenen basischen Kupfercarbonate, die man aufgrund ihrer kugelförmigen Partikel für künstlich hält, konnten bislang durch kein altes Rezept rekonstruiert werden.[1] Die Forschung vermutet, daß es sich um Fällungen von Kupfernitrat-Lösungen auf Calciumcarbonat handelt, ein Verfahren, Kupfergrün zu erzeugen, das laut de Mayerne der Zufall erfand: »Das Verditer-Grün ist selbst eine grüne Farbe, hell wie Weidengrün oder Meergrün. Man sagte mir, dass diese Farbe unvermutet von irgend jemand entdeckt wurde, der starkes Königswasser[2] *(aqua regalis)* auf Bleiweiss (andere sagten auf Kreide) fallen liess, welches sogleich grün wurde. Andere sagten mir, dass es bei der Scheidung von Kupfer, Silber und Gold gebrauchtes Scheidewasser sei.«[3]

Es hat jedoch auch natürlich »gefälltes« Kupfergrün gegeben, das als Pigment gehandelt wurde. Agricola, der davon berichtet, nennt es »Chrysokolla«: »Alle Salze, die reichlich und im Überfluß im Wasser enthalten sind, und auch alle Erden setzen sich in Quellen und auf dem Boden von Flüssen und Bächen ab, und auch Steine, die darin liegen, werden von ihnen überzogen. Diese ausgeschiedenen Salze und Erden bedürfen nicht der Wärme der Sonne oder des Feuers, um zu erhärten. Kluge Leute, die das beobachten, erfanden Verfahren, um auch andere Salze und manche wertvolle Erden zu gewinnen. Sie fassen nämlich solches Wasser, das aus Quellen und Stollen herausfließt, in hölzerne Wannen oder Behälter, die hintereinander angeordnet sind. Es bildete sich darin ein Niederschlag, der jedes Jahr abgeschabt

[1] Vgl. Rutherford J. Gettens & Elisabeth West Fitzhugh, »Malachit and Green Verditer«, in: *Artists' Pigments*, S. 194.

[2] Königswasser ist Salpetersäure und wurde so genannt, weil es Gold, den »König« der Metalle, auflöst.

[3] Zit. nach Berger, *Quellen für Maltechnik*, S. 143.

und gesammelt wird, so z. B. Chrysokolla in den Karpathen und Ocker im Harz.«[1]

Natürlich niedergeschlagenes und künstlich gefälltes »Chrysokolla« lassen sich schwer unterscheiden, und so werden wir vielleicht nie erfahren, welcher Natur die runden Partikel des malachitartigen Pigments in den Bildern der Frührenaissance gewesen sind.

Blasser und weniger beständig als das echte Malachit, scheint grüner Verditer seltener gebraucht worden zu sein als das entsprechende künstliche Blau. Kupfergrüne Farben anderer Struktur, wie Kupfersulfate, Kupferchloride oder Kupferphosphate, wurden oft Grünspan oder Verdigris genannt; in der Tradition dieser eigentlich falschen Benennung, sind sie hier unter diesen Namen behandelt.

Ob *grüner Verditer* oder *Verdigris* geheißen, die Maler des 15. und 16. Jahrhunderts diesseits und jenseits der Alpen verfügten über kupfergrüne Pigmente natürlicher oder künstlicher Herkunft, die der Forschung ein Rätsel sind. Die von Coremans als Malachit gedeutete grüne Farbe des Genter Altars wird nach neuesten Analysen wegen ihrer körnigen Partikelgestalt als Synthese angesehen. Eine Rekonstruktion des Pigments ist bislang nicht gelungen.[2] Varianten klassischer Synthesen können durchaus Ateliergeheimnis gewesen sein. Vielleicht handelt es sich auch um ein »vergessenes« Pigment natürlicher Herkunft.

Schließlich berichtet noch Watin von einer grünen Farbe, die er »Berggrün« oder »Ungarisch Grün« nennt, »ein grünlich Mineral, welches in kleinen Körnern wie Sand in den Bergen zu Kernhausen in Ungarn gefunden wird. Es muß wie ein schönes dunkles Sächsisches Grün aussehen, wenn es auch pulverisiert ist. Zum Gebrauch

[1] Georg Agricola, *Vom Berg- und Hüttenwesen*, S. 499.

[2] Vgl. *Bulletin de l'Institut Royal du Patrimoine Artistique*, XXII, Brüssel 1988/89, S. 41–45.

muß es gerieben werden, es sey zu Oel- oder Wasserfarben; man muß es mit Vorsicht gebrauchen, weil es die Farben dunkler macht.«[1]

Das *Praktische Handbuch für Künstler* führt Malachit unter dem Namen »Erdgrün« auf. »Erdgrün oder Berggrün«, belehrt eine Fußnote den verwirrten Leser, »ist eine Art von Kupfergrün, welches man Malachit nennt, wenn es fest und hart ist, und eine Politur annimmt; ist es aber erdig, weich und läßt sich zerreiben, so giebt man ihr den Namen Berggrün. Man findet es in Metallgruben beym Silber und Bley, auch auf Steinen, welche Metall enthalten. Es ist vielleicht einerley mit dem, was die Naturforscher natürlichen Grünspan nennen.« Das Lob der grünen Farbe am Ende ihrer Geschichte sei hier zur Gänze wiedergegeben:

»Erdgrün ist eine natürliche Erdart, welche aller Wahrscheinlichkeit nach durch Kupfer ihre Farbe erhalten hat. Sie ist von blaugrüner Farbe, ohngefähr die, welche man Meergrün nennt. Das gebräuchliche Erdgrün ist nicht sehr helle; allein da es mit Oel halb durchsichtig ist, und mit Wasser vollkommen körperlich, auch in Absicht der Haltbarkeit, den besten Pigmenten nichts nachgiebt, so wird es sehr häufig gebraucht, und entspricht allen Absichten in beyden Arten der Malerey, ob es schon insgemein nicht so häufig gebraucht wird, als es seiner Nutzbarkeit wegen verdient. Herr d'Akosta in seinem Werke über die Fossilien sagt, daß es eine Art desselben gäbe, welche sehr helle sey, und in Ungarn gefunden werde; könnte man dieses hier haben, so würde es für die Oelmalerey gewiß ein sehr schätzbarer Erwerb seyn, da die grünen Farben, welche wir gegenwärtig genöthigt sind aus Blau und Gelb zusammen zu setzen, selten hinreichende Sicherheit gewähren, daß sie nicht mit der Zeit verschwinden oder sich ändern.

[1] Watin, *Der Staffirmaler*, S. 25.

Erdgrün, so wie es von Auswärts zu uns gebracht wird, ist von sehr grober Textur, und muß sehr sorgfältig lävigirt und geschlemmt werden, weiter ist indessen zu seinem Gebrauch keine fernere Zubereitung nöthig. Das einzige Verfahren, seine Güte zu schätzen, ist die Helle und Stärke seiner Farbe.«[1]

GRÜNSPAN

Verdigris, Spangrün, Salzgrün, Kupfergrün, Kupferblüte, Kupferrost, Spanisch Grün; lat.: *viride hispanicum, viride graecum, aerugo, viride aeris, flos aeris, viride salsum, iarin.*

MERKMALE. *Farbe.* je nach Zusammensetzung vor allem blaugrüne und grünblaue Nuancen, aber auch gelbliches Giftgrün und tiefes Tannengrün. *Stoffliche Erscheinung:* basischer Grünspan wurde in großen groben Brocken verkauft, die, zerstoßen und gerieben, ein helles blaugrünes Pulver mit säuerlichem Geruch ergaben. *Chemische Zusammensetzung:* die Vielzahl der unterschiedlichen Grünspan-Arten lassen sich in zwei Gruppen unterteilen: die basischen und die neutralen Kupferacetate. Neutrales Verdigris hat die Formel: $Cu(CH_3COO)_2 \times H_2O$. *Toxizität:* giftig.

PHYSIKALISCHE EIGENSCHAFTEN. Die groben, unregelmäßigen, glasartigen Partikel sind unter dem Mikroskop gut sichtbar; die transparenten Kristalle des basischen Verdigris erscheinen als feine Nadelbündel, die des neutralen blühen tafelig mit rhombischen und hexagonalen Flächen aus, wachsen traubig zusammen und

[1] *Praktisches Handbuch für Künstler,* Bd. I, S. 119–120.

bilden manchmal Zwillinge; beide Arten sind stark doppelbrechend. *Lichtbrechungsindex:* $\alpha = 1{,}53$ $\gamma = 1{,}56$ *Spezifisches Gewicht:* 1,9

Lieblich für das Auge, aber unbeständig und anderen Farben feind, so lautet das Malerurteil über dieses seit der Antike bekannte künstliche Mineralpigment. Das älteste Rezept, Kupfer grün zu machen, stammt von Plinius, der den Grünspan *aerugo* nennt: »Manche legen (...) Gefäße aus weißem Kupfer in mit Essig gefüllte irdene Gefäße und schaben sie am zehnten Tage ab. Andere bedecken sie mit Weintrestern und schaben sie nach ebensoviel Tagen ab, wieder andere begießen Feilspäne von Kupfer mit Essig und rühren sie am Tage öfters mit Spateln um, bis der Essig aufgebraucht ist. Andere wollen lieber diese Feilspäne in kupfernen Mörsern mit Essig zerreiben.«[1] In der ersten Hälfte des 12. Jahrhunderts beschreibt Theophilus Presbyter die Herstellung von »salzhaltigem Grün«, ein basisches Kupferchlorid der Formel $Cu_2(OH)_3Cl$, das in seiner Struktur dem damals noch unbekannten Atacmit[2] entspricht: »Wenn du aber eine grüne Farbe machen willst, so nimm ein Stück Eichenholz, so lang und breit, wie dir beliebt, und höhle es in Form eines Kästchens aus. Darauf nimm Kupfer, mache es zu dünnen Streifen, so breit als du willst, nur dass ihre Länge die Breite des ausgehöhlten Holzes decke. Nach diesem nimm eine flache Schüssel mit Salz, drücke es stark zusammen und wirf es in's Feuer, bedecke Nachts mit Kohlen und am nächsten Tage mahle es sorgfältig auf dem trockenen Steine. Hast du dir zarte Zweiglein verschafft, so stecke dieselben in die genannte Höhlung des Holzes, so dass zwei Theile der Oeffnung darunter, einer drüber befindlich sei, bestreiche die Kupferstreifen beider-

[1] Plinius, *Naturkunde*, Buch XXXIV, S. 81.

[2] Der lauch-, gras- bis smaragdgrüne Atacamit der Formel $CU_2Cl(OH)_3$ kommt vor allem in Südamerika und Australien vor.

seits mit reinem Honig, streue das geriebene Salz darauf und lege sie zusammenhängend auf die Hölzchen, worauf du mit einem andern, hiezu geeigneten Holze zudeckst, damit keine Ausdünstung verloren gehen könne. Lasse dann in der Ecke dieses Holzes ein Bohrloch machen, durch welches du erwärmten Essig oder warmen Harn eingiessen kannst, so dass ein Drittel gefüllt werde, und sogleich verstopfe die Oeffnung. Dieses Holz sollst du an einen Platz schaffen, wo du es von allen Seiten mit Mist bedecken kannst. Nach vier Wochen aber hebe den Dek-kel, schabe, was du auf dem Kupfer findest, ab, und be-wahre es, und indem du es auf's Neue hinstellst, bedecke es in der Ordnung, wie oben beschrieben worden ist.«[1]

Die Rekonstruktionen dieses Salzgrüns, die der Kunst-historiker Roosen-Runge in den sechziger Jahren sowohl mit Essig wie mit Urin vornahm, ergaben mit letzterem das sattere Grünspangrün.[2] *Non valet in libro*, warnte Theophilus die Buchmaler, denn das schöne salzige Eisvogelgrün zerfrißt im Laufe der Zeit das Pergament. Andere Rezepte des Mittelalters schreiben das Bestreichen der Kupferplatten mit Seife oder Eigelb vor, auf die mal Essig, mal Urin einwirken soll, oder es wurde eine Kom-bination von Honig und Weinstein empfohlen. Je nach den Zutaten und dem Grad ihrer Einwirkung entstanden hellere oder dunklere, kältere oder wärmere Grüntöne.[3]

Eine Warnung vor dem flüchtigen Pigment, das »mit Hilfe von Salz erzielt wird«, ist durch Leonardo da Vincis *Traktat von der Malerei* überliefert. »Das mit Kupfer bereitete Grün geht, auch wenn es mit Öl verrieben ist, mit seiner Schönheit in Dunst auf, wenn es nicht sofort gefirnißt wird.«[4] Zur »Steigerung der Schönheit im Kupfergrün« empfiehlt Leonardo, das Pigment mit

[1] Zit. nach Ellwanger-Eckel, *Kupferpigmente*, S. 12–13.
[2] Roosen-Runge, *Farbgebung*, Bd. 2, S. 98.
[3] Vgl. ebda., Band 1, S. 90 bis 91.
[4] Leonardo, *Traktat*, S. 103.

»Kamelsaloë«[1] zu vermischen, ein Pflanzenharz von gelber bis gelbbrauner Farbe: »Wird dem Grünspan Kamelsaloë zugemischt, so wird selbiges Grün große Schönheit gewinnen, und noch mehr würde ihm hierzu Safran verhelfen; derselbe geht aber in Rauch auf. Ob diese Kamelsaloë gut ist, kennt man, wenn sie sich in warmem Branntwein auflöst, – warmer löst sie nämlich besser als kalter. Und hättest du ein Werk mit einfachem Grünspan beendigt, und lasiertest diesen nachher fein mit solcher in Branntwein gelöster Aloë, so würde das eine sehr schöne Farbe werden. Man kann die Aloë auch mit Öl anreiben, entweder allein, oder auch gleich mit dem Grünspan zusammen, und so mit jeder sonstigen Farbe, die dir beliebt.«[2]

Im zwölften Buch *Vom Berg- und Hüttenwesen*, das die Gewinnung von Soda, Salpeter, Alaun, Vitriol, Schwefel und Bitumen schildert, erwähnt Agricola die Darstellung eines Stoffes, den er »Chrysokolla« nennt: »Natürliche und auch künstlich gewonnene Soda wird in Kufen mit Harn von Knaben versetzt und in (...) Pfannen eingekocht. Die eingekochte Lösung wird in Kufen gegossen, in denen Kupferstäbe stehen; an diesen setzen sich die erstarrten Teile ab. So entsteht Chrysokolla.«[3]

Wie Grün*span* sich von *Spanisch Grün* ableitet, ist *Verdigris* eine Verballhornung von *vert de Grèce*. Bei Boltz von Ruffach heißt die Farbe »Griechisch oder Spanisch grün« und das Rezept ihrer Darstellung lautet so: »Nimmb Kupfferblech / die bestreich mit geleutertem Honig / hencke sie in ein verglasureten Hafen über starcken Essig der gut und alt sey / macht ihn vorhin heiß. Laß ihn an

[1] Die harten, braunen, bitter schmeckenden »Harz«-Stücke der Aloë-Gewächse werden durch Einkochen des ausfließenden Saftes verschiedener Arten gewonnen. Das *Wörterbuch der Naturgeschichte*, Weimar 1825 bis 1838, definiert die Rossaloë, die mit der Kamelsaloë identisch ist, als das Überbleibsel der feinen Extrakte von *Aloë soccotrina* und *Aloë vulgaris*.

[2] Leonardo, *Traktat*, S. 103.

[3] Agricola, *Vom Berg- und Hüttenwesen*, S. 478–480.

einen warmen Ort also wol zugedeckt stehen / vier oder fünf Wochen / je länger je besser / decke ihn auff / und schabe die grünen Blumen sauber herab den Kupffer-blättern. Hencke es wieder hinein wie vorhin thue hinab die grünen Flores so lang es etwas grüns gibt.«[1] Nach Boltz werden die »grünen Flores« mit Essig gerieben und mit Gummi arabicum temperiert.

Berühmt war der basische Grünspan aus Weinbau-gebieten, der mit Weintrester hergestellt wurde – im südlichen Frankreich seit dem 12. Jahrhundert. Ein Rezept der *Kunst- und Werckschule* von 1696 erinnert an das alte Verfahren:

»*Den allerbesten französisch und rheinischen Grünspan nach zu machen.* Man machet mit Wein-Trästern und Kupfferblechen eine Lage um die andere, in einem hölzern Geschirr von gutem Eichenholz, begießet es mit einem Theil starken Essig, und drey oder vier Theilen Knabenharn, streuet oben her etwas von gestossenem Alaun und Salpeter darauf, läßt es also stehen und eintrocknen. Dann befeuchtet man es wieder mit Knabenharn, läßt es wieder eintrocknen; und diß wiederholet man so oft und viel, biß die Kupfferbleche ganz zerfressen, und die ganze Massa zusammen in einen schönen Grünspan verwandelt worden ist. *Quod in Massam panis forma conglobatum, corioque in volutum ad nos transferatur.*«[2]

Die in Montpellier zentrierte Grünspan-Fabrikation wurde im 18. Jahrhundert von Frauen verrichtet[3] und kam wahrscheinlich ohne Knabenharn aus. Bei der Gärung wechselweiser Lagen von Weintrester und Kupferplatten bildet sich Essigsäure und sorgt für die grünen Blumen.

[1] Boltz, *Illuminir-Buch*, S. 46.

[2] *Kunst- & Werckschule, Anderer Theil*, Nürnberg 1696, zit. nach einer späteren Ausgabe von 1760, S. 185.

[3] Vgl. Hermann Kühn, »Verdigris and Copper Resinate«, in: *Artist's Pigments*, S. 132.

Eine eindringliche Warnung vor der Unverträglichkeit des »Verd de gris« ist im Mayerne-Manuskript enthalten:

»Der Grünspan (dessen man sich zum Lasieren bedient) ist allen anderen Farben derart feind, dass er sie alle verdirbt, besonders das Aschblau; selbst wenn man mit einem Pinsel arbeitet (...), der in dem Öle gereinigt worden, das mit dem Grünspan in Berührung gekommen, oder wenn man Farben auf einer Palette setzt, auf der er gewesen, wird alles verdorben; wer mit Grünspan arbeiten will, muss deshalb eigens Pinsel, Palette und Öl zum Reinigen derselben haben.«[1]

In seiner Schilderung der zufälligen Entstehung von *Verditer* beim Silberputzen mit Königswasser, erwähnt de Mayerne als andere Möglichkeit kupfergrüner Fällung die Verwendung von »Scheidewasser«, eine Darstellungsart, die er an einer früheren Stelle seines Manuskripts beschreibt: »Sieh' zu, mit was sich die blaugrüne Farbe niederschlagen lässt, welche aus dem Filtrationswasser abgeschieden wird und *Verditer* heisst. Ich weiss nicht, ob, wenn man Kreide hinzufügt, die Farbe hiebei aufgesogen wird und Körper erhält, oder etwas anderes. Versuche das Pulver von ungebranntem Alabaster[2], gelöschtem Kalk, gestossenen Talk, Bryanconer Kreide.«[3] In Agricolas Beschreibung der Lösungen zur Scheidung des Silbers vom Golde kommt ein als besonders wirksam gepriesenes Scheidewasser aus 1 Pfund Grünspan und 3/4 Pfund Vitriol vor, ein anderes wird aus Auripigment, Vitriol, Kalkstein, Alaun und Pottasche hergestellt. Detaillierte Rezepte grüner Farben, die aus Kupfervitriol, Pottasche und anderen Ingredienzien in der Art von Agricolas Scheidewasser bestehen und die der Chemiker Kupfersulfate nennt, sind nur aus dem 18. und 19. Jahrhundert

[1] Zit. nach Berger, *Quellen für Maltechnik*, S. 101.
[2] Vgl. dazu »Marienglas«, S. 352f.
[3] Zit. nach Berger, *Quellen für Maltechnik*, S. 107.

überliefert, obwohl die entsprechenden Pigmente in Gemälden des 15., 16. und 17. Jahrhunderts nachgewiesen worden sind.[1]

Dem Scheidewasser-Grün geht im Mayerne-Manuskript der *destillierte Grünspan* voraus. Basischer Grünspan ist das eine, etwas anderes sein neutrales »Kind«, der gereinigte und kristallisierte Grünspan, der nach de Mayerne zum Lasieren »auf Weiss und Schwarz oder auf Masticot, sowie allen anderen Farben« diente und wegen der Flüchtigkeit der Farbe in Firnis eingebettet wurde. Die trocknende Wirkung des *destillierten Grünspans* war willkommen und deshalb wurde er den schwer trocknenden schwarzen Farben beigemengt. Rezepte zur Herstellung dieser Farbe wurden bis zur Erfindung des Chromoxidhydratgrün[2] überliefert. Das *Praktische Handbuch für Künstler* gibt folgende Anweisung:

»*Grünspankristalien oder destillirter Grünspan.* / Destillirter Grünspan ist ein Salz, welches aus der Auflösung des Kupfers oder des gemeinen Grünspans in Weinessig erzeugt wird. Die auf diese Art gebildeten Kristallen sind von außerordentlich hellgrüner Farbe, und in Firniß, wo sie eine vollkommene Haltbarkeit haben, machen sie sehr schöne Wirkungen. In Oel hält sich gleichfalls ihre Farbe gut genug, um mancherley Endzwecken zu entsprechen, wo eben nicht eine zu große Haltbarkeit der Farben erforderlich ist; allein bey Mahlereyen von besonderm Werth kann man sich nicht darauf verlassen, da sie mit der Zeit schwarz wird. // Grünspankristallen können auf folgende Art zubereitet werden: // Man nehme vom besten Grünspan vier Unzen, und vom destillirten Weineßig zwey Quart. Nachdem man den Grünspan wohl zerstoßen, thue man ihn in ein Destillirgefäß, welches man aus einem Recipienten, oder einem runden bauchichten

[1] Vgl. Ellwanger-Eckel, Kupferpigmente, S. 5 f.

[2] Chromoxidhydratgrün wurde 1838 entdeckt, ab 1859 fabrikmäßig hergestellt.

Glase mit einem langen Halse, und einer Florentinischen Flasche machen kann, deren Hals man innerhalb den Recipienten stürzt, nachdem man das dicke Ende abgebrochen. Dieses Destillirgefäße wird sodann in ein mäßig warmes Sandbad oder in irgend eine warme Lage gesezt, wo man es unter öfterm Umrütteln so lange stehen läßt, bis der Weineßig von dem Grünspan, so viel als möglich, aufgelößt hat. Nun gieße man den Grünspan und Weineßig in ein eigenes Gefäß zu Abseigung der Flüßigkeit, wenn sie von dem Bodensatze helle werden soll. Wenn sie gehörige Zeit gestanden, um sich zu setzen, so gieße man sie sorgfältig und dünste sie bis zu einer halben Pinte ab, welches am besten im Sandbade in einem bauchichten Glase oder Kolben geschehen kann, dessen Hals so abgeschnitten worden, daß es dadurch eine weite Oefnung erhalten. In eben diesem Gefäße, oder in einem Recipienten mit einem weiten Halse, lasse man ihn anschießen, worauf man ihn, wenn die Kristallen sich gebildet haben, herausnimmt, und im Schatten gehörig trocknet.«[1]

Der französische Ratgeber für »Staffirmaler« aus der gleichen Zeit widmet der Auflösung des rohen basischen Grünspans in destilliertem Weinessig nur einen Satz und schildert sehr anschaulich das Ausblühen oder »Anschiessen« an dünnen gespaltenen Stäben, »wodurch die aneinander gehäuften Krystallen beynahe die Gestalt einer Weintraube bekommen. Die schönen Krystallen, die recht trocken, hoch von Farbe sind, und sammtartig aussehen, nimmt man am liebsten.«[2]

Der anfangs blaustichige Ton der vermalten Farbe verwandelt sich innerhalb weniger Wochen in ein wärmeres Grün. Diese Veränderung ist beim basischen Grünspan markanter als beim neutralen, weshalb die Maler dem letzteren den Vorzug gaben.

[1] *Praktisches Handbuch für Künstler*, S. 115–116.
[2] Watin, *Staffirmaler*, S. 23.

Der schlechte Ruf des giftigen Pigments fand durch die Beobachtung alter Gemälde kaum eine Bestätigung. Die Grünspan-Eigenschaften scheinen nicht annähernd so schädlich zu sein, wie die maltechnische Literatur suggeriert.[1] Theorie und Praxis klaffen merkwürdig auseinander. Theoretisch verträgt sich Grünspan weder mit blei- noch mit schwefelhaltigen Pigmenten, praktisch wurde Verdigris stets mit Bleiweiß und Bleizinngelb vermischt und hat doch die Jahrhunderte ohne erkennbare Schäden überdauert. Unverändert leuchtet das Blau der Himmel, die Watteau mit Verdigris und Ultramarin malte.[2] In Bildern von Tintoretto wurden sogar Mischungen von Grünspan mit den Arsensulfiden Auripigment und Realgar identifiziert.[3] Die überraschende Beständigkeit des Pigments stimmt mit einem seiner italienischen Namen überein: *verde eterno*. Da Kupfer das Metall der Venus ist, wurde der kristallisierte Grünspan auch *cristalli di Venere* genannt.

Die auffälligen Verbräunungen ehemals gras- und laubgrüner Wiesen und Bäume in manchen niederländischen und italienischen Bildern des 15. und 16. Jahrhunderts stellen ein ungelöstes Rätsel der Forschung dar. Wahrscheinlich handelt es sich um photokatalytische Reaktionen der dunkelgrünen Kupferresinat-Lasuren. Kupferresinat ist eine aus Grünspan und Harzen gebildete transparente Farbe, ein schönes neutrales Smaragdgrün.[4]

»Schönes Grün« wird es von de Mayerne genannt, sein Rezept lautet: »Venetianer Terpentin 2 Unzen, Terpentinöl 1,5 Unzen, mische es und füge 2 Unzen Grünspan hinzu. Setze auf heisse Asche und lasse langsam sieden.

[1] Vgl. Kühn, »Verdigris«, in: *Artists' Pigments*, S. 131–147.

[2] Rutherford J. Gettens & George L. Stout, *Painting Materials*, New York 1966, S. 169.

[3] Kühn, ebda., S. 145.

[4] Restauratoren, die es mit modernen Pigmenten nachahmen wollen, mischen es aus Preußischblau, Krapplack und Indischgelb.

Versuche auf einem Glase, ob die Farbe dir gefällt. Seihe durch ein Leinentuch.« Eine Variante des Rezepts ergibt ein »durchscheinend Grün (...), das auf einen Grund von Gold und Silber aufgetragen wird.« Es wird dafür roh auf dem Marmor geriebener Grünspan der gleichen Menge verwendet und zum Schluß noch ein »nussgrosses Stück Terra merita (Curcuma, Gelbwurz)« hinzugefügt. Dann »lasse es leicht sieden, bis du siehst, dass dein Grün schön geworden ist. Seihe es langsam durch ein Linnen. Um es auf Holz zu verwenden, soll das Holz vergoldet sein.«[1]

Nur wenige Kupferresinat-Rezepte sind überliefert. Zur Zeit des Mayerne-Manuskripts wurde das durchscheinende Resinatgrün nur noch selten verwendet.

Der Trompe-l'œil-Maler Samuel van Hoogstraeten, ein Schüler Rembrandts, bedauert in seiner *Inleyding tot de hooghe Schoole der Schilderkonst* (Rotterdam 1678), daß kein so gutes Grün zu haben ist als andere Farben: »Grüne Erde ist zu schwach, Spangrün zu hart und Aschengrün zu unbeständig.«[2] Was immer dieses Aschengrün meint, die verworrene Nomenklatur kupfergrüner Pigmente deutet auf die Schwierigkeit hin, die Komponenten des Grünen zu unterscheiden. Von allen alten Farben geben die grünen die meisten Rätsel auf. Das Kopfzerbrechen, das ihre problematische Verwendung in der Malerei verursachte, scheint darin durch. Was ist von Leonardos in Öl gebundenem Verdigris zu halten, das sich mit Wasser abwischen ließ?[3] Wie erklärt sich die Kluft zwischen Theorie und Praxis der Mischungen mit unverträglichen Pigmenten? Waren die unterschiedlichen Kupferverbindungen, die außer den Carbonaten in der Malerei ausfindig gemacht wurden – die Phosphate, Nitrate, Chloride, Sulfate –, künstlicher oder natürlicher

[1] Zit. nach Berger, *Quellen für Maltechnik*, S. 157.
[2] Ebda., S. 377.
[3] Leonardo, *Traktat*, S. 103.

Herkunft? Verschwundene Verfahren der *Scheidekunst*, erschöpfte Gruben, vergessene Pigmente bieten sich als Erklärungen an. Nicht die Maler, die Mineralogen des 19. Jahrhunderts haben die Kenntnis einst gebräuchlicher Pigmente bewahrt. Eine Farbe, die aus Rußland kam, stellte sich als natürliches Chromoxydgrün heraus. Da Chrom erst spät entdeckt wurde, fahndet niemand in der alten Kunst nach diesem Element, und was nicht gesucht wird, das läßt sich auch nicht finden.[1] Das *Wörterbuch der Naturgeschichte* von 1826 berichtet von einem »hochgrünen« natürlichen Chromoxyd aus »Tyrol« und einem »innig mit Chalcedon« gemengten französischem aus den Bergen bei Creusot im Départment Saône & Loire: »In Verbindung mit diesen kieselhaltigen und kieselthonigen Bestandtheilen läßt (es) folgende Charakteristik zu. Sein specifisches Gewicht beträgt 2,6; es findet sich derb, von erdigem oder unebenem Bruche, ist theils halbhart, theils weich in's Zerreibliche, apfelgrün, spangrün, in's Zeisiggrüne und Lauchgrüne, gepulvert grünlichgrau, matt und undurchsichtig, in Säuren unauflöslich, und färbt Boraxglas schön smaragdgrün.«[2]

Zu den anschaulichen Namen grüner Nuancen gehörte einst auch »Gänsekotgrün«, das dem französischen *caca d'oie* entspricht. Im Grimmschen Wörterbuch kommt noch »gänsdreckfarbig« und »Gänsedreckfarbe« vor, illustriert mit einem Zitat aus *Kabale und Liebe*: »Seine Durchlaucht haben heute einen *merde d'oie* Biber an«. Bergleute nannten die gelblichgrünen, mit Silber gesprenkelten Krusten von Arseneisensinter »Gänsekoth« oder »Gänsekötigerz«.[3]

Die Fülle grüner Töne spiegelt sich in der Vielfalt der Namen. Zeisig, Frosch und Papagei, Gras, Lauch,

[1] Den Hinweis auf natürliches Chromgrün verdanke ich Georg Kremer.

[2] *Wörterbuch der Naturgeschichte*, Weimar 1825–1838, Bd. 3, S. 112f.

[3] vgl. Lüschen, *Namen der Steine*, S. 223.

Reseda und Iris, Olive, Mandel und Apfel, Meer und Moos, Jade, Türkis und Smaragd, Flaschenglas und Seladonglasur sind zur Unterscheidung Pate gestanden. Die schichtenreiche Darstellung der Wälder, Auen, Wiesen in der alten Landschaftsmalerei verdiente den Namen *Paradiesgrün.* Ob aus Kupferblüte oder vergessenen Pigmenten zusammengesetzt, bezeugt es die glückliche Erfüllung der Aufgabe des Malers, das grüne Kleid, mit dem das Erdreich seinen Staub bedeckt, im Tafelbild zu rekonstruieren.

AZURIT

natürlicher und künstlicher

Bergblau, Berglasur, Kupferblau, Kupferlasur, Himmelblau, Azur, Ascus, Aschblau, Bastart Lasur, Sandersblau, Raffiniererblau, Bice, Bremerblau; lat.: *armenius*, *lapis armenius*, *caeruleum*, *quianus*, *azurium citramarinum.*

MERKMALE. *Farbe:* kühles, je nach Korngröße lichteres oder satteres Lasurblau. *Stoffliche Erscheinung:* ziemlich große, irreguläre Kristalltrümmer mit muscheligem, ins Unebene gehendem Bruch und Glasglanz. *Chemische Zusammensetzung:* $2CuCO_3 \times Cu(OH)_2$ = basisches Kupfercarbonat.

PHYSIKALISCHE EIGENSCHAFTEN. Die kleinen bis mittelgroßen monoklinen tafel- und säulenförmigen Kristalle kommen treppenartig an- und ineinandergewachsen vor oder zu kugeligen, traubigen, knolligen Gruppen verbunden, seltener einzeln aufgewachsen. Azurit findet sich auch derb, eingesprengt, angeflogen, in schmalen Gangtrümmern, tropfsteinartig, zuweilen überzieht er die Wände von Höhlungen, so daß hohle Kugeln und Knollen entstehen, die im Innern eine drusige Oberfläche zeigen. Kristallgruppen wie derbe Massen bilden oft strahlig-stengelige Absonderungen. Spuren der Begleitminerale Malachit und Cuprit beeinflussen den Farbton des Pigments. Die stark doppelbrechenden Partikel sind durchscheinend bis durchsichtig und verblassen bei zu feiner Mahlung. Das starke Tiefenlicht der Farbe läßt sie in Öl gebunden nahezu schwarz erscheinen. Zugabe von Bleiweiß macht das Blau deckend. *Lichtbrechungsindex:* $\alpha = 1{,}73$ $\beta = 1{,}75$ $\gamma = 1{,}83$ *Dichte:* 3,7–3,9 *Toxizität:* schwach giftig.

»Azur, hochblaue, himmelblaue farbe, ein fremdes, erst seit dem vorigen jahrhundert nach dem franz. *azur*, engl. *azure* gangbares wort, den dichtern zum reim auf *nur*, *spur*, *flur* gelegen«, heißt es im *Wörterbuch* von Jakob und Wilhelm Grimm aus dem Jahre 1854. Zu diesem Zeitpunkt war Azurit als Pigment längst aus der Malerei verschwunden. Azur hat die gleiche Wurzel wie Lasur. Das l wurde für einen arabischen Artikel gehalten und fortgelassen. Azurit wurde häufig mit dem Lasurstein verwechselt oder gleichgesetzt. Bei Plinius heißt das Pigment Armenium nach der Herkunft des Steins. Aus dem Kontext geht hervor, daß Armenischblau nicht aus Lapislazuli besteht, dem Lasurstein, der ebenfalls aus Armenien kam:

»Armenien schickt uns das, was nach ihm benannt ist. Es handelt sich um einen Stein, der auf gleiche Weise wie das Berggrün gefärbt ist, und er gilt am besten, wenn er diesem sehr nahe kommt und seine Farbe in die des Bläulichen hinüberspielt. Den Preis pflegte man auf 300 Sesterzen für das Pfund zu schätzen. In Spanien hat man einen Sand gefunden, der sich ähnlich behandeln läßt; daher der Preis auf 6 Denare gesunken.«[1]

Die Fundorte des Azurits sind im allgemeinen die des verschwisterten Malachits, doch kommt er in geringeren

[1] Plinius, *Naturkunde*, Buch XXXV, S. 43f.

Mengen vor, weshalb die blaue Kupferfarbe immer kostbarer als die grüne war. In der Antike wurde der blaue Stein am Sinai abgebaut. Das Mittelalter kannte englischen, spanischen, italienischen und deutschen Azurit, letzteren erwähnt Cennini als *Azzurro della Magna*, im *Bologneser Manuskript* wird er »deutscher« oder »teothonischer Azur« geheißen.[1] Hauptlieferant des 16. Jahrhunderts scheint Ungarn gewesen zu sein. Besonders prächtige dunkelblaue Kristalle fanden sich im 19. Jahrhundert im roten Sandstein von Chessy bei Lyon.[2] Das allmähliche Verschwinden des Pigments in der zweiten Hälfte des 17. Jahrhunderts wird mit der Besetzung Ungarns durch die Türken in Verbindung gebracht. Im 18. Jahrhundert trat die neue satte Farbe, die man Pariser, Berliner oder Preußisch Blau nennt, an die Stelle der kostbaren blaublitzenden Mineralfarbe.

Die Aufbereitung des Pigments gleicht der des Malachits. Ausgesucht schöne Azuritbrocken werden zerstoßen, gewaschen, mit Wasser gerieben, geschlämmt und gesiebt. Je feiner das Korn, desto schwächer erscheint die Farbe. »Andererseits müssen für einen guten, dünnen Farbauftrag die Pigmentkörner möglichst fein gerieben werden. Um nun sowohl eine maltechnisch optimale, das heißt feine Pigmentgröße, als auch einen leuchtend blauen Farbton zu erhalten«, empfehlen spätmittelalterliche Rezepte die List, den Azurit in eine Lauge aus Pottasche oder Salmiak einzulegen, danach das Pigment mit Eidotter zu reiben und mit Lauge, Wein oder Wasser auszuwaschen. »Das Ergebnis war ein kräftig leuchtender blauer Farbton, der stark dem Lapislazuli ähnelt.«[3]

[1] Vgl. Roosen-Runge, in: *Reclams Handbuch*, S. 95 f.

[2] Das älteste Dokument der Kupferminen von Chessy stammt von 1414. Die berühmten »Chessylite« genannten Azuritsteine wurden 1812 entdeckt und bis zur Erschöpfung der »blauen Mine« im Jahre 1839 abgebaut.

[3] Robert Fuchs, Doris Oltrogge, »Das Blau in der mittelalterlichen Buchmalerei – Quellenschriften als Basis naturwissenschaftlicher Farbuntersuchungen«, in: Ausstellungs-

In wässrigen Techniken kommen die relativ groben Kristallkörnchen des Azurits wunderbar funkelnd zur Geltung, und so blieben die Illuminierer der Farbe am längsten treu. In der von Wilhelm Goeree 1677 erweiterten Ausgabe der *Erleuchterey-Kunst* des Gerhard zur Brügge heißt das natürliche blaue Kupfercarbonat »Himmelblau / Ascus« und der »fürtreffliche Illuminierer« gibt für die Verwendung der Farbe folgenden Rat:

»Das Himmelblau / welches man auch Ascus nennet / ist eine sehr schöne Farbe / die in unterschiedlichen Gattungen / hochlichte und dunckeler gefunden wird / man muß allezeit nach der schönsten / fettesten / feinsten / und die am wenigsten Sandhafftig ist / trachten. Und darumb gebrauchen etliche Liebhaber zu den außbündigsten Wercken vielmahl des so genandten Unltramarin / weil aber dasselbige / sonderlich welches ganz schön ist / sehr theuer / und an allen Ohrten nicht zu finden ist / so kan man mit dem besten Himmelblau eben so viel außrichten. Das Himmelblau oder Ascus, weil man es allezeit fein findet / darff man nicht viel reiben / sonst würde es seine schöne Farbe fahren lassen / wie denn mehr Farben dieser Arth sind / als die Mennige / Masticot / Schmaltz[1] / und dergleichen / umb deshalben muß man es nur mit Gummiwasser mischen / und ein wenig Bleyweiß darunter nehmen / welches dasselbe schmeidiger machet / weil es offtmahls etwas spröde fället / (...) Jedoch ist bei dem Himmelblau annoch anzumercken / daß man darmit nicht viel damit reiben noch unter andere Farben kommen / sondern reinlich damit umbgehen muß. Denn wenn sie nicht sauber auffgetragen wird / so wird sie leichtlich grünlicht / sonderlich wenn man sie allein anlegen wolte / jedoch kan das Weisse dieses in vielen abwenden.«[2]

katalog *Blau – Farbe der Ferne*, Heidelberger Kunstverein 1990, S. 107.

[1] »Schmaltz« = Smalte.

[2] Gerhard zur Brügge, *Illuminir- oder Erleuchterey-Kunst*, S. 12ff.

Das oben genannte Verfahren zur Verfeinerung des Azurits war den Malern des 16. und 17. Jahrhunderts noch bekannt. De Mayerne rät, die von ihm stets »Cendrée«, also Aschenblau genannte Farbe, aus Laugen mit körniger Asche oder weicher Seife zu ziehen und erwähnt die Herkunft eines bei seinen Verfeinerungsversuchen verwendeten »Lapis Armenus«: Schwaz in Tirol.[1] Die Stadt war berühmt für ihre Kupfer- und Silberminen, die 1515 in den Besitz der Fugger kamen.

Lasurstein oder Azurstein? Aschenblau oder Ultramarinasche? Berglasur oder Lasurblau? Die verwirrende Nähe der Azuritnamen zu den Lapislazuli-Benennungen muß den Gaunern unter den Händlern sehr gelegen gewesen sein. Die Verwechslung mit dem ungleich kostbareren »überseeischen« Pigment war allemal ein lohnendes Geschäft.

Von der aus dem Französischen übertragenen Bezeichnung »Aschenblau« profitierten wiederum diejenigen, die mit blauem Verditer handelten, denn der Name ging vom natürlichen auf das künstliche blaue Kupfercarbonat über. »Sandersblau« ist eine Verballhornung von *bleu de cendres* und bezeichnet gewöhnlichen Verditer.

Zahlreiche Rezepte zur Herstellung künstlichen Kupferblaus sind seit dem Mittelalter überliefert. Meist handelt es sich um Kupfersulfatlösungen, die sich unter dem Einfluß von Ammoniaksalz dunkelblau färben und mit Kalk verbunden eine relativ beständige Farbe ergeben.[2]

Das *Nürnberger Kunstbuch* (Ende 15. Jahrhundert) empfiehlt zur Herstellung:

»Item wiltu machen gut lasur, nym ein theil eyer kalk, das viij. teil sal armoniaci, das vj. teil kuppherschla(g)[3] und reyb das als mit ein ander mit gutem starckem wein-

[1] Vgl. Berger, *Quellen für Maltechnik*, S. 129.

[2] Vgl. dazu D. V. Thompson, *Medieval Painting*, S. 151 f.

[3] Kuppherschlag = was beim Schlagen des Kupfers abspringt.

esßig und leg es in ein kupphern gefeß und gews dar an guten weinesßig das erwol dar über gan ein guten halben finger preit über die materien und vermach das wol mit einem semelteyck oder mit wachß oder mit teyge, der mit salcz oder mit einer weyße wol bereit sey und vermach das also, das keyn bradem dar auß müge kumen und setze das yn eyn warm pherdeß mist oder yn ein keller, so wird es gut lasur.«[1]

Das *Bologneser Manuskript* (Mitte 15. Jahrhundert) enthält ein etwas anderes Rezept, »künstliches Azur zu machen«. Die Zutaten: 1 Teil Ammoniaksalz, 2 Teile Verdigris, 1/2 Teil Bleiweiß; nachdem alles gut miteinander verrieben und mit Weinsteinöl[2] zu einer Paste verarbeitet worden ist, wird das Ganze in einem luftdicht verschlossenen Gefäß in den Backofen zum Brot gegeben, »und wenn das Brot sieben Mal gebacken worden ist, wird der Prozess beendet sein.«[3]

Das *Mayerne-Manuskript* verzeichnet verschiedene Azur-Rezepte italienischer und englischer Herkunft:

»Nimm blättrigen Talkstein[4] und ein neues Geschirr, gib darein eine Lage Talkstein und eine von armen. Salz, eine weitere von gepulvertem Grünspan und fülle das Gefäss Lage auf Lage, dann verklebe das Gefäss aufs beste mit Lehmkitt, vergrabe es in frischem Dünger, umgib es mit ungelöschtem Kalk und lasse zwanzig Tage stehen, grabe aus, und du wirst den schönsten Azur erhalten.«[5]

Ein weiteres italienisches Rezept geht nicht von Kupfer, sondern von Silber aus:

»Nimm ein neues glasiertes Geschirr, gib darein zwei Unzen armen. Salz und zwei Unzen Grünspan,

[1] Zit. nach Ellwanger-Eckel, *Kupferpigmente*, S. 25.

[2] Weinsteinöl = sehr starke Lösung von Weinstein in Wasser.

[3] Vgl. Merrifield, *Original Treatises on the Arts of Painting*, New York 1960, Bd. 2, S. 392. (Übers. A. A.)

[4] Eine spätere Rezeptsammlung (*Kunst- & Werckschule*, Seite 392) empfiehlt als Zutat »Talkstein oder Unserer lieben Frauen Eiß«.

[5] Zit. nach Berger, *Quellen für Maltechnik*, S. 219–221.

beides gut gepulvert, schütte darüber soviel Essig als dir gut dünkt. Dann nimm ein viereckiges Plättchen von feinstem Silber, und dieses Plättchen habe ein kleines Loch in der Mitte, so daß es mit einem Messingdraht etwa vier Finger hoch über den Essig aufgehängt werden kann; und mit einem zweiten Topf verschliesse und verklebe den ersten, so dass nichts ausrauchen kann: In den oberen Topf befestige den genannten Messingdraht und stelle die beiden Geschirre mit ungelöschtem Kalk umgeben in Dünger, und nach 14 Tagen öffne genannte Gefässe und du wirst das Plättchen mit Azur bedeckt finden; nimm ihn mit großer Sorgfalt ab, und schliesse die Gefässe wieder; nach acht Tagen wiederhole dasselbe, und wenn Essig mangeln sollte, füge solchen hinzu, und du wirst ein schönes und erprobtes Geheimnis sehen.«[1]

Das aus Silber hergestellte Azur galt dem Mittelalter als das kostbarste künstliche Blau. Versuche, blaue Ausblühungen auf modernem Silber zu erzeugen, erwiesen sich als erfolglos. Thompson nannte die rätselhaften Verfahren »The Silver-Blue Mystery«.[2] Die Vielzahl der seit dem Mittelalter überlieferten Silber-Azur-Rezepte sprach gegen die Annahme, daß das Blau vom Silber gelogen war. Neuere Untersuchungen bestätigten den Verdacht, daß sich die blaue Farbe dem Kupfergehalt des Silbers verdankt. Das im Mittelalter verwendete Silber war nur wenig von den natürlichen Kupferbeimischungen gereinigt.[3]

Das *Trierer Malerbuch* aus der zweiten Hälfte des 15. Jahrhunderts führt ein Silberblau-Rezept an, das weniger kompliziert ist als das »erprobte Geheimnis« aus Italien:

»Item, wenn du gute Lasur machen willst, so nimm einen gleichen Teil Weinsteins und Sal armoniacums, und

[1] Ebda., S. 221.
[2] Thompson, *Medieval Painting*, S. 154.
[3] Vgl. Fuchs, Oltrogge, in: *Blau – Farbe der Ferne*, S. 110.

reib das gut zusammen und gieße Menschenharn darein, der bei dem Feuer gut greinigt sein soll, und viel guten Essig, und nimm dann Silberbleche und den Sal armoniacum und den Weinstein, die du gerieben hast, und streich das auf die Bleche, und hänge diese über den Essig, und vergrabe sie in Pferdemist 14 Tage lang oder mehr, davon entsteht guter Lasur.«[1]

Auch im 17. Jahrhundert muß Silber noch kupferhaltig gewesen sein, denn de Mayerne schrieb bei unbrauchbaren Rezepten »ist falsch; ich hab's versucht« an den Rand seines Manuskripts, und er ließ das Silberblau unkommentiert.

Boltz von Ruffach stellt künstliches Kupferblau mit Grünspan und Salmiak her und nennt es »Bastart Lasur«:

»Nimb zwey theil gebrandt Eyerschalen / so viel dir geliebet / und Salmiak ein theil / stoss es zusammen in ein Mörsel / reib denn ein theil Spangrün / wie viel du denn Farbe haben wilt / und reibs wohl mit Essig auff eim Stein / thus zusammen in einen guten neuen Hafen / den vermach oben gar wohl / das kein Dunst heraus mag / setzs an eine warme Stätt ein Monath lang / thus dann auff / so hastu ein lieblich Färblein.«[2]

Etliche Varianten dieser Rezepte sind in der 1696 in Nürnberg erschienenen *Kunst- und Werckschule* versammelt, darunter viele »Silbermysterien«. Mal werden »Blechlein von allerfeinstem Silber« in einer Lösung von Salz, Steinalaun und Essig »in einem neuen Hafen« in Weintrester vergraben, mal die mit dem »durchgeseyheten Saft von Limonien und langer Osterlucey« vorbehandelten Silberbleche in einem luftdicht verschlossenen Gefäß Essigdämpfen ausgesetzt und nach zehn Tagen, so versichert der anonyme Autor, »findest du das himmelblau, wie du es begehrest.«[3]

[1] Zitiert nach Fuchs, Oltrogge, ebda., S. 111.
[2] Boltz, *Illuminir-Buch*, S. 52.
[3] *Kunst- & Werckschule*, S. 122f.

Im *Praktischen Handbuch für Künstler* von 1792 kommen blaue Silberblumen nicht mehr vor und auch die gefährlichen Anweisungen des *Mayerne-Manuskripts* und des Nürnberger Anonymus, »Kunst-Lasur« mit Quecksilber herzustellen, finden keine Erwähnung mehr. Ohnehin ergab das alchimistische Quecksilber-Schwefel-Salarmoniac-Gebräu nur blauen Rauch und keinerlei Pigment.[1]

Der englische Anonymus empfiehlt, »Verditer« und »Sandersblau« aus Kupfersalpeter-Lösungen zu gewinnen. Den beiden Rezepten geht eine lange Warnung voraus:

»Verditer ist eine Mischung von Kalk und präcipitiertem Kupfer, und wird erhalten, wenn man ein gehöriges Verhältniß von Kalk zu einer Kupferauflösung sez, die von den Rafinierern bey Niederschlagung des Silbers aus dem Scheidewasser in einer Operation, die sie das Scheiden nennen, gemacht wird, wo sie es zu der Auflösung desselben, um es zu reinigen, brauchen. Verditer ist, wenn es gut ist, ein kaltes volles Blau, aber weder im Oel noch im Wasser durchsichtig. Es hat einen mäßigen Grad von Helle, und würde solchem nach in feinern Mahlereien einen großen Wert haben, wo es die Stelle des Ultramarins, oder doch wenigstens der Ultramarinasche ersetzen könnte, wenn man seiner Haltbarkeit sicher wäre; allein es wird in Oel sehr leicht grün, und zuweilen auch schwarz; auch im Wasser, wo man es doch immer noch ungleich sicherer brauchen kann, hat es nicht immer genug Haltbarkeit, daher wird es auch aus dieser Ursache nur zu Tapeten und anderer schlechten Arbeit angewandt, oder mit Firniß, welcher seine Farbe eher zu sichern im Stande ist.

Verditer kann man bey den Raffinierern um einen sehr billigen Preis erhalten, da sie keine Unkosten bey dessen Bereitung haben, außer was etwa den Kalk und ihre

[1] Vgl. dazu Fuchs, Oltrogge, in: *Blau – Farbe der Ferne*, S. 112.

Mühe betrifft, und auch mit dieser Kupferauflösung bey Präcipitierung des Silbers aus dem Scheidewasser, als eine ihrer gewöhnlichsten Arbeiten, doch nichts weiter an-zufangen im Stande wären, sondern es schlechterdings weggießen müßten.«[1]

1858 wurde ein weiteres unbeständiges Verditer er-funden, das »Bremerblau« genannte Kupferhydroxid $Cu(OH)_2$. Gegen die wohlfeilen und beständigen blauen Pigmente, die den Malern nun zur Verfügung standen, konnte sich kein Verditer behaupten. Die Partikel mo-derner Verditer-Synthesen sind kleiner, gleichmäßiger und rundlicher als die des natürlichen Minerals, die Farbe ent-spricht der des fein gemahlenen unverfeinerten Azurits. Merkmale und Eigenschaften der nach älteren Rezepten hergestellten Kupferlasur wären zu erproben.

ULTRAMARIN
aus Lapislazuli
Lasurblau aus Lasurstein

MERKMALE. *Farbe:* je nach Beschaffenheit des Steins und Sorgfalt der Extraktion, erscheint Ultramarin als mehr oder weniger tiefes Saphir- oder Kornblumenblau. *Stoffliche Erscheinung:* transparente Partikel unterschied-licher Größen, meist flach, mit splittrig-eckigem Umriß und muscheligem bis unebenem Bruch. *Chemische Zu-sammensetzung:* das vielschichtigste Mineralpigment läßt nur Annäherungswerte zu. Mineralogen glauben, etwa folgende Formel geben zu können: $(Na, Ca)_8 (AlSiO_4)_6 (SO_4, S, Cl)_2$ = schwefelhaltiges Natrium-Calcium-Aluminiumsilicat.[2] Die blaue Farbe verdankt sich den

[1] *Praktisches Handbuch für Künstler*, ebda., S. 86.

[2] Vgl. Joyce Plesters, »Ultramarin Blue, Natural and Artificial«, in: *Artist's Pigments*, ebda., S. 41.

im Silicatgitter eingeschlossenen Schwefelradikalverbindungen.

Physikalische Eigenschaften. Der Halbedelstein Lapislazuli gehört zum kubischen Kristallsystem und damit zu den einfachbrechenden Mineralien; seine glitzernden Elemente sind die stark doppelbrechenden Calciteinsprengsel, eingewachsenen Quarzkörner und Pyritadern. Er findet sich selten zu Rhombendodekaedern kristallisiert, meist derb als Kontaktmineral in Marmor und Granulit. Der dunkelblaue Stein ist undurchsichtig, matt bis fett schimmernd, die transparenten Pigmentteilchen glänzen glasartig. *Lichtbrechungsindex:* 1,5 *Dichte:* 2,4 *Härte:* 5,5 *Toxizität:* ungiftig.

Der blaue Stein war schon in der Frühzeit Ägyptens und im alten Mesopotamien bekannt. *Uqnû* war sein babylonischer Name, und wenn die Assyriologen sich nicht irren, wurde er nicht nur als Schmuckstein, sondern auch als Malerfarbe verwendet.[1] Nach babylonischer Ansicht gab es weiblichen und männlichen *uqnû*, eine Unterscheidung, die auch der klassischen Antike vertraut war. Bei Plinius gelten die dunkelblauen Steine als die männlichen.[2] Griechen und Römern, die den Lasurstein mit Vorliebe für Gemmen gebrauchten und nicht als Pigment, war er unter dem Namen Saphir bekannt. Plinius' Bemerkungen, Saphire seien niemals durchscheinend und das Gold in ihnen leuchte in Punkten, machen deutlich, daß seine blauen, selten ins Purpurrote spielenden Steine mit unserem Lapislazuli identisch sind. Die besten finde man bei den Medern, berichtet Plinius von den »Saphiren«.[3]

Wahrscheinlich kam die kostbare Handelsware vom Hindukusch nach Persien und wurde über Venedig nach Italien gebracht. Der Zauberspruch-Name *Lapislazuli*

[1] Vgl. dazu Goltz, *Geschichte der Mineralnamen*, S. 89f.
[2] Plinius, *Naturkunde*, Buch XXXVII, S. 87.
[3] Ebda., S. 87.

stammt jedenfalls aus Persien: *Lazuli* ist die latinisierte Form von *läzwärd*, dem persischen Wort für blau.

Die frühesten Malereien mit pulverisiertem Lasurstein sind aus dem 6. Jahrhundert christlicher Zeit überliefert. Sie zieren die Wände von Höhlentempeln im Nordosten Afghanistans, unweit der berühmten Lapislazuli-Minen von Badakhshan, die Marco Polo 1271 besichtigte. Aus dieser schwer zugänglichen Region am Oberlauf des Oxus auf der Nordseite des Hindukusch kommen seit unvordenklicher Zeit die undurchsichtigen »Saphire«.

Von schönstem Blau, dem Tiefenlicht und Glanz eines Juwels, war die Farbe von jenseits des Meeres, das kostbare, mühevoll dem Stein abgerungene Ultramarin, ein über alles geschätztes Pigment der Maler des Mittelalters und der Renaissance. »Ultramaryn Blau wird als das allerköstlichst geacht«, sagt Boltz von Ruffach und bedauert, daß es in »Hochdeutschlanden« wenig und selten verwendet wird. Zu den Ausnahmen zählt Dürer. »Wisset, daß ich nimm die allerschönesten Farben, so ich haben mag«, schreibt er im November 1508 an seinen Auftraggeber, den Frankfurter Tuchhändler Jakob Heller, und klagt, daß er allein dazu 20 Dukaten für Ultramarin benötige. »Sollt Ihr 1 p. (Pfund) Ultramarin kauft haben«, belehrt der Maler den Kaufmann und Kunstmäzen, »Ihr hättets mit 100 fl. kaum zwingt (beschafft). Denn ich kann keine schön Unz unter 10 oder 12 Dukaten kaufen.«[1]

Lang und mühsam wie der Transport der blauen Steine aus dem Hindukusch ist auch das Verfahren, aus dem harten Mineral die Farbe zu ziehen, weshalb das Pigment zu Zeiten teurer war als Gold. Was Wunder, daß einem so kostbaren Stoff auch Heilkräfte zugesprochen wurden. Ein medizinisches Rezept aus England, das de Mayerne überliefert hat, schildert »die richtige Art, die Tinktur aus Lapis lazuli zu extrahieren«. Der englische

[1] Dürer, *Schriften und Briefe*, S. 88.

Apotheker rät, für das stundenlange Reiben des harten Steins einen armen Maler anzustellen, »denn der Gewinn würde die Kosten decken«. Seine Anweisung endet mit der Darstellung der Vorzüge des Ultramarins:

»Er ist der Diamant aller Farben wegen seiner unvergänglichen Güte.

Auch ist er vortheilhaft für das Gehirn, und deshalb sehr günstig gegen Wahnsinn, Schwindel, Herzklopfen, Melancholie und andere Geisteskrankheiten.«[1]

Von Cennini bis Bouvier[2] sind zahlreiche Ultramarin-Rezepte überliefert, die mit unterschiedlichen Pasten alle dem gleichen Prinzip folgen. Cennini verarbeitet rohen Lapislazuli, während andere Autoren den Stein kalzinieren und manchmal mit Essigwasser abschrecken. Die Kalzination erleichtert nicht nur das Pulverisieren, sie ist auch eine Probe auf die Echtheit des Halbedelsteins, der im Gegensatz zum Azurit im Feuer seine blaue Farbe bewahrt und niemals mürbe wird wie dieser.

Ob roh oder kalziniert, der im Mörser zerstoßene Stein muß stundenlang gerieben werden. »Je kleiner er gerieben wird, je besser es ist; man kann ihn auch nicht zu klein reiben. Und dieses ist das vornehmste Stück der ganzen Kunst«, heißt es in der *Kunst- und Werckschule*.[3]

Der kundige Verfasser des *Praktischen Handbuchs für Künstler* gibt folgende Zubereitungsart des Pigments als die beste an:

»Man nehme Lasurstein und breche ihn in kleine Stücken, oder vielmehr, man mache ihn zu einem gröblichen Pulver, setze ihn in einen Schmelztiegel und decke ihn gut zu, um zu verhindern, daß kein Kohlenstaub hineinfalle. So kalzinire man ihn in einem starken Feuer

[1] Zit. nach Berger, *Quellen für Maltechnik*, S. 239 und 241.

[2] Das *Handbuch der Ölmalerei* des Genfer Malers und Theoretikers M. P. L. Bouvier, 1826 in Paris und 1828 in Halle erschienen, erlebte als beliebter Ratgeber der Maler des 19. Jahrhunderts zahlreiche Auflagen.

[3] Vgl. dort, S. 111.

eine Stunde lang, wenn die Menge desselben ansehnlich ist, oder so nach Verhältniß derselben kürzere Zeit, worauf man ihn in Weineßig ablösche, alles wohl untereinander rühre, und ihn in diesem Zustande ein oder zwei Tage lang stehen lasse. Den Weineßig gieße man ab, und lasse nur so viel darüber stehen, als nöthig ist, um diesen kalzinirten Lasurstein während dem Abreiben feuchte zu erhalten, welches entweder in einem gläsernen oder steinernen Mörser, so fein als es nur möglich ist, geschehen muß. Scheint er noch zu hart zu seyn, um mit Leichtigkeit abgerieben werden zu können, so gebe man ihm noch eine zwote gelinde Kalzination, und lösche ihn zum zweytenmale wieder in Weineßig ab. Nunmehr wird der Weineßig von dem Pulver durch öfter wiederholtes Aufgießen von reinem Wasser gehörig abgewaschen, und dann nach dieser ersten Lävigirung auf einem Porphyrsteine mit dem Laufer so lange abgerieben, bis er gar nicht mehr zwischen den Fingern gefühlt werden kann, wo er endlich getrocknet wird; so ist er denn vollkommen fertig, um mit folgendem Cemente[1] vermischt zu werden. – Man nimmt Burgundisches Pech,[2] neun Unzen, – weißes Harz und Venezianischen Terpentin, sechs Unzen, – Jungfernwachs, ein und eine halbe Unze, – und Leinöl eine und eine viertel Unze, mischt alles dieses in einem Töpfchen über dem Feuer wohl unter einander, und läßt es kochen, bis es eine so feste Konsistenz erhalten, daß wenn es in siedender Hitze in Wasser getropft wird, es auf der Oberfläche desselben sich nicht ausspreizt, sondern blos eine runde Masse oder Tüpfchen macht; es wird nunmehr in Wasser gegossen, und daraus Kuchen oder Rollen zum fernern Gebrauch gemacht. Von diesem Cemente nimmt man gleich viel am Gewichte, als von dem kalzinirten

[1] Der Übersetzer des englischen Anonymus benutzt den früher allgemein im Sinne von Mörtel/Bindemittel verwendeten Begriff »Cement« anstelle des gebräuchlicheren Wortes »Paste«.

[2] Burgundisches Pech = Kolophonium.

Lasursteine, und schmelzt es in einem glasierten irdenen Töpfchen, jedoch nicht so sehr, daß es zu flüssig werde, vermischt damit dann die kalzinirte Materie, in sehr kleinen Portionen, und rührt sie mit einem elfenbeinernen Spatel gut unter einander, bis alles vollkommen gemischt ist. Nach dieser Mischung erhitze man die Komposition etwas stärker, und gieße sie in ein großes Becken, das völlig mit kaltem Wasser gefüllt ist, und so, wie sie zu einer gehörigen Konsistenz abgekühlt ist, daß sie eine Behandlung mit der Hand erträgt, knete man sie wie Brod, nachdem man vorher die Hand mit Leinöl befeuchtet hat, bis sich alle Theile mit einander sehr genau verbunden haben. Aus dieser Masse mache man ferner einen Kuchen, welcher entweder bey Seite gelegt werden kann, bis man ihn wieder weiter im kalten Wasser bearbeiten will, oder man verfahre sogleich auf folgende Art: man lege diesen Kuchen in ein irdenes Gefäß oder Becken, dessen Boden man vorher mit Leinöl gerieben, und gieße darauf Wasser, ohngefähr von der Wärme des Bluts, lasse es eine Viertelstunde stehen, wo das Wasser den Kuchen blos erweicht haben wird, ohne den feinsten Theil der kalzinirten Materie loß zu machen; nun bewege man das Wasser gelinder, jedoch, ohne den Kuchen zu zerbrechen, oder ihn in kleinere Theile zu trennen; dieses Wasser gieße man sodann in ein anderes Gefäß, gieße neues Wasser auf, und verfahre so zwey- bis dreymal, wodurch so viel von der Farbe ausgezogen seyn wird, als ohne fernere Gewalt geschehen können. Diejenige Menge der kalzinirten Materie, welche eigentlich der Ultramarin ist, und von einerley Grad, Tiefe und Helle erscheint, wird zusammen gegossen, eben so macht man es ferner mit derjenigen vom zweyten und dritten Grade; man kann hierauf nochmals heißeres Wasser aufgießen, um noch einen Grad von der Farbe des Ultramarins zu erhalten. Wenn nun das Wasser von jedem dieser Theile abgegossen worden, so thue man dazu eine Lauge von zwey Unzen Weinsteinsalz, oder Perlasche, die man in einer Pinte Wasser aufgelößt, und durch Papier geseigt hat, nachdem sie erkaltet ist. Diese Lauge muß siedend heiß dazu gegossen, und der Ultramarin wohl darinn umgerüttelt, und so sodann zum Abkühlen weggesezt werden; diese Lauge, so wie sich das Pulver gesezt hat, wird abgegossen, und andres reines Wasser aufgegossen, welches so lange wiederholt wird, bis alles Salz von der Lauge gänzlich davon weggewaschen ist. Der Ultramarin wird nachher getrocknet, und sodann zum fernern Gebrauch gehörig zubereitet.

(...)

Das andere Verfahren, dessen ich erwähnt habe, ist blos darinn verschieden, daß, anstatt des zusammengesezten Cements, Jungfernwachs und das beste weiße Harz in gleicher Menge mit einander geschmolzen wird, welches die Farbe beym Ueberguß mit warmen Wasser früher gehen läßt als das vorhergehende.«[1]

Das abschließende Kapitel behandelt die *Ultramarinasche*, das Pigment, das sich aus den Überresten des Lasursteins in der Paste zusammensetzt. »Allein da die färbenden Theilchen, welche zurückbleiben, mit noch andern, welche gleichfalls in dem Lasursteine enthalten sind, sie mögen nun erdigter oder metallischer Art seyn, vermischt sind, so muß freylich diese Asche in der Folge von weit geringerm Gehalt seyn, als selbst der schlechteste Ultramarin. Indessen bleibt doch zuweilen, wenn die Ausziehung der Farbe aus dem kalzinirten Lasursteine nicht gehörig von statten gegangen ist, immer noch ein beträchtlicher Antheil von Ultramarin in den Schlacken zurück, und macht diese Asche noch schätzbar genug, besonders da man sicher seyn kann, daß sie, welche Farbe sie auch besitze, wenn sie nur ächt ist, niemals verfliegt, und folglich immer von großem Werte ist.«[2]

[1] *Praktisches Handbuch für Künstler*, S. 67–70.

[2] Ebda., S. 74 und 75.

Der fabelhaften Beständigkeit des Ultramarins können nur Säuren und Säuredämpfe etwas anhaben. Sie zersetzen das Pigment, wodurch die Farbe vergraut und verblaßt. Diese sogenannte »Ultramarin-Krankheit« ähnelt einer Erscheinung, die unter Restauratoren »Krepieren« heißt und durch Trübung von Firnis oder Bindemittel hervorgerufen wird.

Als zu Beginn der 30er Jahre des vorigen Jahrhunderts die Fabrikation der Ultramarin-Synthese begann, die nahezu gleichzeitig in Toulouse, Tübingen und Meißen entdeckt worden war, kostete 1 kg natürliches Ultramarin in Paris zwischen 6000 und 10000 Francs. Das künstliche unterbot diesen horrenden Preis um fast 100 Prozent. Damit war das Schicksal der einst stolzesten aller Farben besiegelt. Malern wie Apothekern war eine Menge Arbeit erspart und niemand mußte sich mehr Sorgen machen, ob sein für teures Geld erstandenes Blau auch wirklich unverfälscht war.

Hundert Jahre später sollte der holländische Fälscher Van Meegeren an einigen Körnchen modernen Kobaltblaus scheitern, mit dem echtes Ultramarin ohne sein Wissen verschnitten worden war. Die fatalen Kobaltpartikel gehörten zu dem Indizien-Mosaik, das ihn, der keine Mühe und keine Kosten gescheut hatte, das von Vermeer bevorzugte Blau zu beschaffen, schließlich hinter Gitter brachte.[1]

Die Lasurfarbe schlechthin, nach der alle Lasuren benannt sind, das echte Ultramarin, wird neuerdings wieder hergestellt. Bei Kremer im Allgäu wird das Pulverisieren des Steins nicht von armen Malern besorgt, sondern von elektrischen Kugelmühlen. Dennoch ist die Farbe wie einst teurer als Gold: 30000 Mark kostet heute das Kilo. Der Preis des nicht so beständigen, weniger durchscheinenden ultrablauen Industrieprodukts

[1] Allein das Auftreiben des Pigments zu einem Zeitpunkt, als es längst vom Markt verschwunden war, zeugt von der Findigkeit des Fälschers.

mit seinen winzigen, gleichförmig-rundlichen Partikeln ohne glitzernde Elemente, ist dagegen deutlich gesunken. Das Kilo künstliches Ultramarin wird derzeit um zwanzig bis dreißig Mark gehandelt.

»Alte Alchemisten werden meine Zeugen sein, denen es weder durch Zufall noch durch Experiment jemals gelungen ist, auch nur den geringsten Urstoff zu erzeugen«,[1] schrieb Leonardo da Vinci 1508 in einer Polemik gegen die törichte Goldmacherkunst. Dem alchimistischen Quecksilber-Schwefel-Spuk[2] hielt er den goldgeäderten Lapislazuli entgegen, die Schönheit der Farbe Ultramarin, »die von der Kraft des Feuers unbeeinflußt ist«. Keine von Menschen gemachte chemische Verbindung, mochte sie auch von noch so lobenswerter Nützlichkeit sein, konnte sich in den Augen des Renaissance-Malers und Forschers mit den elementaren Dingen messen, die die Natur vollbringt.

Lange bevor die Synthese das natürliche Lasurblau verdrängte, hat schließlich der Barockdichter Bartholomäus Hinrich Brockes der Farbe wie dem Stein in seiner »Irdisches Vergnügen in Gott« genannten Gedicht-Sammlung ein Lob gesunden:

»Noch bezeugen Lasulsteine,
dasz mit Lust der Nutzen auch
in denselben sich vereine
durch vernünftigen Gebrauch.
Diese Steine sind es eben,
die uns viel Vergnügen geben,
woraus wir Ultramarin,
die so rare Farbe, ziehn.«

[1] Zit. nach Gage, *Kulturgeschichte der Farbe*, S. 141.
[2] Vgl. oben, »Zinnober«, S. 308–317.

MARIENGLAS

Frauenglas, Fraueneis, Unsrer Lieben Frauen Eis, Erd-glas, Spiegelstein, Schöner Mädchenstein, Mondenstein, Gipsspat, Atlasspat, Seidenspat, Strahlgyps, Federgyps, Federweiß, Selenit, Alabaster, Kalksulfateis; lat: *selenites*, *lapis specularis*, *glacie divae Maria*, *diaphanes*, *aphroselenus*, *gypsum lamellare*.

MERKMALE. *Farbe:* in wässrigem Medium weiß, in öligem farblos-durchsichtig. *Stoffliche Erscheinung:* biegsame glitzernde Blättchen mit scharfen Kanten, mildem unebenem Bruch und spiegelndem Glasglanz. *Chemische Zusammensetzung:* $CaSO_4 \times 2H_2O$ = Calcium-sulfat.

PHYSIKALISCHE EIGENSCHAFTEN. Gips kristallisiert monoklin. Die häufig Zwillinge bildenden säuligen, tafeligen, nadeligen oder linsenförmigen Kristalle sind glasglänzend auf den Kristall- und perlmuttartig auf den vollkommenen Spaltungsflächen. Zwillingskristalle in Pfeilgestalt aus zusammengewachsenen Linsen wurden vor allem am Montmartre in Paris gefunden. Büschelig und sternförmig zusammengewachsene unvollkommene Linsen bilden die sogenannten *Gipsrosen*. Die zerpochten Partikel des Pigments reflektieren in wässrigem Medium das Licht stets im Winkel von 30 Grad, in öligem sind sie vollkommen transparent. Im weißen wie im durchsich-tigen Zustand genügt eine minimale Zugabe farbigen Pigments, um die Partikel zu färben. *Lichtbrechungsindex:* doppelbrechend $\varepsilon = 1{,}53$ $\omega = 1{,}62$ *Dichte:* 2,3–2,4 *Toxizität:* ungiftig.

In der Antike wurde der spiegelnde Gipskristall als Stein der Mondgöttin angesehen und darum *selenites* genannt.

Dioskurides[1] widmet ihm in seiner Arzneimittelkunde drei Sätze: »Der Stein Selenites, den einige Mondschaum nannten, weil er nachts bei zunehmendem Mond gefunden wird, entsteht in Arabien, ist weiß, durchsichtig, leicht. Abschabsel davon gibt man als Trank den Fallsüchtigen, und die Frauen tragen ihn zum Schutz als Amulett. Es scheint, daß er Bäumen beigegeben die Fruchtbildung fördert.« Plinius begegnete dem wunderbaren Mondglauben mit einer gewissen Skepsis: »Die *Selenites* ist weißlich mit honigfarbenem Glanz durchscheinend und enthält das Bild des Mondes; wenn es wahr ist, gibt sie jeden Tag das Bild des zu- und abnehmenden Gestirns wieder.«[2] Im Buch über die Malerei preist Plinius Apelles als *Maler der Maler* und vergleicht die optische Wirkung seiner Bilder mit der des *Spiegelsteins*: »(Appelles') Erfindungen waren auch den übrigen Malern in der Kunst von Nutzen. Nur eines konnte niemand nachahmen: daß er die vollendeten Werke mit einer so dünnen Lasur überzog, daß diese infolge des Zurückstrahlens des Glanzes einen anderen Farbton hervorrief und ihn vor Staub und Schmutz schützte, aber erst, wenn man sie in die Hand nahm, sichtbar war; mit großer Berechnung aber (bewirkte er) auch, daß der Glanz der Farben das Auge nicht schmerze, indem man sie wie durch einen Spiegelstein sah, und daß aus der Ferne der gleiche Kunstgriff den allzu leuchtenden Farben unvermerkt einen tieferen Ton verlieh.«[3]

In Salbengefäße, Bildwerke oder Perlen verwandelt, heißt die feinkörnige, durchscheinend weiße Art des Gipsspats *Alabaster*. Der Name *Fraueneis* oder *Unsrer Lieben Frauen Eis* ist seit dem 15. Jahrhundert belegt; die

[1] Der griechische Arzt Dioskurides schrieb um 40 n. Chr. fünf Bücher *De Materia Medica*. Das fünfte ist dem Wein und den in der Medizin verwendeten Mineralien gewidmet.

[2] Plinius, *Naturkunde*, Buch XXXVII, S. 125.

[3] Ebda., 35. Buch, S. 75.

Bezeichnung *Mondenstein* wurde erst gegen Ende des 18. Jahrhunderts abgeschafft, als sich das Interesse an dem Wunderstein allmählich verlor. Im Zeitalter der Aufklärung setzte sich die Ansicht durch, daß Marienglas keinesfalls im Mondenschein geronnenes Himmelstau ist, wie es in wundergläubigen Zeiten dargestellt worden war. Der Name *Mondstein* wurde vakant und einem Feldspat verliehen, der geschliffen einen wogenden milchigen Lichtschein zeigt. Bis zum heutigen Tag aber nennen die Mineralogen die feinfaserige Form der Gipskristalle, die wegen des Seidenglanzes ihrer honigfarbenen parallelen Aggregate auch Atlas- oder Seidenspat hieß, *Selenit*.

Die dünnen Gipsplättchen dienten lange Zeit als Flimmer, frommer Bildchen und Spielwerke: »Aus denen Blättern machen die Closter-Jungfrauen allerhand Galanterien, und legen solche gemeiniglich über ihre Bilder und Heiligtümer.«[1]

Seit der Gotik wurde Marienglas vor allem für Fassungen verwendet. De Mayerne erwähnt »ungebrannten Alabaster« als Farbträger für *Verditer*, hundertvierzig Jahre später gibt das *Praktische Handbuch für Künstler* Marienglas als Füllstoff für Bleiweiß an; in Bouviers vielgelesenem *Handbuch der Ölmalerei* von 1828 kommt Marienglas nur noch als Entfettungsmittel bei der Herstellung von Trockenöl vor. Dann verschwand das glitzernde Pigment. Die fabelhaften *Alabasterfassungen* in Schlössern und Kirchen wurden im 19. Jahrhundert von pflegeleichten Anstrichten abgelöst. Nach zweihundertjährigem Vergessen 1983 bei der Rekonstruktion polychromer Wand- und Deckenfassungen im Jagdschloß Clemenswerth von Wolfgang Fünders wiederentdeckt, bleibt noch zu erkunden, welche Rolle Marienglas gespielt hat.[2]

[1] *Zedlers Universal-Lexikon*, Halle, Leipzig, Bd. 8, S. 1564.

[2] Clemenswerth im Emsland wurde von 1734 bis 1737 von dem Architekten J. C. Schlaun aus Münster geschaffen.

Gipskristalle kommen in Hohlräumen und Klüften der Verwitterungszone auf Erzlagerstätten vor. »Durch die heutigen modernen Abbaumethoden, die im festen Gipsgestein in größerer Tiefe unter dem Bereich der Verwitterungszone ansetzen, ist hier die Gewinnung von Marienglas erschöpft; sie kann zudem nur im Handabbau erfolgen.«[1]

Das Rohmaterial des für Restaurationszwecke wieder hergestellten Pigments stammt aus Zypern. In der Steinmühle gemahlen und in mittlere oder feine Korngröße gesiebt, ist Marienglas heute wieder lieferbar. Weil aber nichts mehr so ist, wie es ehedem war, unterscheidet sich auch dieses Pigment von dem alten. Die Aufbereitung der Kristalle zum vermalbaren Pulver dürfte eigentlich nur in Pochwerken erfolgen, weil in Mahlwerken die reflektierenden Bruchflächen der Pigmentkörner mattiert werden.

Wer die charakteristische starke Lichtreflexion von Marienglas und die Tiefenwirkung, die sich mit diesem Pigment erzeugen läßt, erhalten wollte, müßte *grob* gemahlenes bestellen und dann eigenhändig im Mörser zerpochen.

Von den Malern vergessen, beflügelte Marienglas die Phantasie romantischer Dichter. Das 38. Kapitel der *Flegeljahre* von Jean Paul trägt seinen Namen und beginnt mit der Schilderung seiner spiegelnden Wirkung: »... die romantische Reise in solchen blauen Tagen – in solchen Verhältnissen – so plötzlich geschenkt – das war ihm ein Durchgang durch die helleste Glückssonne, wo es Licht stäubt und man sich ganz mit Flimmern überlegt.« In ganz anderer Temperatur kristallisiert es sich in einem Gedicht des verzweifelt liebenden Clemens Brentano:

[1] Wolfgang Fünders, »Aktuelle Befunde zur Verwendung ›vergessener‹ Pigmente in niedersächsischen Raumfassungen«, in: *Restaurierung von Kulturdenkmälern, Beispiele aus der niedersächsischen Denkmalpflege*, Hameln 1989, S. 44.

»Durst, Liebe, Wüstentraum, dort scheint am Hügel
Der Morgenstrahl, ein Hirtenfeuer weiß.
Wo Durst gewähnt des Wasserfalles Spiegel
Fand Liebe ein Geschiebe Fraueneis.«[1]

[1] Clemens Brentano, *Werke*, München (1968) 1978, Bd. 1, S. 625.

Die Abbildungen der folgenden
Seiten 357 bis 368 stammen aus dem Werk
von J. C. von Kurr, *Das Mineralreich in Bildern*,
Stuttgart und Esslingen, 1858.

Aragonit

(zu Seite 293, Fußnote[1])

Cerrusit,
die natürliche Entsprechung
des künstlichen Schieferweiß

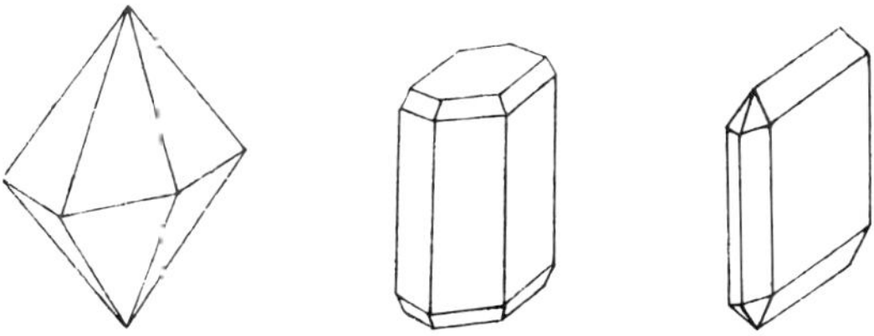

Cerussitkrystalle

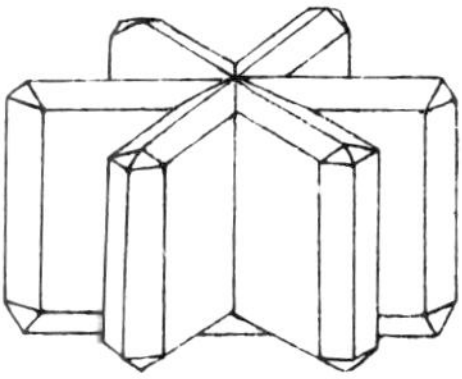

Cerussitdrilling

(zu Seite 293 f.)

Auripigment
aus der Türkei

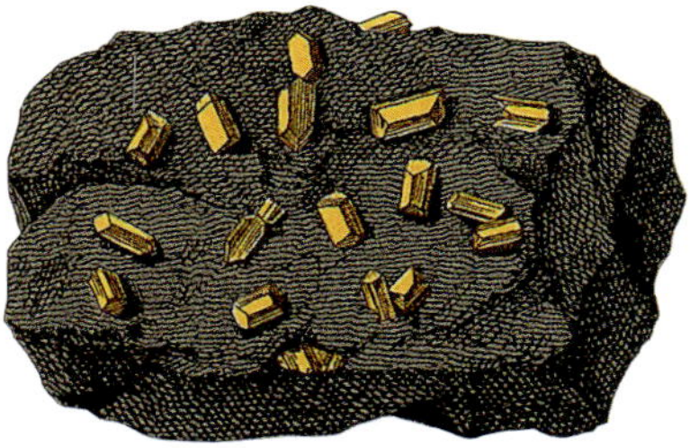

Auripigment
von Neusohl in Ungarn

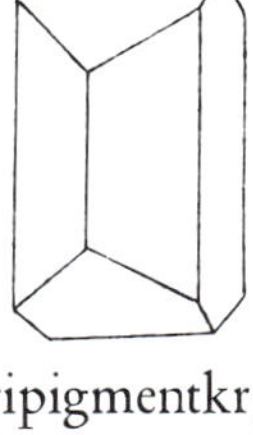

Auripigmentkrystall
(zu Seite 303 f.)

Realgarkrystalle
auf Mergel

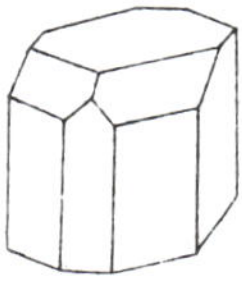

Realgarkrystall
(zu Seite 306 f.)

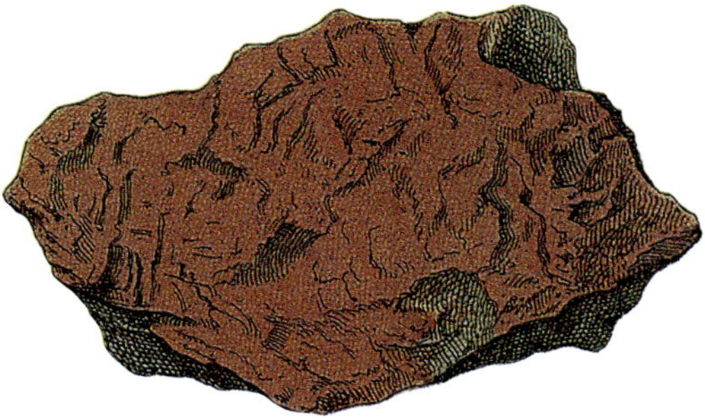

Zinnober
von Szlana in Ungarn

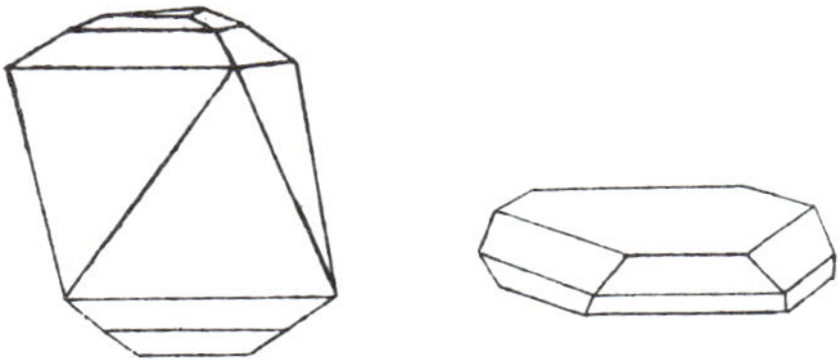

Zinnoberkrystalle

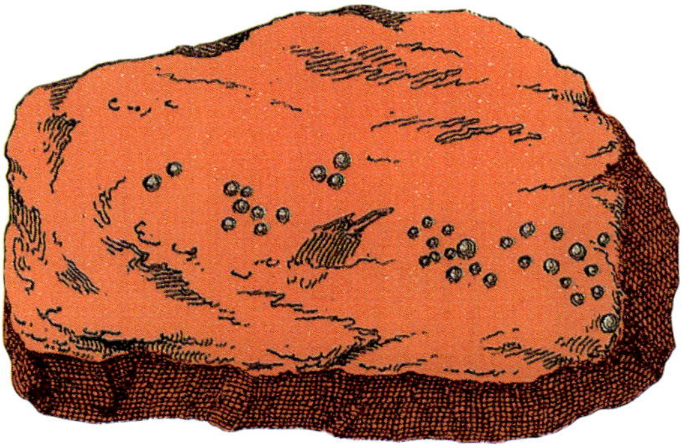

Merkur auf erdigem Zinnober
(zu Seite 308 ff.)

Malachit aus Sibirien

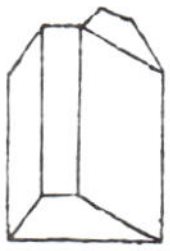

Malachitzwilling

Malachit auf Brauneisenerz

(zu Seite 317ff.)

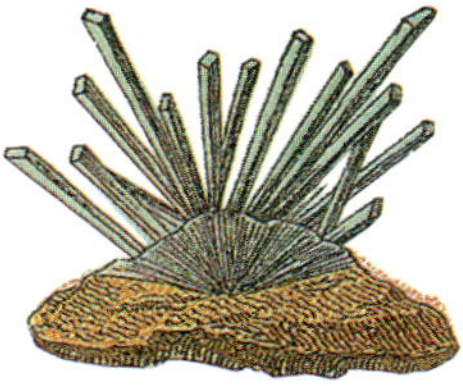

Malachitkrystalle
auf Limonit

Malachit aus Sibirien
(zu Seite 317ff.)

Gediegen Kupfer
dendritisch verwachsen

Gediegen Kupfer
in körnigem Quarz
(zu Seite 323)

Gediegen Kupfer
(*zu Seite 323*)

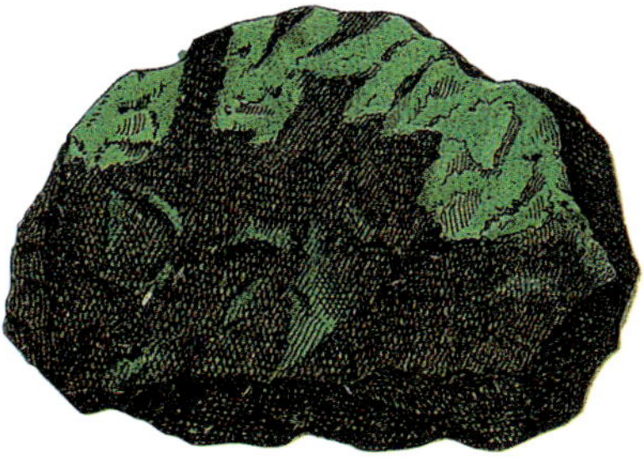

Chromit mit Chromocker
(*zu Seite 333*)

Azurit auf Sandstein

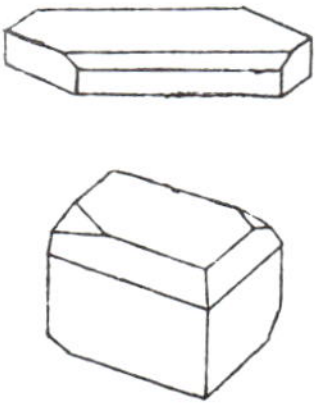

Azuritkrystalle
(zu Seite 334 ff.)

Azurit von Chessy

Kupferindig auf Kupferkies

(zu Seite 334 ff.)

Lapislazuli

(zu Seite 343 ff.)

Lasurstein
aus der Tartarei mit Pyrit

Lasurstein aus Sibirien

Pyritkrystalle

Marienglas

(zu Seite 352 ff.)

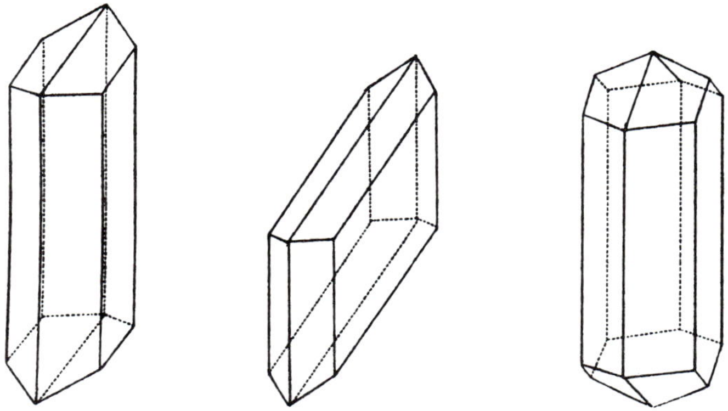

Gipskrystalle

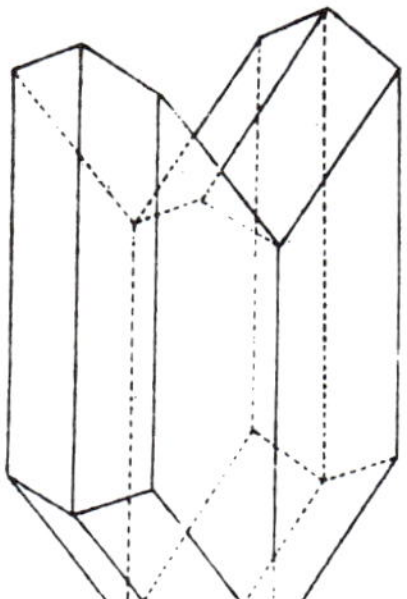

Zwilling

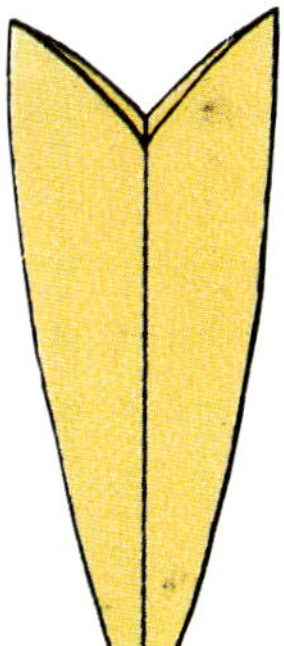

Spaltungsstück
eines Zwillings
linsenförmiger
Krystalle

GLOSSAR

ATMOSPHÄRILIEN: physikalisch und chemisch wirksame Bestandteile der Atmosphäre.

AMORPH: (Min.) ohne Kristallstruktur.

CHROMATOGRAPHIE: Verfahren der chemischen Analyse, durch das sich stoffliche Mischungen, wie die Bindemittel der Malerei, aufgrund des unterschiedlichen Vermögens ihrer Bestandteile, an bestimmten Absorbenzien zu haften, zerlegen lassen.

CISSOIDE, ZISSOIDE: (Math.) Efeublattkurve, ebene Kurve dritter Ordnung.

DARSTELLEN: (Chem.) herstellen; Metalle in ihrer Reinheit d. bedeutet: »durch Läuterung hervorbringen.«

DESTILLIEREN: vom lat. *destillare*, »herabträufeln, auseinandertropfen«. Der abgekühlte Dampf eines zum Sieden gebrachten Flüssigkeitsgemischs kondensiert und träufelt wieder herab. Die unterschiedlichen Siedepunkte der enthaltenen Substanzen ermöglichen ihre Trennung, ihr Auseinandertropfen.

EMBLEM: abgeleitet von εμβλημα, ein Wort, das alles Eingelegte bezeichnet, ob Pfropfreis oder Mosaik, Intarsie oder Einschiebsel einer Rede.

FÄLLEN: (Chem.) einen Stoff aus einer Lösung in Form eines Niederschlags absondern, ausflocken.

FASSEN: mit Metall oder Farbe überziehen, polychromieren von Skulpturen, Möbeln, Vertäfelungen und Rückseiten von Malbrettern auf mehrschichtigem, naß mit Leinenballen und/oder Schachtelhalm-Stengeln geschliffenem Kreidegrund.

GUILLOCHIERUNG: von *Guilloche*, »verschlungene Linienzeichnung auf Wertpapieren oder Metall, Elfenbein, Holz.«

Imprimitur: vor oder nach der Unterzeichnung über den Malgrund angebrachter pigmentierter Öl- oder Leimanstrich mit isolierender Wirkung.

Interferenzfarben: von der Dicke und Doppelbrechung eines Kristalls abhängige Farbe, die beim Lichtdurchgang auftritt und durch die Interferenz der beiden polarisierten Wellen bedingt ist.

Isolierung: unpigmentierter Aufstrich von Malöl, Leim oder einer Emulsion über der Grundierung, der das Absaugen der Farbbindemittel in den Malgrund verhindern soll.

Kalzination: Umwandlung von Substanzen, ihrer Farbe und/oder Textur, mit Hilfe des Feuers.

Kanadabalsam: dickflüssiges, wasserklares Terpentin der kanadischen Balsamfichte, das zum Einbetten mikroskopischer Farbproben dient.

Lamettawuchs: Wuchsform kranker Nadelbäume.

Läufer: kegel- oder stempelförmiges Instrument aus Glas oder Stein zum Anreiben von Pigment und Bindemittel auf rauher Stein- oder Glasplatte.

lävigieren: schlämmen.

Paragone: wertender Vergleich im Rangstreit der Künste.

Primamalerei: spontane Ausmalung in einer einzigen Schicht und auf einen Sitz. Der kürzeste Weg, eine Wirkung zu erzielen, Farbe, Zeichnung und Modellierung werden zugleich gegeben. Bei der alten Schichtentechnik war nur der Schlußstein im Aufbau alla prima ins Bild gesetzt.

Pfropfchimäre: (Bot.) P. bestehen aus Gewebekombinationen zweier erblich verschiedener Pflanzen. Sie können durch Pfropfung entstehen und sind keine geschlechtlich erzeugten Bastarde.

Repoussoir: Gegenstand im Vordergrund eines Bildes zur Steigerung der Tiefenwirkung.

schlämmen: Zerreiben einer Substanz in Wasser mit anschließender Sedimentierung: die feineren Teile des Pulvers schwimmen, die schwereren setzen sich ab.

spezifisches Gewicht: das Gewicht eines Stoffes im Verhältnis zum Volumen, die Dichte eines Körpers im Vergleich zur Dichte des Wassers.

Sublimation: Aufsteigen schwerer Körper in Dampf durch Hitze und ihre Rückverwandlung in den festen Zustand, ohne daß die Stufe des flüssigen Aggregatzustandes durchlaufen wird.

Tempe: wildromantisches Erosionstal des Peneios zwischen Ossa und Olymp in Thessalien; in der Dichtung: »romantisches Tal, Waldtal«.

Transparente Trübung: Schattierung im rein optischen Farbenaufbau durch Überlagerung transparenter Schichten.

Unterzeichnung: Anlage der Komposition auf dem Malgrund, im Gegensatz zur Vorzeichnung, die die Komposition außerhalb des Gemäldes vorbereitet.

Visierung: von *visieren*, »messend entwerfen, in richtigen Verhältnissen kunstgerecht darstellen«. Die Entwurfszeichnung zu einem Kunstwerk, die meistens den Vertrag des Künstlers mit dem Auftraggeber ergänzte, wurde in Mittelalter und Renaissance V. genannt. Auch die Abkürzung *visir* ist überliefert: »Nach Dürers gemachten *visir* soll man das rathauß inwendig malen lassen.« (Hampe, *Nürnberger Ratsverlässe*, I, 201, Nr. 1319.)

»Die Madonna des Kanzlers Rolin«,
aus: G. Josef Kern, *Grundzüge der linear-perspektivischen Darstellung in der Kunst der Gebrüder Van Eyck und ihrer Schule*, Leipzig 1904.

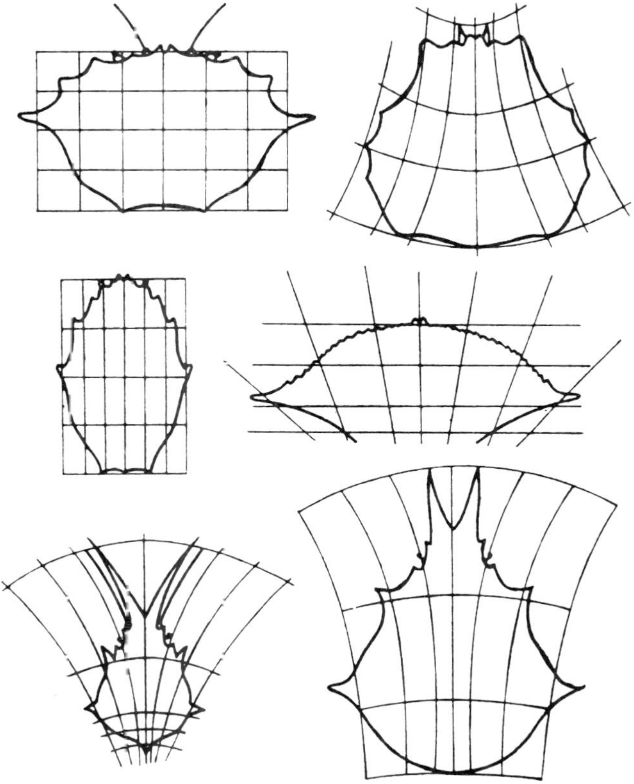

»Rückenschilder verschiedener Krabben«,
aus: D'Arcy Thompson, *Über Wachstum und Form*,
Frankfurt 1983.

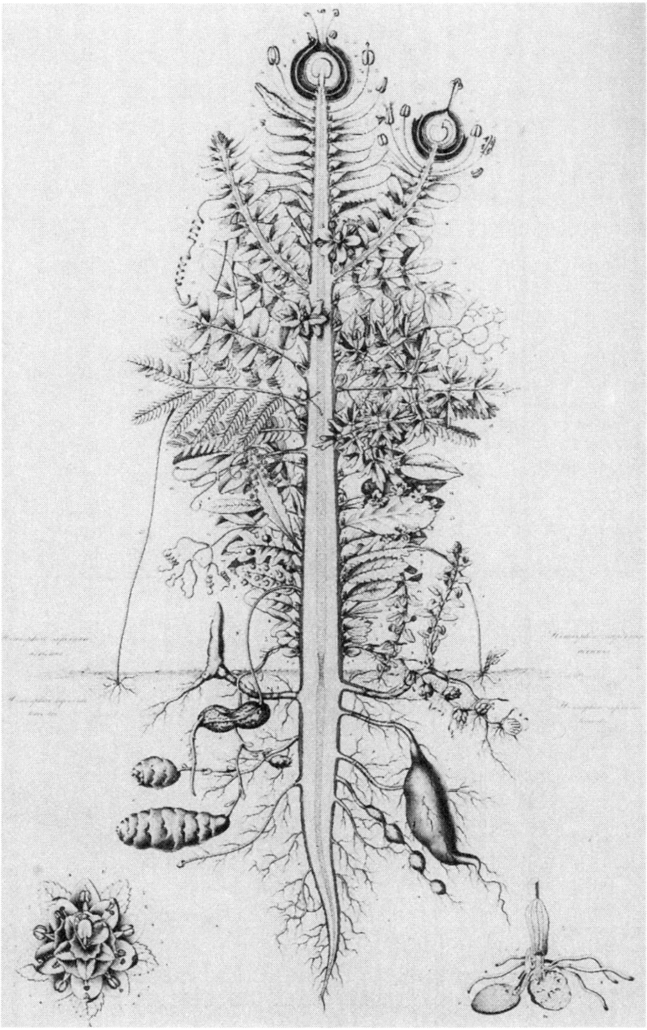

»Urpflanze«, nach P. J. F. Turpin, 1837;
aus: Karl Mägdefrau, *Geschichte der Botanik*,
Stuttgart 1973.

AN DANKES STATT

Vier Freunde waren in der Milchstraße der Freundlichen, die mit ihren Kenntnissen nicht geizten und mit ihren Gedanken die *Erinnerungen an die Malerei* bereicherten, meine Leitsterne. Die Ermunterung, ein Buch über die Malerei zu schreiben, ging Anfang März 1993 beim Besuch der Messe alter Kunst in Maastricht von Hans Magnus Enzensberger aus. Das Vertrauen, das er in mich setzte, sein Zuspruch in den Intervallen meiner dreieinhalbjährigen Reise in eine ferne Zeit, gaben mir die Zuversicht, mein Werk, so gut es sich in mir vermag, zu vollenden. Der Kern, um den es sich kristallisierte, war der Wunsch zu begreifen, warum ich malend nicht weiterkam, und die Hoffnung, am Ende meiner Rätselreise das Tor der Malerei wieder geöffnet zu finden.

Die Erkenntnis, daß die Moral des Metiers auf dem gleichen Blatt steht wie die des Lebens, wie unzulänglich wir sie auch erfüllen mögen, läßt sich aus Büchern allein nicht gewinnen. Den lebendigen Zusammenhang von Humor und *humores* hatte ich in Monique und Claude Lévi-Strauss vor Augen. Die Erfahrung der Unverbrüchlichkeit ihres gegebenen Worts, der Ausgewogenheit ihrer höflichen Distanz, aus der allein sich gute Nähe in der Ferne entfalten kann, schützte mich auf rauhem Weg.

Ende 1994 ging in Bamberg ein neuer Freundschaftsstern auf und schickte sich an, das Dreigestirn zu ergänzen. Jederzeit und postwendend beantwortete Dieter Wuttke mit der Besonnenheit des Gelehrten humanistischer Tradition neunhundertneunundneunzig und noch eine letzte Frage und begleitete mich mit großmütigem Lob, behutsamer Kritik und weisem Witz bis ans Fahnen-Ende meiner Reise.

Chatoillenot, 1. Oktober 1996

REGISTER

INHALT

Erster Teil

DIE SICHTBARKEIT DES UNSICHTBAREN

DIE KUNST DER KÜNSTE, ein Buch der *Erinnerungen an die Malerei* von Anita Albus, ist im Januar 1997 als einhundertfünfundvierzigster Band der ANDEREN BIBLIOTHEK im Eichborn Verlag, Frankfurt am Main, erschienen.

Das »Paradies«, auf Vor- und Nachsatz, ist gemalt von Friedrich Brentel (um 1580 bis 1651), die Gouache auf Papier wurde im Originalformat gedruckt.

Dieses Buch wurde in der Korpus Poliphilus und *Van Dijck* von Wilfried Schmidberger in Nördlingen gesetzt. Die Reproduktionen fertigte Brend'amour in München. Gedruckt bei der Fuldaer Verlagsanstalt auf holz- und säurefreies mattgeglättetes 100 g/m² Bücherpapier der Papierfabrik Niefern und mattes 135 g/m² Kunstdruckpapier Phoenix-Imperial der Papierfabrik Scheufelen in Lenningen. Den Einband besorgte die Buchbinderei G. Lachenmaier in Reutlingen. Ausstattung und Typographie von Franz Greno.

1. bis 10. Tausend, Januar 1997. Von diesem Band der ANDEREN BIBLIOTHEK gibt es eine handgebundene Lederausgabe mit den Nummern 1 bis 999; die folgenden Exemplare der limitierten Erstausgabe werden ab 1001 numeriert. Dieses Buch trägt die Nummer:

8230